MÉMOIRES

DE MADAME

D'ÉPINAY

ÉDITION NOUVELLE ET COMPLÈTE

AVEC DES ADDITIONS

DES NOTES ET DES ÉCLAIRCISSEMENTS INÉDITS

PAR M. PAUL BOITEAU

—

TOME SECOND

—

PARIS

CHARPENTIER, LIBRAIRE-ÉDITEUR

28, QUAI DE L'ÉCOLE, 28

1865

MÉMOIRES
DE
MADAME D'ÉPINAY

PARIS — IMP. SIMON RAÇON ET COMP. RUE D'ERFURTH 1.

MÉMOIRES
DE MADAME
D'ÉPINAY

ÉDITION NOUVELLE ET COMPLÈTE

AVEC DES ADDITIONS

DES NOTES ET DES ÉCLAIRCISSEMENTS INÉDITS

PAR M. PAUL BOITEAU

TOME SECOND

PARIS
CHARPENTIER, LIBRAIRE-ÉDITEUR
28, QUAI DE L'ÉCOLE, 28
—
1865

MÉMOIRES
ET CORRESPONDANCE
DE
MADAME D'ÉPINAY

DEUXIÈME PARTIE

CHAPITRE PREMIER

1754

Retour de Jean-Jacques. — Mort de madame d'Holbach. — Grimm emmène le baron voyager. — Rousseau établi à la Chevrette. — Diderot toujours farouche. — Madame d'Houdetot et Saint-Lambert ouvertement liés. — Opinion de Duclos sur Grimm. — Les enfants de madame d'Épinay jouent à lui écrire. — L'idée lui vient de leur faire un cours d'éducation par lettres. — Visite de madame Darty. — Deux grandes lettres déférées au jugement de Jean-Jacques. — Ses raisons pour détourner Madame d'Épinay de ce genre de correspondance.

LETTRE DE MADAME D'ÉPINAY A M. DE LISIEUX.

(Après une lacune.) Automne de 1754.

Nous avons eu hier Rousseau et M. Grimm. Le premier étoit depuis quatre jours auprès du baron d'Holbach, qui vient de perdre sa femme[1]. On dit que cette

---

[1] Les Mémoires, en cet endroit comme en quelques autres, ne sont pas de l'histoire absolument exacte, ou du moins chronologiquement exacte. Rousseau dit que madame d'Holbach, ainsi que madame de Francueil, mourut pendant le voyage qu'il fit à Genève, après avoir publié son

perte est immense pour le baron, et qu'il est dans le plus grand désespoir. Il étoit heureux, il ne l'est plus ! M. Grimm, qui arrive de la campagne, va voyager avec lui : ils seront trois mois absents. Ce procédé est digne de tout ce qu'on attend de M. Grimm quand on le connoît. Je l'en estime davantage ; mais je trouve insupportable cette vie ambulante de ceux avec lesquels on

Discours sur l'inégalité. Il partit de Paris, avec Gauffecourt, le 1ᵉʳ septembre 1754. C'est le 1ᵉʳ septembre de cette même année que madame de Francueil est morte et à peu près à la même époque que le baron d'Holbach perdit sa femme, qui était la sœur aînée de d'Aine, futur intendant de Tours. Rousseau revint à Paris au mois d'octobre, mais Holbach n'y était pas, et achevait de faire en France un long voyage auquel l'avaient décidé ses amis pour le distraire de sa douleur. Il faut donc dater au plus tôt du milieu de l'automne de 1754 le passage des Mémoires de madame d'Épinay qui motive cette note, et la lacune qui existe entre les deux lettres adressées à M. de Lisieux serait d'au moins dix-huit mois.

Depuis longtemps Rousseau ne voyait plus d'Holbach. Il devait même, à en croire Grimm, rompre définitivement avec lui en 1755. Un jour que dans son salon les beaux esprits de sa bande se moquaient par trop méchamment d'une pauvre bête de curé qu'on faisait déclamer, il alla au curé, lui pauma la bouche en l'avertissant du rôle ridicule qu'il jouait et sortit pour ne plus revenir. Tel est du moins le récit de Grimm.

Le succès de ses écrits avait enhardi Jean-Jacques et, en vivant chaque jour plus familièrement dans le monde élégant, il n'en avait que mieux senti se raffermir en son âme son mépris pour les faussetés de ce monde. Tout d'abord il était plus doux, et disposé peut-être à se laisser séduire par tout ce qu'il y a de charmant dans la société.

Ses ennemis ont prétendu que c'est de propos délibéré qu'il changea de caractère.

« Lorsque je le connus, dit Marmontel, il venoit de remporter le prix d'éloquence à l'Académie de Dijon. Cependant il n'avoit pas encore pris couleur, comme il l'a fait depuis, et il n'annonçoit pas l'ambition de faire secte. Ou son orgueil n'étoit pas né, où il se cachoit sous les dehors d'une politesse timide, quelquefois même obséquieuse et tenant de l'humilité. Mais, dans sa réserve craintive, on voyoit de la défiance ; son regard en dessous observoit tout avec une ombrageuse attention. Il se communiquoit à peine, et jamais il ne se livroit. Il n'en étoit pas moins amicalement accueilli. Comme on lui connoissoit un amour-propre inquiet, chatouilleux, facile à blesser, il étoit choyé, ménagé avec la même attention et la

aime le mieux à vivre. Je lui ai dit : « Mais qui sera donc mon chevalier, monsieur, si l'on m'attaque en votre absence? — Le même, madame; votre vie passée, » m'a-t-il répondu. Enfin il est parti.

Rousseau s'est établi ici, et n'ira guère à Paris que pour voir son ami Diderot. Je lui ai proposé de nous l'amener, mais il prétend qu'il est trop farouche pour

même délicatesse dont on auroit usé à l'égard d'une jolie femme bien capricieuse et bien vaine, à qui l'on auroit voulu plaire. Il travailloit alors à la musique du *Devin du village*, et il nous chantoit au clavecin les airs qu'il avoit composés. Nous en étions charmés; nous ne l'étions pas moins de la manière ferme, animée et profonde dont son premier essai en éloquence étoit écrit. »

On a remarqué qu'en général il est facile de réussir une première fois sans exciter l'envie, et que c'est même l'envie qui, pour diminuer quelque chose des gloires établies, aide le plus à former de temps en temps des gloires nouvelles, menacées à leur tour de la colère humaine, si leur fondement est solide. Le triomphe soudain de Rousseau ne déplut à personne; mais c'est quand il eut fait jouer le *Devin du village* à l'Opéra et qu'il eut été applaudi aussi vivement comme compositeur que comme écrivain que la jalousie l'attaqua. Les philosophes du dix-huitième siècle, pour avoir été des esprits plus hardis et plus généreux que nous, n'en étaient pas moins des hommes, et il n'est pas douteux que Jean-Jacques n'ait eu raison de croire qu'on lui en a voulu d'avoir eu trop de talents. Il vit d'abord que chez le baron d'Holbach on cherchait à vérifier s'il n'était pas un plagiaire en musique. D'Holbach lui-même avoue qu'il en fut ainsi, en ajoutant que c'est moins pour cela que Rousseau se dépita que parce que Diderot, Grimm et lui « conspirèrent » pour le séparer de sa Thérèse (*Relation de Cerutti*). Mais, à la nouvelle de la mort de madame d'Holbach, Rousseau ne tint pas contre la sensibilité si naturelle de son cœur. « Diderot, dit-il, en me la marquant, me parla de la profonde affliction du mari. Sa douleur émut mon cœur. Je regrettois vivement moi-même cette aimable femme. J'écrivis sur ce sujet à M. d'Holbach. Ce triste événement me fit oublier tous ses torts, et lorsque je fus de retour de Genève et qu'il fut de retour lui-même d'un tour de France qu'il avait fait pour se distraire avec Grimm et d'autres amis, j'allai le voir; et je continuai jusqu'à mon départ pour l'Ermitage. » Ceci nous mène en 1756. L'anecdote du curé Montchauvet et de la sortie de Jean-Jacques, racontée par Grimm, à la date de 1755, est donc inexacte, ou bien ne fut pas suivie d'une rupture définitive entre Jean-Jacques et d'Holbach.

qu'il ose seulement en risquer la proposition. Quel dommage que des hommes de génie et d'un mérite aussi éminent qu'on dit être M. Diderot s'enveloppent ainsi de leur philosophie et dédaignent l'hommage qu'on s'empresseroit de leur rendre dans toutes les sociétés qu'ils honoreroient de leur présence!

La comtesse d'Houdetot doit venir passer huit jours avec nous; elle n'ira point cette année dans sa terre. Il me semble qu'elle s'est liée intimement, mais très-intimement, avec M. de Saint-Lambert. Elle ne parle que de lui, elle ne cite que lui : c'est un enthousiasme si franc, si excessif, que le comte pourroit bien en mettre son bonnet de travers. Elle prétend qu'il meurt d'envie de m'être présenté. Cette envie ne lui a pas pris subitement, car je le connois depuis deux ans[1], et il ne m'en a jamais rien dit. Quoi qu'il en soit, elle l'amènera; je suis curieuse de les voir ensemble. Duclos fait grand cas du marquis, mais il n'est pas aussi favorablement prévenu pour M. Grimm. Il prétend qu'il n'a de mérite que l'enthousiasme de la musique, et de talent que celui de faire valoir par-dessus tout les monstrueuses beautés de la littérature de son pays[2].

---

[1] Depuis cinq ans. Mais, en réalité, nous n'avons nul droit de reprocher à madame d'Epinay d'avoir mal tenu compte des dates et de n'avoir pas averti quand il y a des lacunes dans ses Mémoires. Elle ne prétendait pas jouer le rôle d'historienne.

[2] Grimm commençait à prendre, lui aussi, sa volée. Sa brochure du *Petit-Prophète*, écrite pour défendre la musique italienne et attaquer à l'Opéra le « coin du roi » au profit du « coin de la reine, » lui avait valu de la réputation. Son duel pour madame d'Epinay ne lui avait pas nui; et enfin il venait de se sentir à point passionnément amoureux de mademoiselle Fel, la chanteuse, et de risquer d'en perdre la vie. Son nom s'était fait grâce à ces aventures, et l'abbé Raynal, en le choisissant pour le suppléer dans l'une des correspondances littéraires qu'il fournissait à différentes

J'ai eu un moment fort doux dont il faut que je vous fasse part. J'avois envoyé dimanche dernier mon fils passer son après-dînée avec sa sœur, qui étoit un peu indisposée : ils se sont amusés à m'écrire ; la petite a dicté, et mon fils, en y mêlant aussi du sien, a écrit. On m'a fait remettre cette lettre par un courrier pendant que je me promenois sur la terrasse ; et ils observoient par leur fenêtre l'effet que ce grand événement produiroit sur moi. D'abord le courrier m'a inquiétée ; la lettre m'a fait rire : elle n'étoit ni bonne ni mauvaise. Je me suis fait apporter une chaise et mon écritoire, et je leur ai fait une réponse, dans laquelle, après avoir badiné et les avoir remerciés de deviner que je pensois à eux, je leur donnois un peu plus sérieusement quelques avis sur différentes choses, relatives à eux et à moi ; et en voulant répondre quatre mots, j'ai répondu quatre pages. Le transport de joie qu'ils témoignèrent en recevant cette lettre étoit à mourir de rire : enfin Pauline pensa s'en trouver mal. Mais c'est leur réponse à la lettre qu'il faut voir ! c'est une chose réellement fort singulière. Leur gouvernante assure qu'elle ne les a pas aidés, et elle ne sait pas mentir ; d'ailleurs, elle n'ignore pas combien je méprise les piéges tendus à l'amour maternel.

Je crois que M. d'Épinay pourroit bien venir nous voir

---

cours d'Europe, lui avait ouvert, en 1753, une carrière qu'il était merveilleusement propre à remplir.

La correspondance de Grimm, adressée d'abord à la seule princesse de Saxe-Gotha, finit par l'être à six princes souverains. Quand on a vu le peu qu'étaient les journaux du dix-huitième siècle, même les plus accrédités, même les moins secrets, on comprend le besoin que devaient avoir ceux qui les pouvaient payer, de correspondances particulières où fussent réunis ce qu'à présent nous appellons les chroniques du monde et les feuilletons d'art et de littérature. C'est ainsi que Grimm, sans rien imprimer, devint le premier journaliste de son siècle.

un peu plus souvent. Il s'est trouvé, dans l'examen qui a été fait du grand château[1], tout un côté de fondations à reprendre en sous-œuvre ; il veut profiter de cela pour augmenter le bâtiment, et ajouter aux deux extrémités de la façade un pavillon carré. Ce projet est fou, mais je ne saurois m'y opposer jusqu'à un certain point : cela l'occupera et le fixera chez lui. Et, puisqu'il est écrit qu'il fera éternellement des folies, il vaut mieux qu'il en fasse chez lui que chez les autres ; au moins elles resteront à ses enfants. Il prétend bien qu'il ne mettra nul ornement superflu, nulle dorure ; un bel appartement simple et commode de chaque côté, voilà son plan.

J'en ai un autre, moi, que je veux vous communiquer, et que j'ai conçu d'après le plaisir qu'ont eu mes enfants à recevoir mes lettres ; c'est de leur en écrire de temps en temps, où, tout en les amusant, je ferai entrer des préceptes et des leçons qui leur laissent des idées justes dans la tête sur les principaux points de morale ; j'imagine que cela leur sera plus utile que l'ouvrage que j'avois commencé, qui est sec et didactique. J'en ai fait deux, que je comptois adresser à mon fils et sur lesquels j'ai consulté Rousseau ; je vous les envoie, avec son avis, que je l'ai prié de mettre par écrit. Je vous avoue qu'en convenant de ses principes, je ne puis les trouver applicables à mes lettres ; et je ne me déterminerai à les trouver aussi mauvaises qu'il le prétend, qu'au cas que vous les jugiez de même. Il est vrai que je ne les ai pas relues, mais je les sais presque par cœur. Je vous les envoie avec la lettre de Rousseau. Je dois vous dire que l'idée de la seconde lettre à mon fils m'est venue après une visite que

[1] Le grand château d'Épinay, et non celui de la Chevrette, probablement.

nous a faite, à propos de bottes, madame Darty[1]. Elle est devenue dévote, et blâme tout, à tort et à travers, tandis qu'elle avoit avec elle une de ses sœurs, qui est une complimenteuse à perte de vue[2]. L'enfant l'a remarqué, et je pars de là. J'attends votre avis avec impatience. Bonjour, mon très-bon, mon très-indulgent ami; en vérité, j'ai eu souvent pitié de vous en songant combien j'abuse de votre amitié.

A propos, Rousseau a eu des nouvelles de Desmahis, qui est toujours chez madame de la Poplinière; il a été très-malade, et ne reviendra à Paris qu'au mois de janvier.

LETTRE DE MADAME D'ÉPINAY A SON FILS.

Quelque envie que j'aie, mon cher fils, de me sacrifier entièrement au soin de votre éducation, je ne puis me livrer à tout ce que me dicte ma tendresse pour vous. Un enchaînement d'affaires, une santé foible et délicate, vos propres occupations, m'empêchent souvent de vous avoir auprès de moi, et m'ôtent la satisfaction de suivre avec exactitude vos études, et de partager jusqu'à votre loisir et vos amusements. Ne croyez pas cependant que je vous perde de vue dans les moments où nous sommes séparés. De ceux que ma mauvaise santé me laisse, une grande partie est employée à réfléchir sur les moyens de perfectionner votre éducation. J'avois entrepris un écrit assez considérable sur cette matière, mais comme j'ai toujours tâché de vous présenter mes avis sous une forme

---

[1] Le nom d'Arty vient d'une terre. Il y en avait une de ce nom en Champagne, et une autre en Vendée.

[2] Madame Vallet de la Touche ou madame Dupin, mais laquelle?

naturelle et facile qui pût vous inspirer l'amour de vos devoirs, j'ai pris le parti de vous donner cet ouvrage en détail. J'ai remarqué depuis quelque temps que vous aviez du plaisir à écrire et à recevoir des lettres ; je vous en adresserai. Les réflexions qu'elles vous feront naître pourront ensuite faire le sujet de nos conversations. Je me flatte du moins que vous ne me traiterez pas plus mal que vos autres amis, vous me répondrez quelquefois ; nous causerons, nous nous écrirons ; enfin nous chercherons de concert les moyens de vous rendre heureux ; la vérité, la raison, l'amitié et la confiance nous guideront dans cette importante et agréable recherche.

Toute mon affection s'est partagée entre votre sœur et vous. Depuis que je suis mère, j'ai mis mon bonheur dans mes soins pour mes enfants : ils se sont bornés d'abord à votre santé. Si le préjugé de l'usage ordinaire et le défaut d'expérience m'ont empêchée, pendant les premières années de votre vie, de les étendre au delà, du moins la réflexion, réveillée et soutenue par la tendresse maternelle, les éclaire et les accroît de plus en plus. Non-seulement je m'applique depuis longtemps à former votre cœur et votre esprit, mais je sens tous les jours que la vigilance d'une mère ne s'arrête pas au moment présent. Elle lui fait prévoir l'avenir, combiner de loin ce qui doit résulter des inclinations, des talents, du caractère d'un jeune homme ; de l'état auquel il paroît appelé par les circonstances, par ses penchants, par sa fortune : elle en forme dès lors le plan général de l'éducation la plus convenable. C'est sur ces principes que j'ai tâché de régler la vôtre. Vous jouissez de l'heureuse sécurité de votre âge, sans vous inquiéter d'un avenir que vous ne connoissez point. L'instant seul détermine vos affections et votre volonté ; mon devoir est d'en prévoir les suites, de pressentir de loin les avantages et les inconvénients de vos bonnes et mauvaises qualités, de vous procurer tout ce qui peut contribuer à votre bonheur, de vous garantir de tout ce qui pourroit y être contraire ; de suppléer par mon expérience au défaut de la vôtre, et d'empêcher par ma vigilance que votre sécurité n'ait pour vous des effets nuisibles.

Le résultat de cette combinaison produit mon consentement ou mon refus à vos volontés, suivant leur rapport avec le plan général de votre éducation ; et voilà la raison de cette attention sévère et continuelle que je porte sur vos actions même les plus indifférentes. Vous pouvez conclure, mon fils, que dans les moments où mes décisions paroissent le plus opposées à vos désirs, je ne partage pas moins tous vos sentiments, vous n'en éprouvez aucun qui ne devienne aussitôt le mien ; je suis heureuse de votre satisfaction et de vos plaisirs ; je souffre de vos peines, je souffre même des contrariétés qu'il est de mon devoir de vous faire essuyer : mais je me répète alors sans cesse que si vous étiez en état de juger sainement, vous ne voudriez pas me voir céder par foiblesse à des désirs inconsidérés, ni vous procurer, aux dépens d'un bonheur constant et solide, un plaisir passager et frivole. J'entre dans votre position, et me mets toujours à votre place ; mais avec les avantages que donne la raison, fortifiée par la réflexion et par l'expérience, sur les foibles et trompeuses lumières de l'enfance. En un mot, mes pensées et mes actions se rapportent toutes à vous : elles ont toutes pour but votre bonheur ; je veux vous en convaincre, et c'est vous-même, mon fils, que je prendrai pour juge. Comparez l'éducation que vous recevez avec les éducations ordinaires, et voyez si j'ai commencé à remplir mon objet.

L'usage le plus généralement reçu n'est pas toujours le meilleur à suivre ; le sage ne doit l'adopter que lorsqu'il le voit justifié par la raison. Si j'ai rejeté l'usage ordinaire, si je vous ai gardé auprès de moi, ce n'est qu'après avoir bien pesé ce qu'on peut dire en faveur et au désavantage de l'éducation publique. Je n'ai pas cru devoir vous abandonner à des mains étrangères, ni me priver du plaisir de voir votre âme se développer et se former par mes soins et sous mes yeux ; et en cela j'ai moins consulté ma tendresse que vos véritables intérêts, et plus la droite raison que l'exemple presque général de tous les chefs de famille. Quelque bornée que je fusse du côté des lumières, j'ai pensé que, sur les intérêts de ce que j'ai de plus cher au monde, je ne devois pas déférer aveuglément aux lumières d'un autre ; j'ai regardé la tendresse, le sentiment, l'instinct d'une mère, comme supérieurs à tout ce que la réflexion et la sagesse peuvent suggérer de plus lumineux. Ainsi, mon fils, je n'ai pas souffert que vous subissiez cet exil de la maison paternelle, qui dure ordinairement autant que ce qu'on appelle l'éducation ; je n'ai point voulu qu'étranger au milieu des vôtres et inconnu à vos parents, vous fussiez avancé en âge avant que d'avoir éprouvé les mouvements les plus doux, et le charme puissant des liens sacrés par lesquels la nature a voulu unir les familles. Élevé sous mes yeux, j'ai voulu vous voir contracter l'habitude et l'amour de la vertu et de la bonté, et acquérir cette force et cette santé du corps et de l'âme sans lesquelles la vie ne peut être regardée comme un bien ; j'ai voulu enfin vous accoutumer aux sentiments délicieux de tendresse et de confiance, inspirés par la nature, cimentés par la douce habitude d'un commerce journalier, dans lequel le ciel a placé le bonheur réciproque des enfants et des pères.

La grande objection que j'ai toujours faite contre l'éducation publique est celle que je viens de vous exposer. Le zèle d'un étranger, quelque honnête homme que je le suppose, et les soins qu'il peut prendre de son pupille, ne peuvent se comparer aux soins, au zèle, au sentiment d'une mère. Quel intérêt pourroit solliciter un autre aussi fortement que moi, qui suis heureuse pour plusieurs jours, lorsque je découvre en vous le germe de quelque vertu ou de quelque sentiment honnête ; moi qui m'alarme, qui m'afflige sans mesure, quand je remarque en vous quelque penchant dont les suites pourroient me faire craindre pour votre bonheur, et qui suis pressée alors de recourir aux lumières de tous ceux qui ont part à mon amitié et à mon estime, dans l'espérance d'être rassurée sur le danger de vos défauts? «Croyez-vous, dis-je à l'un, que les distractions de mon fils, dont son gouverneur se plaint souvent, pourroient retarder les connoissances qu'un honnête homme doit posséder à un certain âge? N'êtes-vous pas persuadé, dis-je, à un autre, que mon fils perdra incessamment cette espèce de confiance, cette présomption et cette bonne opinion qu'il paroît quelquefois avoir de lui-même, et qui vous en donneroient une très-mauvaise, si elles dégénéroient en habitude? Il me semble qu'il a déjà assez d'esprit pour sentir combien il seroit ridicule, à son âge, de se croire en état de se conduire, tandis que chaque pas qu'il fait l'avertit de sa foiblesse et du besoin qu'il a d'être guidé par les autres. »

Mais est-il nécessaire de vous parler de mes alarmes,

de mes consolations, de mes espérances, de tous les sentiments que j'éprouve à votre égard? Vous-même, mon fils, jugez entre les étrangers et votre mère. Rappelez-vous les moyens qu'emploient les différents maîtres que vous avez, pour vous reprendre et vous instruire ; j'aurai tort, si vous y trouvez la même douceur, la même patience, la même tendresse, la même chaleur que dans mes avis, ou si vous les voyez aussi continuellement occupés que moi à rechercher les voies les moins difficiles, aussi attentifs à vous abréger les routes pénibles, aussi touchés de vos petits succès, aussi prompts à partager vos peines, vos satisfactions et vos plaisirs. Telle est la différence des sentiments et de leurs effets : les petits soins de détail qui font le bonheur d'une mère deviennent ordinairement pour les étrangers la source d'un ennui insupportable. De tous ceux qui vous environnent, votre gouverneur est certainement celui qui vous est le plus attaché ; il est même très-rare de trouver hors de sa famille une amitié égale à celle qu'il vous porte, et vous devez sentir tous les jours combien il vous sera difficile d'égaler votre reconnoissance aux obligations que vous lui avez. Mais supposez un instant qu'il eût un fils qui lui fût aussi cher que vous me l'êtes ; que ce fils se trouvât en même temps que vous dans un danger imminent, lequel de vous deux croyez-vous qu'il courût sauver? Moins déterminé par ses devoirs de père qu'emporté par l'impétuosité d'un sentiment aveugle, mais toujours sûr, il courroit sauver son enfant, et vous n'auriez de sa part que de vains et inutiles regrets. Heureusement pour vous, vous jouissez de sa tendresse sans la partager avec personne, et il ne dépend que de vous de la mériter tout entière.

Lorsque je voulus, l'autre jour, vous faire remarquer

que vous faisiez depuis quelque temps moins de progrès qu'au collége, vous vous appuyâtes mal à propos de la réponse de votre gouverneur. Avec un peu de réflexion, vous verrez que si vous n'avez pas l'occasion de lutter contre vos semblables, ni la frivole gloire de les surpasser, vous jouissez d'un avantage infiniment plus précieux, par la façon dont j'en use avec vous, en vous admettant dans ma société et au nombre de mes amis. Vous vous trouvez tous les jours avec des gens de mérite. Tous les jours vous êtes à portée de profiter de leur conversation. En considérant l'estime dont ils jouissent dans le monde, vous êtes à même d'animer votre courage par leur exemple, d'en approcher par une application sans relâche, et de faire vos efforts pour obtenir comme eux l'estime publique; projet infiniment plus noble que celui de surpasser son camarade dans un thème de collége.

Puisque votre vocation est de vivre dans la société et de remplir les devoirs qu'elle est en droit d'exiger, qu'avons-nous de mieux à faire que de commencer cette étude avec notre vie, et de prendre dès notre enfance l'habitude des actions honnêtes? Et quel moyen plus sûr de nous y confirmer, que le commerce de ceux qui nous ont devancés dans la carrière, et qui recueillent déjà les fruits de leurs talents et de leurs vertus? Voilà les modèles qu'il faut imiter et étudier sans cesse, afin d'obtenir sa part de l'estime générale que le public dispense toujours équitablement, et dont personne ne peut se passer.

Vous avez été au collége pendant un temps fort court, et la seule chose que vous m'en ayez paru regretter quelquefois, ce sont les amusements. Vous ne vous êtes pas rappelé, sans doute, qu'on n'y admet qu'un petit nombre de jeux, souvent plus convenables à la jeunesse;

l'on n'y connoît guère ceux qui sont le plus en usage dans le monde : tandis que dans la maison de votre père tous les plaisirs de votre âge sont à votre choix. Je m'étudie sans cesse à vous en procurer, et c'est peut-être la trop grande facilité d'en jouir qui vous les rend insipides, car vous savez que je n'y mets jamais d'autres obstacles que ceux que vous me forcez d'y apporter.

Si votre père et moi avons été pressés de vous retirer du collége, vous n'en ignorez pas la raison ; vous savez trop bien que vous y avez été aussi malheureux qu'on peut l'être à votre âge.

Le jeune homme corrigé par humeur se dégoûte du travail et de ses devoirs, et en prend des idées tout à fait fausses : l'obéissance qu'on exige lui paroît un esclavage; il n'aspire qu'à s'en délivrer : l'endurcissement et l'esprit d'indépendance s'emparent de son cœur; bientôt tout avis, tout conseil lui devient suspect et insupportable. Et comment arrêter les progrès du vice dans un enfant gouverné par la rigueur et par la crainte? Des parents qu'il connoit à peine n'ont nul crédit sur lui : leurs remontrances sont sans fruits, et les marques passagères de leurs bontés ne servent ordinairement qu'à augmenter le mal.

Tout vous prouve, mon cher fils, que, si je vous garde auprès de moi, c'est moins pour satisfaire ma tendresse que pour travailler efficacement à votre bonheur. Je m'applique à retrancher de votre éducation tout ce que les premières études peuvent avoir de rebutant ; attentive à vous aplanir les obstacles, je ne néglige aucun des objets qui pourroient vous en susciter. Vous vous êtes plaint de la trop grande sévérité de votre maître de musique; vous avez remarqué qu'il s'en relàchoit en ma présence : je me suis assujettie aussitôt à assister à vos leçons pour juger si vos plaintes étoient fondées, et pour encourager votre maître à un nouvel effort de patience que votre inapplication pouvoit avoir lassée.

On a presque érigé en maxime qu'il ne faut jamais écouter ni approuver les enfants, afin de les faire tenir dans le respect et dans la dépendance. Je ne blâme aucun système : mais, quant à moi, je ne suis point jalouse de cette sorte d'autorité, je ne veux employer la mienne que pour m'attirer votre amitié et votre confiance. Je ne veux point que votre obéissance soit aveugle ; je veux que votre cœur seul me réponde de votre soumission : j'aime à croire que par ces moyens je m'assure bien mieux de votre respect et de votre reconnoissance.

Je me suis surtout fait la loi de vous parler vrai, et de vous donner, autant qu'il est possible, une idée juste de chaque chose : j'ai souvent remarqué le bon effet de cette méthode. Tel est l'avantage de la vérité, elle frappe l'esprit le moins formé, elle seule doit nous guider par le flambeau de la raison, et nous montrer les moyens de nous rendre utiles à la société et dignes de notre propre estime. Vous trouverez donc, mon fils, dans les avis que je vous donne, moins les préceptes d'une mère que les conseils d'une amie occupée du soin de votre bonheur, et jalouse des vertus auxquelles vous devez aspirer, et sans lesquelles il n'est point de bonheur solide.

Voilà les principes que j'ai tâché de suivre ; vous pouvez aisément vous rappeler que je ne vous ai jamais corrigé par humeur. Quand il m'est arrivé de me tromper, je ne vous l'ai pas laissé ignorer. Si je m'oppose à vos volontés, ce n'est qu'après vous en avoir fait sentir les raisons.

Vous ne m'avez jamais vu abuser de votre confiance, je n'ai jamais voulu la forcer, ni l'exiger comme une chose qui me fût due ; je porte la délicatesse jusqu'à respecter scrupuleusement vos petits secrets.

Un des principaux objets de notre attention a été d'examiner sévèrement le caractère de ceux qui doivent partager, avec votre père et moi, le soin de vous rendre heureux. Ce n'est qu'après leur avoir reconnu toutes les qualités essentielles, que nous les avons chargés de la partie de votre éducation que nous ne pouvions suivre nous-mêmes. De tous ceux à qui nous avons confié ce soin, le gouverneur qui est présentement avec vous nous a paru le plus propre à remplir nos vues. Indépendamment de ses talents et de ses qualités personnelles, l'attachement qu'il a pour vous, sa douceur et sa patience inaltérables, doivent (je ne saurois trop le répéter) pénétrer votre cœur de la plus vive reconnoissance.

D'après tout ce que je viens de vous dire, vous pouvez juger, mon fils, des motifs qui me font agir. Je me croirai assez récompensée de mes soins, si vous y répondez par votre application : et, quoique votre âge ne soit point celui de la réflexion, je me flatte que le sentiment vous en tiendra lieu dans toutes les occasions importantes, et que votre conduite contribuera plus que toute autre chose au bonheur de ma vie.

SECONDE LETTRE DE MADAME D'ÉPINAY A SON FILS.

Votre remarque sur l'accueil que vous firent, l'autre jour, madame Darty et madame sa sœur, me donne, mon cher fils, bonne idée de la justesse de votre esprit.

Les louanges excessives de l'une vous déplurent, et la vérité avec laquelle vous parla l'autre vous parut, en revanche, une preuve bien sûre de son amitié, et vous causa une satisfaction réelle. Je n'aurois cependant pas été trop étonnée de vous voir plus flatté des compliments de l'une que des vérités de l'autre; votre âge eût rendu la chose pardonnable : mais votre conscience, d'accord avec la raison, vous a fait préférer aux éloges que vous ne méritiez point, des avis vrais et sincères que l'intérêt et l'amitié seuls peuvent dicter. Ce discernement de votre part me persuade que, s'il falloit choisir, vous aimeriez mieux encore une critique sévère que des compliments outrés.

En effet, mon fils, quel cas pourrions-nous faire de l'approbation de ceux dont nous sommes à peine connus? Et si ceux qui nous connoissent davantage se bornent à nous donner des conseils et des avertissements, ne serions-nous pas bien dupes de nous fier à des éloges vides de sens? La plus simple réflexion suffit d'ailleurs pour convaincre un jeune homme que son mérite ne peut consister tout au plus que dans un emploi sage du temps et des moyens que la fortune lui offre pour cultiver ses talents.

Votre âge est celui de l'espérance, vous pouvez promettre, et j'aime à croire pour le bonheur de mes jours que vous promettez beaucoup; mais vous n'avez encore rien tenu; vous méritez donc des encouragements, mais vous ne pouvez prétendre aux éloges. Le jardinier qui planta cette allée de tilleuls que vous voyez dans le jardin d'Épinay, ne songe pas à les louer de l'ombre qu'ils ne sauroient encore donner; il se borne à une culture soigneuse, et leur procure tous les moyens de croître et de se fortifier; il retranche les rameaux qui pourroient détourner des branches principales les sucs nécessaires à la séve; il peut juger, si vous voulez, par la beauté des feuilles de ce que l'arbre pourra devenir un jour; il se flatte dans le silence que ses soins prospéreront; mais il ne songera à vanter ses succès que lorsque, aidé par le temps et la culture, ce tilleul sera devenu l'ornement du jardin de son maître.

Le louange est une justice qu'on rend au mérite réel: elle ne doit nous flatter qu'autant qu'elle sait ménager notre modestie; que notre conscience se trouve d'accord avec elle, et qu'elle nous est accordée par des hommes dignes eux-mêmes d'éloges et capables de nous juger. Lorsque vous avez traduit quelques beaux morceaux de Térence ou de Virgile, et que vous avez mis à ce travail toute votre application, seriez-vous bien charmé d'en recevoir des compliments par quelqu'un qui n'auroit nulle connoissance de la langue latine, ou qui, dépourvu de goût et de lumières, ne sauroit juger de la bonté de votre traduction? Non, sans doute. On ne peut ambitionner que les éloges de ceux dont le suffrage est éclairé et fondé.

L'usage de louer les présents à tort et à travers, en réservant les critiques et le blâme aux absents, est une suite de la dépravation de nos mœurs, de notre désœuvrement et du goût immodéré pour la société, qui est si nécessaire aux oisifs. La dissipation nous a rendus étrangers à nous-mêmes; pour n'être jamais avec nous, elle nous fait courir de cercle en cercle; elle nous fait contracter cette légèreté dans nos propos, avec laquelle nous louons et blâmons ordinairement sans attacher aucune idée à nos jugements: une telle habitude devient bientôt funeste.

La politesse est dans un cœur sensible une expression douce, vraie et volontaire du sentiment, de l'estime et de la bienveillance. La flatterie, au contraire, n'est qu'un mensonge vain et grossier, dont personne n'est la dupe. On ne la borne plus envers les inconnus à des manières affables et aux égards qu'on doit à tout le monde. Tous ceux qu'on rencontre reçoivent les démonstrations en apparence les plus vives d'une amitié que le cœur n'a jamais ressentie, et l'ami de tout le monde est également froid et indifférent pour tous. Par une envie de plaire démesurée, on s'est accoutumée à des exagérations et à des éloges d'habitude : on loue, non parce qu'on est réellement pénétré de la bonté et de la beauté de la chose qu'on prétend approuver, mais pour ne pas manquer l'occasion de dire un mot agréable. Qu'il soit bien placé, qu'il vienne à propos, ce n'est pas ce qui paroît nous importer. Quel plaisir pourroit faire à un homme sensé une politesse aussi méprisable? Si je mérite réellement des éloges, ne dois-je pas être importuné de ceux dont on m'accable sans jugement, et qu'on est prêt à prodiguer de même au premier venu qui voudra les écouter? Si je n'en mérite point, qu'elle confusion de recevoir ainsi des reproches sous le nom d'éloges! Car vanter les biens que je ne possède pas, n'est-ce pas me reprocher mon indigence? Il y a plus encore. Cette fureur de louer s'étend quelquefois dans le monde jusque sur les actions les plus répréhensibles, et devient une lâcheté que la légèreté et la frivolité de notre commerce ne sauroient excuser.

Mais, mon fils, comme le sage doit moins songer à corriger la société des vices dont elle est remplie qu'à s'en garantir lui-même, j'espère qu'après avoir senti le néant de ces louanges insensées, vous y mettrez le prix qu'elles ont, et que vous saurez mépriser comme de vaines paroles tous les éloges que la vertu et le sentiment de votre conscience ne concourent point à justifier.

Un honnête homme travaille à mériter la louange, mais ne la recherche point; il sait qu'on n'en est plus digne lorsqu'on n'agit que pour elle. Celui qui s'en inquiète fait l'aveu de sa foiblesse et de son peu de mérite. Les anciens ont dit que l'envie suivoit la vertu comme l'ombre suit le corps : cela est encore bien plus vrai de la louange; mais le corps ne doit point courir après l'ombre. Une belle action arrache l'admiration de tous les hommes; il n'est pas besoin de mendier les suffrages. Tout s'empresse à célébrer la vertu. L'histoire de France nous apprend que Louis XII, excité par les méchants à venger les offenses qu'il avoit reçues de ses ennemis avant que de monter sur le trône, leur dit pour toute réponse : que le roi de France n'étoit pas fait pour venger les injures qu'on avoit faites au duc d'Orléans. Ce mot si généreux et si digne d'un roi fait son effet sur tous les cœurs sensibles; mais ce ne sont pas vos louanges qui le rendent admirable; il l'est en lui-même par le sentiment de bonté qui le dicta. Car si vous veniez à apprendre que ce trait d'histoire est faux, et que Louis XII n'a pas eu le courage de pardonner à ses ennemis, les idées de vertu et de générosité, que vous aviez attachées à l'action du monarque, disparoîtroient, et vos éloges ne seroient plus qu'un vain tissu de paroles.

C'est pour sa propre satisfaction qu'il faut faire le bien, et non pour l'opinion que les hommes peuvent prendre de nous : car la louange, je vous l'ai dit, n'est que l'ombre de la vertu, et l'ombre ne peut exister sans le corps qui la produit.

S'il est juste de jouir modérément d'un éloge mérité, il est de la plus grande importance, d'un autre côté, de se tenir en garde contre la flatterie. La fausseté et la perfidie en ont fait un instrument d'autant plus pernicieux, que son ressort est caché et trop conforme au penchant naturel que nous avons tous plus ou moins à la présomption. Guidé par un intérêt secret, dans les sentiers obliques et détournés, l'adulateur devient dangereux à proportion que sa louange est fine et déliée. Son art est d'approcher, le plus qu'il est possible, de la vérité, de ne rien brusquer, d'applaudir d'abord aux qualités réelles, de les exagérer ensuite, de se ménager ainsi un passage imperceptible de la vérité au mensonge, et d'enivrer par degrés l'homme assez dupe et assez borné pour l'écouter et pour le croire.

L'art enfin le plus ordinaire aux flatteurs et le plus infernal, consiste à donner des dehors favorables aux plus mauvaises actions, à confondre sans pudeur le ridicule et l'honnête, la vertu et le vice. Un prodigue sera loué de sa générosité, un maintien indécent et déplacé sera caractérisé d'usage du monde, d'aisance, de négligence et de folies aimables ; la dissimulation deviendra prudence, l'étourderie prendra le vernis d'une agréable vivacité, l'entêtement celui de la fermeté. Et comme l'homme le plus flatté est ordinairement le plus méprisé par ses adulateurs, ils se dédommagent aussi à ses dépens de la gêne à laquelle leur métier les condamne.

Vous avez lu dans *Télémaque* tous les désordres causés par Protésilas et Timocrate. Ils surent par leurs louanges prolonger les erreurs du roi de Crète : leur crédit étoit fondé sur son aveuglement. Idoménée étoit haï de ses peuples, et s'en croyoit aimé : ce prince avoua à Mentor que son foible pour la flatterie lui avoit fait commettre de grandes injustices.

Si les grands sont en général plus exposés au malheur d'être trompés, l'expérience vous confirmera, mon fils, combien il est essentiel pour tout homme, qui ne veut pas se perdre, de contracter l'habitude de la vertu et de la vérité, qui seules peuvent nous garantir des écueils de la flatterie.

Conservez, je vous conjure, les sentiments que je cherche à cultiver en vous, et vous ne serez jamais assez malheureux pour exercer le métier de flatteur. Il n'en est point de plus infâme; il réduit au mensonge, à la fausseté, à tout ce qui peut déshonorer. Les remords, qui sont le partage du flatteur, ne se bornent point à la conscience de ses propres fautes et de ses lâches desseins; comme il devient par ses artifices l'instrument et l'auteur du crime des autres, il se rend reponsable de toutes les suites de ses séductions; il ne sauroit ni les prévoir ni les prévenir.

Mais il ne suffit pas, mon fils, d'être en garde contre un vice aussi bas et aussi honteux; il s'agit encore de s'accoutumer de bonne heure à juger sainement et sans prévention de chaque chose, et principalement du caractère et des actions des hommes avec lesquels nous avons à vivre, afin de rendre à la vérité, à la vertu et au vrai mérite, la justice qui leur est due. Si le chef-d'œuvre d'un habile artiste nous arrache des acclamations, même involontaires, quel ravissement ne doit point éprouver l'heureux témoin d'une action honnête et vertueuse? Voyez à nos spectacles l'émotion et l'attendrissement qu'excite la seule image de la vertu, et apprenez, par le plaisir que vous partagez alors avec le public, quels droits elle a sur nos hommages, et combien il est doux de lui payer le tribut qu'elle mérite.

LETTRE DE J. J. ROUSSEAU A MADAME D'ÉPINAY,

J'ai lu avec grande attention, madame, vos lettres à monsieur votre fils ; elles sont bonnes, excellentes, mais elles ne valent rien pour lui. Permettez-moi de vous le dire avec la franchise que je vous dois. Malgré la douceur et l'onction dont vous croyez parer vos avis, le ton de ces lettres, en général, est trop sérieux ; il annonce votre projet, et, comme vous l'avez dit vous-même, si vous voulez qu'il réussisse, il ne faut pas que l'enfant puisse s'en douter ; s'il avoit vingt ans, elles ne seroient peut-être pas trop fortes, mais peut-être seroient-elles encore trop sèches. Je crois que l'idée de lui écrire est très-heureusement trouvée, et peut lui former le cœur et l'esprit ; mais il faut deux conditions, c'est qu'il puisse vous entendre et qu'il puisse vous répondre. Il faut que ces lettres ne soient faites que pour lui, et les deux que vous m'avez envoyées seroient bonnes pour tout le monde, excepté pour lui. Croyez-moi, gardez-les pour un âge plus avancé, faites-lui des contes, faites-lui des fables dont il puisse lui-même tirer la morale, et surtout qu'il puisse se les appliquer. Gardez-vous des généralités ; on ne fait rien que de commun et d'inutile en mettant des maximes à la place des faits ; c'est de tout ce qu'il aura remarqué, en bien ou en mal, qu'il faut partir. A mesure que ses idées commenceront à se développer, et que vous lui aurez appris à réfléchir, à comparer, vous proportionnerez le ton de vos lettres à ses progrès et aux facultés de son esprit. Mais si vous dites à monsieur votre fils que vous vous appliquez à former son cœur et son esprit ; que c'est en l'amusant que vous lui montrerez la vérité et ses devoirs, il va être en garde contre tout ce que vous lui direz ; il croira toujours voir sortir une leçon de votre bouche ; tout, jusqu'à sa toupie, lui deviendra suspect. Agissez ainsi, mais gardez-en bien le secret.

A quoi sert-il, par exemple, de l'instruire des devoirs de votre état de mère ? Pourquoi lui faire retentir toujours à l'oreille les mots soumission, devoirs, vigilance, raison ? Tout cela a un son effrayant à son âge. C'est avec les actions qui résultent de ces termes qu'il faut l'apprivoiser ; laissez-lui ignorer leurs qualifications jusqu'à ce que vous puissiez les lui apprendre par la conduite qu'il aura tenue ; et encore faites-lui bien sentir avant tout l'avantage et l'agrément qu'il en aura recueillis, afin de lui montrer qu'un acte de soumission et de devoir n'est pas une chose si effrayante qu'il pourroit se l'imaginer.

Quant à la seconde lettre, si elle ne renferme pas des choses si contraires à votre but, elle est au moins remplie d'idées et d'images trop fortes, non-seulement pour l'âge de monsieur votre fils, mais même pour un âge beaucoup au-dessus du sien. Votre définition de la politesse est juste et délicate, mais il faut y penser à deux fois pour en sentir toute la finesse. Sait-il ce que c'est que l'estime, que la bienveillance ? Est-il en état de distinguer l'expression volontaire ou involontaire d'un cœur sensible ? Comment lui ferez-vous entendre que le corps ne doit point courir après l'ombre, et que l'ombre ne peut exister sans le corps qui la produit.

Prenez garde, madame, qu'en présentant de trop bonne heure aux enfants des idées fortes et compliquées, ils soient obligés de recourir à la définition de chaque mot. Cette définition est presque toujours plus compliquée, plus vague que la pensée même ; ils en font une mauvaise application, et il ne leur reste que des idées fausses dans la tête. Il en résulte un autre inconvénient, c'est qu'ils répètent en perroquets de grands mots auxquels ils n'attachent point de sens, et qu'à vingt ans ils ne sont que de grands enfants ou de plats importants.

Vous m'avez demandé mon avis par écrit, madame, le voilà ; je désire que vous vous en accommodiez, mais il ne m'est pas possible de vous en donner un autre. Si je ne me suis pas trompé sur votre compte, vous me pardonnerez ma brutalité, et vous recommencerez votre besogne avec plus de courage et de succès que jamais [1].

---

[1] Madame d'Épinay a écouté cette juste critique, et ses *Conversations d'Émilie* sont dans le ton exact que Rousseau lui recommande.

CHAPITRE II

1754-1755

Travaux du grand château. — Indélicatesse de M. d'Épinay. — Madame d'Épinay se fait institutrice et écolière. — Sa compagnie d'hiver. — Grimm gagne toujours du terrain. — Il ménage M. d'Épinay. — Retour de Desmahis. — Négligence de Francueil. — Duclos sonde le cœur de madame d'Épinay et le déchire. — Il lui dit qui est Grimm. — Anecdote de la Fel. — Grimm résiste aux attaques et entre dans la famille. — Le frère de M. de V***. — Dernier effort de Duclos. — Explication douloureuse avec Francueil. — Billets de J. J. Rousseau. — Francueil se calme.

LETTRE DE MADAME D'ÉPINAY A M. DE LISIEUX.

Je n'ai que le temps, monsieur, de vous donner occasion de vous moquer de moi; cependant il faut que je vous dise auparavant que les bâtiments du château sont commencés. M. d'Épinay est dans l'enthousiasme de ses plans, de ses projets; il ne nous parle que de cela. M. de Francueil est très-assidu depuis que mon mari est ici; je le soupçonne d'avoir renoué ses liaisons avec mademoiselle Rose.

M. d'Épinay, après avoir passé une heure dans la salle à manger avec des marchands, tandis que nous étions, ma mère et moi, dans le salon, est rentré une pièce de dentelle d'Angleterre à la main en me disant : « Madame, faites-moi le plaisir d'estimer cela; » et il ajouta pendant que je la regardois : « J'ai un présent à faire à une femme à qui j'ai des obligations ; et cette dentelle, si elle n'est pas trop chère, remplira assez bien mes vues. » Je lui dis qu'elle valoit cent francs l'aune, à bon marché. Il s'en alla en disant : « J'en vais offrir quatre-vingts. » Toute la compagnie crut que ce présent m'étoit destiné, et chacun m'en faisoit déjà compliment. Ma mère le crut aussi ; car, le voyant si assidu, elle en conçoit de grandes espérances de réforme, enfin Francueil lui-même en étoit persuadé ; et je ne sais comment leur persuasion me gagna aussi. M. d'Épinay ne parla plus de sa dentelle, et personne n'osa lui faire de questions ; mais une heure après, il vint me dire : « Je l'ai eue à quatre-vingt-huit livres ; elle est charmante : c'est dans dix jours la fête de la petite Rose, il faut bien que je lui donne un bouquet ; cela fera mon affaire. » Je ne lui répondis rien, car je crus rêver en recevant cette confidence. « Est-ce, me dit-il, que vous ne trouvez pas ce présent honnête ? — Je ne me connois pas, lui dis-je, à ce genre d'honnêteté. »

Bonsoir, monsieur, je vais me coucher ; j'ai un mal de tête effroyable.

Madame d'Épinay m'écrivit peu pendant le reste de la campagne. Elle se livra tout entière à l'éducation de ses enfants ; et comme les talents agréables en faisoient partie, elle se remit au dessin, à la musique, et excitoit leur émulation en travaillant avec eux. Elle leur écrivoit quelquefois ; mais, ayant saisi l'idée que Rousseau lui avoit donnée de ne leur écrire que des choses à leur portée, j'ai cru devoir supprimer ces sortes de lettres.

Elle revint s'établir à Paris à la fin de novembre, M. Grimm étoit de retour de ses voyages, et M. Desmahis de chez madame de la Poplinière. Madame d'Épinay et la comtesse d'Houdetot s'unirent de la plus grande amitié. M. de Saint-Lambert trouvoit chez ma pupille une société solide et agréable. M. Rousseau, M. Grimm, M. Gauffecourt et moi étions les amis d'habitude. M. de Francueil, M. Desmahis, le chevalier de Valory, mademoiselle d'Ette et Duclos venoient quelquefois chez elle, mais pas aussi fréquemment que nous. M. de Jully et le comte d'Houdetot n'y faisoient guère que des visites de bienséance ; et M. d'Épinay ne paroissoit chez lui que lorsqu'il étoit las d'aller ailleurs.

JOURNAL DE MADAME D'ÉPINAY.

Au mois de décembre (1754).

N'attendez de moi, monsieur, à présent que vous êtes à Paris, qu'une gazette très-sèche de ce que vous ne serez pas à portée de voir, ou de ce que je ne vous aurois pas dit. Je vous enverrai une copie de ce que j'écrirai ; voilà, en vérité, tout ce que vous pouvez exiger de ma paresse.

Depuis que j'ai quitté la campagne, je mène une vie assez uniforme et assez tranquille. Je vois peu mon mari ; il monte à cheval presque tous les jours, et va souvent voir travailler ses ouvriers à Épinay. Tout le monde assure qu'il fait faire des sculptures et des ornements magnifiques ; mais il les fait faire à Paris et avec le plus grand mystère. Il n'en convient même pas, et soutient toujours, au contraire, qu'il veut que cette maison soit un chef-d'œuvre de bon goût et de simplicité. M. de

Francueil paroît être ou sa dupe ou son confident, car il tient le même langage que lui. Je le vois peu, mais ses absences ou sa présence n'influent plus sur mon repos.

J'ai vu hier le chevalier de Valory; il m'a dit avoir eu déjà trois ou quatre altercations assez vives avec mademoiselle d'Ette, dont elle l'a instamment prié de ne me pas parler.

Je n'ai pas besoin de vous dire que j'ai eu un plaisir très-vif à revoir M. Grimm. Sa société m'est tous les jours plus agréable, quoique je sois tentée quelquefois de prendre de l'humeur contre lui en le voyant si silencieux. Il ne cause volontiers que tête à tête, et il ne paroît nullement curieux de ramener les autres à son avis : ses principes sont un peu différents de ceux de nos illustres bavards. Par exemple, il ne met d'importance à l'opinion qu'on prend de lui qu'autant qu'elle se trouve d'accord avec son témoignage intérieur. Il prétend qu'il n'y a pas d'homme qui ne puisse être son propre juge quand il le voudra sincèrement; que rien n'est si pernicieux pour les jeunes gens que de s'accoutumer à confier indifféremment leurs fautes et les écarts dans lesquels ils sont tombés au premier qui leur marque de l'amitié et de l'intérêt. Cette légèreté détruit insensiblement toute pudeur et la honte que doit leur inspirer le vice. J'avoue qu'il m'a fait sentir par sa conduite et par sa réserve une chose que je n'aurois pas trop aperçue. Je croyois qu'après le mépris dont s'étoit couvert à mes yeux M. d'Épinay, je pouvois en sûreté de conscience l'abandonner à lui-même, et que je ne pouvois même trop afficher que nous faisions cause à part. Les égards qu'a M. Grimm, lorsqu'il nous arrive de parler de lui; la manière dont il a insisté sur le malheur qui pouvoit résulter pour mes enfants, s'ils s'apercevoient de l'opinion que j'ai de leur père l'assurance où il semble être que je puis ou retarder sa perte, ou peut-être même le réhabiliter, m'a fait faire de sérieuses réflexions relativement au sort de mes enfants. J'ai rougi intérieurement de n'avoir pas assez senti que la franchise, avec laquelle je laisse voir le mépris que mon mari m'inspire, pouvoit leur être nuisible, et je me suis promis une conduite plus prudente. Voilà pourtant ce qui résulte du commerce de ceux qui ont des principes stables et qui ne les arrangent pas chaque jour sur leurs projets et suivant leur intérêt?

———

Desmahis est de retour, je l'ai vu plusieurs fois ; il est sérieux et paroît inquiet : il faut qu'il soit malade ou amoureux[1].

J'ai refusé hier un souper où je me serois sûrement fort amusée. Plusieurs de mes amis en étoient. Mais M. de Francueil m'avoit dit qu'il passeroit la soirée chez moi ; je le vois si rarement, que je n'ai pas voulu le refuser : il n'est pas venu et j'ai soupé avec Linant et Duclos. Je vois que je suis seule esclave de mes engagements et de ma parole ; que M. de Francueil surtout ne vient chez moi que lorsqu'il ne sait que devenir.

[1] Desmahis avait une santé délicate et un caractère un peu triste, assombri encore par le chagrin que cause à un écrivain la difficulté qu'il éprouve pour produire. Du reste, aimable et sensible, il n'était envieux de personne. « Content de vivre, a-t-il écrit, avec les grands hommes de mon siècle dans le cercle de l'amitié, je n'ambitionne pas d'être placé auprès d'eux dans le temple de Mémoire. »

BILLET DE MADAME D'ÉPINAY A M. GRIMM.

Je ne sais pourquoi je ne vous ai pas dit hier que la petite Gualtieri[1] venoit avec son mari dîner chez moi, peut-être vous seriez-vous laissé aller en faveur de la musique? Je n'ose insister, je serois aussi trop importune; à moins qu'une assez jolie collection d'ariettes nouvelles ne vous engage à venir me dédommager, une heure ou deux, d'un souper très-cérémonieux dont je suis menacée ce soir.

BILLET DE ROUSSEAU A MADAME D'ÉPINAY.

Je suis inquiet, madame, de l'état où je vous ai laissée hier; faites-moi donner des nouvelles de votre santé. Efforcez-vous de la rétablir pour l'amour de vous et de moi, et croyez, malgré toute la maussaderie de votre sauvage, que vous trouverez difficilement un plus véritable ami que lui[2].

RÉPONSE DE MADAME D'ÉPINAY A ROUSSEAU.

Eh! mon Dieu non, mon bon ami, vous n'êtes point maussade! de quoi vous avisez-vous d'aller croire cela? Mettez-vous bien dans la tête que je ne vous trouverai jamais tel, et que si j'ai eu de l'humeur hier, vous n'en

[1] Nous n'avons pas pu voir si ce nom est véritable. Madame d'Épinay parle sans doute de chanteurs ou de virtuoses italiens. En tout cas il n'y avait pas d'acteurs de ce nom dans la troupe de la Comédie italienne.
Dans les éditions de Rousseau on place cette lettre à l'année 1756, au moment où Rousseau est déjà installé à l'Ermitage. Il n'y a rien qui puisse faire croire que la lettre n'est pas de 1754-1755.

avez sûrement pas été cause. Je suis beaucoup mieux aujourd'hui. Bonjour ; venez me voir ces jours-ci.

LETTRE DE MADAME D'ÉPINAY A M. DE LISIEUX.

Vous avez raison, monsieur, j'avois hier de l'humeur, de l'embarras ; et qui en auroit point eu ? Lorsque vous êtes arrivé, il y avoit une heure que Duclos travailloit à me persuader que M. Grimm est amoureux de moi. Avez-vous jamais vu une pareille extravagance ? Mais on ne peut donc avoir d'amitié, ni de reconnoissance, ni aucun sentiment doux pour une femme, sans en être amoureux ? Il est envieux ce Duclos ; il me peignoit M. Grimm comme un inconnu, sans aveu, qui tire toute son existence, dit-il, du délire d'un talon rouge et d'un pédant, et qui joue le passionné de tous ceux qui lui veulent du bien. Comment trouvez-vous ces épithètes ? J'ai eu beau me fâcher, lui rappeler qu'il savoit tout aussi bien que moi qui étoit M. Grimm, et qu'il étoit généralement estimé ; il n'en voulut pas démordre : il ne sauroit souffrir que je l'appelle mon chevalier. J'ai bien voulu l'assurer qu'il n'étoit point amoureux de moi, mais qu'il me témoignoit de l'intérêt et une amitié dont j'étois très-reconnoissante ; et qu'après les obligations que je lui avois, sa société me seroit moins agréable qu'elle ne me l'est, que je le rechercherois avec le même empressement. Il a redoublé de mauvais propos et a fini par celui-ci. « Qu'il soit amoureux de vous ou non, m'a-t-il dit, je vous avertis qu'il a une passion dans le cœur pour la petite Fel [1],

---

[1] Marie Fel. Il y a des lettres de Voltaire qui lui sont adressées. Collé nous apprend qu'elle n'était pas (nous l'avons dit déjà) d'une nature de

qui n'en a pas voulu, vous n'aurez que son reste; elle l'a renvoyé de chez elle, et voilà le sujet de sa dernière absence et de ce prétendu service qu'il rendoit au baron d'Holbach en voyageant avec lui : c'est qu'il en perdit la tête. Au reste vous le guérirez peut-être, car il l'aime toujours. » Il en étoit là lorsque vous êtes venu ; et lorsque j'ai vu arriver M. Grimm presque en même temps que vous, j'en ai eu de l'embarras ; j'ai craint que Duclos ne lui tînt quelque mauvais propos : vous savez s'il les souffre ! Je n'ai eu du repos que lorsqu'il a été parti. Je ne crois pas qu'il y ait un mot de vrai à tout ce que m'a

---

comédienne. « Mademoiselle Chevalier et mademoiselle Fel, dit-il (*Journal*, I, 60) sont bien éloignées d'être des actrices, surtout la dernière, dont la voix légère et parfaite en ce genre n'est bonne que pour des ariettes. »

Rousseau a mis dans ses *Confessions* l'histoire de la passion de Grimm. C'est en 1753 ou en 1754. « Grimm, après avoir vu quelque temps de bonne amitié mademoiselle Fel, s'avisa tout à coup d'en devenir éperdument amoureux et de vouloir supplanter Cahusac. La belle, se piquant de constance, éconduisit ce nouveau prétendant. Celui-ci prit l'affaire au tragique et s'avisa d'en vouloir mourir. Il tomba tout subitement dans la plus étrange maladie dont jamais peut-être on ait ouï parler. Il passoit les jours et les nuits dans une continuelle léthargie, les yeux bien ouverts, le pouls bien battant, mais sans parler, sans manger, sans bouger, paraissant quelquefois entendre, mais ne répondant jamais, pas même par signe, et du reste sans agitation, sans douleur, sans fièvre, et restant là comme s'il eût été mort. L'abbé Raynal et moi nous partageâmes sa garde ; l'abbé, plus robuste et mieux portant, y passoit les nuits, moi les jours, sans le quitter jamais ensemble; et l'un ne partoit jamais que l'autre ne fût arrivé. Le comte de Frièse, alarmé, lui amena Sénac, qui, après l'avoir bien examiné, dit que ce ne seroit rien et n'ordonna rien. Mon effroi pour mon ami me fit observer avec soin la contenance du médecin, et je le vis sourire en sortant. Cependant le malade resta plusieurs jours immobile, sans prendre ni bouillon, ni quoi que ce fût, que des cerises confites que je lui mettois de temps en temps sur la langue, et qu'il avaloit fort bien. Un beau matin il se leva, s'habilla et reprit son train de vie ordinaire, sans que jamais il m'ait reparlé, ni, que je sache, à l'abbé Raynal, ni à personne, de cette singulière léthargie, ni des soins que nous lui avions rendus tandis qu'elle avoit duré. »

dit Duclos. La maison où M. Grimm va le plus à Paris est celle du baron d'Holbach, ce ne sont pas là des gens à filles. Le comte de Frièse chez qui il loge, et avec qui il est sans cesse, ne voit pas non plus mademoiselle Fel; au reste, cela m'est fort égal. Je ne prétends rien de lui, je n'ai qu'à m'en louer; que me feroit le reste? Si ce n'est que je n'aime point que Duclos se mêle ainsi de mes affaires, ne dise du mal de ceux que je distingue : ah! il est certain que s'il continue, je me brouillerai tout à fait avec lui! Adieu, monsieur, j'espère vous voir demain.

BILLET DE MADAME D'ÉPINAY A M. GRIMM.

Je dîne aujourd'hui chez Francueil, et je soupe chez la comtesse d'Houdetot qui m'a chargée de vous y inviter; si vous acceptez la proposition, j'irai voir ma mère, et de là vous prendre pour vous mener chez ma sœur. Bonjour, monsieur. Un mot de votre rhume?

BILLET AU MÊME.

Le samedi.

Est-ce que je vous ai appelé monsieur? C'est que j'avois une mauvaise plume apparemment. Moi fâchée, moi vous en vouloir; eh! pourquoi?

Hélas! non, je ne serois pas seule ce soir! Que pouvez-vous avoir à me dire? Je manquerai peut-être l'occasion de vous être utile, et je ne m'en consolerai point. Venez toujours passer la soirée; si vous venez de bonne heure, peut-être aurons-nous un moment pour causer. Au moins serez-vous sûr, si ce que vous avez à me dire n'est pas pressé, de réparer demain ce contre-temps;

je ne sortirai pas de la journée, et je vous promets que ma porte sera fermée, excepté pour vous. Bonjour, mon chevalier.

SUITE DU JOURNAL.

M. de Francueil est venu hier pendant que M. Grimm étoit chez moi. Ma porte étoit fermée. Je l'ai vu cependant un moment, je lui ai marqué du regret de ne l'avoir pas reçu et je lui ai dit qu'ayant eu affaire une heure ou deux, j'avois défendu ma porte. Cela lui a paru fort étrange; mais qu'est-ce qu'il y a donc de si singulier? Comment! je ne peux pas avoir affaire? Voyez-vous la tyrannie! Oh! je veux être libre. Je m'en expliquerai au premier instant que je trouverai pour causer à mon aise avec lui. Il faut absolument fixer et décider ma situation. Cette incertitude ne me convient pas. Elle peut même me donner un coup d'œil fort singulier; mais je voudrois trouver une occasion bien naturelle pour cette explication. Je connois Francueil. La crainte de perdre les ressources qu'il est sûr de trouver d'un instant à l'autre dans mon amitié le rendra peut-être injuste : les hommes s'exagèrent tout. Il verra dans cette explication son amour-propre humilié. Il verra des projets, il croira que c'est une rupture que je demande; elle s'ensuivra peut-être de notre explication! Il ne sentira pas combien elle nous seroit à tous deux injurieuse! N'importe, je l'aurai. Encore une fois je veux être libre.

J'ai dîné aujourd'hui chez ma mère, avec MM. Grimm, Gauffecourt et Rousseau. Duclos y est venu l'après-dînée, et n'y est pas resté ; je crois qu'il n'est venu que pour savoir si j'avois vu hier M. Grimm, ou pour se donner un air de mystère avec moi. Il m'a pris à part pour me dire : « L'avez-vous vu hier? — Qui? — Eh! par Dieu, cet homme! » en montrant Grimm.

J'ai eu la foiblesse de répondre à sa question, et de lui mentir, ce qui est encore pis ; car je l'ai assuré que je ne l'avois pas vu, et j'ai passé deux heures avec lui. « Prenez garde, a-t-il ajouté, j'ai fait de terribles découvertes ; allez doucement, vous allez toujours trop vite. Je vous verrai ces jours-ci, et je vous dirai tout. » Il est parti après cet avertissement, qui m'a troublé un moment. Mais tout le monde s'étant retiré, à l'exception de M. Grimm, il a causé, entre ma mère et moi, avec tant de confiance, de franchise ; il nous a marqué un intérêt si sage, si pur, si dénué de l'apprêt et des vues qu'on lui suppose, que je me suis voulu mal de ma facilité à écouter Duclos. Je le ferai taire à l'avenir, c'est le plus sûr. Il en seroit sûrement de ce qu'il veut me dire, comme de cet amour de la Fel qui l'occupoit si fort, à ce qu'il prétendoit. J'ai eu le courage d'en parler à M. Grimm. Sa réponse a été simple, honnête et précise.

« J'avoue, m'a-t-il dit, que j'ai eu pour elle la plus violente passion qu'il soit possible de ressentir pour une femme. Je me suis cru quelque temps écouté ; c'est vraisemblablement moins sa faute que celle de mon amour-propre. J'ai reconnu mon erreur, j'en ai pensé mourir de chagrin ; mais elle a mis alors tant de dureté, de hauteur et de manque d'égards dans sa conduite avec moi, que j'en suis guéri pour ma vie. Je puis tout pardonner, jusqu'à l'infidélité de mon ami ; mais je ne pardonne pas le mépris. Je me mésestimerois et je croirois me manquer, si je revoyois jamais quiconque m'en a marqué. »

Je crois qu'après une pareille réponse on peut mépriser les avis de Duclos; mais il est bien essentiel pour mon repos de lui persuader qu'il n'y a d'autres liaisons entre Grimm et moi que celle de l'estime, de la confiance et de l'amitié. Hélas! mon expérience ne m'a que trop appris que s'il en étoit autrement, ce seroit tôt ou tard pour son malheur et pour le mien!

LETTRE DE MADAME D'ÉPINAY A M. GRIMM.

J'ai eu ce matin la preuve incontestable de ce qui nous a occasionné hier une si belle dispute, mon chevalier, et je ne puis m'empêcher à présent d'être complétement de votre avis. Je sortois de chez mes enfants, je rencontre sur l'escalier un homme très-bien mis, suivi d'un grand laquais. Il avoit l'air si riant, si affable en m'abordant, que, tout machinalement et sans le connoître, je pris le même maintien.

« Madame, me dit-il en m'offrant la main, me permettez-vous de vous faire ma cour un moment? — Monsieur, j'en serai très-flattée; » et nous entrons dans mon appartement. Nous voilà assis l'un vis-à-vis de l'autre, à causer de la meilleure amitié du monde; et à causer, non de la pluie et du beau temps, mais de M. de Jully, de sa pauvre femme, du chevalier de V***[1], et puis des spectacles, des arts, des sciences, des voyages de ce mon-

---

[1] On n'a pas oublié que madame de Jully l'aimait quand elle mourut.
A propos de la mort de madame de Jully, comme il a été dit qu'elle accoucha en 1750, on pourrait croire qu'elle laissait un enfant; mais il était mort peu de temps après sa naissance.

sieur, de tout ce que vous pouvez imaginer. Je me disois sans cesse : Est-il possible d'avoir si peu de mémoire; j'ai vu cet homme vingt fois, et je ne puis retrouver son nom! A la fin, il me témoigna ses regrets de ne m'avoir pas vue plutôt, et de ne s'être présenté à moi qu'au moment de son départ. « Quand on vient à Paris pour la première fois de sa vie, dit-il, deux mois sont bientôt écoulés; j'ai pourtant prié plusieurs personnes de me présenter à vous; cela n'a jamais pu s'arranger. — Mais, monsieur, lui dis-je, je ne vous ai donc jamais vu? — Non, madame. — Je n'en reviens point, et je ne m'en serois jamais douté. Mais, monsieur, à qui ai-je l'honneur de parler? — Au frère du chevalier de V***, madame. Je pars dans huit jours pour aller le rejoindre; il m'avoit recommandé d'avoir l'honneur de vous voir à mon passage à Paris, et je suis sûr qu'il ne me pardonneroit pas d'avoir manqué à ce devoir. — Eh! mais, monsieur, que ne le disiez-vous d'abord? »

Il prétendit que je ne lui en avois pas donné le temps, et que la conversation s'étoit engagée de manière à ne la pas rompre pour décliner son nom. Cela est bien difficile à croire. Il est certain qu'ayant été avertie par le chevalier, j'aurois pu m'en douter; mais j'avois été si prévenue par l'abord de cet homme que je devois le connoître, que l'on auroit eu beau me dire à l'oreille qu'il m'étoit inconnu, je n'en aurois rien cru. Dès que j'ai eu fait cette découverte, je me suis rappelé notre conversation, et je vous ai vu le recevoir. Le contraste de son affabilité et de votre sauvagerie pour tout ce que vous ne connoissez pas, m'a donné envie de rire : je vous peindrois tous deux. Vous auriez eu beau faire, je parie que vous ne l'auriez pas déconcerté. Il passe sa vie avec mon mari chez le prince de*** : cela ne prouve ni pour ni contre lui. Le prince voit tout le monde, celui-ci pourroit bien y être reçu, et mon mari souffert en faveur des talents de Rose, qui ne va plus sans lui.

Ne vous verrai-je pas demain? J'ai une petite consultation à vous faire qui concerne mes enfants. Je ne sortirai pas d'un ou deux jours, je vous en avertis.

SUITE DU JOURNAL.

Que ce Duclos est abominable ! Je ne puis ajouter foi aux propos qu'il me tient sur M. Grimm, et cependant, par une fatalité inconcevable, je ne puis me résoudre à les rejeter tout à fait.

Lorsqu'il est venu chez moi aujourd'hui, M. Grimm y étoit : celui-ci s'étant en allé, Duclos a profité du moment pour me dire que je faisois un tort irréparable à ma réputation de prendre M. Grimm, et de quitter Francueil. Ses termes ne sont jamais plus délicats ni plus décents.

« Je ne prends ni ne quitte personne, lui ai-je répondu sèchement, et je n'aspire qu'à avoir et à conserver des amis que je puisse estimer et qui me laissent tranquille. — Ah ! par Dieu, a-t-il repris, vous en aurez de reste de ceux-là ! mais ce ne sera pas moi qui pourrai me taire quand j'y verrai votre bonheur et votre réputation intéressés. Vous ferez tout ce qu'il vous plaira ; vous le trouverez bon ou mauvais ; cela m'est égal : mais j'aurai rempli le devoir de l'amitié et de l'honnêteté. Je parlerai et je le dirai partout, je vous en avertis ; oui, je dirai que je vous ai avertie, que je n'ai rien à me reprocher ; mais, que diable ! si votre passion est plus forte, si vous avez la tête tournée, ce n'est pas ma faute à moi, et je m'en lave les mains. — Mais vous faites là une supposition qui n'a pas le sens commun ; et vous vous permettriez de dire... — Eh ! mais, par Dieu, que ne m'écoutez-vous donc si elle est fausse ? — Ah ! c'est qu'il me déplaît d'entendre sans cesse dire du mal de ceux à qui j'accorde de l'estime, de la confiance, et qui la méritent. — Oui, témoin la d'Ette, n'est-ce pas ? J'avois tort en vous disant de vous défier de cette créature ? — Mon Dieu ! c'est si différent. — Vous me feriez donner au diable. Madame, je vous dis que Grimm est un fourbe adroit, souple, insinuant [1]. Je vous pardonne de n'en rien voir, car il est presque impossible de s'en défier ; il faut être moi pour l'avoir démêlé. J'en ai des preuves plus claires que le jour. Il est amoureux de vous ; vous n'en conviendrez pas. — Mais croyez-vous ? » lui dis-je.

A cette question, nous restâmes tous les deux interdits, et je continuai :

« Je vous jure, monsieur, qu'il n'est pas possible de marquer à quelqu'un plus d'estime, plus d'attachement, d'intérêt tendre même qu'il ne m'en témoigne, je veux bien l'avouer, mais il ne m'a jamais tenu un seul propos galant. — Par Dieu ! je le crois bien, pas un mot d'amour ? je l'aurois gagé. Il est trop fin pour cela, le drôle ; il veut vous lier auparavant et vous tenir. Oui, oui, tout cela est très-conforme à ce que je sais de lui. Il est sévère, n'est-ce pas, dans ses principes ? — On ne peut davantage ; et conséquent, ce que vous ne dites pas. — Oh ! c'est une autre affaire. Le temps, le temps vous le prouvera. Comment, mordieu ! vous ne sentez pas que rien au monde

---

[1] Grimm a lu tout cela, et ne devait pas désirer la publication du roman.

n'est plus suspect que cette sévérité de morale qu'il affiche! — Mais il n'affiche rien ; au contraire, il parle peu, et il n'est jamais pressé de donner son avis. — Oh! par Dieu, non ; car il le laisse toujours équivoque. Ne voyez-vous pas qu'il a toujours peur de se compromettre? Il a l'air d'un homme qui craint de se démasquer ; et au milieu de tout cela y a-t-il une seule bonne action à citer de lui? Je sais bien qu'on peut souvent me condamner par mes paroles ; moi, je dis franchement tout ce qui me vient en tête, je n'ai point de raison pour m'écouter parler ; mais c'est que je sais bien, mordieu! que mes actions sont nettes. — Si vous avez cette certitude, je vous en fais mon compliment. — Il n'est pas question de cela. Je suis content de moi, tant pis pour les sots qui s'y trompent. J'ai découvert ; je sais des choses! Enfin, Grimm est un coquin. — La preuve, monsieur? — La preuve? — Oui, mais il me la faut plus claire que le jour, je vous en avertis. — Madame, il y a des choses que la probité, et ce que l'on doit à la confiance nous empêchent de mettre au jour. Je vais vous dire les faits, vous en ferez l'usage qu'il vous plaira.

« La petite Fel a chassé Grimm, parce qu'il avoit fomenté une intrigue infernale pour éloigner de chez elle ceux qui commençoient à le pénétrer. Elle n'a pas voulu depuis entendre prononcer son nom ; et lui, bassement, indignement, après avoir abusé de l'empire qu'il étoit parvenu à prendre sur elle par l'étalage de ses grands principes ; après lui avoir fait chasser tous ses domestiques, a eu l'effronterie de se plaindre de la dureté que cette fille a eue envers lui depuis sa rupture. Les coquins sont gauches : aujourd'hui qu'il sent le jeu qu'il joue, il se démène comme un diable, mais toujours sourdement, comme il lui convient, pour retourner chez la Fel, et y être seulement admis. Cela est-il clair? Mais ce n'est pas tout, il abusoit en même temps de la confiance du baron d'Holbach, son ami intime, pour vivre avec sa femme et la mener à sa fantaisie. Si ce n'est pas là la conduite d'un coquin, ma foi, je n'y entends plus rien. »

SUITE DU JOURNAL.

Le soir, à minuit.

J'ai l'âme brisée. J'ai passé ma soirée avec Francueil; je lui avois demandé ce rendez-vous pour m'expliquer avec lui. Je lui ai dit que mon intention étoit de fixer clairement notre situation l'un envers l'autre; que j'avois lieu de croire, d'après la conduite qu'il avoit tenue avec moi, que son projet avoit été de me réduire au titre de son amie; qu'il devoit voir par la liberté que je lui laissois que ce plan étoit aussi de mon goût, mais que je croyois convenable et honnête de nous rendre réciproquement notre liberté; et j'ai ajouté que j'étois tout aussi décidée à conserver les droits de l'amitié sur son cœur qu'à m'y réduire, et à ne lui pas permettre d'en réclamer d'autres à l'avenir.

Cette déclaration, à laquelle il ne s'attendoit pas, l'a sensiblement affligé. Il a voulu savoir si ce n'étoit pas quelque autre engagement qui l'avoit tout à fait effacé de mon cœur. Je lui ai répondu que cette question étoit inutile et offensante, et que la démarche que je faisois auprès de lui-lui prouvoit que je ne me croyois pas libre. Il me dit qu'il avouoit à regret que sa conduite avec moi auroit pu me rendre maîtresse de moi-même, sans un excès de délicatesse, dont il sentoit tout le prix ; mais qu'il respectoit mon secret. « Vous aimez, et Grimm vous aime, j'en suis sûr ; » puis il ajouta : « J'en mourrai de désespoir, je ne veux plus vous voir, il faut fuir, j'ai tout perdu. » Et il s'est jeté à mes genoux en fondant en larmes. Je lui ai dit tout ce que la compassion, la justice, la raison et l'amitié m'ont inspiré de plus consolant ; je n'ai pu le calmer. J'ai eu beau lui représenter qu'il me devoit une tout autre conduite. « Je le sais, m'a-t-il répondu, mais elle est au-dessus de mes forces. » En vérité, lorsque je me représente l'état où je l'ai laissé, j'ai grand besoin de me rappeler l'indifférence dont il m'a accablée depuis plus de deux ans, pour me trouver d'accord avec moi-même.

LETTRE DE MADAME D'ÉPINAY A ROUSSEAU.

Savez-vous, mon bon ami, qu'il y a huit jours que je ne vous ai vu? J'ai voulu tous les jours passer chez vous, je n'en ai pas trouvé le moment. M. de Francueil est un peu incommodé et voudroit vous voir. Il ne sort pas, et vous lui ferez grand plaisir d'aller lui tenir compagnie [1].

[1] Rousseau n'est pas encore passé tout à fait grand homme pour ceux qui l'ont connu et surtout employé à leur service avant le début de sa gloire. Il n'a d'ailleurs encore publié que ses premiers discours et son Devin. Il faut la *Lettre sur les Spectacles*, puis *la Nouvelle Héloïse*, puis l'*Émile* et la *Lettre à Christophe de Beaumont* pour que le prestige triomphe de l'habitude. Et encore Rousseau se crut-il jamais l'égal de son patron, M. Dupin de Francueil?

Vers 1770, quand Francueil se fut remarié, voici comment sa seconde femme vit pour la première (et la dernière) fois celui qui, pour avoir été le secrétaire de la famille Dupin, a préservé de l'oubli le nom de cette famille. Elle-même raconte l'aventure, qui est bien de cette fin du dix-

J'ai des affaires qui me commandent, sans quoi j'irois vous prendre pour vous y mener. Bonjour, mon ami : si vous pouviez me prêter le quatrième volume des *Hommes illustres* de Plutarque, vous me feriez grand plaisir. Bonjour à madame Le Vasseur.

RÉPONSE DE ROUSSEAU.

Voilà mon maître et consolateur Plutarque; gardez-le sans scrupule aussi longtemps que vous le lirez, mais ne le gardez pas pour n'en rien faire, et surtout ne le prêtez à personne; car je ne veux m'en passer que pour vous. Si vous pouvez faire donner à mademoiselle Le Vasseur l'argent de sa robe, vous lui ferez bien plaisir; car elle

huitième siècle, si léger, si frivole, et si près pourtant de la tendresse et de l'émotion :

« Je venois de lire tout d'une haleine *la Nouvelle Héloïse*, et, aux dernières pages, je me sentis si bouleversée que je pleurois à sanglots. M. de Francueil m'en plaisantoit doucement. J'en voulois plaisanter moi-même ; mais ce jour-là, depuis le matin jusqu'au soir je ne fis que pleurer. Je ne pouvois penser à la mort de Julie sans recommencer mes pleurs. J'en étois malade, j'en étois laide.

« Pendant cela, M. de Francueil, avec l'esprit et la grâce qu'il savoit mettre à tout, courut chercher Jean-Jacques. Je ne sais comment il s'y prit, mais il l'enleva, il l'amena, sans m'avoir prévenue de son dessein. Jean-Jacques avoit cédé de fort mauvaise grâce, sans s'enquérir de moi, ni de mon âge, ne s'attendant qu'à satisfaire la curiosité d'une femme, et ne s'y prêtant pas volontiers, à ce que je puis croire.

« Moi, avertie de rien, je ne me pressois pas de finir ma toilette ; j'étois avec madame d'Esparbès de Lussan, mon amie, la plus aimable femme du monde et la plus jolie, quoiqu'elle fût un peu louche et un peu contrefaite. Deux ou trois fois M. de Francueil étoit venu voir si j'étois prête. Il avoit un air, à ce que disoit le marquis (c'est ainsi que j'appelois madame de Lussan qui m'avoit donné pour petit nom, *son cher baron*). Moi je ne voyois point d'air à mon mari et je ne finissois pas de m'accommoder, ne me doutant point qu'il étoit là, l'ours sublime, dans mon salon. Il y étoit entré d'un air demi-niais, demi-bourru, et s'étoit assis dans un coin, sans marquer d'autre impatience que celle de dîner, afin de s'en aller vite.

a de petites emplettes à faire avant notre départ. Faites-moi dire si vous êtes délivrée de votre colique et de vos tracas domestiques, et comment vous avez passé la nuit. Bonjour, madame et amie [1].

FRAGMENT DU JOURNAL.

M. de Francueil commence à se calmer. Je l'ai vu tous les jours. Il a été sensible à l'amitié et à l'intérêt que je lui ai marqués. Je l'ai assuré que je conserverois toujours pour lui les sentiments les plus tendres, et je l'ai fait convenir qu'il n'y avoit ni raison ni justice à se désespérer d'un bien qu'on négligeoit depuis deux ans d'une manière aussi marquée. Je n'ai pu le dissuader de la part qu'il croit qu'a M. Grimm à mon explication avec lui. Il m'a promis de venir chez moi à l'ordinaire ; mais il m'a conjurée si instamment de lui éviter les occasions de rencontrer M. Grimm, il m'a si fort promis d'être tranquille à ce prix que je n'ai pu me refuser à lui accorder cette marque d'égards, mais seulement pour le convaincre que, si j'ai recouvré toute ma liberté, il n'a perdu aucun des droits que l'amitié lui conserve sur mon cœur.

« Enfin, ma toilette finie, et mes yeux toujours rouges et gonflés, je vais au salon. J'aperçois un petit homme assez mal vêtu et comme renfrogné, qui se levoit lourdement, qui mâchonnoit des mots confus. Je le regarde et je devine ; je crie, je veux parler, je fonds en larmes. Jean-Jacques, étourdi de cet accueil, veut me remercier et fond en larmes. Francueil veut nous remettre l'esprit par une plaisanterie, et fond en larmes. Nous ne pûmes nous rien dire. Rousseau me serra la main et ne m'adressa pas une parole. »

[1] Cette lettre est datée de 1756 dans les éditions de la *Correspondance*, et après Pâques. Or, nous sommes, au plus tôt, dans les deux premiers mois de 1755.

CHAPITRE III

1755

Linant désire qu'on fasse l'examen de son élève. — Convocation des juges. — Grimm et Francueil en présence. — Examen du petit d'Épinay par Duclos, Grimm, Rousseau, madame d'Houdetot. — Maximes. — Grimm fait son apologie devant madame d'Épinay. — Elle lui laisse trop voir son goût pour lui. — Il agit en conséquence contre Duclos et Francueil. — Francueil en délicatesse avec Grimm. — Maladie et mort du comte de Friése. — Grimm à Saint-Cloud. — Maladie de Rousseau. — Duclos chassé. — Il anime Francueil contre Grimm. — M. de Valory quitte mademoiselle d'Este. — Grimm veut que madame d'Épinay ne voie plus Francueil. — Scènes dramatiques. — Adieux touchants de Francueil. — Dureté de Tyran-le-Blanc.

M. Linant a demandé à M. d'Épinay la permission d'examiner mon fils sur les progrès de ses études, en présence de la famille et de quelques amis. Avant de se décider, mon mari lui a dit : « S'en tirera-t-il bien, monsieur, est-il bien préparé? — A merveille! a répondu Linant. — Tant mieux, a repris M. d'Épinay. — Tant pis, ai-je ajouté. — Pourquoi donc, madame? — C'est qu'il y a à parier, monsieur, qu'il répondra comme un perroquet. — Toujours des idées bizarres, des opinions à la mode! Votre fille n'est pas en état, je parie, de soutenir un exercice même sur la croix de par Dieu. — Ma fille ne sait rien par cœur; elle assistera à l'examen de son frère, et si on lui fait des questions à sa portée, elle répondra, ou elle se taira si elle n'a rien à dire. — Fort bien, et vous ne lui montrerez pas même son frère pour exemple s'il répond mieux qu'elle, car il faut bien se garder de la mortifier? — C'est selon. — Eh! ne voyez-vous pas, madame, que cette éducation n'a pas le sens commun, qu'elle détruit toute émulation, toute honte? — Non, monsieur, je ne vois pas cela ; je vois seulement que je lui apprends, sans qu'elle s'en doute, à ne mettre de l'émulation ou de la honte qu'aux choses qui en valent la peine. — Comme il vous plaira. Monsieur Linant, vous êtes donc bien sûr que mon fils s'en tirera de manière à me faire honneur? car c'est moi qui dirige et qui veux diriger à l'avenir son éducation. — Monsieur, je réponds de lui, dit Linant ; mais il ne faut pas priver madame de ce qui lui est dû. Je suis persuadé que vous vous concertez ensemble, mais jusqu'à présent c'est elle qui prend toute la peine. — Madame d'Épinay a fort bonne intention, je n'en disconviens pas. Jusqu'à présent je n'ai pu m'en mêler comme j'aurois voulu : je suis si accablé d'affaires ; mais je vais m'arranger autrement. Madame, je me charge de prier tout le monde : faisons la liste. Il faut mettre la séance à jeudi ; c'est un jour de congé ; il faut que cet exercice lui soit présenté comme une récompense. Cela n'est-il pas dans vos principes, madame? — Oui, assurément, monsieur. — Bon! je m'en doutois. Allons ; d'abord la famille, mon frère, le comte et la comtesse d'Houdetot. Mettrons-nous le marquis de Saint-Lambert? — Comme vous voudrez. — Oui, oui ; il ne gâtera rien ; c'est un poëte, d'ailleurs ; il sentira mieux le mérite de l'enfant. Gauffecourt, n'est-ce pas? — Sûrement. — Duclos? — Pourquoi Duclos? — Hé! pourquoi pas? — Ah! c'est qu'il ne se souciera peut-être pas... Non, ne priez pas Duclos. — Ah! pardonnez-moi ; je veux qu'il en soit. Diable! son approbation ne m'est pas indifférente. Je veux aussi M. Rousseau : il fera à l'enfant des questions saugrenues qui égayeront un peu l'ennui de la chose. Ah çà! engagez, je vous en prie, M. Grimm; je n'ai point été chez lui; il ne trouverait peut-être pas bon que je lui envoyasse un billet en mon nom, comme cela, de but en blanc; ou bien je lui enverrai un billet de votre part et de la mienne; et si j'ai un moment, j'y passerai. Croyez-vous qu'il vienne? — Je l'espère. — C'est que je serai bien aise de voir un peu ce qu'il pense sur mon fils. J'engagerai Francueil aussi : je crois que voilà tout. — Oui; vous n'oubliez que ma mère. — Ah! c'est qu'elle va sans dire. Je vais faire les billets, et préparer une récompense à laquelle l'enfant ne s'attend pas. — Monsieur, songez, je vous prie, que le choix de la récompense n'est pas indifférent. — Non, non, je le sais bien. — Qu'elle ne puisse pas effacer la joie qu'il aura au fond de son cœur d'avoir bien fait, ni qu'elle ne le distraie pas trop des marques de distinction que je prierai mes amis de lui donner. — Diable! cela le touchera beaucoup, je crois! — Oui, si vous me laissez faire. Je vous en prie, monsieur, dites-moi votre projet. — Non, non, je veux vous surprendre; laissez-moi faire. »

Ma mère m'a dit qu'elle avoit vu ces deux jours-ci M. Grimm, et il n'est point venu chez moi. Il étoit triste et rêveur. Se seroit-il aperçu de mon embarras et de ma réserve avec lui? Je n'ai osé lui dire ce qui vient de se passer entre Francueil et moi. Je voudrois pouvoir m'éclaircir... De quoi? Mon Dieu, que ce Duclos m'est odieux! Je veux savoir pourquoi je n'ai pas vu M. Grimm. Il n'a point à se plaindre de moi. Je l'ai reçu, ce me semble, comme à l'ordinaire : on n'a pas tous les jours des consultations, des confidences à faire; et qui est-ce qui dit que c'est moi qui le rend triste et rêveur! C'est peut-être, c'est peut-être lui-même. Je vais mander à Francueil de ne pas venir jeudi et de venir demain. Et si M. Grimm alloit se trouver demain chez moi, car je ne veux pas lui fermer ma porte! Je manderai à Francueil de venir le matin; cela est plus sûr. Quel tourment! quel manége! et pourquoi? pour rien. Oh! je veux lui faire sentir qu'il n'est pas possible que cela dure ainsi : c'est une fantaisie trop ridicule pour m'y soumettre longtemps.

SUITE DU JOURNAL.

Je suis désolée : je ne sais ce que tout ceci peut devenir. Ce que j'ai voulu éviter est arrivé. J'avois fait prier hier M. Grimm de me venir voir : il n'est pas venu; mais, croyant que j'avois à lui parler, il est arrivé ce matin à midi, au moment où j'attendois Francueil. J'ai eu un embarras prodigieux en le voyant entrer, et je n'ai cherché qu'à m'en débarrasser, dans la crainte que Francueil, à qui j'avois assuré que je serois seule, ne se conduisît d'une manière malhonnête avec M. Grimm, ou ne me soupçonnât de l'avoir fait trouver exprès chez moi. On ne sait quelle tournure les choses les plus simples peuvent prendre dans l'esprit d'un homme prévenu. Je n'ai pu rendre raison à M. Grimm de celle que j'avois eue hier pour le mander, ni de l'embarras qu'il me causoit et qu'il a très-bien remarqué. A la fin je lui ai dit que je voulois le voir, uniquement parce qu'il y avoit longtemps que je ne l'avois vu; mais que j'étois si occupée ce matin, que j'avois tant de misères dans la tête dont il étoit cependant nécessaire que je m'occupasse, qu'il me feroit plaisir s'il vouloit revenir cette après-dînée. Il m'a répondu très-froidement qu'il ignoroit si cela lui seroit possible, mais qu'il alloit prendre congé de moi. Je n'ai insisté ni pour le faire rester, ni pour le revoir aujourd'hui. Je me suis contentée de lui demander s'il viendroit demain dîner, et s'il voudroit bien s'ennuyer une heure de l'exercice que devoient soutenir mes enfants. « M. d'Épinay le désire autant que moi, ai-je ajouté : je crois qu'il veut avoir votre avis sur plusieurs points de leur éducation ; peut-être me rendrez-vous un grand service, et m'en rendrez-vous plus d'un ? — Madame, me répondit-il, vous ne devez pas douter que je ne vous rende toujours tous les services qui dépendront de moi. »

Au moment où il alloit sortir, Francueil arriva. Je ne puis me rendre compte à moi-même de la pusillanimité qui s'empara de moi ; mais au lieu de prendre la contenance qui me convenoit et que j'étois en droit de prendre, puisque je n'ai aucun tort, ni envers l'un, ni envers l'autre, je rougis, je pâlis, je devins tremblante, et les efforts que je fis sur moi pour ne pas me trouver mal furent inouïs. M. de Francueil eut un mouvement de dépit si marqué en voyant M. Grimm qu'il me rappela à moi-même ; et M. Grimm, après nous avoir considérés tous deux avec étonnement, sortit en me saluant, les yeux baissés et l'air affligé pour moi, sans doute, du rôle que je jouois. Dès qu'il fut sorti, je déclarai avec fermeté à M. de Francueil que je ne voulois plus m'assujettir à un caprice qui me donnoit les apparences les plus défavorables ; que je ne savois ni à propos de quoi, ni d'où me venoient les embarras où il me mettoit ; que la crainte que j'avois de manquer à la promesse que je lui avois faite si indiscrètement me donnoit un air de mystère, d'intrigue et de fausseté qui ne me convenoit pas, puisqu'au fond je n'avois aucune raison pour en agir ainsi, et que je le priois très-instamment de se conduire avec moi comme j'avois lieu de l'attendre de lui, et comme je le méritois : « Que voulez-vous, lui dis-je, que pense M. Grimm du maintien que vous avez eu en le voyant ? A peine l'avez-vous salué. — Tout ce qu'il voudra, me répondit Francueil : c'est votre faute ; pourquoi manquer à votre parole ? — Vous pouvez bien penser, ai-je répondu, que, puisque j'ai eu l'imprudence de vous la donner, je n'y ai pas manqué volontairement ; mais, pour ne plus me trouver exposée à des scènes aussi ridicules, je me rétracte et je ne vous promets plus rien. — Vous m'en dites bien plus que vous ne pensez, madame : qui pourroit vous embarrasser, si Grimm ne m'enlevoit pas votre cœur, si vous n'aviez pas d'engagement avec lui, ou si vous n'étiez pas prête à en former un ? — Je vous ai déjà dit, monsieur, que je n'en avois aucun, et je veux bien, pour la dernière fois, vous le répéter ; je ne prétends qu'à son estime, à son amitié : mais, si je continuois une conduite aussi entortillée, aussi gênée, je m'exposerois à perdre dans son opinion ; c'est ce que je ne pardonnerois ni à moi-même, ni à quiconque en seroit cause. — Duclos prétend... il m'a dit des choses... — Quoi ! Duclos vous a dit ?... — Des horreurs de Grimm ; il est vraiment affligé de la confiance que vous lui donnez : il s'intéresse vivement à vous, Duclos ; malgré tous ses travers, il vous aime. — Mais vous connoissez Grimm depuis longtemps. Quelle opinion en avez-vous ? J'en ai une assez bonne de vous pour être sûre que vous serez juste. — Je ne le connois que très-superficiellement, comme on se connoît dans le monde. Tout ce que je sais, c'est que ses amis en font un cas tout particulier : pour moi, je ne l'ai jamais trouvé aimable, mais je me rappelle, en effet, qu'il ne parle guère que tête à tête, et que son opinion n'est jamais nette en public : le reste m'est fort égal pour ce que je compte en faire. Cet homme ne sera jamais mon ami; et s'il vous étoit aussi indifférent qu'à moi... — Il ne me l'est point : vous oubliez que je lui ai une obligation trop essentielle pour... — Ah! il y auroit bien des choses à répondre à cette obligation-là! — Laissons cela. Quand Duclos a-t-il été vous trouver pour vous faire cette belle confidence? — Il y a deux jours; il avoit appris par Rousseau que j'étois malade. — Mais à propos de quoi? Parlez donc; est-ce que vous lui auriez laissé pénétrer vos soupçons? — Je ne lui ai rien dit; mais l'état où je suis ne lui a pas paru naturel : il a tout deviné, et j'ai fondu en larmes sans pouvoir m'en empêcher. — Vous n'avez pas nié? — Je n'en ai pas eu le courage. »

Je lui ai reproché avec amertume qu'il avoit manqué à tout ce qu'il me devoit en autorisant les soupçons de Duclos. Il le sent; mais il est trop tard. Je vois, par la conduite de Duclos, qu'il n'est qu'un fourbe qui cherche à éloigner Grimm. Il faut que je m'explique avec ce dernier très-incessamment; je ne veux lui rien taire. Je lui dois cette réparation, et je me dois à moi-même d'éclairer à ses yeux la conduite que j'ai tenue. Je lui ai écrit dès que Francueil a été parti, pour lui dire que j'avois besoin de causer deux ou trois heures de suite avec lui de choses importantes. Je lui propose de dîner vendredi chez ma mère, et de revenir ensuite passer la soirée chez moi.

J'ai dit à Francueil que la moindre des réparations qu'il me dût étoit de revenir chez moi, comme à son ordinaire, que M. Grimm y fût ou non. Il m'a répondu qu'il y feroit ses efforts, mais qu'il ne me promettoit rien.

LETTRE DE MADAME D'ÉPINAY A M. DE LISIEUX.

Oh! la douce journée que celle d'hier, monsieur, et combien il manquoit à ma satisfaction de vous la voir partager! Je vous en avois pourtant averti d'avance, mais vos insupportables affaires nous privent sans cesse de vous. Pour cette fois, elles vous ont joué un aussi mauvais tour qu'à nous. Mes enfants ont été charmants. Pauline est délicieuse. Mon fils s'est fort bien tiré de son exercice; mais il faut me laisser rabâcher tout à mon aise sur ce charmant sujet.

Vous savez que toute la famille et nos amis étoient invités par M. d'Épinay lui-même pour assister à l'exercice que mes enfants devoient faire en notre présence. Mon fils devoit répondre sur Cicéron, sur l'histoire romaine et sur deux livres de l'*Énéide*. Linant se rengorgeoit dès la veille. Lorsque tout le monde fut rassemblé, il alla, en se frottant les mains, demander indulgence à tout le monde avec un air si sûr du succès de son élève, que l'enfant lui-même en étoit ivre.

Le dîner fut assez gai. M. de Francueil, qui s'est trouvé incommodé, à ce qu'il m'a fait dire, n'est point venu. Ma fille, à qui chacun demanda sur quel sujet elle montreroit sa science, fut un peu humiliée d'avouer qu'elle ne savoit encore qu'un peu de géographie; et elle ajouta d'un air malin : « Mais si par hasard mon frère se trompe, je pourrai peut-être l'aider, car je n'ai pas laissé que de retenir bien des choses de ses leçons. — C'est-à-dire, lui répondit son père, que vous ne retenez que ce qu'on ne vous apprend pas. — Papa, reprit-elle, je retiens bien ce que je comprends, mais pas le reste. »

Elle tint parole, car son frère ayant hésité sur l'histoire romaine dans deux endroits, la petite qui le guettoit se leva et répondit pour lui en riant. « Pourquoi avez-vous retenu cela? lui demanda Rousseau. — Monsieur, c'est que c'est beau, et que cela me fait plaisir. » Un de ces traits concernoit Régulus, lorsqu'il exhortoit les Romains à rejeter les propositions de paix qu'il apportoit à Rome, et dont le refus devoit lui coûter la vie.

Dans un autre moment on demandoit compte à mon fils d'une règle de la syntaxe latine qui l'embarrassoit, la petite, à notre grand étonnement, la lui souffla. M. d'Épinay lui dit : « Pauline, est-ce parce que cela est beau et que cela te fait plaisir que tu as retenu cette règle? — Oh! mon Dieu! non, répondit-elle, c'est parce qu'on l'a tant rabâchée à mon frère que je l'ai retenue malgré moi et sans y rien comprendre. »

Mon fils est pourtant plus fort que je ne le supposois. Il n'a point récité en perroquet. Ses réponses ont presque toutes été justes.

Duclos a bavardé; M. Grimm a presque toujours gardé le silence, et ce sont Gauffecourt, Rousseau et la comtesse d'Houdetot qui ont fait tous les frais de cette journée. Quand l'exercice a été fini, Linant a demandé la même assemblée pour dans trois mois, à la campagne. Pauline s'est écriée : « Oh! alors, messieurs, mesdames, je veux qu'il soit aussi question de moi! — Et sur quels objets? a demandé M. de Jully. — Je n'en sais encore rien, mon oncle, nous verrons cela : je demanderai à maman les plus nécessaires. »

J'avois donné à mes amis le mot sur ce que je les priois de dire pour encourager mon fils, au cas qu'il méritât leurs éloges ; mais M. d'Épinay gâta tout, comme je l'avois prévu. Il sortit de l'appartement en emmenant l'enfant, et priant de ne se pas séparer, et il le ramena avec un habit de velours couleur de cerise et des parements superbes. Je restai désolée de cette gaucherie, elle fit sur presque tout le monde la même impression que sur moi, d'autant que l'enfant avoit l'air si satisfait, que l'on ne pouvoit dissimuler le mauvais effet de cette récompense. Il vint d'abord embrasser ma mère, qui, depuis deux heures, ne cessoit de répandre des larmes de joie. Ensuite il vint à moi. « Je vous trouvois bien plus paré auparavant, mon ami, » lui dis-je. Duclos lui dit : « Voilà qui est fort beau, mon ami, mais n'oubliez pas qu'un sot galonné n'est jamais qu'un sot. » Rousseau, à qui mon fils voulut faire admirer son habit, ne lui répondit rien, et, l'enfant le pressant, il lui dit à la fin : « Monsieur, je ne me connois pas en clinquant, je ne me connois qu'en homme ; j'étois très-disposé tout à l'heure à causer avec vous, mais je ne le suis plus. »

M. d'Épinay fut un peu embarrassé du succès de sa récompense ; il voulut raccommoder son imprudence, mais je rompis la conversation, et je promis à mon fils de lui donner des marques de ma satisfaction. Ensuite on questionna Pauline sur la géographie : elle ne se trompa sur aucune position. Son père n'avoit rien préparé pour elle, et il se contenta de lui donner des éloges et de l'embrasser. Mais je compte lui faire présent d'un joli bureau qui l'engage, pour en jouir, à se mettre souvent à l'étude, et je prépare à mon fils les estampes des bons tableaux qui représentent la plupart des traits d'histoire dont il nous a parlé; ou les portraits de quelques-uns des grands hommes qu'il a eu occasion de citer. Je lui donne aussi quelques bons livres reliés très-simplement, et pour cause. Voilà, monsieur, un jour heureux pour la pauvre Émilie : sur combien de mois, sur combien d'années de peine?

SUITE DU JOURNAL.

J'avois grand besoin de l'explication que j'ai eue hier avec M. Grimm. Son maintien et son silence ne m'indiquoient que trop combien il souffroit et pour lui et pour moi de la conduite que je tenois depuis quelque temps. « J'ai bien perdu auprès de mon chevalier pendant trois semaines, lui ai-je dit; j'espère trouver en lui l'indulgence que mes intentions méritent, et j'espère aussi qu'il aura assez de générosité pour se mettre à ma place. — Moi, madame, m'a-t-il répondu, vous ne me devez rien. Si j'ai à me plaindre de vous, je l'ignore, et vous me le persuaderez difficilement. — Monsieur, j'espère que vous m'écouterez; que vous répondrez à tout ce que j'ai à vous dire avec la même franchise que je mettrai dans mon explication; et vous verrez que la plus grande preuve que je puisse vous donner de mon estime et du cas que je fais de votre amitié est de ne vous rien taire de tout ce qu'on a fait auprès de moi pour vous perdre. Ce n'est pas M. de Francueil, comme vous pourriez le croire. — Je n'en doute pas, madame; un homme que vous avez honoré de votre tendresse ne sauroit être un coquin; mais ce pourroit être Duclos. — Qui vous l'a dit? — La connoissance que j'ai de lui. — C'est lui, je l'avoue. — Permettez-moi de vous dire, madame, que cette source de-

DEUXIÈME PARTIE. — CHAPITRE III.   57

voit vous suffire pour apprécier la valeur des choses qu'on a pu vous dire. Il s'intéresse si fortement à moi cependant, qu'il a déjà tenté de vous rendre suspecte par des avis secrets qu'il m'a fait donner ; mais lorsqu'il s'agit du mal, je ne crois que ce que je vois, et je ne pense pas qu'il y revienne. »

Je lui dis tout ce que j'avois appris par Duclos. Je lui contai mon explication avec Francueil, ce qui s'en étoit suivi et la raison qui avoit retenu ma confiance depuis trois semaines ; c'est-à-dire la terreur machinale que Duclos avoit jetée dans mon âme. Il m'écouta en silence. Je vis divers sentiments se peindre sur son visage tandis que je parlois, mais il ne m'interrompit point. Lorsque j'eus fini, il me répondit à peu près ce dont voici le précis :

« Je vous ai dit, madame, la vérité sur ce qui concerne mademoiselle Fel : je l'estimois, je l'aimois, je l'adorois, parce que je me croyois aimé et estimé d'elle. Elle m'a donné des marques d'une indifférence si sensible, d'un manque d'égards, d'un mépris si révoltant, qu'aucune considération ne me déterminera jamais à la revoir.

« Quant à la baronne d'Holbach, ajouta-t-il, il n'appartient qu'à la scélératesse la plus atroce de donner des couleurs suspectes à mon attachement pour elle. Madame d'Holbach étoit la femme la plus attachée à ses devoirs que j'aie connue ; et ils n'étoient pas pour elle difficiles à remplir. Cette femme, par son caractère, n'avoit jamais besoin des autres pour être satisfaite et heureuse, mais elle ne négligeoit rien de ce qu'elle croyoit utile ou agréable à son mari. C'étoit pour lui qu'elle caressoit ses amis. Elle étudioit leurs goûts, elle étoit remplie de ces soins, de ces recherches qui font la douceur de la vie ;

mais ce n'étoit pas pour leur plaire qu'elle en agissoit ainsi ; c'étoit pour qu'ils se plussent chez elle, et que son mari trouvât toujours chez lui des gens portés à l'indulgence pour une assez bonne dose de caprices dont il est pourvu, et dont elle ne se permettoit pas de parler sincèrement sans nécessité. Comme je suis un de ceux qui ont le plus de crédit sur l'esprit du baron, j'étois par cette raison un de ceux en qui son épouse avoit le plus de confiance. Cette malheureuse femme nous est enlevée par une maladie effroyable, à la fleur de son âge, au moment où nous redoutions le moins ce malheur : je vois mon ami au comble de la prospérité tomber tout à coup dans le dernier désespoir par la mort d'une femme faite exprès pour son bonheur ; et l'on ne veut pas que je la regrette, que je me désole : et la douleur la plus vive et la plus juste qu'on ait jamais ressentie seroit suspecte ? Non, non, madame, elle ne peut l'être que pour un Duclos tout au plus, qui n'est pas fait pour sentir ou partager un sentiment honnête[1], et qui ne peut en supposer aux autres. »

[1] « Honnête » est beaucoup trop fort. Passe pour « délicat ; » mais évidemment madame d'Épinay, restée en définitive sous le joug de Grimm, a dû lui sacrifier Duclos, puis Rousseau, un peu plus tard, mais pour d'autres causes. On a beau dire que Grimm est l'esprit juste, l'homme sage et vrai sans ostentation, que la finesse et le bon sens de sa critique littéraire montrent ce qu'était son âme, et que si son secrétaire Meister l'a peint après sa mort sous des couleurs favorables, c'est qu'évidemment il était digne d'estime, les Mémoires de madame d'Épinay, son amie, et son amie de trente ans, ne le disculpent pas de ce que Rousseau lui reproche. On voit à chaque page les traces de sa manière de s'avancer, de s'établir, de dominer, et ce n'est pas peut-être ce que madame d'Épinay voulait nous apprendre. Non ! elle raconte sans réflexions, sans observations, sans même avoir l'air de croire qu'il y ait lieu d'en faire ; et c'est cela qui est le plus fâcheux pour Grimm. Aussi n'aimait-il pas ce « long roman » et certes ne l'eût-il pas laissé à la postérité, s'il avait pu penser que nous le lirions un jour.

Maintenant il ne faut pas pousser les choses à l'excès, et, comme ils le

J'ai répété encore à M. Grimm ce que je venois de lui dire; je l'ai assuré que je ne me pardonnerois jamais d'avoir pu me méprendre un instant sur son caractère, qu'autant que je pourrois lui prouver que c'étoit plus par défiance de moi-même que de lui. Je lui ai encore exposé ma vraie situation avec M. de Francueil. Il prétend que je me suis trop pressée de lui parler ; que j'ai mal pris mon temps, et que j'ai autorisé sa jalousie ; il est désolé que Francueil m'ait compromise auprès de Duclos. Je voulois rompre avec celui-ci ; il ne me le conseille pas, et veut au contraire que j'affiche bien clairement tout le mépris qu'il m'inspire avant de le chasser, afin même d'attendre une occasion que je puisse citer hautement s'il en est besoin, sans retour fâcheux pour moi. Il m'a reproché ma dissimulation et mon silence envers lui ; il en est choqué avec raison, mais il l'est comme un honnête homme l'est d'une injure : il a mis tant de franchise, de délicatesse, d'amitié, et cependant de fierté dans ses reproches, qu'il est bien complétement lavé à mes yeux des horreurs que Duclos ose débiter contre lui. Il m'exhorte fort, pour ma réputation et pour mon repos, de ne plus me prêter aux asservissements que Francueil exige de moi : j'avois déjà senti que je ne le pouvois sans me compromettre, mais la compassion m'entraînoit. Voilà qui est bien décidé, et je ne m'exposerai pas deux fois à perdre l'estime de mes amis, et, par-dessus tout, celle de M. Grimm.

Nous avons causé jusqu'à minuit. Je suis pénétrée d'estime et de tendresse pour lui. Quelle justesse dans

disent là de Duclos, dire que Grimm est un « coquin. » C'est un homme froid qui veut prendre partout ses avantages et qui n'aime nulle part la rivalité.

ses idées! quelle impartialité dans ses conseils! « Je suis flatté, me disoit-il, de l'avantage de vous être utile; mais je suis piqué de voir que l'on vous domine comme un enfant, et que, par bonté pour les autres, vous vous donniez bien de la peine pour leur cacher ce que vous valez. Vous êtes presque parvenue à vous le cacher à vous-même. Si je n'étois bien sûr que vous pouvez prendre sur vous d'apprendre à vos alentours à vous connoître, je crois que je prendrois sur moi de renoncer à la douceur de vivre à côté de vous. Mais quel dommage d'enfouir des qualités si belles et si rares! Vous ne connoissez ni votre esprit, ni les ressources de votre âme et de votre caractère. — Pourquoi donc, lui ai-je dit, vouloir me fuir, tandis que j'ai tant de besoin de vous? Sans admettre que je possède les qualités supérieures que vous me supposez, je sens que j'en acquiers chaque fois que je cause avec vous : vous me parerez des vôtres; je sens que vos principes sont suivant mon cœur. Quand je suis avec vous, une joie pure remplit mon âme, et quand je vous quitte, j'éprouve encore longtemps après une satisfaction qui n'est mêlée d'aucun retour pénible, et qui m'étoit tout à fait inconnue. Oui, mon ami, je veux toujours vous avoir près de moi; je fais gloire de votre tendresse et de votre estime. Perdez une idée si contraire à notre bonheur. — Ce seroit un sacrifice, me répondit-il, que je ferois à votre repos. Peut-être vos amis, quels qu'ils soient, conviennent-ils mieux à votre position? Vous voyez que j'apporte déjà du trouble dans votre société. Je crains que la conduite de M. de Francueil ne vous donne du chagrin : il vous a compromise auprès de Duclos; et vous ne savez pas de quoi ce Duclos est capable! En voulant me perdre, ils vous nuiront; votre mari profitera de la folie de l'un et de la méchanceté de l'autre. Pesez bien tous ces inconvénients, et voyez si vous aurez le courage de repousser la calomnie, si vous ne pouvez la détruire. — Tout est vu, lui dis-je; avec vous je ne craindrai rien; mais voyez vous-même si vous n'êtes point effrayé de vous attacher à une pauvre malheureuse tourmentée par le sort et par des circonstances si bizarres, qu'il est, je crois, difficile d'en voir jamais réunies de pareilles. »

Je lui ai conté sans détour ce qui m'est arrivé depuis que je me connois : je ne lui ai caché aucun de mes torts, aucune de mes étourderies passées, ni la sotte confiance que j'ai toujours accordée si légèrement au premier venu. Ce qui l'a affecté sensiblement par intérêt pour moi, ce sont les ménagements que j'ai opposés à l'impertinente conduite de Duclos. « Vous l'avez autorisé, m'a-t-il dit, à vous manquer d'égards impunément. Savez-vous qu'il se vante d'avoir eu vos bonnes grâces, et de les avoir encore tant qu'il lui plaît? — Lui! l'infâme! Ah! l'abominable homme! Rien, je vous le jure, n'est plus faux. — Je vous crois, et je n'en doute pas. — Et vous ne voulez pas que je lui ferme la porte? — Non, dans ce moment-ci; il est trop tard ou trop tôt; cela ne seroit pas sage. Il faut bien lui prouver auparavant que vous ne le redoutez point, et que tout ce qui vous entoure sent mieux que lui ce que vous valez. Malgré cela, quelque heureuse pour vous que puisse être cette rupture, il faut vous attendre qu'elle vous causera du chagrin. Soyez bien sûre, ma chère amie, qu'on ne se manque jamais à soi-même impunément. »

M. Grimm a répondu à la confiance que je lui avois témoignée en me disant aussi les divers sujets de chagrin qui ont, dit-il, absolument changé son caractère.

Il m'a promis de passer la journée de dimanche chez ma mère et chez moi. La satisfaction que me donne son amitié est au-dessus de tout ce que je puis exprimer.

LETTRE DE MADAME D'ÉPINAY A M. GRIMM.

Eh bien! où êtes-vous à présent, que l'heure de recevoir de mes nouvelles est passée? Vous vous plaignez, mon chevalier, et vous ne pensez pas à ma peine. Faites-vous toujours, pour ne plus troubler mon repos, des projets propres à me faire mourir de chagrin? Mon ami, nous serons heureux en dépit du sort dont nous avons tant à nous plaindre. Je n'ai pu vous répondre ce matin; j'avois des importuns; Francueil étoit du nombre : il est plus déraisonnable que jamais. Il prétend qu'il ne peut plus me voir. Je lui ai dit de faire tout ce qui lui conviendroit, et que, si sa conduite devenoit injurieuse pour moi, il ne feroit tort qu'à lui-même, et qu'il perdroit l'estime et l'amitié qu'il m'auroit été très-doux de lui conserver. Voilà où nous en sommes. Bonjour, mon bon ami.

A propos, mon mari compte vous inviter à souper demain avec ma famille et Gauffecourt; il a des projets, dit-il, sur lesquels il veut votre avis. Francueil aura de la musique mardi; nous sommes priés. Comment fera t-il pour ne vous en rien dire?

SUITE DU JOURNAL.

C'étoit pour établir le plan d'Épinay en relief que mon mari avoit rassemblé mes amis et les siens. Il vouloit les consulter sur la décoration extérieure, qui, suivant ce plan, est assommée d'ornements mesquins et de mauvais goût; mais la consultation s'est bornée à justifier ce qu'on y a blâmé, et qu'il étoit cependant très-décidé de faire. Il s'est attaché particulièrement à persuader M. Grimm, qui disoit que plus de simplicité lui sembleroit de meilleur goût. Gauffecourt a fait un conte très-plaisant pour dire à mon mari qu'il étoit comme la meunière des *Trois Cousines*[1]. En effet, après avoir péroré trois quarts d'heure pour prouver qu'il falloit suivre ce plan à la lettre, et avoir eu le chagrin de ne voir que deux de ses amis de son avis, avec un soupir, il prononça : « Nous verrons ; je me consulterai encore ; » et tout bas il donna ordre à son architecte d'aller en avant.

M. Francueil avoit promis de venir et ne vint pas. J'ai été passer une heure à son concert aujourd'hui ; il n'en avoit pas averti M. Grimm. Il est certain que s'il ne se décide pas à se conduire plus décemment, je ne remettrai pas les pieds chez lui.

LETTRE DE MADAME D'ÉPINAY A M. GRIMM.

Mars 1755.

Je suis inquiète du comte de Frièse, mon ami, car tous les vôtres me sont chers : cette maladie commence vivement. Je voudrois qu'on ne s'endormît pas ; les symptômes que vous me détaillez sont presque toujours ceux de la malignité. Appelez plusieurs médecins. Ne viendrez-vous pas dîner ? J'ai tant de besoin de vous voir ! Vous

---

[1] *Les trois Cousines*, comédie en prose de Dancourt, jouée pour la première fois en 1700 et souvent reprise.

étiez hier fort oppressé; songez à ce que vous m'avez promis. Si je ne vous vois pas avant six heures, j'irai à votre porte savoir des nouvelles de mes malades. Bonjour.

Le lendemain.

Suivant le bulletin qu'on m'a donné à mon réveil, si votre malade continue de même jusqu'à ce soir, il est sauvé. Je suis bien aise que le duc d'Orléans soit venu le voir, et que vous ayez été présent[1]. J'aime bien aussi que, dans l'état où est le comte, il ait pensé à vous présenter au prince; qu'il guérisse et tout sera au mieux. Francueil est venu ce matin savoir pourquoi j'avois refusé d'aller le soir entendre de la musique chez lui. Je lui ai répondu que je n'aimois pas l'affectation qu'il avoit de vous exclure de toutes les parties où il vous mettoit autrefois; que je trouvois tout simple qu'il ne vous recherchât pas; mais qu'il falloit savoir vous rencontrer et vous admettre lorsque cela étoit nécessaire. J'ai ajouté que j'avois passé, d'ailleurs, ces misères au premier moment; mais que la continuité de cette conduite perdoit le droit de me toucher; et, en vérité, mon ami, je ne disois pas vrai, car il me faisoit de la peine : il s'est jeté à mes genoux en me jurant qu'il étoit aussi amoureux que le pre-

---

[1] Louis-Philippe, né à Versailles le 12 mai 1725, marié le 17 décembre 1745 à Louise-Henriette de Bourbon-Conti, duc de Chartres jusqu'au 4 février 1752, jour où son père, le fils du Régent, mourut dans sa retraite de l'abbaye de Sainte-Geneviève. Le 13 avril 1747 il était devenu père du prince qui fut plus tard Philippe-Égalité.

Colonel en 1742, il s'était distingué à Dettingen en 1743, et, en 1744, servit aux armées de Flandre et d'Alsace en qualité de maréchal de camp et de lieutenant général.

En 1757 il devait paraître à l'armée d'Allemagne. Il finit par épouser morganatiquement, comme on dit en Allemagne, Charlotte-Jeanne Béraud de La Haye de Rion, veuve du lieutenant général marquis de Montesson, et mourut le 18 novembre 1775, à Sainte-Assise.

mier jour, et qu'il y avoit de la barbarie à moi de le forcer d'être témoin de ce qui faisoit son supplice. « Je ne vous y force pas, lui ai-je dit; mais moi je ne vais pas chez vous, puisque la porte lui est fermée. » Cette discussion a duré longtemps. A la fin il m'a donné ce billet pour vous inviter ce soir. Si vous avez un moment à vous, allez-y; cela vous dissipera : et moi je n'irai pas, car, en vérité, mon ami, je n'ai pas le courage de l'accabler. Donnez-moi des nouvelles de mes malades. Bonjour.

BILLET DE M. GRIMM.

Je reçois votre billet, je vous en remercie. Vous avez parlé comme il vous convient à M. de Francueil. Dès qu'il fera ce qu'il doit faire, il sera content, et il apprendra quels procédés il doit attendre d'une conduite honnête. Je vais le remercier, et l'assurer que je ferai ce qui dépendra de moi pour profiter de son invitation; mais je n'irai point. Quoique le comte soit assez bien aujourd'hui, je ne puis me résoudre à le quitter. Allez entendre de la musique; menez-y vos enfants; dissipez-vous, ma bonne amie : j'espère reprendre incessamment la douce habitude de ne vous plus quitter.

LETTRE DE MADAME D'ÉPINAY A M. DE LISIEUX.

(30 mars 1755.)

Monsieur, je suis désolée; M. Grimm fait une perte irréparable. Où ira-t-il? Que va-t-il devenir? Il n'a rien. Mais avec le comte il n'avoit besoin de rien. Si vous saviez comment j'ai appris ce malheur!

J'avois envoyé hier deux fois dans l'après-dînée savoir

comment étoit le comte : j'étois inquiète machinalement. A neuf heures, on me fait dire qu'il avoit un léger redoublement, mais aucun accident. J'allois écrire lorsque Duclos entra. « Eh bien, me dit-il, tout en m'abordant, qu'allez-vous faire de Grimm à présent ; voilà une belle occasion pour jouer le désespéré. — Comment donc? lui dis-je? — Eh! par Dieu, reprit-il, d'où venez-vous? Est-ce que vous ne savez pas que le comte de Friese est mort? » Je jetai un cri perçant et je restai immobile de saisissement. La douleur où devoit être M. Grimm de ne point entendre parler de moi, l'incertitude de son sort à venir, tout se présenta à la fois dans mon esprit. Je tournai le dos à Duclos, et j'écrivis sur-le-champ à M. Grimm. Duclos profita du trouble où j'étois, prit mon billet et le lut tandis que je cherchois de quoi le fermer. « Êtes-vous folle, me dit-il, dans une occasion comme celle-ci, d'écrire un tel billet? On ne sait, dans le désordre qu'entraîne un semblable événement, en quelles mains il peut tomber. Je ne vois pas qu'il soit fort décent d'afficher que *vous êtes plus accablée que lui de son malheur, ni qu'il est votre tendre ami*, encore moins que *vous ne respirerez que lorsqu'il sera auprès de vous*. Le diable m'emporte! on diroit que le comte étoit votre amant par l'état où vous êtes! car ce n'est sûrement pas Grimm; vous me l'avez juré. Un simple compliment, et signé : voilà ce qui convient pour le moment. — Monsieur, vous avez raison, lui dis-je, celui-là est mal; » et j'écrivis celui-ci :

« Vous ne ressentez pas plus vivement que moi, mon
« ami, le malheur qui vous arrive. C'est le sort de l'homme
« de bien d'en éprouver, et de trouver autour de lui des
« bras tendus pour le recevoir et pour essuyer ses larmes :
« venez pleurer avec moi et avec ma mère celui qui mé-

« rite tous vos regrets. Votre vertu, votre courage et bien
« des amis vous restent. Je vous écris en présence de
« Duclos; mais, cette lettre écrite, vous ne trouverez ni
« lui ni personne chez moi que ceux à qui vous permet-
« trez de mêler leurs larmes aux vôtres. »

Je reçus un billet de M. Grimm qui me demandoit s'il
pouvoit me voir. Je lui envoyai ma lettre après l'avoir
lue à Duclos, et je le congédiai. Tandis que j'avois écrit.
il m'avoit interrompue dix fois pour me dicter. Il sortit
furieux. Lorsqu'il fut parti, en rangeant mon bureau, je
ne trouvai plus mon premier billet; je lui écrivis sur-le-
champ pour savoir ce qu'il en avoit fait. Il me répondit
que, puisque je ne le trouvois pas, il l'avoit vraisemblablement brûlé; que je savois bien qu'il n'aimoit pas les
papiers inutiles. M. Grimm arriva, la douleur et l'abattement peints sur le visage[1]. « Est-il possible, me dit-il en
entrant, que vous m'abandonniez dans ce moment-ci? —
Moi, lui dis-je, mon ami, pouvez-vous le penser? » Je lui
contai l'ignorance où j'avois été de ce malheureux évé-

---

[1] Francueil et madame de Chenonceaux ont raconté à Jean-Jacques
comment se manifestait le deuil de Grimm. Ils ne l'estimaient ni l'un ni
l'autre, et ils le connaissaient bien, car madame de Chenonceaux était fille
de madame de Rochechouart, amie intime du comte de Frièse, et Francueil, très-lié alors avec le vicomte de Polignac, avait beaucoup vécu au
Palais-Royal, précisément quand Grimm commençait à s'y introduire.
« Tout Paris, dit Jean-Jacques, fut instruit de son désespoir après la mort
du comte de Frièse. Il s'agissoit de soutenir la réputation qu'il s'étoit
donnée après les rigueurs de mademoiselle Fel, et dont j'aurois vu la
forfanterie mieux que personne, si j'eusse alors été moins aveuglé. Il fallut l'entraîner à l'hôtel de Castries où il joua dignement son rôle, livré
à la plus mortelle affliction. Là tous les matins il alloit dans le jardin
pleurer à son aise, tenant sur ses yeux son mouchoir baigné de larmes,
tant qu'il étoit en vue de l'hôtel ; mais, au détour d'une certaine allée,
des gens auxquels il ne songeoit pas le virent mettre à l'instant le mouchoir dans sa poche et tirer un livre. Cette observation qu'on répéta fut
bientôt publique dans tout Paris et presque aussitôt oubliée. »

nement et l'enchaînement des circonstances qui m'avoient empêchée d'envoyer plutôt chez lui. Il me dit que le comte avoit tourné à la mort tout d'un coup. Ses amis prennent le parti d'aller s'enfermer à Saint-Cloud[1] pendant cinq ou six jours, et forcent M. Grimm à y aller avec eux. Cette absence, avec des gens qui ne lui sont pas aussi chers que nous, me paroît être pour lui un surcroît d'affliction.

LETTRE DE MADAME D'ÉPINAY A M. GRIMM.

Quoi? je ne puis seulement vous dire avant votre départ combien je révère et aime le duc d'Orléans pour tout ce qu'il fait pour vous[2]. Je conçois, quant à vous, votre

---

[1] Chez le duc d'Orléans.

[2] « M. le duc d'Orléans, bon, facile, égal dans la société, de peu d'esprit, mais doué d'assez de bon sens, capable d'amitié, plus par bonhomie que par sentiment ; voyant assez juste loin de l'occasion, et faisant toujours mal par faiblesse lorsqu'elle étoit arrivée ; prodigue de l'argent des caisses de ses trésoriers, surtout pour ses fantaisies, et avare de celui de sa poche, et pour les dépenses qu'il avoit sous les yeux ; peu scrupuleux à tenir sa parole.

« Il avoit débuté par être éperdument amoureux de sa femme qui ne tarda pas à lui préférer M. de Melfort, et d'une façon si authentique que M. le duc d'Orléans s'en aperçut promptement, et en ressentit un violent chagrin ; mais bon, et foible surtout, il s'en tint à gémir, et s'accoutuma tellement à cette idée qu'il y devint insensible. Quoique un peu gros pour songer à plaire, il ne se rendit pas justice. » (*Besenval*, t. I, p. 177.)

Ce bon homme levait ainsi quelquefois du gibier que chassait le comte de Friese. Il se croyait aussi de grands talents ; mais personne ne lui faisait la peine de le désillusionner sur ce chapitre.

Très-difficile à détacher d'une habitude, il entretint longtemps une simple danseuse, nommée Marquise, qui reçut le nom de madame de Villemomble et dont il eut des enfants. Il ne la quitta guère que pour prendre madame de Montesson qui le séduisit en l'appelant « gros père » avec un grand éclat de rire, un jour d'été qu'il faisait chaud et qu'il cherchait le frais sous un chêne de Villers-Cotterets ou du Raincy.

Collé était le boute en train de la compagnie du duc d'Orléans et c'est

délicatesse; mais, mon ami, le temps adoucira vos peines, et votre état vous restera : votre lettre m'a fait pleurer de plaisir. Souvenez-vous que vous m'avez promis de penser à vous, si je ne vous abandonnois pas. C'est le seul moyen de me rendre ma tranquillité. Je vous proteste que je prendrai de moi un soin proportionné à celui que je vous verrai prendre de vous. Vous n'avez point d'idée de tout ce que les amis du pauvre comte pensent et disent de vous. Que je serois heureuse si vous n'étiez pas dans la douleur! Quelle créature, en effet, est plus intéressante! Quel ami! Quel homme! Voilà ce qu'on me dit depuis deux jours sans cesse, à moi qui le sens mieux qu'eux. Oui, je crois que je suis votre fanatique, comme on pourroit l'être de la vertu.

dans son journal qu'il y a le plus de détails sur la petite cour assez enjouée et bonne enfant de Bagnolet. Du reste, le duc d'Orléans ne manquait pas de quelques lumières. En 1756 il fit inoculer son fils et sa fille par Tronchin et aucun prince français ne l'avait encore osé.

Quand il fallut marier son fils aîné et qu'on lui proposa la fille du duc de Penthièvre, riche de trois millions de rente, mais petite-fille du comte de Toulouse, mais arrière petite-fille bâtarde de Louis XIV, son orgueil de prince légitime se révolta et il fallut presque lui déclarer par contrat que le frère de mademoiselle de Penthièvre, M. de Lamballe, mourrait sous peu et que tout l'héritage serait pour sa sœur, c'est-à-dire pour M. de Chartres.

Il n'aimait pourtant pas, et même ne voulait pas croire que l'on mourût. Besenval raconte en effet une singulière histoire :

« M. de Silhouette, l'un des successeurs de M. d'Argenson dans la charge de chancelier de M. le duc d'Orléans, ayant choqué, par un oubli assez simple, la foiblesse de son maître, que cependant il n'ignoroit pas, se tira d'affaire assez plaisamment. Dans un compte qu'il rendoit à ce prince de quelques prétentions pécuniaires que la maison d'Orléans avoit à former sur l'Espagne, il cita le feu roi d'Espagne. A cette expression M. le duc d'Orléans fronça le sourcil et lui dit avec colère : « Monsieur, « qu'est-ce que c'est que *feu* ? Le roi d'Espagne n'est pas mort. — Cer« tainement, répondit M. de Silhouette sans se déconcerter, mais c'est un « titre que les rois d'Espagne prennent. » La chose passa, ce qui est d'autant plus extraordinaire que M. le duc d'Orléans était un prince instruit. »

SUITE DU JOURNAL.

M. Grimm envoie tous les jours son laquais savoir de mes nouvelles et me donner des siennes. Il se porte bien, mais il est si accablé, qu'à peine peut-il parler. Il ne m'a point écrit depuis deux jours ; je viens de lui en faire des reproches. Rousseau est aussi malade : il avoit, en effet, bien mauvais visage hier. Il ne veut rien faire, ni prendre aucun conseil sur son état. Si je n'en ai pas de bonnes nouvelles ce soir, je lui enverrai un médecin.

BILLET DE MADAME D'ÉPINAY A ROUSSEAU.

Mon Dieu ! mon cher ami, que je suis en peine de vous et fâchée de n'être pas en état de vous tenir compagnie. M'assurez-vous bien au moins qu'il ne vous manque rien, et que je puis compter que vous vous souviendrez de la promesse que vous m'avez faite, en ce cas, de vous adresser à moi? Je suis très-bien, mais mes forces viennent bien lentement. Adieu. Ne m'écrivez pas si cela vous fatigue, mais que je sache sûrement de vos nouvelles. Mes forces ne m'en permettent pas plus.

RÉPONSE DE ROUSSEAU.

Le plaisir de vivre avec vous me manque ; voilà mon plus grand mal et mon seul besoin. Au surplus, ne soyez pas inquiète pour moi ; j'ai peut-être plus d'incommodités que de vraies douleurs, mais je ne puis sortir dans cet état : d'ailleurs, voici des temps qu'il faut laisser passer, et durant lesquels je ne sors jamais. Je ne puis vous dire combien de consolations je trouve dans nos dernières conversations; mais en attendant que nous puissions les reprendre, pour Dieu! ménagez votre santé[1].

AUTRE BILLET DE ROUSSEAU A MADAME D'ÉPINAY.

Pour Dieu! madame, ne m'envoyez plus M. Malouin[2]. Je ne me porte pas assez bien pour l'entendre bavarder avec plaisir. J'ai tremblé hier toute la journée de le voir arriver; délivrez-moi de la crainte d'en être réduit, peut-être, à brusquer un honnête homme que j'aime, et qui me vient de votre part; et ne vous joignez pas à ces importuns amis qui, pour me faire vivre à leur mode, me feront mourir de chagrin[3]. En vérité, je voudrois être au fond d'un désert quand je suis malade.

Autre chose : accablé de visites importunes et de gens

---

[1] Si nous ne nous trompons, cette lettre de Rousseau ne figure pas dans les éditions de sa correspondance. Il souffrait alors de sa maladie de vessie que l'hiver aggravait encore.

[2] Le docteur Akakia de la société du Bout-du-Banc « médecin de la reine, dit Marmontel, homme assez habile, mais plus Purgon que Purgon lui-même. »

Paul-Jacques Malouin, né à Caen, était, depuis 1742, membre de l'Académie des sciences, à cause de son *Traité de chimie médicinale* (1755, in-12). Il demeurait rue Saint-Nicaise, tout près de madame d'Épinay.

Nous avons vu ce qu'il disait des médecins de Molière. C'est lui encore qui, voyant quelqu'un prendre avec docilité les plus vilaines médecines, s'écria : « Monsieur, vous êtes digne d'être malade. »

Né en 1701, il est mort en 1778.

[3] Il veut parler de Grimm, de Diderot et de d'Holbach qui travaillaient toujours à le détacher de ses « gouverneuses. » Plus tard, à la fin du siècle, quand elle racontait les souvenirs de son vieux jeune temps, madame d'Houdetot disait que Diderot n'avait pas su s'y prendre, qu'il avait voulu user de finesse, et qu'à la longue tout ce manége avait ennuyé Rousseau et l'avait rendu défiant, non sans raison.

incommodes, je respirois en voyant arriver M. de Saint-Lambert, et je lui contois mes peines par cette sorte de confiance que j'ai d'abord pour les gens que j'estime et respecte ; n'a-t-il pas été prendre cela pour lui ? Du moins, je dois le croire par ce qu'il m'a dit en me quittant, et par ce qu'il m'a fait dire par son laquais. Ainsi, j'ai le bonheur de rassembler autour de moi tout ce que je voudrois fuir, et d'écarter tout ce que je voudrois voir : cela n'est assurément ni fort heureux, ni fort adroit. Au reste, je n'ai pas même entendu parlé de Diderot. Que de vocation pour ma solitude et pour ne plus voir que vous ! Boujour, madame. J'envoie savoir des nouvelles de la santé de Grimm et de la vôtre. J'ai peur que vous ne deviniez trop l'état de la mienne par le ton de ce billet. J'ai passé une mauvaise nuit, durant laquelle la bile a fomenté, comme vous voyez. Je suis mieux ce matin. Je vous écris, et tout se calme insensiblement.

LETTRE DE MADAME D'ÉPINAY A M. GRIMM.

Le mardi.

Mon ami, vous vous laissez accabler par votre peine, et vous ne pensez pas que vous avez des amis à consoler de votre malheur ; des amis à qui vous êtes nécessaire, et à qui il ne reste rien si vous les abandonnez. Si vous pouviez nous voir ! si vous saviez la sensation que font dans notre société les chagrins que vous éprouvez ! Duclos n'ose paroître parmi nous ; il se rend justice pour la première fois de sa vie. Gauffecourt, le marquis de Saint-Lambert, la comtesse, ne se trouvent à leur aise qu'avec moi ou avec ma **mère**. Nous comptons les jours que vous avez encore à être absents, et nous voulons vous emmener à Épinay aussitôt votre retour; nous irons tous si cela vous convient : cette idée est venue de ma mère. Nous avons rencontré hier le baron d'Holbach aux Tuileries : nous ne nous connoissions pas, mais nous nous sommes devinés. Rousseau étoit avec nous; c'étoit sa première sortie. Le baron nous a abordés, et tout de suite nous avons parlé de vous. Il est singulier, ce baron; il a fait une sortie sur la gaucherie des amis du comte, qui vous enlèvent aux vôtres pour vous garder à Saint-Cloud, où rien ne doit vous plaire. Je lui ai appris que c'étoit pour vous mettre à portée d'être connu plus particulièrement du duc d'Orléans, qui devoit aller voir vos hôtes. « Ils font, lui ai-je dit, ce que chacun de nous voudroit faire. — Personne ne sait comme moi, dit-il, combien Grimm est à plaindre; mais tous ces gens-là ne le consolent point. — Ma foi, répondit Rousseau, je vois que ce n'est point le malheur qui rend le plus malheureux, c'est la rage que tout le monde a de consoler et de rendre service à tort et à travers. Que ne le laisset-on à lui-même? Pour moi, je déclare que, s'il m'arrive quelque malheur que mes amis ne croient pas pouvoir se dispenser d'apercevoir, je veux qu'ils me laissent choisir le genre de consolation qui me convient; car enfin je dois mieux savoir qu'un autre ce qui me plaît apparemment. » Dans une autre circonstance, j'aurois retenu peut-être la suite de cette discussion, qui fut assez longue; mais, mon ami, j'étois retournée à Saint-Cloud lorsque la conversation est devenue générale.

SUITE DU JOURNAL.

Le chevalier de Valory, avec qui j'ai passé hier ma journée, m'a confié le parti qu'il a été forcé de prendre pour se soustraire à l'humeur de mademoiselle d'Ette, qui devient de jour en jour plus insoutenable. Il vient de faire l'acquisition d'une terre dans le voisinage de celle de son frère, et il a obtenu de lui qu'il lui donneroit une de ses filles pour y vivre avec lui et faire les honneurs de sa maison [1]. Elle arrivera à Paris ces jours-ci, et s'en retournera avec son oncle. Mademoiselle d'Ette ignore cet arrangement, le chevalier le lui laisse ignorer jusques après son départ, pour éviter les scènes et les violences qui ne manqueroient pas de suivre cet adieu. Il ira même d'abord passer quelques semaines chez son frère, pour se mettre à l'abri de ses premiers emportements. Je ne crois pas cette précaution inutile.

LETTRE DE MADAME D'ÉPINAY A M. GRIMM.

Enfin, je suis débarrassée de Duclos, et j'espère, mon ami, que vous ne me désapprouverez pas. Hier son impertinence fut si marquée qu'il n'y avoit, en vérité, aucun moyen de la supporter. Voici ce qui s'est passé, jugez-moi.

Je ne sais si je vous ai dit que la nièce de Valory, qui est à Paris pour une quinzaine de jours seulement, m'a-

---

[1] On voit dans la correspondance de Diderot que cette terre était située près d'Étampes.

voit instamment priée de lui faire entendre Jelyotte ; en conséquence, je pris jour avec celui-ci : mais, sans rien prescrire, il me fit entendre que, si Duclos y étoit, il ne chanteroit pas. « J'ai obtenu, me dit-il, un congé de quinze jours pour me reposer[1], et le public pourroit trouver mauvais que je les employasse à chanter dans des soupers. » Je lui dis qu'il pouvoit venir et être sûr de trouver un auditoire peu nombreux et très-disposé à ne lui causer aucun déplaisir. En conséquence, je me suis arrangée pour n'avoir que le chevalier, sa nièce et mademoiselle d'Ette. Ma porte étoit fermée pour tout autre, même pour vous, comme je vous l'ai dit.

Duclos m'avoit fait demander le matin si je serois chez moi le soir ; j'avois répondu que non. A six heures il se présente, on lui dit que je suis sortie ; il répond qu'il veut entrer et qu'il attendra. Mes gens, embarrassés, objectent qu'ils n'ont point d'ordres et qu'ils ne peuvent laisser entrer personne. Il demande Linant, on le laisse entrer ; il va chez mon fils : le laquais de mon fils dit qu'il va l'avertir. « Où est-il ? — Chez madame. — J'y vais ; » et il entre dans mon appartement en riant comme un fou. « Par Dieu ! dit-il, je savois bien qu'elle y étoit. — Oui, monsieur, repartis-je, mais pas pour vous, comme je vous l'ai mandé. »

Je renvoyai mes enfants pour reprocher à Duclos son insolence tout à mon aise. « Vous serez cause, lui dis-je, que je vais mettre mon portier dehors pour avoir manqué à mes ordres. — Ce n'est pas sa faute, reprit-il ; et

---

[1] C'est le 15 mars 1755 que Jelyotte donna sa dernière représentation sur la scène de l'Opéra. Nous sommes en avril. Il était donc définitivement libre ; mais madame d'Épinay, écrivant sur les notes de son journal, ne s'est pas exactement rappelé ce qu'il en était.

il me conta ce que je viens de vous dire. Je sais bien, continua-t-il, que vous m'aviez fait dire que vous n'y seriez pas, mais je n'en ai rien cru, et je veux savoir les gens avec qui je ne peux pas être. » Je lui répondis qu'il me paroissoit bien étrange de ne pouvoir rien faire chez moi qu'il n'en fût instruit ; que je lui avois dit si précisément, et, plus d'une fois, que je voulois être libre, qu'il auroit dû se le tenir pour dit ; et qu'enfin j'étois très-décidée à le prier de s'en aller sans lui rendre d'autre compte de cette volonté. Mais sa curiosité l'emporta et l'engagea à répondre plus doucement que je ne m'y attendois. « Je m'en irai, me dit-il, je m'en irai quand on servira, ou quand votre monde arrivera. » Je vis par d'autres propos qu'il me soupçonnoit de vous attendre, et de vouloir souper seule avec vous. Voyant qu'il ne gagnoit rien à questionner : « Avouez, me dit-il, que vous attendez Grimm, et je pars. — Je n'ai rien à avouer, lui dis-je, si ce n'est que vous me forcerez à quelque parti violent si vous ne partez pas. » Mais ensuite, craignant qu'il ne résultât quelque éclat fâcheux de ses soupçons, j'ajoutai : « Qui m'obligeroit, je vous prie, à fermer ma porte et à en faire mystère si j'attendois M. Grimm ? — Diable ! madame, je ne vous croyois pas si déh... — Si je vous dis qui j'attends, partirez-vous sur-le-champ ? — Oui, d'honneur. — J'attends le chevalier de Valory et sa nièce. — Ah ! ah ! et Jelyotte, n'est-ce pas ? Et que ne disiez-vous ? — Je ne dis pas cela. — Non, mais je le dis, moi. N'ai-je pas entendu l'autre jour ? Elle vous l'a demandé. J'y étois. Le fat ! je suis sûr que c'est lui qui a exigé que je n'y fusse pas, et vous êtes assez sotte pour vous prêter à cette impertinence ? Le joli rôle qu'il vous fait jouer ! Le diable m'emporte, chasser vos amis ! Un freluquet à qui il ne faut qu'un rhume pour anéantir toute son existence. »

Il en étoit là lorsque mon domestique vint me demander une adresse pour un paquet que j'envoyois à quelqu'un. Vous trouverez, lui dis-je, cette carte sur la cheminée. Il la cherche et moi aussi sans la trouver. Duclos, que la présence de Cahouet impatientoit, me dit : « Quoi! ces vieilles adresses qui étoient là? Je viens de les jeter au feu; vous savez bien que je n'aime point les papiers inutiles : que diable fait-on de cela? Si vous en aviez besoin, que ne les serriez-vous? — Ah! monsieur, lui dis-je, cette impertinence est trop forte; je prétends être maîtresse chez moi, et l'être seule; et, pour vous le prouver, sortez, je vous prie, et très-vite. — Ah! parbleu! reprit-il, je ne serai pas même pressé de revenir; s'il vous faut des complaisants, je vous jure bien de n'y jamais remettre les pieds, dussiez-vous m'en prier à genoux. »

Je vous avoue que cette scène m'a si fort troublée le reste de la soirée, que je n'ai joui de rien. J'ai mis mon malaise sur le compte de ma santé, et l'on m'a crue sur ma parole. A présent que c'est une affaire faite, je me crois, en vérité, trop heureuse d'avoir eu une occasion si naturelle de me débarrasser d'un homme dont la tyrannie m'humilioit autant qu'elle m'étoit insupportable. Bonjour, mon ami; je vais prendre l'air et faire un tour de Tuileries avec mes enfants. Ne vous verrai-je pas ce soir?

SUITE DU JOURNAL.

Voici qui est bien singulier! Il y a des choses... Oh! je n'en reviens point! Quelle impudence! Malgré la prétendue colère de Duclos, hier matin, en rentrant de la promenade, j'ai trouvé son nom à ma porte ; ce qui m'a fait prendre le parti de le consigner de façon à être sûre de ne le point voir, de quelque manière qu'il s'y prenne. Je supposois qu'il avoit senti l'indécence de sa conduite, et qu'il vouloit m'en faire des excuses ; mais M. Grimm, qui avoit approuvé celle que j'avois tenue, m'avoit conseillé de ne le pas revoir, à moins qu'il ne me fît une réparation par écrit et un aveu bien prononcé de son impertinence. Bien loin de cela, ce matin, à mon réveil, j'ai reçu ce billet de lui.

« Mandez-moi si vous soupez chez vous ce soir. J'oublie vos vivacités en pensant au tort qu'une rupture avec moi feroit à votre réputation. Pauvre enfant! vous me faites pitié! On se joue de vous, et vous ne vous en doutez pas. Il faut que je sois bien honnête pour me conduire avec vous comme je le fais. »

J'ai été si révoltée de ce billet, que, si Duclos se fût présenté chez moi, je crois que je l'aurois fait jeter par les fenêtres. J'avois confié à Gauffecourt ce qui s'étoit passé la veille : « Tenez ferme, me dit-il : si vous saviez sur quel ton ce coquin parle de vous dans le monde, vous en rougiriez de colère ; sa conduite avec vous est d'une fausseté sans égale. »

Malgré cela, le mépris étant le seul sentiment qu'il me convînt de lui montrer, je me bornai à lui écrire la lettre que voici.

LETTRE DE MADAME D'ÉPINAY A M. DUCLOS.

Vous ne sauriez croire combien je suis dans l'admiration de votre générosité. J'en suis si peu digne que je ne vous conseille pas de l'écouter au point de venir chez moi ; car, si vous vous en avisiez en quelque temps et sous quelque prétexte que ce fût, je ne manquerois pas de vous faire mettre à la porte sur-le-champ, quelque désagréable que fût pour vous une scène de cette espèce. Vous me connoissez mal si vous croyez que je puisse souffrir que vous m'honoriez de votre présence par pitié. Laissez-moi, je vous prie, le soin de ma réputation, et, au nom de Dieu, que je ne doive plus rien à vos démarches. Au reste, si vous voulez prendre le titre d'honnête homme avec moi, que ce ne soit point du moins tête à tête, parce que je ne puis vous donner un démenti sans vous perdre. Si je suis assez foible, ou assez bonne, ou assez timide, pour vous épargner, que cela vous engage, s'il est possible, à mettre à l'avenir plus de délicatesse, et surtout plus de probité et d'honnêteté dans votre conduite, car le public ne se paye pas toujours de bruit, et, si vous n'y prenez garde, il vous connoîtra bientôt aussi bien que moi.

Duclos, après qu'il eut reçu cette lettre, parut avoir pris son parti ; mais il alla trouver M. de Francueil, et, le voyant moins assidu chez madame d'Épinay, il supposa qu'il avoit à se plaindre d'elle, et que, n'étant plus dans le cas de chercher à approfondir ses démarches, il pouvoit, sans courir le risque d'être démenti, donner à sa retraite les couleurs qu'il lui plaisoit. Il dit donc à M. de Francueil qu'il prenoit le parti de se retirer de chez madame d'Épinay, parce qu'il voyoit bien, que depuis que Grimm s'étoit impatronisé chez elle, les anciens amis, et particulièrement les gens véridiques, n'avoient plus l'heur de plaire; que madame d'Épinay devenoit injuste, aigre et capricieuse; et que, n'ayant pu lui faire ouvrir les yeux sur le danger dont cette nouvelle liaison étoit pour elle, il ne lui restoit qu'à s'éloigner, d'autant plus qu'il ne pouvoit se dissimuler qu'elle ne lui pardonneroit pas d'avoir démasqué M. Grimm. « Mais, ajouta-t-il, comme j'ai fait mon devoir et que je me suis toujours conduit en honnête homme ce qui s'appelle, et en véritable ami, je me retire net et je me lave les mains de tout ce qui en peut arriver. »

Quoique ce langage flattât la passion et la jalousie de M. de Francueil, Duclos lui paroissoit suspect, et il ne pouvoit supporter que madame d'Épinay eût des torts réels avec lui; il fut assez maître de lui-même pour répondre vaguement à Duclos, et pour lui montrer toute l'estime possible pour ma pupille. Interdit d'avoir manqué son coup, Duclos s'en alla, après l'avoir prié de ne pas parler de ses sujets de plainte, par ménagement, disoit-il, pour madame d'Épinay. M. de Francueil vint dès le même jour me trouver pour savoir ce qui s'étoit passé, et il me conta la visite qu'il avoit reçue; mais, un peu plus sincère avec moi, il ne me cacha pas qu'il soupçonnoit M. Grimm de détruire dans l'esprit de madame d'Épinay tous ses anciens amis[1]. Je lui rendis compte du

---

[1] Il est incompréhensible combien, sans le vouloir, madame d'Épinay abonde dans le sens de J. J. Rousseau, au sujet de Grimm. Ne croiroit-on pas lire les *Confessions?* « J'avois donné à Grimm tous mes amis sans

sujet qui l'avoit déterminée à chasser Duclos de chez elle, et je l'assurai si positivement que je ne voyois rien de suspect dans la liaison de M. Grimm avec madame d'Épinay, que depuis cette explication il fut assez tranquille, et revint chez elle à peu près comme à son ordinaire. Quant à M. d'Épinay, il se contenta de demander pourquoi l'on ne voyoit plus Duclos : madame d'Épinay lui répondit : « Pour de très-bonnes raisons, monsieur, c'est un coquin qui nous a tous joués. — Ah! par Dieu, dit-il, voilà une belle découverte! c'est d'aujourd'hui que vous savez cela? et c'est pour ce motif que vous ne le voyez plus? Ah! ma foi, si l'on y regardoit de si près! Il vous nuira, prenez-y garde. — Ah! monsieur, reprit-elle, je le méprise trop pour le craindre. — Ah! par Dieu, oui! Enfin, chacun se conduit comme il l'entend; je m'en lave les mains; je n'y suis pour rien, je n'y suis pour rien ; je ne le reverrai pas chez moi, mais vous ne m'empêcherez pas de lui faire bonne mine : je veux être bien avec tout le monde. — A vous permis, monsieur, lui dit-elle encore; même avec vous-même si vous pouvez. »

Il tint parole avec Duclos, qu'il accueillit comme à son ordinaire partout où il le rencontra.

exception; ils étoient tous devenus les siens. Je pouvois si peu me séparer de lui que j'aurois à peine voulu me conserver l'entrée d'une maison où il ne l'auroit pas eue. Il n'y eut que madame de Créqui qui refusa de l'admettre et qu'aussitôt je cessai presque de voir depuis ce temps. Grimm, de son côté, se fit d'autres amis, tant de son estoc que de celui du comte de Friese. De tous ces amis-là jamais un seul n'est devenu le mien; jamais il ne m'a dit un mot pour m'engager de faire au moins leur connoissance. Voici plus : mes propres amis dont je fis les siens, et qui tous m'étoient tendrement attachés avant cette connoissance, changèrent sensiblement pour moi quand elle fut faite. Il ne m'a jamais donné aucun des siens; je lui ai donné tous les miens, et il a fini par me les tous ôter. »

Le chevalier de Valory, comme on a vu, étoit au moment de partir avec sa nièce[1] pour prendre possession de l'acquisition qu'il venoit de faire. Malgré toutes les précautions qu'ils avoient prises, le secret ne put en être si scrupuleusement gardé, que quelques-uns des préparatifs nécessaires à une transplantation totale ne fussent sus de mademoiselle d'Ette et ne lui donnassent de violents soupçons. Elle passa quelques jours à se contraindre pour mieux épier le chevalier et sa nièce; mais ce qu'elle remarquoit ne pouvoit lui rien apprendre ni la rassurer. Cependant une nuit, dont elle avoit passé la plus grande partie dans l'inquiétude, elle entre chez le chevalier : il dormoit; elle le réveille, s'assied sur son lit et entame une explication avec toute la violence et la fureur qui l'animoient. Le chevalier, après avoir employé vainement, pour la calmer, tous les moyens que sa bonté naturelle lui suggéra, lui signifia enfin très-précisément qu'il alloit se séparer d'elle pour toujours et fuir un enfer auquel il ne pouvoit plus tenir. Cette confidence, qui n'étoit pas faite pour l'apaiser, redoubla sa rage. « Puisqu'il est ainsi, dit-elle, sortez tout à l'heure de chez moi; vous deviez partir dans quatre jours, c'est vous rendre service de vous faire partir dans l'instant. Tout ce qui est ici m'appartient; le bail est en mon nom; il ne me convient plus de vous souffrir chez moi : levez-vous, monsieur, et songez à ne rien emporter sans ma permission. »

Cette harangue, prononcée d'un ton qui ne laissoit guère de réplique, indigna le chevalier autant qu'elle l'étonna. « Je vous jure, répondit-il, que, si j'étois seul

---

[1] Mademoiselle Jeanne de Valory.

ici, je ne me ferois pas donner deux fois mon congé ; mais, mademoiselle, songez que vous devez des égards à ma nièce, et que je ne souffrirai pas qu'on lui en manque. — Quoique je soupçonne fortement votre nièce, répondit mademoiselle d'Ette, d'être de moitié, et peut-être même d'être cause de votre indigne conduite, je veux bien ne la pas mettre dehors avant le jour ; mais vous, encore une fois, levez-vous, faites vos paquets et partez tous les deux dès qu'elle sera levée. »

Elle sortit de la chambre du chevalier. Il se leva, fit un paquet de ses papiers et de son linge, écrivit à mademoiselle d'Ette pour lui mander de lui envoyer chez son frère tout ce dont elle n'auroit pas besoin, et passa ensuite chez sa nièce. Il l'éveilla et l'instruisit de ce qui venoit de se passer : celle-ci, indignée, dit qu'elle ne vouloit pas rester un quart d'heure chez cette furie ; qu'elle alloit se lever et sortir à l'instant de la maison. Mais, en pensant qu'ils ne savoient où aller si matin, ils ne purent s'empêcher de rire de leur position et de cette déroute. Quoiqu'il ne fût que sept heures, mademoiselle Valory pria son oncle de la conduire chez madame d'Épinay, et d'aller ensuite chercher, dans quelque hôtel garni, un logement pour les quatre jours qui leur restoient à passer à Paris ; car il ne leur étoit pas possible d'abréger leur séjour, les voitures qui devoient les mener n'étant pas encore arrivées.

Tandis qu'ils délibéroient sur le parti qu'ils alloient prendre, on apporta une lettre de mademoiselle d'Ette pour le chevalier, dans laquelle elle avoit épuisé toute son éloquence pour obtenir son pardon et le détourner de son départ. Tout ce que la passion la plus effrénée peut dicter étoit dans cette lettre ; amour, soumission, remords, menaces, vengeance, promesses, expressions tendres, rien n'y étoit épargné, et montroit évidemment la tête la plus en désordre. Cette lettre, loin de produire l'effet qu'elle en attendoit, effraya si fort le chevalier et sa nièce qu'ils sortirent de la maison avec la plus grande précipitation : ils emportèrent seulement les effets de mademoiselle de Valory et ce que le chevalier avoit préparé; et ils laissèrent le reste à la merci de mademoiselle d'Ette.

Arrivés chez madame d'Épinay, ils la firent éveiller et lui contèrent leur aventure : celle-ci leur dit qu'elle ne les laisseroit point aller en hôtel garni, et elle pria son mari de trouver bon qu'elle leur donnât un petit appartement qui n'étoit point occupé dans leur maison : il y consentit, et ils s'y établirent.

Lorsque mademoiselle d'Ette s'aperçut du départ du chevalier, elle entra dans une fureur inexprimable; elle brisa tout ce qui tomba sous sa main; mais voyant par la lettre du chevalier, qu'elle trouva sur la table, qu'il lui laissoit ce qu'elle jugeroit à propos de prendre, elle jugea convenable de tout garder et de ne plus rien casser. Jamais elle n'a pardonné à madame d'Épinay d'avoir retiré chez elle le chevalier et sa nièce; c'étoit, à son avis, lui manquer de la manière la plus révoltante; et, d'après cette opinion, elle lui voua une haine qui ne s'est jamais démentie. Elle alla même chez madame d'Esclavelles pour lui porter ses plaintes; et, afin de mieux les fonder, elle ne craignit point de se déshonorer elle-même en affichant, non-seulement auprès de madame d'Esclavelles, mais partout, la vie qu'elle avoit menée comme maîtresse du chevalier; et, pour prouver ce qu'elle appeloit l'ingratitude de madame d'Épinay, elle débita hau-

DEUXIÈME PARTIE. — CHAPITRE III.

tement tous les détails de la confidence où elle avoit été. Aussitôt que j'eus appris l'indignité de la conduite qu'elle tenoit, je me rendis chez elle, et, après lui avoir parlé très-ferme, voyant que je n'y gagnois rien, je feignis de n'avoir jamais eu connoissance de la plupart des faits qu'elle osoit affirmer; elle m'en offrit les preuves par écrit : c'étoit là justement ce que je voulois. Alors je m'emparai de tous les papiers qu'elle me donna à lire, et je les mis dans ma poche. Elle voulut s'y opposer, mais je lui dis que, si elle ne me remettoit pas à l'instant tout ce qu'elle pouvoit avoir de papiers relatifs à Francueil et à madame d'Épinay, j'allois de ce pas obtenir contre elle une lettre de cachet, et la faire enfermer. Elle se mit à fondre en larmes, à s'arracher les cheveux, et finit cependant par me donner tout ce qu'elle pouvoit avoir de preuves contre ma pupille. Je la priai instamment, en partant, de se tenir tranquille sur ce chapitre, si elle vouloit que je le fusse sur le sien. Aucun des amis de madame d'Épinay ne voulut plus revoir cette intrigante, et je ne fus nullement étonné lorsque j'appris, quelques mois après, qu'elle s'étoit intimement liée avec Duclos [1].

---

[1] Et avec toute la société du baron d'Holbach au milieu de laquelle elle vécut longtemps. N'oublions pas qu'elle avait eu des enfants de M. de Valory et condamnons plutôt l'homme que la femme, toutes les fois qu'il y a une séduction faite et une existence pervertie.

Quant au chevalier de Valory et à sa nièce ils achevèrent presque le siècle ensemble. Le chevalier dut mourir dans un très-grand âge et après avoir lu les *Confessions* de Jean-Jacques. Il figure avec sa nièce sur l'almanach des Adresses de 1788, demeurant alors rue Saint-Honoré, 435, avec la comtesse Marthe de Valory. En 1785 c'était rue et en face des Filles-Saint-Thomas. On ne voit plus son nom sur l'almanach de 1790

SUITE DU JOURNAL.

La Chevrette. Juin.

Que je viens de payer cher les torts qui ne sont dus qu'à la foiblesse de mon caractère! Je veux le vaincre ou mourir à la peine. Depuis deux mois que je suis ici, j'aurois pu être parfaitement heureuse, mais j'ai fait tout ce qu'il falloit pour détruire ce bonheur, j'ai trop présumé de ma prudence et de mes bonnes intentions.

Nous menions une vie très-douce, ma mère, mes enfants et moi; la comtesse d'Houdetot et le marquis de Saint-Lambert étoient établis avec nous : M. Grimm nous donnoit tout le temps qu'il n'étoit pas obligé d'être auprès du duc d'Orléans. M. Francueil venoit presque aussi souvent que M. Grimm, et il parut d'abord n'avoir aucune peine à se trouver avec lui. Ils partageoient même de fort bon accueil les soins qu'ils vouloient bien se donner pour l'instruction de mes enfants. Lorsque ma santé, qui se délabre tous les jours davantage, ne me permettoit pas de faire de longues promenades, je restois avec M. Grimm ou avec M. Francueil, dans l'âme duquel je me félicitois d'avoir ramené la tranquillité. Un jour il me dit que les efforts qu'il faisoit pour vaincre la mélancolie qui le dévoroit étoient inconcevables et devenoient au-dessus de ses forces; je lui répondis qu'on augmentoit toujours son chagrin lorsqu'on cherchoit à le cacher, qu'il falloit savoir être triste avec ses amis, rester avec eux tant qu'on y étoit bien, et les quitter quand on prévoyoit être mieux ailleurs. « Hélas! me répondit-il, c'est que je ne puis ni vous quitter ni vous fuir. » Ce propos me déplut, et je le lui dis : il se récria sur ma sévérité. « Je ne vous demande rien, me dit-il, je n'ai aucune espèce de prétention faite pour vous alarmer, je ne réclame que celles que vous m'avez permis de conserver, celles d'un ami ; vous voulez que je me flatte d'être des vôtres, et vous m'imposez silence dès que j'ose un instant vous entretenir de mes peines! Je ne vous demande que de ne pas me traiter plus mal qu'eux. »

Enfin, je ne sais tout ce qu'il me dit ; mais il m'assura si bien qu'il étoit heureux seulement de la conversation qu'il venoit d'avoir, que je crus pouvoir me permettre de l'écouter quelquefois, mais seulement lorsqu'il seroit dans une mélancolie si grande que cette consolation lui deviendroit nécessaire ; et je le lui promis.

Je rendis à M. Grimm la conversation que j'avois eue avec Francueil ; il désapprouva l'engagement que j'avois pris d'écouter ses plaintes. Je regardai ce blâme comme une dureté déplacée de sa part, et, comme il avoit douté de ma bonne foi et de mes sentiments pour lui, dans le temps que Duclos m'avoit tant alarmée sur les siens, je me figurai que la petite tyrannie qu'il vouloit exercer dans cette occasion étoit une suite de ses doutes passés. Certaine de mes intentions, je me rassurai et je regardai comme une chimère l'assurance qu'il me donnoit que je ne tarderois pas à me repentir de ma condescendance.

Cependant M. de Francueil, tout en redoutant ma présence, ne pouvoit plus s'en passer ; il trouvoit mille prétextes pour s'entretenir avec moi, et lorsque je cherchois à éloigner les occasions de lui parler, il tomboit dans un désespoir qui me déchiroit l'âme ; alors je travaillois à ramener sa raison ; quelquefois j'y réussissois, mais d'autres fois aussi il falloit lui permettre d'éviter la présence de M. Grimm, et le laisser partir lorsqu'il arrivoit. Quand j'avois gagné quelque chose sur l'esprit de Francueil, j'en faisois part à M. Grimm ; mais lorsqu'il étoit déraisonnable, j'évitois de lui en parler, dans la crainte qu'il ne me conseillât de supprimer des consolations que je trouvois très-innocentes, et dont j'espérois toujours, de la meilleure foi du monde, qu'incessamment Francueil n'auroit plus besoin. Ma mère s'aperçut que la conduite de Francueil et la mienne n'étoient pas naturelles ; elle conçut des inquiétudes dont elle fit part à M. Grimm. « Cet homme l'a ensorcelée, lui dit-elle ; au nom de l'estime et de l'amitié que vous avez pour elle, monsieur, montrez-lui la vérité, elle a confiance en vos avis ; mais quel parti prendre ? car, après les propos de cette indigne d'Ette, on ne peut rien faire qui n'ait son danger. »

M. Grimm me parla suivant l'intention de ma mère, toutefois avec tant de ménagement et de froideur, que je compris alors que ma conduite pouvoit être susceptible d'interprétation défavorable, et qu'il en étoit affligé, quoiqu'il ne m'en parlât pas ; mais, soit par orgueil, soit que je fusse piquée d'avoir été si mal jugée, je me contentai de lui répondre aussi froidement qu'il m'avoit parlé que je ne négligerois pas ses avis. Le lendemain je déclarai à M. de Francueil qu'à l'avenir je n'aurois plus de conversation particulière avec lui, puisque je n'avois pas mieux réussi dans le désir de lui rendre la tranquillité. Cet entretien fut vif ; j'en sortis les larmes aux yeux et me retirai dans mon appartement. M. Grimm, m'ayant vu passer, descendit sur la terrasse d'où je venois ; il y trouva Francueil, que j'y avois laissé dans le plus grand désespoir ; il passa près de lui et le salua ; mais, soit que celui-ci fût absorbé et ne vît point M. Grimm, soit qu'il eût effectivement intention de l'offenser, il continua de marcher à grands pas sans lui rendre son salut et sans avoir même l'air de l'apercevoir. Piqué de ce procédé, M. Grimm remonte chez moi et me demande raison de cette conduite ; je lui dis assez naïvement ce qui s'étoit passé et combien peu j'avois réussi à calmer Francueil. « Cela ne me surprend pas, me répondit-il ; avec une pitié aussi mal entendue, vous perpétuez son malheur : il falloit, dès le premier moment, lui interdire les plaintes, et même votre présence, s'il eût insisté. Je vous ai laissée aller tant que vous avez voulu, car un conseil déplacé auroit pu vous déplaire ; et, d'ailleurs, depuis que nous sommes à la campagne, vous ne m'en avez pas demandé ; mais aujourd'hui les choses sont poussées si loin qu'elles ne sont plus supportables, à moins que votre intention, madame, ne soit de me faire prendre mon parti. — Moi ! lui dis-je vivement, pouvez-vous le penser ? — Mais, reprit-il, cela vaudroit peut-être mieux pour tout le monde. Vous me faites jouer un rôle très-plat et très-indécent pour vous, madame ; permettez-moi de vous le dire. — Vous me mettez au désespoir, ajoutai-je ; ne vous arrêtez pas un instant à cette idée, et dites-moi ce qu'il y a à faire. — Il faut vous tenir tranquille ; et si vous voulez mon avis, madame, je crois que s'il cherche de nouveau à vous parler, vous devez lui annoncer avec beaucoup de fermeté qu'il ne doit plus songer à vous entretenir de ce que vous ne voulez plus entendre, lui dire que votre amitié pour lui vous a portée à une condescendance dont il vous met dans le cas de vous repentir, et que c'est à lui à présent à chercher les moyens qu'il croira les plus efficaces pour sa guérison ; mais qu'il ne faut pas à l'avenir qu'il vous y fasse entrer pour rien, et que, pour trancher court aux remarques qu'on ne peut s'empêcher de faire, vous lui conseillez de partir. Vous adoucirez cet arrêt par l'assurance des sentiments que vous lui devez et que vous lui conserverez sans doute : voilà, madame, me dit froidement M. Grimm[1], ce qu'exige le respect que vous vous devez à vous-même. »

Ce ton me glaça ; je sentois la nécessité de l'avis qu'il me donnoit, mais j'aurois voulu qu'il mît plus d'aménité dans ses conseils ; alors je les aurois suivis sans réplique. Deux choses, cependant, me portoient à m'y refuser : premièrement, ce ton froid et imposant qui m'effrayoit et me faisoit craindre de me laisser encore dominer et de me trouver dans le cas de plier ma volonté à l'empire d'un nouveau despote, au lieu de la concilier avec les sentiments d'un ami ; mais, d'un autre côté, je craignois encore plus qu'on ne supposât que mon amitié pour M. Grimm ne fût la cause de ma rupture, si on voyoit Francueil cesser tout à coup de venir chez moi.

Remplie de cette crainte, qui avoit beaucoup influé sur ma conduite, je répondis à M. Grimm : « Ce que vous me dites, j'en conviens, est un sûr moyen de me défaire de Francueil, mais il en résultera un éclat que je dois éviter à quelque prix que ce soit. — Sans doute, me dit-il, mais il ne faut pas l'éviter aux dépens de votre réputation, et surtout de ce que vous vous devez à vous-même. — D'accord ; mais, lorsqu'on verra son désespoir, on supposera que je l'ai abandonné, et ce seroit un tort

---

[1] C'est à croire, en vérité, que tout cela est dicté par Jean-Jacques. Comment prendre parti pour Grimm quand on le voit si froid, si sec, si dur ?

réel au bout de six ans de liaison. — Ne s'est-il pas conduit depuis deux ans comme quelqu'un qui n'avoit plus aucune espèce de goût pour vous? — Cela est vrai ; mais comment voulez-vous, en voyant l'état où est Francueil, qu'on puisse supposer la conduite qu'il a eue avec moi? — Elle n'est que trop connue, madame, grâce à vos perfides amis, qui, Dieu merci, n'ont cessé jusqu'à présent d'amuser le public des confidences que vous leur avez faites et de celles qu'ils supposent méchamment et très-faussement que vous auriez pu leur faire. » Cet aveu, loin de me rassurer, acheva de me troubler. « Vous ne devez plus vous permettre de causer avec M. de Francueil, ajouta M. Grimm, que pour lui représenter fortement qu'il vous manque d'une façon impardonnable, par une conduite qui mène à vous faire supposer des torts qu'il sait très-bien que vous n'avez pas. Mais il faut, encore une fois, voir ce qu'il fera et si c'est à moi qu'il en veut. Dans tous les cas, je crois que vous ne devez pas souffrir qu'il se conduise avec moi comme il le fait, car, si cela continuoit, je ne pourrois pas ne le pas voir; et, sans les égards que je vous dois et la crainte de vous compromettre, je n'attendrois pas davantage à lui en demander raison. »

Je ne craignois que trop que l'intention de Francueil ne fût, en effet, de chercher querelle à M. Grimm; quelques propos tenus m'en avoient donné le soupçon, et j'en avois frissonné dès le premier mot que M. Grimm m'avoit dit de ce qui venoit de se passer entre eux. « Vous avez raison, lui dis-je vivement, et je vais lui en parler tout de suite de façon à le faire changer de conduite.— Comment pouvez-vous vous en flatter à présent? Vous en désespériez il y a un moment. — J'en désespérois sans m'exposer à un éclat que je ne crains plus dès que vous êtes compromis. — Ne sentez-vous pas que ce n'est pas là le moment de lui parler? Vous ne pouvez savoir que par moi l'impolitesse qu'il m'a faite. Attendons à demain, à moins qu'il ne vous donne occasion de voir par vous-même. »

Je feignis de céder, afin de ne pas perdre plus de temps pour ce que je méditois. J'étois vivement alarmée; je craignois que M. Grimm ne se crût obligé à tirer raison de l'insulte qu'il venoit de recevoir; la résistance qu'il apportoit à l'envie que j'avois de parler tout de suite à Francueil m'en sembloit une preuve; et, comme je sentois qu'il m'observeroit d'assez près pour que je ne pusse rien lui dire, je pris le parti d'écrire à Francueil une longue lettre, où je lui marquois que j'avois vu par ma fenêtre la conduite qu'il venoit de tenir avec M. Grimm; j'en témoignois le plus grand dépit, cette insulte, par la circonstance, me devenant personnelle. Je lui retraçois avec chaleur toute sa conduite passée; je lui demandois de quel droit il osoit aujourd'hui troubler mon repos, lorsque mon indulgence m'avoit portée à souffrir sa déraison depuis cinq mois, tandis qu'elle n'auroit pas dû m'occuper un quart d'heure. Je finissois par exiger de lui, ou qu'il assurât M. Grimm en ma présence qu'il ne l'avoit pas aperçu, ou qu'il partît et s'éloignât jusqu'à ce qu'il eût recouvré sa raison et qu'il pût paroître devant moi sans manquer aux égards qu'il me devoit, soit à moi-même, soit en la personne de mes amis. Je l'assurois que, s'il ne suivoit pas exactement ce que je lui prescrivois, il perdroit à jamais mon estime et mon amitié, qu'il m'auroit été bien doux de pouvoir lui conserver. Je lui disois encore que j'avois la plus grande répugnance à agir avec cette rigueur, parce qu'il m'étoit et me seroit toujours cher, à moins qu'il ne me forçât de l'effacer totalement de mon cœur.

Il falloit trouver le moment de rendre cette lettre à l'insu de M. Grimm. Elle auroit pu avoir son approbation dans tout autre temps; mais alors je sentois, ou du moins je croyois qu'il devoit m'interdire toute démarche, même celle qu'il auroit pu approuver au fond de son âme. Tout occupée de mes craintes et du remède que je croyois y apporter, je cherchois le moyen de rendre ma lettre sans être aperçue; je tremblois comme si j'eusse fait une mauvaise action, et je fus tout aussi gauche que je devois l'être dans cette disposition. Malheureusement M. Grimm m'aperçut donnant mystérieusement un papier à Francueil; il étoit environ neuf heures du soir, il y avoit beaucoup de monde, et l'on faisoit de la musique; il prit tout à coup un maintien froid et ironique qui me mit au désespoir : sans doute il se crut joué. Je tentai de lui dire deux mots après le souper, mais il me tourna le dos sans me répondre. Francueil, de son côté, qui avoit lu ma lettre, se retira immédiatement après le souper dans son appartement sous le prétexte d'avoir à écrire. Grimm crut alors que j'avois un rendez-vous arrangé avec lui; et, feignant de s'en mettre peu en peine, il dit d'un air assez détaché qu'il avoit reçu des lettres qui le mandoient à Paris le lendemain de bon matin : heureusement qu'il ne se trouva pas d'occasion.

Le désespoir s'empara de moi au point que, si dans ce cruel instant je ne fis rien qui me compromit, ce fut absolument l'effet du hasard et de mon heureuse étoile. Cependant je ne doutois pas que la nuit ne nous amenât la catastrophe la plus tragique. Je la passai debout dans ma chambre dans l'état le plus violent; j'écrivois à M. Grimm, j'écrivois à Francueil, je brûlois mes lettres presque aussitôt qu'elles étoient écrites. Le moindre bruit me glaçoit le sang, et comme M. Grimm et Francueil ne dormirent guère plus que moi, et que leurs appartements n'étoient pas loin du mien, j'étois à tout instant alarmée par le mouvement presque continuel que j'entendois chez eux.

Vers les cinq heures, accablée de fatigue et de tourments, et, tout me paroissant calme dans la maison, je me jetai sur mon lit pour y prendre un peu de repos. Je ne me réveillai qu'à neuf heures; or, comme j'étois ordinairement beaucoup plus matinale, et qu'on juge toujours d'après l'idée dont on est frappé, M. Grimm en conclut que tout ce qui se passoit autour de moi, et surtout son indifférence, m'affectoit médiocrement; c'est pourquoi il ne parut dans mon appartement que lorsque tout le monde fut rassemblé pour le déjeuner. Je restai tout étonnée en apprenant que M. Francueil étoit parti à six heures du matin. Mais M. Grimm crut qu'il s'étoit éloigné par mon ordre, et que je jouois la surprise. Ma première idée fut de craindre qu'il ne se fût passé quelque chose entre eux; et je pâlis et je rougis tour à tour.

Cependant je me rassurai un peu en voyant le sang-froid de M. Grimm, qui interpréta tout différemment les mouvements divers qui m'agitoient. Il se retira pour faire sa toilette avant tous les autres; de sorte qu'il ne me fut pas possible de lui dire un seul mot. Alors, voyant clairement qu'il m'évitoit, je lui écrivis un mot pour le prier de ne point partir et de ne pas me condamner sans m'entendre; et j'allai à la porte de sa chambre lui remettre moi-même le papier: comme son laquais y étoit, il ne put le refuser; mais il le prit fort sérieusement et le posa sur la cheminée en me remerciant comme d'une chose qui n'étoit pas nécessaire, et qu'il savoit même par cœur. Je lui dis tout bas : « Vous poussez la dureté et l'injustice trop loin, monsieur, c'est pour la dernière fois que je vous prie de m'entendre, si vous me refusez encore... je suis courageuse, et je ne suis point coupable; j'ai de la peine plus que je n'en puis supporter; je ne réponds plus de moi. » J'étois alors dans un degré d'abattement où l'on ne sent plus rien et où tous les événements sont égaux. Ce fut dans cet état que je regagnai mon appartement, et je restai dans une espèce d'anéantissement.

Depuis quelque temps, le mauvais état de ma santé m'obligeoit à manger seule dans ma chambre, et lorsqu'il y avoit du monde, je ne paroissois qu'à cinq heures après dîner. Toute la matinée se passa sans que j'entendisse parler de M. Grimm, et il vint dîner sans avoir paru chez moi. A trois heures, tandis qu'on étoit à table, je reçus un exprès de Francueil, avec un paquet considérable et une petite cassette. On le fit monter chez moi. Je pris le paquet, et, ne me sentant ni la force, ni la volonté de l'ouvrir, je lui fis dire que j'étois incommodée, et que, s'il exigeoit réponse, je la ferois le lendemain. Le même exprès étoit chargé d'une lettre pour mon mari; cette lettre lui donnoit une excuse valable de son départ précipité.

Au sortir du dîner, M. Grimm monta enfin dans ma chambre et y monta seul. Je crus que la curiosité avoit plus de part que l'intérêt à sa visite. Je venois d'ouvrir la cassette et le paquet; c'étoient toutes mes lettres et mon portrait que Francueil me renvoyoit, avec une lettre de douze pages, où tout ce que le délire, le repentir, le désespoir et le regret peuvent suggérer étoit peint. me disoit un éternel adieu, et comptoit partir le lendemain pour ses terres.

Je fus saisie de douleur en pensant à l'état affreux où il étoit, et j'avoue que la comparaison de ce qu'il souffroit pour moi avec la dureté de M. Grimm ne fut pas favorable à ce dernier. Il fut frappé de mon abattement, à ce qu'il m'a dit depuis, et du désespoir qui étoit peint sur mon visage : à peine le vis-je entrer. « Madame, me dit-il, je viens savoir ce que vous avez à me dire. » Je jetai sur lui des yeux éteints, sans proférer une parole. Il en fut alarmé. « Je ne sais, continua-t-il, pourquoi vous voulez m'empêcher de partir. Avec un peu plus de bonne foi, nous serions tous moins à plaindre, je ne puis supporter l'idée de faire votre malheur, ou d'être cause... — Mon ami, lui dis-je, je ne vous trouve point comme je vous croyois; vous êtes dur, tyrannique; il me semble que vous poussez le rôle d'ami au delà des bornes que l'indulgence et la douceur prescrivent. — J'ai pressenti, madame, qu'un caractère aussi ferme, aussi violent que le mien, s'accorderoit mal avec la foiblesse du vôtre. Je ne puis être utile à mes amis qu'avec ma façon d'être. — Ah! il est certain, monsieur, que le bien que vous faites aux autres leur coûte prodigieusement! — Je le sens, mais je vous en ai prévenue. C'est vous qui avez exigé mon avis; vous savez combien peu j'ai été pressé de vous le donner, mais il ne me convient pas qu'on le requière pour le mépriser : je vous le répète, madame, peut-être tenez-vous plus à vos anciennes liaisons que vous ne le croyez vous-même. — Voyez, lui dis-je en l'interrompant et lui donnant la lettre de Francueil, combien vous êtes injuste dans vos soupçons, et cruel dans votre conduite ! » Il lut la lettre sans rien dire. Cependant je lui dois la justice d'avouer que s'il fut touché de ma situation, il le fut encore plus de la dureté qu'il avoit eue envers moi lorsque je lui avouai la démarche indiscrète que j'avois faite à son insu. Je convins qu'il avoit pu prendre le change sur ma conduite, mais je n'en eus pas moins de peine à oublier sa dureté, malgré tout le regret qu'il m'en témoigna, et tout le soin qu'il mit à la réparer. Cet événement a jeté dans mon âme des traces de désespoir si profondes, que je m'en ressentirai, je crois, toute ma vie, et quoique je sois à présent tranquille, j'ai en moi une mélancolie qu'il m'est impossible de vaincre.

J'appris, deux jours après, que Francueil étoit parti pour Chenonceaux, où il avoit annoncé qu'il passeroit six mois.

SUITE DU JOURNAL.

Oh ! combien, depuis quelques jours, j'ai eu sujet de réfléchir sur les inconvénients et même les malheurs qui peuvent résulter d'une démarche inconsidérée ! La confiance et l'estime de mon ami perdues ; un air équivoque, faux et malhonnête répandu sur toute ma conduite ; l'éducation de mes enfants négligée ; la gêne et la défiance jetées dans tous les esprits ; ma mère inquiète, examinant et craignant également de questionner, de s'instruire ou de se taire ; ma santé détruite par la peine, la crainte et le chagrin ; la vie et l'honneur de deux hommes exposés ! O femmes ! puissiez-vous apprendre par mon exemple qu'une pitié mal entendue est la plus cruelle et la plus dangereuse de toutes les foiblesses !

Mon mari est le seul, au milieu des entraves que je me suis données, qui n'ait pas marqué s'apercevoir de mes tourments. La comtesse d'Houdetot et Saint-Lambert sont trop occupés d'eux-mêmes, et ont trop d'usage pour voir ce qu'on ne leur dit pas. Hélas! cette raison de leur silence et de l'uniformité de leur conduite avec moi peut-elle me satisfaire? J'en suis humiliée, et je fais le serment de ne plus me conduire que d'après une mûre réflexion et d'après les avis de M. Grimm, à qui je rends bien tard, mais pour jamais, la justice qui lui est due.

CHAPITRE IV

1755-1756

Vengeance de Duclos. — Il échoue auprès de Francueil. — Ses contes à Diderot. — Conversation de Diderot et de Grimm. — Madame d'Épinay calomniée. — Un billet d'elle dans la poche de Duclos. — Indignation de Grimm. — Diderot à moitié ramené. — Duclos continue son rôle.
Réapparition de Desmahis. — Rousseau inquiet. — On le rappelle à Genève. — Les Tronchins. — Premier mot dit sur l'Ermitage. — Propositions de madame d'Épinay. — Ce que Grimm en pense. — Esprit chagrin de Desmahis. — Souvenir de Francueil. — M. d'Épinay directeur d'opéra. — Correspondance de madame d'Épinay et de Rousseau qui se décide. — Il vient habiter la vallée. — Son déménagement pittoresque. — Son installation. — Séjour de printemps et d'été.

On doit présumer que Duclos n'étoit pas homme à s'être laissé chasser de chez madame d'Épinay sans chercher à se venger, soit d'elle, soit de M. Grimm, à qui il attribuoit le courage qu'elle avoit eu de se débarrasser de sa présence et de secouer l'empire qu'il avoit pris chez elle. Mais il falloit se venger sans se compromettre et perdre ses deux ennemis à la fois, s'il étoit possible : c'étoit là le sublime projet qu'il avoit conçu; heureusement qu'il manqua de sang-froid, de prudence et d'adresse dans l'exécution de ses desseins.

On a vu qu'immédiatement après son expulsion, il avoit tenté de brouiller madame d'Épinay avec M. Grimm. Par les plaintes qu'il fit à M. de Francueil, il espéroit que leur rupture auroit de l'éclat et que le public en accuseroit M. Grimm si hautement que madame d'Épinay ne pourroit se dispenser de l'éloigner, si les égards qu'il lui devoit ne le déterminoient pas lui-même à se retirer. Voilà l'explication des propos qu'il tenoit et de l'affectation avec laquelle il vantoit dans le monde les soins et le respect de M. Grimm pour madame d'Épinay. Or, si son premier projet auprès de Francueil eût réussi, plus il parloit bien de Grimm, plus il montroit d'intérêt pour madame d'Épinay, plus il le mettoit dans la nécessité de s'éloigner de lui-même, lorsqu'il nuisoit à sa réputation. Et, dans le cas contraire, il lui restoit la ressource de dire bien du mal de madame d'Épinay et de couvrir Grimm de ridicule par l'attachement qu'il lui donnoit pour elle. Mais M. de Francueil ajouta peu de foi aux propos de Duclos, et, loin de se plaindre, il retourna avec beaucoup plus de tranquillité dans la société de madame d'Épinay.

Duclos alors commença à agir sourdement. Il continua à brailler du bien de Grimm et à insinuer tout bas le plus de mal qu'il put de madame d'Épinay. Il alla trouver Diderot, l'ami intime de M. Grimm, il lui parla d'abord légèrement de madame d'Épinay, ensuite il lui confia que son ami en étoit amoureux : il ajouta qu'il en étoit bien aise, parce que madame d'Épinay étoit une jolie maîtresse à avoir, et à laquelle, à moins d'être fou, on ne courroit jamais le risque de s'attacher sérieusement. Enfin, insensiblement, il en vint à faire à Diderot les confidences les plus fausses, les plus infâmes, et heureusement les plus aisées à détruire.

Diderot, qui n'avoit aucune raison de douter de la sincérité de Duclos et qui ne savoit pas que cet homme venoit d'être expulsé de la maison d'une personne dont il disoit tant de mal, fut tellement effrayé du danger que courroit son ami Grimm avec une telle femme, qu'il résolut de travailler à rompre cette liaison. Il connoissoit Grimm incapable de s'attacher médiocrement. Il le crut perdu, et, peu de jours après, il alla un matin le trouver. C'est de M. Diderot que j'ai appris ces détails; et voici la conversation qu'ils eurent ensemble : je la mets ici telle que M. Diderot lui-même me l'a donnée par écrit[1].

« Lorsque je fus établi au coin du feu de Grimm, je ne sus comment m'y prendre pour amener le sujet que je voulois traiter. S'il est bien amoureux, me disois-je, je vais lui porter un coup mortel. N'importe! il faut parler; je serois plus cruel de me taire; et voilà que je bavarde d'abord sur les femmes en général, sur leurs bonnes et mauvaises qualités, sur le temps qu'elles font perdre à un homme de lettres et le parti qu'elles en pourroient tirer, au contraire, si elles n'attachoient leurs conquêtes et leurs faveurs qu'à ce prix. A ce propos il vint de luimême à me parler de la chaleur d'âme que lui avoit inspirée mademoiselle Fel. « Jamais, me dit-il, je ne la quittois sans avoir la tête exaltée, sans être dans cette disposition qui fait qu'on se sent capable de dire ou de faire de belles et de grandes choses. Oh! mon ami, qu'est-ce que je suis devenu depuis ce temps? Mon âme est morte, je ne suis plus moi; je suis dans un engourdissement total, je n'en sors qu'à force d'efforts et d'artifice. Je ne suis pas capable d'écrire une ligne : je ne me reconnois plus. — En effet, lui dis-je, cette créature vous a fait du mal! Quand je songe à l'état où je vous ai vu, plus de deux mois, entre la vie et la mort, le délire et la raison! Quelle dureté,

[1] Tout le morceau qui suit peut donc être placé dans les œuvres de Diderot, comme le conte de Jean-Jacques sur Dieu, la religion et les prêtres pourrait l'être dans les siennes.

quelle hauteur de sa part! de la vôtre, quelle ivresse! quel abandon! D'où je conclus, mon ami, que, pour un homme sensible, il est de quelque importance de considérer à qui l'on confie son bonheur. — J'en conviens, me dit-il. — Il est très-facile, ajoutai-je, de sentir la nécessité d'une règle de conduite, mais très-difficile de s'y conformer. Il n'y a personne, par exemple, qui ne se récrie contre l'injustice, l'absurdité et la déraison avec laquelle se font les mariages, et les mêmes gens, s'ils ont une fille, une nièce, un enfant à marier à leur disposition, en usent de même et trouvent cet usage alors très-sagement établi. Et les autres liaisons? y met-on plus de sens commun? — Non, assurément. — On rencontre une femme en société, ou un ami nous présente chez elle; elle nous paroît aimable, on y retourne, elle le paroît encore plus; sa présence devient nécessaire, son image suit partout, et voilà une passion inspirée et prise. Aussi cela dure ce que cela peut durer, mais finit toujours par la désolation de l'un ou de l'autre. — Cela est vrai.

—Mais, mon ami, vous convenez de tout; et voilà précisément ce qui démontre la vérité de mon premier propos. — Qui dit? — Qui dit que rien n'est si facile que de connoître le bon conseil, et rien de si difficile que de le suivre. — Et quelle raison pouvez-vous avoir de m'appliquer cette maxime? — Quelles raisons? Dites-moi, je vous prie: la Fel n'a donc plus aucun pouvoir sur vous? — Non, ni n'en aura de sa vie. Vous devez me connoître, mon ami; vous savez combien les torts m'irritent: je puis beaucoup supporter, beaucoup souffrir; mais il y a tel tort dont le souvenir ne peut jamais être effacé. — Et si elle revenoit? — Si elle revenoit? il n'est pas seulement question d'aimer, il faut estimer. — Propos de raison et non du cœur! Raillerie à part, je vous crois en sûreté de ce côté-là; mais, mon ami, cette aventure doit vous avoir rendu sage. Si vous vous trouviez par hasard, si vous vous trouviez quelque penchant, il faudroit, je crois, que vous y regardiez de près. — C'est bien mon dessein. — C'est la réponse d'un homme qui y auroit déjà regardé. — Qui vous a dit cela? — C'est que vous avouez tout ce qu'il seroit sage de faire, et que je vous crois sur le point de faire une folie qui disposera encore une fois de votre bonheur. — Et quelle folie, s'il vous plaît? — Mais Rousseau ne vous a-t-il pas présenté à madame d'Épinay? — Oui. — Ne vous êtes-vous pas battu pour elle? — Pour elle, non; à son sujet, peut-être. — Ne disputons point sur les termes. Quoi qu'il en soit, ne la voyez-vous pas beaucoup plus assidûment qu'il ne convient, sinon à Rousseau, mais au moins à d'autres? — Cela se peut. — Si j'en crois Duclos, qui n'en est pas, je crois, plus content que Rousseau ni bien d'autres, vous n'êtes pas loin de prendre de la passion pour elle, ni elle d'en prendre pour vous. — Et quand cela seroit vrai, mon ami, ce dont je ne conviens, ni ne disconviens? — Quand cela seroit? Eh bien, vous vous prépareriez des peines dont je crois que vous seriez très-injuste de vous plaindre! — Et la raison, s'il vous plaît? — Mais, avant que de vous la dire, il seroit assez à propos de savoir quelle sorte de sentiment vous pourriez prendre, et vous attendriez en retour de madame d'Épinay, ou de telle autre femme qu'il vous plaira. Si tout ceci n'est qu'une affaire d'amusement, de sens, pourvu que cela soit bien clairement expliqué, je n'y vois guère d'inconvénient. — Ces sortes de liaisons ne me conviennent pas ; j'ai en dégoût cette espèce de commerce : soit orgueil, soit délicatesse, je veux être aimé par choix, de préférence et uniquement. Je veux pouvoir tout sacrifier à celle que j'aime, sans en rougir, et qu'elle n'accepte de moi que ce qu'elle est prête à me rendre. J'apprécie à fort peu de chose la satisfaction des sens et l'ivresse qu'elle donne, quand elle est séparée des sentiments d'estime et de confiance : ce plat délire ne va ni à mon esprit, ni à mon cœur. Je veux être plus heureux encore après la jouissance que dans le moment où j'ai joui, par un sentiment de vanité peut-être, mais enfin voilà comme je suis. Je prétends trouver dans celle qui me confiera son bonheur la certitude du mien ; quelque événement qui m'arrive, je veux qu'elle en soit occupée loin de moi, comme je le serai d'elle ; et que ce soit enfin le respect et l'estime de nous-mêmes qui nous mettent au-dessus de la gêne et des inconvénients inévitables lorsque l'on brave un préjugé généralement reçu dans la société où l'on vit. Voilà, mon ami, comme je puis être heureux, et comme il me convient de l'être. — Et voilà le bonheur que vous vous promettriez avec madame d'Épinay ? — Oui, sans doute. — Et vous la croiriez bien faite pour le goûter et le procurer ? — Plus qu'aucune femme que j'aie jamais connue, me répondit Grimm avec fermeté.

— Ah ! mon ami, lui dis-je, vous êtes perdu ! Le sort en est jeté ; vous n'êtes plus en état de réfléchir, d'écouter : brisons là-dessus. J'aime mieux me taire que de continuer une conversation qui vous désoleroit et qui ne remédieroit à rien. »

« Il se mit à rire ; ce rire me désola. « Non, non, dit-il, ne craignez rien, vous pouvez me dire tout ce qu'il vous plaira, sans m'affliger. — Mais, lui dis-je, laissons donc là madame d'Épinay et parlons d'une femme en général. Voyons quelles sont les qualités que vous en exigeriez pour faire le bonheur d'un homme tel que vous. Vous voulez de l'esprit, et de l'esprit solide, agréable, mais susceptible de culture et de réflexion; car il faut pouvoir parler autre chose que pompons, intrigues, colifichets? — Sans doute. — Vous voulez de la franchise, de la vérité, une dose de philosophie et de raison un peu plus qu'à l'ordinaire? — Cela est sûr. — Point de mystère, aucun goût pour l'intrigue ; la fausseté vous est en horreur? — Assurément. — Avant tout qu'elle soit sage et nullement coquette; qu'elle soit même à l'abri de tout soupçon? — Certainement. — Car il ne suffit pas de ne pas être dupe, il faut que nos amis et même les indifférents ne puissent former aucun doute injurieux à notre gloire. — Vous avez raison. — Il faut qu'elle soit douce, complaisante, point impérieuse? » Je ne sais ce que je lui dis encore.

« Lorsque j'eus fini mon énumération, je me tus, et je le regardai en silence, et, en vérité, en pitié. Il m'embrassa en riant : « Allons, mon ami, courage! me dit-il : à l'application! »

« Son sang-froid m'affligeoit et m'embarrassoit. « Mais, lui dis-je, je n'ai point l'honneur de connoître madame d'Épinay ; je n'ai aucune raison personnelle de l'aimer ni de la haïr, mais je suis lié avec des hommes de sens qui la connoissent, et qui la connoissent bien. — Mieux que moi? — Je ne sais ; mais ce sont ses amis, et ils ne s'en expliquent pas autrement qu'une foule d'indifférents. — Mon ami, me répondit Grimm, les amis, ou soi-disant tels, sont souvent bien méchants, et presque toujours ce public que vous avez eu la délicatesse de me présenter comme la foule des indifférents est un sot. — C'est-à-dire, lui dis-je d'impatience, que vous croyez très-sincèrement que madame d'Épinay n'est ni fausse, ni coquette, ni catin? — Non, très-certainement. — Elle est pleine de raison, de sens, de philosophie?— Beaucoup plus qu'on ne le croit et qu'elle ne le croit elle-même. — Qu'elle n'a nulle affection, nulle prétention? — Aucune. — Ni foiblesse, ni détours; qu'elle n'a pas un défaut? — Elle est franche, naïve, véridique. Elle a le cœur droit. — Elle a, sans doute, du courage, du nerf, de la fermeté? — Assez pour en acquérir davantage. — Elle n'est point méchante? — Elle en est à mille lieues. — A vous entendre, mon ami, elle est parfaite. — Je ne dis pas cela. — Il ne vous manque plus que d'ajouter qu'avant vous, elle n'aura pas eu d'amants. — Si elle m'aime, je serai le premier. »

« Cette réponse, prononcée d'un ton, d'un ton que je ne puis rendre, m'atterra au point qu'il me fut impossible de proférer un seul mot; je tombai dans le silence; je vis Grimm perdu : je devins inquiet, rêveur, chagrin. Je voulus parler d'autre chose; il me fut impossible. Grimm pressentit que j'avois des lumières plus précises que je refusois de lui donner : il vint à moi, me pressa de parler avec instance. « Sans doute, lui dis-je, je sais des choses, mais je les tiens de la confiance.— De la confiance! de la confiance de Duclos, peut-être, qui ne les aura inventées et ne vous les aura dites qu'afin que vous veniez bien vite me les rendre. — Cela se peut; mais quel mal y auroit-il à être plus discret qu'il ne me suppose? — Le mal de garder le secret à un coquin qui ne vous le demande pas et d'exposer le bonheur de votre ami, s'il arrivoit, par hasard, qu'un Duclos vous eût dit la vérité. Mais, mon ami, croyez-vous qu'un Duclos ou le public sache plus d'erreurs ou de folies de madame d'Épinay qu'elle n'en sait elle-même? Eh bien! elle me les a toutes dites; et je gagerois ma tête que, si ce que Duclos vous a confié est vrai, je le sais, et que, si je ne le sais pas, cela est faux. Dans le premier cas, vous ne m'apprendrez rien; dans le second, vous démasquerez un calomniateur, vous apprendrez à connoître ce Duclos dont la brusquerie et la fausse austérité de mœurs en imposent à tant de monde, et vous perdrez la mauvaise opinion que vous avez conçue d'une femme estimable et honnête, qui ne mérite pas d'être aussi mal dans l'esprit d'un homme juste, tel que vous. — Je conviens, dis-je à Grimm, que je vous dois plus à vous, qui êtes l'ami de mon âme, qu'à tous les Rousseau et les Duclos du monde; mais ce que je sais de madame d'Épinay, par la confiance de Duclos, n'est pas de ces choses que les femmes disent, ni qu'elles puissent dire, peut-être. — Eh bien, quoi? a-t-elle couché avec Rousseau, Duclos, et vous peut-être qu'elle n'a jamais vu? »

« J'hésitai encore à répondre, et je gardai le silence. « Diderot, me dit-il tout à coup, vous ne voyez pas ce que vous faites; vous allez, par égard pour des coquins qui ont eu l'impudence de ne vous pas demander le secret, faire à madame d'Épinay et à moi un mal effroyable. Je vais la ramener sur sa confession générale; et comme je n'y trouverai certainement rien de plus que ce que je sais, vous allez me tourmenter, la tourmenter elle-même : elle aime mon repos, elle viendra à son tour vous sommer de parler; elle fera venir Duclos. — Je ne crains pas Duclos, de quelque impudence que je puisse le soupçonner, il ne niera pas : et, pour madame d'Épinay, j'avoue que j'aimerois mieux m'expliquer avec elle qu'avec qui que ce fût. — Cela se peut, mais cela est inutile. C'est moi qui vous demande ce que l'on vous a dit, qui vous le demande par l'amitié qui est entre nous et qui ne finira jamais, quand même vous vous opiniâtreriez à garder le silence, car je ne sais pas rompre avec mes amis pour des bagatelles. — Mais, mon ami, vous êtes heureux, vous aimez, vous estimez ; on vous aime, on vous estime ; que vous faut-il ? — Une preuve de plus que madame d'Épinay n'est pas une femme ordinaire. — Et si c'en étoit une qui ne fût pas, en effet, d'une fausseté ordinaire et commune ? — Eh bien, vous rempliriez exactement votre but en me la faisant connoître, et vous iriez, comme vous vous l'êtes proposé, au-devant de tous les maux que vous craignez pour moi d'une liaison intime avec elle. — Vous voulez donc que je parle ? — Oui, je le veux. — Vous allez être satisfait. Eh bien ! mon ami, lui dis-je, apprenez donc que madame d'Épinay vous a trahi le jour même qu'elle avoit choisi pour vous rendre heureux. — Et comment cela ? — Elle vous avoit écrit pour vous donner rendez-vous chez elle, n'est-il pas vrai ? — Après. — Vous lui avez répondu par un billet très-tendre ? — Très-tendre. — Duclos arriva : dans l'ivresse où elle étoit, elle lui confia son bonheur, et le conjura de s'en aller pour la laisser en liberté. Elle avoit fait des recherches de toilette, des apprêts de volupté. Duclos, prévoyant des suites fâcheuses de cette liaison, par l'inconstance naturelle de madame d'Épinay, et par l'idée qu'il a conçue de vous qu'il ne soupçonne pas de se laisser jouer, l'effraya sur le danger qu'elle couroit en se livrant à cette fantaisie passagère, et l'engagea à rompre, puisqu'elle n'étoit pas satisfaite, et qu'il en étoit temps encore. Elle se rendit à ses raisons, ou feignit de s'y rendre. Il lui dit ensuite que ses apprêts étoient trop beaux, trop séduisants pour être perdus; elle en convint, et il fut heureux en vous attendant. Puis il partit et la laissa maîtresse de faire de vous ce qu'il lui plairoit. Voilà, mon ami, tout ce que vous avez voulu savoir. »

« A mon grand étonnement, Grimm sourit d'abord de ce conte; puis il en fut profondément indigné, et comme il le devoit, puisqu'il étoit absolument faux. « Et quand Duclos, me dit-il, a-t-il fabriqué cette belle calomnie? — Mais, il y a environ quinze jours; je vous ai cherché plusieurs fois depuis sans avoir pu vous joindre. — Et Rousseau, que vous a-t-il dit? — Rousseau n'articule point de faits; mais, ma foi, il n'a pas l'air d'en penser mieux[1]. Il m'est impossible, d'après ces deux autorités, de concevoir de madame d'Épinay le bien que vous voudriez que j'en crusse. — Je conviens, me dit Grimm, que ne soupçonnant pas la probité de Duclos, et étant comme tout le monde la dupe de son honnêteté, vous n'avez pas dû vous douter de sa scélératesse. Apprenez, mon ami, qu'il y a plus de six semaines que madame d'Épinay l'a chassé de chez elle; qu'il a tenté de me perdre dans son esprit par les calomnies les plus infâmes; qu'il a cherché tous les

---

[1] Est-il possible que madame d'Épinay et que Diderot, si ceci est de lui, ne nous trompent pas en prêtant à Duclos une action si condamnable? Nous ne pouvons croire ni qu'ils nous trompent, ni que Duclos les ait trompés.

Une chose à remarquer en tout cas c'est que le caractère de Rousseau ne se dément pas dans toute cette peinture. Il peut être farouche, maussade; il est toujours vrai et fidèle à sa devise : *Vitam impendere vero*. Ainsi il ne se mêle pas des détails de la liaison nouvelle de madame d'Épinay et s'il se plaint, c'est qu'il pressent ce que la tyrannie et l'égoïsme de Grimm vont faire de toute cette vieille amitié.

moyens de lui nuire depuis qu'il est expulsé; et apprenez encore que je ne lui ai point écrit de billet tendre; qu'elle ne m'en a point écrit. — J'en ai vu un. — Comment? — J'en ai vu un de sa main écrit pour vous: elle l'a sacrifié à Duclos. — Qui vous dit qu'il est de sa main? Duclos est capable de tout. — J'ai vu nombre de ces billets à Rousseau, à Duclos, je ne puis m'y méprendre. — Que disoit-il donc ce billet? — Ma foi, attendez. C'étoit, je crois, sur la mort du comte de Frièse. »

On peut se rappeler ce que c'est que ce billet dont Duclos s'étoit emparé. Grimm expliqua à Diderot la manière dont il lui étoit resté. Comme cette explication est assez longue, je l'ai supprimée, et je reprends la suite de leur conversation.

« Non, mon ami, continua M. Grimm, je n'ai de ma vie vu un scélérat si profond que Duclos. J'ignore où me mènera ma liaison avec madame d'Épinay; mais jusqu'à présent je vous prie de ne me supposer que son ami. Ainsi les propos de Duclos sont faux dans tous les points; elle n'a pas été dans le cas de m'écrire ce prétendu billet sacrifié à Duclos, et pourquoi vous auroit-il montré un billet qu'il a dérobé par adresse, si on lui en eût confié d'autres? Mais voilà, mordieu! à quoi s'exposent les femmes par leur conduite inconsidérée et légère, par la fureur de vouloir être prônées! Et par la malheureuse facilité qu'on a de bavarder dans ce maudit pays, on laisse prendre de l'empire au premier venu qui vante vos vertus, vos talents: et nommément madame d'Épinay a un tort que je ne lui pardonne pas, c'est la vitesse avec laquelle elle laisse établir chez elle les nouvelles connoissances, sans se donner la peine d'examiner leurs mœurs et leur caractère. Elle leur soumet ses opinions, elle ne se défie que d'elle, et si elle eût montré à Duclos et à bien d'autres le mépris et le ressentiment de leurs premières insolences, elle ne seroit pas en butte aujourd'hui à leurs infâmes calomnies. Ne voyez-vous pas, Diderot, que tout ce qu'il vous a dit a le caractère du mensonge et de la fausseté? Une ou deux confidences de cette espèce, et voilà une femme honnête perdue sans ressource! Qui prend assez d'intérêt à elle pour vérifier les faits? Qui sera assez juste pour juger sur une fausseté découverte le cas qu'on doit faire de ce qui reste quelquefois équivoque, et qu'il est impossible d'éclaircir? Je ne dirai rien de tout ceci à madame d'Épinay : elle est malade, elle est foible; le moindre chagrin pourroit produire des effets funestes : et, ma foi, je l'aime et l'estime trop pour lui montrer froidement les dangers que sa conduite inconsidérée lui fait courir. »

Diderot me dit qu'il quitta Grimm bien convaincu que Duclos étoit un coquin, mais foiblement persuadé que madame d'Épinay fût aussi honnête que le prétendoit son ami.

Duclos, n'apprenant aucun changement relatif à madame d'Épinay, et ne pouvant se dissimuler par le mauvais succès de ses manœuvres qu'il étoit démasqué aux yeux de tous ceux à qui il vouloit nuire, prit le parti du silence et attendit quelque occasion de porter des coups plus sûrs. Il n'en laissa échapper aucune de décrier madame d'Épinay dans le public. Et elle lui doit une grande partie de la prévention que nombre de gens ont conservée contre elle beaucoup trop longtemps.

SUITE DU JOURNAL.

J'ai vu Desmahis hier pour la première fois depuis un an. Il a passé une partie de l'après-dînée chez moi. Je l'ai trouvé triste, inquiet et changé. Je le crois tout à fait hypocondriaque. J'avois beaucoup de monde : quelques-uns de mes amis étant venus auprès de moi pour me parler, Desmahis s'approcha à son tour et me dit : « Avouez, madame, que ces messieurs me trouvent méconnoissable, et qu'ils vous l'ont dit. — Ah! mon Dieu, repris-je, je vous jure qu'ils ne m'ont pas parlé de vous. » Il n'osa insister ; mais je crois, à l'air qu'il prit ensuite, qu'il me soupçonnoit de ne pas accuser vrai.

Je le plains, mais je suis encore bien autrement affectée de la mélancolie qui s'est emparée de Rousseau depuis quelque temps. Il est malheureux, et lui-même paroît en ignorer la cause. Il se déplaît ; Paris l'ennuie, ses amis lui sont souvent plus à charge qu'agréables ; tout ce qu'il voit, ce qu'il entend le révolte et lui fait prendre les hommes en déplaisance. Je lui ai conseillé de voyager. Il m'a répondu qu'il falloit de la santé et de l'argent pour suivre ce conseil, et qu'il n'avoit ni l'un ni l'autre. « Non, m'a-t-il ajouté, ma patrie ou la campagne, voilà ce qu'il me faut ; mais je ne suis point encore décidé. Vous ne savez pas que c'est souvent un sacrifice au-dessus des forces humaines que de quitter pour toujours même les choses qui déplaisent quelquefois. Il faut d'abord ne pas prendre garde à moi, voilà un des grands biens de ce monde, et que mes chers amis, ou soi-disant tels, ont la rage de ne vouloir pas me procurer. — Je comprends, lui ai-je dit, que cela leur est fort difficile, et quant à moi, je ne vous promets pas de parvenir à vous donner cette satisfaction. »

Rousseau sort de chez moi. Son âme est perplexe. La mienne ne l'est pas moins sur le conseil qu'il me demande et sur celui qu'il convient de lui donner. Il a reçu des lettres par lesquelles on le presse vivement de revenir vivre dans sa patrie. « Quel parti dois-je prendre, m'a-t-il dit ; je ne veux ni ne peux rester à Paris ; j'y suis trop malheureux. Je veux bien faire un voyage et passer quelques mois dans ma république ; mais par les propositions que l'on me fait, il s'agit de m'y fixer, et, si j'accepte, je ne serai pas maître de n'y pas rester. J'y ai des connoissances, mais je n'y suis lié intimement avec personne. Ces gens-là me connoissent à peine, et ils m'écrivent comme à leur frère : je sais que c'est l'avantage de l'esprit républicain, mais je me défie d'amis si chauds : il y a quelque but à cela. D'un autre côté, mon cœur s'attendrit en pensant que ma patrie me désire ; mais comment quitter Grimm, Diderot et vous? Ah! ma bonne amie, que je suis tourmenté !

— Ne pourriez-vous, lui ai-je dit, sans prendre d'engagement, faire un essai de quelques mois de séjour? — Non, les propositions qu'ils me font sont de nature à être acceptées ou rompues sur-le-champ, et sans retour. Et quand j'irois pour quelques mois sans autre but, que ferois-je ici de Thérèse et de sa mère, de mon loyer? Je ne puis subvenir à tant de dépenses. Si je me défais de ma chambre et que j'emmène mes gouvernantes, qu'en ferai-je? Et où irai-je si je ne me plais pas à Genève? — Il n'est guère possible, mon ami, de prendre en deux heures une décision sur une affaire aussi grave : donnez-vous le temps d'y penser, j'y penserai aussi, et nous verrons [1]. »

On lui propose une place de bibliothécaire, et, sous ce prétexte, on lui offre douze cents livres de rente. Je ne sais s'il voit le dessous de cet arrangement, mais il ne m'en a rien dit. Il est clair cependant que ce poste n'est qu'un prétexte pour lui faire un sort, car Gauffecourt m'a souvent dit que l'honneur et la considération sont les seuls avantages qu'on retire de ces sortes de places, auxquelles il n'y a que cent écus d'appointements attachés. Aussi ne les donne-t-on qu'à des hommes qui ont une honnête aisance, afin que l'intérêt n'engage personne à les rechercher. Il dit qu'elles sont remplies par des hommes distingués et vraiment savants. A cet égard, personne n'y convient mieux que Rousseau.

Il y a, à quelque distance de la Chevrette, à l'entrée de la forêt, une petite maison qu'on appelle l'Hermitage et qui appartient à M. d'Épinay. Je veux proposer à Rousseau de l'habiter. Je la lui ferai arranger de la manière

---

[1] A propos du duc d'Orléans, nous avons vu qu'il fit inoculer ses enfants en 1756. C'est Tronchin, le célèbre médecin genevois, qui fit l'inoculation. « A son arrivée, dit Jean-Jacques, il vint me voir avec le chevalier de Jaucourt. Madame d'Épinay souhaitoit fort de le consulter en particulier, mais la presse n'étoit pas facile à percer. Elle eut recours à moi. J'engageai Tronchin à la voir. Ils commencèrent ainsi, sous mes auspices, des liaisons qu'ils resserrèrent ensuite à mes dépens. Telle a toujours été ma destinée : sitôt que j'ai rapproché l'un de l'autre deux amis que j'avois séparément, ils n'ont jamais manqué de s'unir contre moi. Quoique, dans le complot que formaient dès lors les Tronchin d'asservir leur patrie, ils dussent tous me haïr mortellement, le docteur pourtant continua longtemps à me témoigner de la bienveillance. Il m'écrivit même après son retour à Genève pour m'y proposer la place de bibliothécaire honoraire. Mais mon parti étoit pris et cette offre ne m'ébranla pas. »

la plus commode pour sa façon de vivre, et je me garderai bien de lui dire que cette dépense a été faite pour lui. Il n'y a jamais été ; il croira que cette maison a toujours existé comme il la voit. Je prierai M. d'Épinay de trouver bon que j'y mette des ouvriers [1].

LETTRE DE MADAME D'ÉPINAY A ROUSSEAU.

J'ai réfléchi, mon cher Rousseau, sur les raisons qui vous portent à accepter les propositions qu'on vous fait, et sur

[1] A partir de ce moment nous devons, autant que possible, placer à côté l'un de l'autre les deux textes de madame d'Épinay et de Rousseau. Presque toujours ils sont entièrement d'accord ou ne se distinguent que par des différences faciles à concilier. Ainsi, en cet endroit, madame d'Épinay se trompe légèrement en disant que Rousseau n'avait jamais vu l'Ermitage. L'article de Rousseau que nous allons citer, pour le dire en passant, donne lieu de croire que ce n'est pas à Épinay, mais à la Chevrette que M. d'Épinay faisait faire ses grands travaux.

« M. d'Épinay voulant ajouter une aile qui manquoit au château de la Chevrette, faisoit une dépense immense pour l'achever. Étant allé voir un jour, avec madame d'Épinay, ces ouvrages, nous poussâmes notre promenade un quart de lieue plus loin, jusqu'au réservoir des eaux du parc, qui touchoit à la forêt de Montmorency, et où étoit un joli potager, avec une petite loge fort délabrée, qu'on appeloit l'Ermitage. Ce lieu solitaire et très-agréable m'avoit frappé, quand je le vis pour la première fois avant mon voyage à Genève. Il m'étoit échappé de dire dans mon transport : « Ah! madame, quelle habitation délicieuse! Voilà un asile fait pour moi. » Madame d'Épinay ne releva pas beaucoup mon discours ; mais à ce second voyage, je fus tout surpris de trouver, au lieu de la vieille masure, une petite maison presque entièrement neuve, fort bien distribuée et très-logeable pour un petit ménage de trois personnes. Madame d'Épinay avoit fait faire cet ouvrage en silence, en détachant quelques ouvriers et quelques matériaux de ceux du château. Au second voyage, elle me dit, en voyant ma surprise : « Mon ours, voilà votre asile ; c'est vous qui l'avez choisi, c'est l'amitié qui vous l'offre ; j'espère qu'elle vous ôtera la cruelle idée de vous éloigner de moi. » Je ne crois pas avoir été de mes jours plus vivement, plus délicieusement ému : je mouillai de pleurs la main bienfaisante de mon amie ; et si je ne fus pas vaincu dès cet instant même, je fus extrêmement ébranlé. »

celles qui vous engageroient à les refuser. Si vous allez à Genève, dites-vous, que faire de mesdames LeVasseur? Rien n'est si aisé à lever que cette difficulté. Je me chargerai d'elles jusqu'à ce que vous ayez vu si vous pouvez vous accoutumer à Genève, et vous y fixer. Il ne me convient point de vous déterminer à aucun parti. Je serois, peut-être trop partiale dans mes conseils et dans mes décisions. Je ne veux que lever les obstacles; ce sera ensuite à vous à vous décider. Si vous refusez, m'avez-vous dit, il n'en faut pas moins quitter Paris, parce qu'il est au-dessus de vos forces d'y rester. En ce cas, j'ai une petite maison qui est à vos ordres. Vous m'avez souvent ouï parler de l'Hermitage qui est à l'entrée de la forêt de Montmorency : elle est située dans la plus belle vue. Il y a cinq chambres, une cuisine, une cave, un potager d'un arpent, une source d'eau vive, et la forêt pour jardin. Vous êtes le maître, mon bon ami, de disposer de cette habitation si vous vous déterminez à rester en France [1].

Je me rappelle encore que vous m'avez dit que, si vous aviez cent pistoles de rente, vous n'iriez point ailleurs. Vous êtes, je l'espère, persuadé qu'il me seroit bien doux de contribuer à votre bien-être. Je m'étois depuis longtemps proposé de chercher les moyens de

[1] Le mouvement de cœur qui porta madame d'Épinay à offrir à Rousseau la retraite de l'Ermitage n'est pas sans avoir exercé une influence considérable, non-seulement sur la vie de Rousseau, mais sur l'histoire littéraire. Il serait retourné en Suisse et y aurait peut-être, dans les douceurs d'une vie sûre, abdiqué les sentiments qui depuis quatre ou cinq années lui avaient fait prendre la résolution de jouer un rôle dans la philosophie, dans la politique de son temps, et d'en jouer un qui ne fût amolli en rien par les égards du monde et la fadeur des mœurs littéraires. Nous y aurions perdu l'*Émile*, le *Contrat social* que, sans doute, plusieurs auraient autant aimé ne pas lui voir écrire, mais qu'il fallait qu'il écrivît

vous procurer ce sort, sans savoir que vous y bornassiez vos désirs. Voici ma proposition : Laissez-moi ajouter sur la vente de votre dernier ouvrage ce qui vous manque de fonds pour compléter vos cent pistoles; je prendrai même tels arrangements qu'il vous plaira avec vous. Ainsi ce service se réduit à si peu de chose, que la proposition ne peut vous en déplaire. J'en ai d'autres à vous faire sur la manière dont vous vivrez à l'Hermitage, mais qui sont d'un trop long détail pour être écrites. Enfin, mon bon ami, réfléchissez, combinez, et soyez sûr que je ne mets d'attache qu'au parti qui vous rendra le plus heureux. Je sens tout le prix de votre amitié et l'agrément de votre société; mais je crois qu'il faut aimer ses amis pour eux avant tout.

RÉPONSE DE ROUSSEAU A MADAME D'ÉPINAY.

Il s'en faut bien que mon affaire avec M. Tronchin ne soit faite, et votre amitié pour moi y met un obstacle qui me paroît plus que jamais difficile à surmonter. Mais vous avez plus consulté votre cœur que votre fortune et mon humeur dans l'arrangement que vous me proposez ; cette proposition m'a glacé l'âme. Que vous entendez mal vos intérêts de vouloir faire un valet d'un ami, et

---

pour l'honneur de la pensée humaine, dont le trouble et les égarements l'emportent encore de si haut sur son silence. Il allait donc à Genève, c'est-à-dire que bientôt le bruit de son nom, né à Paris, et que ne soutenaient encore que deux ou trois écrits, devait bientôt s'évanouir et que, s'il voulait écrire encore, c'eût été vraiment comme enfant de la Suisse et non pas comme écrivain français que Jean-Jacques eût laissé une mémoire. Madame d'Épinay l'a conservé à la France et aux lettres. Sans le séjour à l'Ermitage il n'y a point non plus de passion pour madame d'Houdetot et *la Nouvelle Héloïse* est perdue.

que vous me pénétrez mal si vous croyez que de pareilles raisons puissent me déterminer. Je ne suis point en peine de vivre ni de mourir, mais le doute qui m'agite cruellement, c'est celui du parti qui, durant ce qui me reste à vivre, peut m'assurer la plus parfaite indépendance. Après avoir tout fait pour elle, je n'ai pu la trouver à Paris. Je la cherche avec le plus d'ardeur que jamais, et ce qui m'afflige cruellement depuis plus d'un an est de ne pouvoir démêler où je la trouverai le plus assurée. Cependant les plus grandes probabilités sont pour mon pays, mais je vous avoue que je la trouverois plus douce auprès de vous. La violente perplexité où je me trouve ne peut durer encore longtemps, mon parti sera pris dans sept ou huit jours; mais soyez bien sûre que ce ne seront pas des raisons d'intérêt qui me détermineront, parce que je n'ai jamais craint que le pain vînt à me manquer, et qu'au pis aller je sais comment on s'en passe.

Je ne refuse pas, au reste, d'écouter ce que vous avez à me dire, pourvu que vous vous souveniez que je ne suis pas à vendre et que mes sentiments, au-dessus maintenant de tout le prix qu'on y peut mettre, se trouveroient bientôt au-dessous de celui qu'on y auroit mis. Oublions donc l'un et l'autre qu'il ait même été question de cet article.

Quant à ce qui vous regarde personnellement, je ne doute pas que votre cœur ne sente le prix de l'amitié, mais j'ai lieu de croire que la vôtre m'est bien plus nécessaire qu'à vous la mienne, car vous avez des dédommagements qui me manquent et auxquels j'ai renoncé pour jamais.

Je vous prie de vouloir bien dire à M. de Linant qu'il

peut aller chez Diderot, rue Taranne, vis-à-vis la rue Saint-Benoît, prendre la souscription et les volumes qu'il a désiré d'avoir et qu'il trouvera tout prêts. Pour trouver M. Diderot, il faut aller avant dix heures du matin[1].

Bonjour, madame, voilà encore un livre à vendre: Envoyez-moi mon opéra.

BILLET DE MADAME D'ÉPINAY A ROUSSEAU.

Votre lettre m'avoit fait rire d'abord, tant je la trouve extravagante, ensuite elle m'a affligée pour vous. Car il faut avoir l'esprit bien gauche pour se fâcher de propositions dictées par une amitié qui doit vous être connue, et pour supposer que j'ai le sot orgueil de vouloir me faire des créatures. Je ne sais ce que c'est non plus que ces dédommagements que vous trouvez à mon sort, si vous en exceptez l'amitié.

Je ne vous conseille pas de prendre une détermination présentement, car vous ne me paroissez pas en état de juger sainement de ce qui peut vous convenir. Bonjour, mon cher Rousseau.

LETTRE DE ROUSSEAU A MADAME D'ÉPINAY.

Je me hâte de vous écrire deux mots, parce que je ne puis souffrir que vous me croyiez fâché, ni que vous preniez le change sur mes expressions.

Je n'ai pris le mot de valet que pour l'avilissement

---

[1] Cet alinéa manque dans les éditions récentes de la correspondance de Rousseau.

où l'abandon de mes principes jetteroit nécessairement mon âme ; j'ai cru que nous nous entendions mieux que nous ne faisons : est-ce entre gens qui pensent et sentent comme vous et moi qu'il faut expliquer ces choses-là ? L'indépendance que j'entends n'est pas celle du travail ; je veux bien gagner mon pain, j'y trouve du plaisir ; mais je ne veux être assujetti à aucun autre devoir, si je puis.

J'entendrai volontiers vos propositions, mais attendez-vous d'avance à mon refus, car ou elles sont gratuites, ou elles ont des conditions, et je ne veux ni de l'une ni de l'autre. Je n'engagerai jamais aucune portion de ma liberté, ni pour ma subsistance, ni pour celle de personne. Je veux travailler, mais à ma fantaisie, et même ne rien faire quand il me plaira, sans que personne le trouve mauvais, hors mon estomac.

Je n'ai plus rien à dire sur les dédommagements ; tout s'éteint une fois, mais la véritable amitié reste, et c'est alors qu'elle a des douceurs sans amertume et sans fin. Apprenez mieux mon dictionnaire, ma bonne amie, si vous voulez que nous nous entendions. Croyez que mes termes ont rarement le sens ordinaire ; c'est toujours mon cœur qui s'entretient avec vous, et peut-être connoîtrez-vous quelque jour qu'il ne parle pas comme un autre. A demain.

SUITE DU JOURNAL.

J'ai peu vu M. Grimm depuis quelque temps. Il n'a presque point quitté le baron d'Holbach, qui vient d'épouser la sœur de sa première femme, que l'on dit très-aimable. Ses amis ont beau dire, un homme, si vivement affligé qu'il l'a été de la mort de sa femme et si promptement consolé, n'annonce pas un caractère si solide [1].

J'ai tâché de persuader à Rousseau que ses principes ; qui seroient très-estimables s'il étoit libre, devenoient très-condamnables dans sa situation, puisqu'il ne pouvoit pas se permettre d'exposer à la misère deux femmes qui avoient tout sacrifié pour lui [2]. Cette considération, lui ai-je dit, doit vous rendre moins difficile, et doit vous engager à ne pas rejeter les secours que l'amitié vous offre, et est même bien digne de changer votre répugnance en un consentement respectable à vos yeux, comme à ceux des personnes qui pourroient en avoir connoissance : j'ai peu gagné sur son esprit. — « Ainsi, je suis esclave, m'a-t-il répondu, et il faudra que j'assujettisse mon sort! Non, non, cela ne me va pas. Je ne prie personne de rester avec moi ; je n'ai besoin de personne ; mesdames Le Vasseur sont libres, et je prétends l'être aussi : je le leur ai

---

[1] La première baronne d'Holbach s'appelait Basile-Suzanne-Geneviève d'Aine, et la seconde, Charlotte-Suzanne. Celle-ci ne mourut qu'en 1814.

[2] Madame d'Épinay va un peu loin. C'est Rousseau qui avait beaucoup sacrifié ; mais pour une laveuse de vaisselle d'un petit hôtel de la triste rue des Cordiers il n'y avait pas grand sacrifice à devenir la ménagère d'un homme qui ne devait pas la laisser manquer de pain et dont les amis devaient fort souvent la couvrir de cadeaux. D'ailleurs ce n'est pas même en qualité de ménagère, c'est comme servante qu'elle entra dans la maison de Jean-Jacques. Un acte authentique que nous aurons l'occasion de reproduire le prouve parfaitement. Rousseau ne ment guère, et ici encore moins qu'ailleurs, si c'est possible.

Dans cet échange de lettres on voit aisément que ce n'est pas du côté de madame d'Épinay qu'est la finesse. Elle ne comprend pas, comme il le dit, son dictionnaire. Mais il ne faut rien non plus lui reprocher : elle est bonne, vive et zélée.

dit vingt fois, je ne les prie ni de rester ni de me suivre. »

Ce sophisme ne m'a pas édifiée ; je le lui ai dit ; il ne m'a rien répondu ; mais à la manière dont il m'a écoutée, je le soupçonne de ne pas aimer de certaines vérités. « Je suis étonnée, lui disois-je, qu'avec de l'esprit, de l'expérience et de la philosophie, vous mettiez tant d'importance à mille misères qui souvent ne valent pas la peine d'en parler, ni même d'être remarquées. — Comment, mordieu ! me répondit-il, vous appelez misères les injustices, les ingratitudes journalières, la causticité de mes soi-disants amis ! — Allons donc, lui dis-je, je ne puis répondre à cela que par ce mauvais dicton : *On rit avec toi, et tu te fâches !* Mais vous ne pouvez pas croire un instant qu'on ait le projet de vous blesser. — Projet ou non, que m'importe ! Mais ne croyez pas, madame, que ce soit pour moi seul que je suis révolté. Ce que je vous ai vu éprouver vingt fois de vos meilleurs amis ! — Faites comme moi, mon ami ; s'ils sont faux, méchants et injustes, je les laisse, je les plains, et je m'enveloppe de mon manteau ; en voulez-vous la moitié ? »

Il se mit à rire, et me dit ensuite : « Je ne sais encore quel parti je prendrai, mais, si j'accepte l'habitation de l'Hermitage, je refuse encore plus que jamais les fonds que vous voulez me prêter. Je n'aurai besoin là de rien pour vivre ; une vache, un cochon et un potager pourvoiront suffisamment à notre nourriture. »

Je ne l'ai pas voulu contrarier davantage, et nous nous sommes quittés, moitié gaiement, moitié mal à notre aise. M. d'Épinay a consenti à me laisser arranger l'Hermitage : comme il ne lui en coûtera rien, et qu'il compte néanmoins se parer de son consentement, il n'a point été difficile à obtenir. J'ai mis des ouvriers à la maison : elle est toute arrangée ; et dès que je saurai la détermination de Rousseau, je la ferai meubler. J'ai fait changer les cheminées ; j'ai fait placer celle de la grande salle de manière que, par le moyen de plaques et de tuyaux de chaleur, elle échauffe trois pièces à la fois [1].

[1] On ne peut, certes, blâmer le culte que les cœurs jeunes et les âmes tendres et passionnées rendent au souvenir des hommes illustres jusque dans le respect des lieux où ils ont vécu, où ils ont pensé. Et alors quel pèlerinage plus naturel que d'aller sur ces brillants coteaux, le long des grands châtaigniers qui bordent la forêt, contempler le ciel qu'embrassait le regard de Jean-Jacques dans les belles matinées limpides où il voyait se lever le soleil en arrière des hauteurs de Sarcelles, et à ces heures tour à tour ardentes et reposées où la lumière lui venait des flèches de Saint-Denis, puis d'Épinay, puis de Sannois, reflétée au passage par les eaux moirées du lac alors désert et poétique, et disparaissait le soir derrière la forêt après avoir éclairé d'un jour pur et doux les lilas et les acacias des jardins d'Eaubonne, d'Eaubonne où son cœur est resté !

Il est des guides pour ce voyage pieux. Le vrai chemin, ce n'est pas de passer par la tumultueuse et déplaisante ville de bains que la mode a bâtie entre le chemin de fer et le lac d'Enghien. Pour bien sentir comme Jean-Jacques, et, avec lui, comme madame d'Houdetot, comme madame d'Épinay, comme tous les personnages aimants et aimables de ces Mémoires, il faudrait oublier que la vapeur est devenue un instrument d'agilité et de puissance dans nos mains, et, selon les anciens rits, partir de Paris dans une bonne grosse calèche de famille qui à Saint-Denis prendrait ou le chemin de la Briche et d'Épinay, qui longe la rivière et se dirige sur Pontoise, mais alors il faudrait couper à travers champs, d'Épinay à la Barre, et ce n'est pas aisé ; ou suivre la vieille route de Montmorency, en passant devant les fermes au nom qui sent si bien son siècle, le *Vert-galant*, le *Temps-perdu*, et, arrivés au petit hameau de la Barre, prendre le chemin de Deuil, qui passe devant les débris derniers de la Chevrette. Un fossé revêtu de pierre et entouré d'une balustrade de bois, une porte, une grille, un reste d'allée, un commun qui est devenu l'habitation principale, et de l'autre côté de l'allée, dans une claire futaie, une petite maison moderne, voilà tout ce qui reste du fastueux château qui fut démoli même avant 1789 par le gendre de madame d'Épinay. C'est égal, le fossé, la porte et la grille suffisent. C'est par là qu'entraient Rousseau, et Diderot plus tard ; c'est là que passait la voiture qui amenait madame d'Houdetot et Saint-Lambert, et que de fois il y eut foule et fête autour de ce triste fossé stagnant et du gazon maigre qui l'entoure ! Le dix-huitième siècle des poëtes, des philosophes a laissé là sa trace, visible pour qui sait voir, et si plus tard Jean-Jacques y était revenu en simple voyageur, au lieu

Le pauvre Desmahis, en vérité, me fait de la peine. M. Grimm m'a raconté, hier au soir, une de ses folies; et quoiqu'il soit le principal acteur de l'aventure, il ne la savoit que de la veille : elle est d'un genre trop étrange pour que je me refuse au plaisir de la transcrire ici.

Il y a près d'un mois que Desmahis vint plusieurs fois chez moi, et le hasard a fait qu'il s'y est présenté presque toujours dans des moments où M. Grimm s'y trouvoit. Il faut, ou que ma physionomie lui ait laissé entrevoir qu'il pouvoit me gêner, ou bien qu'il l'ait imaginé; car il s'est permis quelques plaisanteries chez le baron d'Holbach, sur la peine qu'il se figuroit que nous ressentions à l'ar-

d'aller herboriser avec Bernardin de Saint-Pierre du côté de Charonne et des Prés-Saint-Gervais, avec quelle émotion pleine de souvenir il eût cueilli le simple thlaspi, le séneve, le bassinet, la chélidoine qui fleurissent en silence au pied de ces murs!

Il faut donc ne pas aller à Enghien, que nos amis n'ont pas connu, et ne pas même chercher l'Ermitage en traversant d'abord Montmorency. C'est par Deuil qu'on y arrivoit.

Madame d'Épinay la décrit très-bien, cette retraite fameuse. Rien n'en existe plus, ou bien on en doit chercher les restes dans de triviales constructions de cabarets ; mais les lieux voisins sont les mêmes, et, si l'on veut voir l'habitation détruite, la visiter même, et du côté du dehors, et du côté du jardin, il y a heureusement des images qui la peignent. Un parent de Grétry qui, comme Grétry, posséda l'Ermitage, a laissé un poëme consacré à célébrer cette demeure. Le poëme n'est rien, mais l'auteur, Flamand-Grétry, y a fait placer deux vues lithographiées et un plan qui ont un grand prix.

L'Ermitage est à environ un quart de lieue à l'est de l'ancien Montmorency. En 1659, un ermite, nommé Leroi, y fit bâtir une chapelle et une cellule qui venaient d'être achevées en 1675, lorsqu'un second ermite, nommé Lebret, acheta au nord un terrain contigu et s'y retira. Peu après, un nommé Cavellier, propriétaire d'un terrain et d'une fontaine, fit bâtir une terrasse et une chambre attenant à l'Ermitage. En 1690, les deux ermites lui accordent une chambre de leur habitation et l'usage du jardin et des eaux. Le 4 mars 1698, Leroi, seul survivant, vend l'Ermitage à un Richelieu, en s'en réservant la jouissance viagère. En 1716, l'Ermitage appartient au prince de Condé, et bientôt après, en 1722, à M. Mathas, l'un des officiers de sa duché d'Enghien. Un sieur Galan, vers ce temps-là,

rivée d'un tiers. Le baron, qui aime M. Grimm très-cordialement et très-bonnement, a cru qu'il jouoit chez moi le rôle d'un freluquet. Disposé peu favorablement pour moi, vraisemblablement par les propos de cet indigne Duclos, qui ne m'épargne pas dans le monde, à ce que j'ai appris à cette occasion, il a cru devoir chapitrer sérieusement son ami. Il lui a d'abord répondu en plaisantant; mais la remontrance devenant trop forte, après avoir remercié le baron du motif qui le faisoit parler, il lui a imposé silence si sérieusement, une fois pour toutes, que ni lui ni les autres n'ont depuis été tentés d'y revenir.

Cette expédition faite, M. Grimm n'y a plus pensé. Quant à Desmahis, soit qu'il ait entendu dire que

---

bâtit encore au nord une petite cabane. Le tout fut acquis avec la Chevrette par M. La Live de Bellegarde. La fontaine et les eaux de l'Ermitage desservaient le château et le parc, au moyen de conduites qui avaient près d'une demi-lieue.

Après 1789, lorsque M. de Belzunce, gendre de madame d'Épinay, eut émigré, l'Ermitage devint bien national. Un architecte, nommé Bénard, Regnauld de Saint-Jean d'Angély et Robespierre en furent propriétaires successivement. Robespierre y passa la nuit du 6 au 7 thermidor de l'an II. Pendant trois ans l'Ermitage redevint bien de la nation. Le 27 frimaire an V, il fut acquis par un nommé Devouges, puis par quatre propriétaires différents, dont Chérin, avant d'appartenir à Grétry qui l'acheta dix mille livres, le troisième jour complémentaire de l'an VI. Grétry soigna avec amour une propriété qui rappelait tant de souvenirs, mais il la défigura un peu, et depuis lors la physionomie de cette maison historique a été chaque jour altérée davantage. Grétry possédait le bois de lit de Jean-Jacques, une table en noyer sur laquelle dut être écrite l'*Héloïse*, deux chiffonniers en noyer, un petit corps de bibliothèque, un baromètre, quatre bocaux de verre qui servaient à abriter la lumière pour travailler au jardin, et deux gravures : l'une anglaise, *The Soldier's Return*, l'autre intitulée : *Les Vierges sages et les Vierges folles*. Quelques débris de ces meubles sont encore conservés à Montmorency. L'on montre également, près du lieu où fut l'Ermitage, un rosier qui, dit-on, fut planté par Rousseau. Ce serait celui de la chanson de Deleyre, dont il a fait la naïve musique :

Je l'ai planté, je l'ai vu naître.

M. Grimm n'avoit pas trouvé ses plaisanteries bonnes, quoiqu'il ne lui en eût rien témoigné, soit enfin que, naturellement défiant, il ait cru qu'il lui en vouloit et cherchoit à le lui témoigner, il prit pour lui, un jour qu'il dînoit chez le baron, un propos que M. Grimm tint en général, et auquel il avoit mis si peu d'intention qu'il ne s'en est pas même souvenu. Desmahis, s'en trouvant offensé, tâcha de le faire sentir à mots couverts à M. Grimm, qui ne le sentit point : il l'examina avec soin, et ne le quitta point. Lorsqu'il sortit, il le suivit, ne doutant nullement qu'il ne lui parlât plus clairement dans la rue. Il fut très-étonné de voir M. Grimm causer plus paisiblement, et prendre congé de lui au détour de la première rue. Desmahis se crut obligé de l'instruire de sa marche du jour et du lendemain. M. Grimm, qui ne comprit pas trop pourquoi cette confidence, lui souhaita bien du plaisir ; et ce n'est que depuis peu de jours qu'il a appris par M. de Margency, un de leurs amis communs, tout ce qui s'étoit passé dans la tête de Desmahis [1]. Il assura M. de

---

[1] M. de Margency était un bel esprit qui faisait de jolis vers. En voici de lui, à Desmahis, recueillis dans les œuvres de l'auteur de *l'Impertinent :*

> Quittez la palette légère
> Où l'Amour broie encor vos plus belles couleurs,
> Appelé par Thalie à de plus grands honneurs,
> Il est temps qu'aujourd'hui, d'une main plus sévère,
> Pour achever la peinture des mœurs
> Vous repreniez le pinceau de Molière.
> Laissez-moi des amants le tendre caractère ;
> C'est à moi qu'il convient de chanter leurs douceurs,
> Moi qui toute ma vie, auprès d'une bergère,
> Ai porté la houlette et le chapeau de fleurs.

Les Quiret ou Cuiret de Margency étaient depuis au moins un siècle seigneurs du joli village de Margency, qui est à une petite lieue à l'ouest de Montmorency, toujours au-dessous de la forêt, du côté de Saint-Leu. Notre Margency avait une charge de gentilhomme ordinaire de la chambre du roi. Voltaire dit quelque part (mais on sait ce que signifient quelquefois

Margency qu'il n'avoit jamais eu aucun grief, et par conséquent aucun ressentiment contre lui; qu'il ne croyoit pas que Desmahis fût capable de tenir des propos dont je pusse m'offenser, parce que je ne les méritois pas; que M. Desmahis étoit trop bien reçu chez moi pour se les permettre; et que, quant aux plaisanteries, je savois les apprécier, en rire quand elles étoient bonnes, et les oublier promptement quand elles ne l'étoient pas, car ce que je redoutois le plus étoit l'ennui. Apparemment qu'il a jugé les siennes mauvaises, puisque je ne l'ai pas vu depuis : j'en suis fâchée; il est d'une conversation et d'une société très-agréable; et c'est une perte dans la nôtre.

———

J'ai eu hier la visite d'un homme qui vient de passer huit jours chez M. de Francueil. A en juger par les détails qu'il nous a faits de sa gaieté, de la vie dissipée qu'il mène, il n'est rien moins que malheureux. Cette découverte m'a mise à mon aise; je vois que l'amour-propre, bien plus que le sentiment, a causé son dépit.

M. d'Épinay ne se lasse point de faire des extravagances. Il vient d'établir dans la maison des filles Rose une école de théâtre; il croit faire un acte de citoyen en ruinant ses enfants, pour former à ses frais des sujets pour l'Opéra; chaque jour est marqué par une nouvelle folie dont il croit très-sincèrement devoir tirer une grande considération.

les accusations de Voltaire) que c'est sur sa cheminée que La Beaumelle prit sans le lui dire les lettres de madame de Maintenon que lui avait prêtées le duc de Noailles.

Ce nom de Margency appartient aussi à la finance. En 1788 il y a un M. de Margency, receveur général, rue Verdelet, et, en 1791, un Thévenin de Margency, régisseur général des aides

LETTRE DE ROUSSEAU A MADAME D'ÉPINAY.

Mars 1756.

Enfin, madame, j'ai pris mon parti, et vous vous doutez bien que vous l'emportez ; j'irai donc passer les fêtes de Pâques à l'Hermitage [1], et j'y resterai tant que je m'y trouverai bien et que vous voudrez m'y souffrir ; mes projets ne vont pas plus loin que cela. Je vous irai voir demain, et nous en causerons ; mais toujours le secret, je vous en prie. Voilà maintenant un déménagement et des embarras qui me font trembler. Oh ! qu'on est malheureux d'être si riche ! Il faudra que je laisse la moitié de moi-même à Paris, même quand vous n'y serez plus ; cette moitié sera des chaises, des tables, des armoires, et tout ce qu'il ne faudra pas ajouter à ce que vous aurez mis à mon château. A demain.

SUITE DU JOURNAL.

La joie que me causa cette lettre, lorsque je la reçus, fut telle, que je ne pus m'empêcher de la laisser éclater en présence de M. Grimm, qui étoit chez moi. J'ai été très-étonnée de le voir désapprouver le service que je rendois à Rousseau, et le désapprouver d'une manière qui m'a paru d'abord très-dure. J'ai voulu combattre son opinion ; je lui ai montré les lettres que nous nous sommes écrites : « Je n'y vois, m'a-t-il dit, de la part de Rousseau que de l'orgueil caché partout : vous lui rendez un fort mauvais

---

[1] Pâques était le 18 avril en 1756.

service de lui donner l'habitation de l'Hermitage; mais vous vous en rendez un bien plus mauvais encore. La solitude achèvera de noircir son imagination; il verra tous ses amis injustes, ingrats, et vous toute la première, si vous refusez une seule fois d'être à ses ordres ; il vous accusera de l'avoir sollicité de vivre auprès de vous, et de l'avoir empêché de se rendre aux vœux de sa patrie. Je vois déjà le germe de ses accusations dans la tournure des lettres que vous m'avez montrées. Elles ne seront pas vraies, ces accusations ; mais elles ne seront pas absolument dénuées de fausseté, et cela suffira pour vous faire blâmer, et pour vous donner encore l'apparence d'un tort que vous n'aurez pas plus que tous ceux qu'on vous a jusqu'à présent supposés.

— Ah! mon ami, me suis-je écriée, ne me dites pas cela deux fois, car je me suis toujours si mal trouvée, en effet, de faire le bien, qu'il me prendroit peut-être envie de faire le mal, pour voir si je m'en trouverois mieux ! — Non, me répondit M. Grimm, cette envie ne vous prendra pas; mais en continuant à faire pour vous et pour les vôtres le mieux qu'il vous est possible, renoncez à vous mêler des autres : le public est trop injuste envers vous. Je vous jure que ce qui peut vous arriver de moins fâcheux dans tout ceci, c'est de vous donner un ridicule : on croira que c'est par air et pour faire parler de vous que vous avez logé Rousseau. — Ah! garantissez-moi, ai-je répondu, qu'il n'en résultera rien de plus fâcheux que cette fausse interprétation, et j'aurai bientôt pris mon parti. — Et moi aussi, répondit M. Grimm; mais si cette interprétation venoit à la suite d'une rupture avec Rousseau, cela auroit plus de conséquence que vous ne pensez.

— Voilà, lui dis-je, ce qui n'arrivera point; mon amitié

n'exige aucune reconnoissance. Il m'est démontré que cet homme seroit malheureux partout, par l'habitude qu'il a d'être gâté : chez moi il ne trouvera que de l'indulgence ; nous nous ferons tous un devoir et un plaisir de lui rendre la vie douce. — Voilà qui est à merveille, me dit encore M. Grimm ; mais on se repent toujours de céder à la déraison : cet homme en est plein ; et plus on la tolère, plus elle augmente. Au reste, le mal est fait, vous ne pouvez plus vous dédire ; faites en sorte, à présent, de vous conduire avec prudence. Mais comment vivra-t-il, et que faites-vous pour lui ? — C'est un secret, mon ami, ai-je répondu ; il me coûtera peu, il sera bien, et il ignorera ce que je ferai ; il ne s'en doutera même pas. »

J'ai écrit à Rousseau que je le menerois dimanche à l'Hermitage.

LETTRE DE ROUSSEAU A MADAME D'ÉPINAY.

Voici de la musique que j'ai retrouvée encore. Ne vous fatiguez pas cependant pour chercher à me défaire de tout cela, car je trouverai à débiter de mon côté tout ce qui vous sera resté en livres et en musique que j'enverrai chercher pour cela dans une huitaine de jours. Faites-moi dire comment vous vous trouvez de vos fatigues d'hier. Je sais que l'amitié vous les rendoit douces ; mais je crains bien que le corps ne paye un peu les plaisirs du cœur, et que l'un ne fasse quelquefois souffrir l'autre. Pour moi, je suis déjà, par la pensée, établi dans mon château pour n'en plus sortir que quand vous habiterez le vôtre. Bonjour, ma bonne amie. Ne croyez pas pourtant que je veuille employer ce mot en formule ; il ne faut pas qu'il soit écrit, mais gravé ; et vous y donnez tous les jours quelque coup de burin qui rendra bientôt la plume inutile, ou plutôt superflue [1].

M. Rousseau, qui avoit été passer les fêtes de Pâques [2]

[1] Il y a trois billets de Rousseau que l'on pourrait placer avant celui-ci. Voici le premier :

« Ce jeudi. — J'avois oublié que j'allois dîner aujourd'hui chez le baron (il le voyait encore), et que par conséquent je ne puis m'aller promener avec vous cette après-midi.

« Occupé des moyens de vivre tranquillement dans ma solitude, je cherche à convertir en argent tout ce qui m'est inutile, et ma musique me l'est encore plus que mes livres ; de sorte que si vous n'êtes pas excédée des embarras que je vous donne, j'ai envie de vous l'envoyer toute. Vous y choisirez tout ce dont vous pourrez me défaire, et je tâcherai, de mon côté, de me défaire du reste. Je ne puis vous dire avec combien de plaisir je m'occupe de l'idée de ne plus voir que vous. »

Voici les deux autres :

« Ce samedi. — J'ai passé hier au soir chez vous (rue Saint-Honoré) ; vous étiez déjà sortie : vous m'aviez promis de m'envoyer dire de vos nouvelles, et je n'ai vu personne : cela m'inquiète, et je vous prie de me tirer de peine. Ayez la bonté de me renvoyer aussi ce qui vous reste de livres et de musique à moi. Bonjour, Madame, je ne puis vous en dire davantage pour ce matin, car je suis horriblement occupé de mon déménagement : ce qui n'arriveroit pas s'il étoit composé d'objets plus considérables et que soixante bras s'en occupassent pour moi. Soit dit en réponse à votre étonnement. »

« Mars. — J'ai vu M. Deleyre, et nous sommes convenus qu'il achèveroit le mois commencé, et qu'il vous prieroit de remercier M. de Saint-Lambert pour la suite ; au surplus, je pense qu'il n'y a que la présence de Conti qui l'ait empêché de profiter de votre offre, et qu'il en profitera si vous la renouvelez.

« Quoique mon parti soit bien pris, je suis jusqu'à mon délogement dans un état de crise qui me tourmente ; je désire passionnément de pouvoir aller m'établir de samedi en huit. Si cette accélération demande des frais, trouvez bon que je les supporte : je n'en ai jamais fait de meilleur cœur ni plus utiles à mon repos.

« Faites-moi donner des nouvelles de votre santé. J'irai vous voir ce soir ou demain. »

[2] C'est le 9 avril 1756 que Rousseau alla s'établir à l'Ermitage. Le joli

à l'Hermitage, fut si enchanté de cette habitation, qu'il n'eut pas de plus grand désir que de s'y voir établi. Madame d'Épinay se fit un plaisir d'aller elle-même l'y installer, et le jour fut pris aussitôt que tout fut prêt pour le recevoir. Le matin elle envoya une charrette à la porte de Rousseau prendre les effets qu'il vouloit emporter; un de ses gens l'accompagnoit. M. Linant monta à cheval dès le matin pour faire tout ranger, et pour que madame d'Épinay ne revînt pas seule. A dix heures elle alla prendre Rousseau dans son carrosse, lui et ses deux gouvernantes. La mère Le Vasseur étoit une femme de soixante-dix ans, lourde, épaisse et presque impotente. Le chemin, dès l'entrée de la forêt, est impraticable pour une berline; madame d'Épinay n'avoit pas prévu que la bonne vieille seroit embarrassante à transporter, et qu'il lui seroit impossible de faire le reste de la route à pied; il fallut donc faire clouer de forts bâtons à un fauteuil et porter à bras la mère Le Vasseur jusqu'à l'Hermitage. Cette pauvre femme pleuroit de joie et de reconnoissance; mais Rousseau, après le premier moment de surprise et d'attendrissement passé, marcha en silence, la tête baissée sans avoir l'air d'avoir la moindre part à ce qui se passoit. Nous dînâmes avec lui. Madame d'Épinay étoit si épuisée, qu'après le dîner elle pensa se trouver mal; elle fit ce qu'elle put pour le cacher à Rousseau, qui s'en douta, mais qui ne voulut point avoir l'air de s'en apercevoir.

tableau flamand que madame d'Épinay a peint en racontant ce déménagement modeste! Pourquoi seulement se fait-elle si fatiguée à la fin et veut-elle que Rousseau soit toujours à genoux pour la remercier? La lettre suivante prouve, d'ailleurs, qu'il n'ignorait pas combien elle prenait de peines pour lui et que sa reconnaissance ne lui pesait pas encore.

LETTRE DE ROUSSEAU A MADAME D'ÉPINAY.

13 avril 1756.

Quoique le temps me contrarie depuis mon arrivée ici, je viens de passer les trois jours les plus tranquilles et les plus doux de ma vie ; ils le seront encore plus quand les ouvriers qu'occupe mon luxe ou votre sollicitude seront partis. Ainsi je ne serai proprement dans ma solitude que d'ici à deux ou trois jours ; en attendant je m'arrange, non selon la morale turque, qui veut qu'on ne s'établisse ici-bas aucun domicile durable, mais selon la mienne, qui me porte à ne jamais quitter celui que j'occupe. Vous me trouverez rangé délicieusement, à la magnificence près que vous y avez mise, et qui, toutes les fois que j'entre dans ma chambre, me fait chercher respectueusement l'habitant d'un lieu si bien meublé. Au surplus, je ne vous conseille pas beaucoup de compter sur des compliments à notre première entrevue ; je vous réserve, au contraire, une censure grieve d'être venue malade et souffrante m'installer ici sans égard pour vous ni pour moi. Hâtez-vous de me rassurer sur les suites de cette indiscrétion, et souvenez-vous une fois pour toutes que je ne vous pardonnerai jamais d'oublier ainsi mes intérêts en songeant aux vôtres.

J'ai trouvé deux erreurs dans le compte joint à l'argent que vous m'avez remis ; toutes deux sont à votre préjudice et me font soupçonner que vous pourriez bien en avoir fait d'autres de même nature, ce qui ne vous réussiroit pas longtemps ; l'une est de quatorze livres, en ce que vous payez sept mains de papier de Hollande à cinq livres cinq sous, au lieu de trois livres cinq sous qu'il m'a coûté, et que je vous ai marquées ; l'autre est de six livres pour un Racine que je n'ai jamais eu, et que, par conséquent, vous ne pouvez avoir vendu à mon profit ; ce sont donc vingt francs dont vous êtes créditée sur ma caisse. Soit dit sur l'argent, et revenons à nous.

Je n'ai songé qu'à moi ces jours-ci ; je savourois les beautés de mon habitation et les charmes d'une entière liberté ; mais en me promenant ce matin dans un lieu délicieux, j'y ai mis mon ancien ami Diderot à côté de moi, et en lui faisant remarquer les agréments de la promenade, je me suis aperçu qu'ils s'augmentoient pour moi-même. Je ne sais si je pourrai jamais jouir réellement de cette augmentation ; si cela peut se faire un jour, ce ne sera guère que par le crédit de mon ancien ami Grimm[1]. Peut-être pourra-t-il et voudra-t-il bien me procurer une visite de l'ami que je lui ai procuré, et partager avec moi le plaisir que j'aurai de le recevoir. Ce n'est pas encore le temps de parler de tout cela ; mais vous, quand vous verra-t-on, vous en santé, et votre sauveur[2] sans affaire ? Il m'a promis de venir, et le fera sans doute. Quant à vous, ma bonne amie, quelque envie que j'aie de vous voir, si vous venez sans lui, ne venez pas du moins sans sa permission. Bonjour. Malgré la barbe de l'hermite et la fourrure de l'ours, trouvez bon que je vous embrasse, et portez aux pieds du seigneur

---

[1] Depuis deux ans Grimm était entièrement devenu le maître à la Chevrette. Il avait fait chasser Francueil et Duclos. Il n'était guère satisfait de voir Rousseau dans le voisinage, et Rousseau savait parfaitement à quoi s'en tenir sur son compte. L'ironie qui règne dans cette lettre l'indique assez.

[2] Tronchin, qui était à Paris en 1756.

de la case¹ les hommages de son très-dévoué sujet et fontenier honoraire.

Les gouverneuses veulent que je vous supplie d'agréer leurs très-humbles respects; elles s'accoutument ici presque aussi bien que moi, et beaucoup mieux que mon chat.

LETTRE DE MADAME D'ÉPINAY A ROUSSEAU.

Je profite du retour de mon jardinier pour vous remercier, mon cher hermite, de m'avoir donné de vos nouvelles. Celles que je puis vous donner de ma santé ne sont pas si mauvaises: voilà deux nuits que je dors passablement. Laissez-les dire : je vous assure que votre installation m'a fait grand bien.

Je me suis déjà acquittée d'une partie de vos commissions : votre ami Diderot, que je ne vois point, comme vous savez, parce qu'il redoute les nouvelles connoissances, projette de vous aller voir incessamment. Vous savez qu'il n'est pas maître de son temps; ainsi, mettez sur le compte de ses affaires le retard que votre amitié vous rendroit peut-être insupportable. Croyez, mon bon ami, que les vôtres sont occupés de vous et vous regrettent; ne songez donc qu'à la satisfaction que vous aurez à les retrouver quand leurs occupations et le temps le leur permettront.

J'envoie à mesdames Le Vasseur de petites bagatelles qui pourront leur être utiles, en attendant qu'elles aient mis de l'ordre dans leurs nippes. Bonjour, mon hermite; je vous souhaite bien de la santé, du beau temps, et toute la satisfaction que vous méritez.

¹ M. d'Épinay.

LETTRE DE ROUSSEAU A MADAME D'ÉPINAY.

Mai 1756.

Vous serez bien aise, madame, d'apprendre que mon séjour me charme de plus en plus ; vous ou moi nous changerons beaucoup, ou je n'en sortirai jamais. Vous goûterez, conjointement avec M. d'Épinay, le plaisir d'avoir fait un homme heureux ; c'est de quoi n'avoir pas regret à l'échange de manteau dont vous m'offrez la moitié[1].

---

[1] Jean-Jacques ne joue pas le plaisir. C'était son rêve qui s'accomplissait. Depuis quatre ans au moins il méditait d'en finir avec la vie des villes et les mœurs du monde. La solitude où il se renfermait à Paris même était une déclaration faite à quiconque pouvait en douter, non pas qu'il recherchât la singularité, mais parce qu'il voulait être l'homme de ses écrits, étranger à la société corrompue, et tel que dans son jeune âge il avait vécu dans la retraite heureuse des Charmettes. Satisfait de sa gloire acquise, incertain s'il se tourmenterait pour donner au public d'autres ouvrages, il n'avait devant les yeux que la joie de pouvoir vivre en paix avec les champs et les bois et de gagner son pain en copiant de la musique dans cette maison qu'allait embellir le printemps.

Les beaux esprits du salon de M. d'Holbach ne comprenaient rien à cette folie, et Grimm encore moins qu'un autre. Mais Jean-Jacques laissait dire. Avec quelle couleur fraîche ces souvenirs de liberté sont restés dans sa mémoire !

« Quoiqu'il fît froid et qu'il y eût même encore de la neige, la terre commençoit à végéter ; on voyoit des violettes et des primevères ; les bourgeons des arbres commençoient à poindre, et la nuit même de mon arrivée fut marquée par le premier chant du rossignol, qui se fit entendre presque à ma fenêtre, dans un bois qui touchoit la maison. Après un léger sommeil, oubliant à mon réveil ma transplantation, je me croyois encore dans la rue de Grenelle (en face la rue des Deux-Écus), quand tout à coup ce ramage me fit tressaillir, et je m'écriai dans mon transport : « Enfin, tous mes vœux sont accomplis ! » Mon premier soin fut de me livrer à l'impression des objets champêtres dont j'étois entouré. Au lieu de commencer à m'arranger dans mon logement, je commençai par m'arranger pour mes promenades, et il n'y eut pas un sentier, pas un

DEUXIÈME PARTIE. — CHAPITRE IV.

Il me reste une petite épine à tirer, c'est le reste de mon délogement. Il faudra, madame, que vous acheviez, s'il vous plaît, de me tirer de cet embarras. Pour cela je voudrois, mais allons un peu par ordre ; car je voudrois tant de choses, qu'il me faut des *primo* et des *secundo*.

1° Payer à madame Sabi trente-neuf livres seize sous pour loyer et capitation, selon la note que j'en ai faite sur le petit livre ci-joint[1].

2° Recevoir quittance de l'un et de l'autre sur ledit livre.

3° Donner congé pour la fin de ce terme.

4° Faire aujourd'hui démonter le lit et la tapisserie[2] de l'alcôve, si cela se peut.

5° Charger l'un et l'autre sur la voiture du jardinier, avec les matelas et ce qu'on y pourra joindre de poterie et menus ustensiles.

6° Il faudroit pour cela envoyer quelqu'un d'entendu

---

taillis, pas un bosquet, pas un réduit autour de ma demeure que je n'eusse parcouru dès le lendemain. Plus j'examinois cette charmante retraite, plus je la sentois faite pour moi. Ce lieu solitaire plutôt que sauvage me transportoit en idée au bout du monde. Il avoit de ces beautés touchantes qu'on ne trouve guère auprès des villes ; « jamais, en s'y trouvant transporté tout d'un coup, on n'eût pu se croire à quatre lieues de Paris. »

[1] La capitation était un impôt mobilier-personnel établi en 1695 pour trois ans, et en 1701 rétabli pour durer indéfiniment.

Rousseau logeait depuis sept ans à l'hôtel du Languedoc, « chez de très-bonnes gens, » dit-il à l'honneur de madame Sabi. Il est probable que son loyer était de cent vingt ou de cent quarante livres pour l'année, ce qui ferait trente ou trente-cinq francs pour le trimestre et alors la capitation serait de neuf livres ou de quatre livres seize sous, et sans doute plutôt de cette dernière somme.

[2] Cette tapisserie était une bergame de fil. Il en est question dans un inventaire des meubles de Jean-Jacques qui est placé plus loin, dans les notes.

avec le garçon jardinier qui pût démonter et emballer le tout sans rien gâter.

7° Il restera, pour un autre voyage, un lit de camp qui est dans le grenier; une quarantaine de bouteilles qui sont encore à la cave; et l'armoire, avec les brochures et paperasses qu'elle contient, et pour le transport desquelles j'enverrai d'ici une malle, avec une lettre pour prier M. Deleyre[1] de présider à ce dépaperassement.

Il faut ajouter à cela la petite précaution de commencer par payer madame Sabi, afin qu'elle ne s'effarouche pas de voir achever de vider mon appartement sans faire mention du terme commencé, et par conséquent dû.

Tout ceci supposé que le déménagement de madame d'Esclavelles est achevé, et afin que la voiture du jardi-

---

[1] Né le 6 janvier 1726 aux Portrets, près de Bordeaux, Deleyre (Alexandre), fut élevé chez les jésuites et de très-bonne heure entra dans leur compagnie. Son naturel ardent et mélancolique l'avait jeté d'abord dans une dévotion excessive; il le jeta ensuite dans la philosophie outrée des plus hardis amis de Diderot. Venu à Paris sans ressources, il dut à Montesquieu de connaître d'Alembert et Duclos, et à Duclos de connaître Jean-Jacques. En 1754 il écrivait dans le journal de Trévoux; en 1755 il donna (en trois volumes in-12) une *analyse* très-claire *de la philosophie de Bacon*. Le duc de Nivernois le prit en amitié et lui fut utile par la suite, par exemple quand il lui fit avoir, sur le refus de Grimm, la place de secrétaire des Carabiniers. Bibliothécaire du jeune duc de Parme, dont Condillac faisait l'éducation, il revint d'Italie avec une pension de deux mille livres et collabora aux grands ouvrages de l'abbé Raynal et de l'abbé Prévost. Le souvenir de l'amitié de Jean-Jacques devint, en 1792, un titre d'honneur pour Deleyre, qui fut envoyé à la Convention par le département de la Gironde. C'est lui qui eut l'idée de fonder les écoles normales et qui en surveilla, à leur origine, le premier établissement. Député au Conseil des Anciens et membre de la classe des sciences morales et politiques, il est mort à Paris le 10 mars 1797.

Marmontel rend témoignage en sa faveur, en le représentant comme un « homme d'esprit, très-honnête homme, d'un caractère solide et sûr, et d'une grande sévérité de mœurs. » C'est ce qui plut à Jean-Jacques, puisque, malgré la différence des âges, il se lia intimement avec lui. On voit dans ses lettres que cette amitié était sincère et presque tendre.

nier ne revienne pas à vide tant qu'il y a des choses à rapporter. Au surplus, ma grande prudence, qui a fait tous ces arrangements avec beaucoup d'effort, ne laisse pas de s'en remettre à la vôtre sur les changements qu'il pourroit être à propos de faire à ce projet.

Recevez les très-humbles remercîments de mademoiselle Le Vasseur. Vous aviez donc deviné que la bouteille à l'encre avoit été très-exactement répandue de la Chevrette ici sur tout le linge des bonnes gens, dont à peine une seule pièce est restée intacte? Il semble que vous ayez, ainsi que les dieux, une providence prévoyante et bienfaisante ; c'est à peu près ce qui a été dit en recevant votre présent. Le temps ne se raccommode point encore, et votre maison ne s'achève point[1]. Ce n'est pas de quoi se rapprocher sitôt. Ce que vous avez à faire pour mettre cet intervalle à profit, c'est de continuer à raffermir tellement votre santé, que quand vous serez à la Chevrette, vous puissiez venir fréquemment à l'Hermitage chercher un ami et la solitude. Je vous montrerai des promenades délicieuses, que j'en aimerai davantage encore quand une fois vous les aimerez.

Votre conseil est bon, et j'en userai désormais[2]. J'aimerai mes amis sans inquiétude, mais sans froideur ; je les verrai avec transport, mais je saurai me passer d'eux. Je sens qu'ils ne cesseront jamais de m'être également

---

[1] Les constructions de l'aile du château de la Chevrette.

[2] Ce passage de cette lettre et aussi le premier alinéa où il est question du manteau dont elle lui offre la moitié, donnent lieu de croire que cette lettre a été écrite en réponse à une lettre de madame d'Épinay qui n'a pas été mise par elle dans ses Mémoires et d'où elle aura seulement, pour la mêler au récit, tiré la phrase qu'on a lue plus haut :«Faites comme moi; si mes amis sont faux, méchants et injustes, je les laisse, je les plains, et je m'enveloppe dans mon manteau. »

chers, et je n'ai perdu pour eux que cette délicatesse excessive, qui me rendoit quelquefois incommode et presque toujours mécontent. Au surplus, je n'ai jamais douté des bonnes résolutions de Diderot; mais il y a loin de sa porte à la mienne, et bien des gens à gratter en chemin [1]. Je suis perdu s'il s'arrange pour venir me voir; cent fois il en fera le projet, et je ne le verrai pas une. C'est un homme qu'il faudroit enlever de chez lui, et le prendre par force pour lui faire faire ce qu'il veut.

Bonjour, ma bonne amie, et non pas madame, quoique je l'aie mis deux fois par inadvertance au commencement de ce griffonnage. Mais pourquoi ce correctif, et que fait la différence des mots quand le cœur leur donne à tous le même sens?

LETTRE DE ROUSSEAU A MADAME D'ÉPINAY.

Je commence à être bien inquiet de vous, madame; voici la quatrième fois de suite que je vous écris sans réponse, et moi qui n'ai jamais manqué de vous répondre depuis votre retour à Paris, je ne mérite ni cette négligence de votre part, ni le reproche que vous m'avez fait de la mienne. Tranquillisez-moi, je vous en prie, et faites-moi dire, au moins, que vous vous portez bien, afin que je ne sois plus alarmé, et que je me contente d'être en colère [2].

---

[1] On disait « gratter » pour « frapper à la porte, » dans le langage de la cour et du beau monde. Il y avait à la porte du roi un peigne dont les courtisans se servaient pour avertir sans trop de bruit qu'ils désiraient entrer.

[2] Dans les éditions de la correspondance de Rousseau on met cette let-

Je rouvre ma lettre écrite et cachetée en recevant la vôtre et le moulin. Vous m'apaisez aux dépens de ma tranquillité. J'aurois bien des choses à vous dire, mais vos exprès m'obligent de renvoyer tout cela à un autre temps. Je vous jure que je vous ferois volontiers mettre à la Bastille si j'étois sûr d'y pouvoir passer six mois avec vous tête à tête ; je suis persuadé que nous en sortirions tous deux plus vertueux et plus heureux.

Ne comptez par sur moi pour le dîner de mardi. Si Diderot me tient parole, je ne pourrois vous la tenir. Je ne suis pas non plus décidé sur le voyage de Genève. Si vous couchez à la Chevrette, j'irai sûrement vous y voir le lendemain, pour peu que le temps soit supportable ; là nous causerons ; sinon je vous écrirai plus amplement.

Voilà une lettre de Tronchin, au commencement de laquelle je ne comprends rien, parce que je ne suis point au fait. Lisez-la et faites-la remettre ensuite à Deleyre, ou copie de ce qui regarde son ami. Ne vous tracassez point l'esprit de chimères. Livrez-vous aux sentiments de votre bon cœur, et en dépit de vos systèmes vous serez heureuse. Les maladies même ne vous en empêcheront pas. Adieu.

Voilà encore une lettre de Romilly[1]. Je ne connois

tre avant celle qui, ici, la précède ; et il n'y a pas de raison pour cela. Cette lettre est, du reste, assez difficile à comprendre dans tous ses détails, et on ne voit pas pourquoi il y est encore question du voyage à Genève.

[1] Romilly (Jean-Edme), né à Genève en 1714, était venu à Paris fabriquer de l'horlogerie et vivait avec les gens de lettres. Il a offert à Louis XV une montre qui marchait un an sans être remontée. Les articles d'horlogerie de l'*Encyclopédie* sont de lui. Romilly devint le beau-père de Corancez, qui a laissé sur J. J. Rousseau un écrit très-intéressant et très-rare.

point M. de Silhouette[1]; peut-être que, si Grimm vouloit se mêler de cette affaire, ou vous dire ce qu'il faut faire, vous pourriez servir cet honnête homme et obliger votre ami.

BILLET DE MADAME D'ÉPINAY A ROUSSEAU.

Je n'ai point été vous voir, mon hermite; je ne vous ai point écrit, parce que j'ai eu des affaires par-dessus la tête, des tracasseries domestiques, des misères insupportables; mais la chose qui me tourmente le plus, c'est que ma mère se met à gâter mes enfants plus que jamais; de sorte que je me trouve forcée de jouer avec

---

[1] Silhouette (Étienne), né le 5 juillet 1709, était alors chancelier du duc d'Orléans, chez qui vivait Grimm depuis la mort du comte de Friese.

« Si par hasard il a été honnête homme, en dit justement Grimm, il est à plaindre, car il avait l'air faux et coupable. » Néanmoins, quand il arriva aux affaires en 1759, ce fut à qui chanterait son génie, et Rousseau y crut, ou du moins à sa vertu, car il lui écrivit lorsqu'il tomba du pouvoir une lettre bien flatteuse. Peut-être Silhouette était-il en effet un grand esprit, à qui il n'a manqué pour réussir qu'un peu d'adresse dans les commencements. Mais il était écrit que le triste règne de Louis XV userait successivement tous les hommes employés au ministère et ne pourrait être relevé de sa bassesse par aucun.

Silhouette était fils d'un receveur des tailles de Limoges, ancien homme d'affaires de la maison de Noailles, qui, en 1716, fut taxé à trois cent cinquante mille livres. A vingt-deux ans il prit rang parmi les gens de lettres en traduisant Pope et en publiant divers écrits politiques. Marié à la fille du médecin Astruc, il devint maître des requêtes en 1745. Il était commissaire de la compagnie des Indes depuis 1747, lorsque, le 4 mars 1757, le contrôle général des finances lui fut donné. Il fut destitué le 24 novembre de la même année. Son plan était de supprimer toutes les fermes et régies, de faire un grand inventaire des revenus de l'État et d'établir sur tout le monde un unique impôt. Les financiers se révoltèrent et le perdirent. On dit que Silhouette eut soin, avant de rentrer dans la vie privée, d'acheter à vil prix de mauvaises créances sur l'État et de se les faire payer comme excellentes. Il est mort riche en 1767.

eux un rôle plus sévère que je ne le voudrois. Je ne sais si je me trompe, mais il me semble que mon fils pressent le goût de dissipation et de frivolité qui domine son père; cet instinct est bien singulier et m'alarme. Nous causerons un peu sur ces objets la première fois que nous nous verrons. Vous ne voulez pas absolument me dire comment va votre santé, ni si vous ne vous êtes pas trouvé incommodé de votre fatigue de l'autre jour. Bonjour, l'hermite; vous verra-t-on bientôt?

RÉPONSE DE ROUSSEAU A MADAME D'ÉPINAY.

Je voulois vous aller voir jeudi, mais le temps qu'il fait gâta tellement les chemins qu'ils ne sont pas encore essuyés; je compte pourtant, s'il fait beau, tenter demain le voyage. En attendant, faites-moi donner de vos nouvelles, car je suis inquiet de votre situation de corps et d'esprit. Bonjour, ma dame et amie, j'aspire à ces moments de tranquillité où vous aurez le temps de m'aimer un peu.

Voilà vos deux livres dont je vous remercie.

SUITE DU JOURNAL.

J'ai été il y a deux jours à la Chevrette, pour terminer quelques affaires avant de m'y établir avec mes enfants. J'avois fait prévenir Rousseau de mon voyage : il est venu me voir. Je crois qu'il a besoin de ma présence et que la solitude a déjà agité sa bile. Il se plaint de tout le monde. Diderot doit toujours aller, et ne va jamais le voir; M. Grimm le néglige; le baron d'Holbach l'oublie ; Gauffecourt et moi seulement avons encore des égards pour lui, dit-il. J'ai voulu les justifier : cela n'a pas réussi. J'espère qu'il sera beaucoup plus à la Chevrette qu'à l'Hermitage[1]. Je suis persuadée qu'il n'y a que façon de prendre cet homme pour le rendre heureux ; c'est de feindre de ne pas prendre garde à lui, et s'en occuper sans cesse ; c'est pour cela que je n'insistai point pour le retenir, lorsqu'il m'eut dit qu'il vouloit s'en retourner à l'Hermitage, quoiqu'il fût tard et malgré le mauvais temps. Je lui ai demandé quelles seroient ses occupations : il me dit qu'il comptoit se remettre à copier de la musique, que cela lui procureroit du pain gaiement en l'amusant. « J'espère que vous me donnerez votre pratique et celle de vos amis, ajouta-t-il ; mais avec moi il ne faut pas être pressé, car je prétends ne copier qu'à mon aise, et quand je n'aurai pas l'esprit de faire autre chose. » Pour commencer, nous lui avons demandé, M. d'Épinay et moi, une douzaine de copies. Dès le lendemain matin, j'envoyai quelqu'un pour avoir de ses nouvelles. Voici la lettre qu'il remit à mon exprès.

LETTRE DE ROUSSEAU A MADAME D'ÉPINAY.

Août 1756.

Je suis arrivé saucé, et à une heure de nuit ; mais du reste sans accident, et je vous remercie de votre inquiétude.

Votre jardinier a encore emporté ce matin des pêches au marché de Montmorency ; on ne peut rien ajouter à

---

[1] C'est justement ce qu'elle ne devait pas espérer et qu'il était même dans les conventions qu'elle n'espérerait pas.

l'effronterie qu'il met dans ses vols ; et bien loin que ma présence ici le retienne, je vois très-évidemment qu'elle lui sert de raison pour porter chez vous encore moins de fruits qu'à l'ordinaire. Il n'y aura de longtemps rien à faire à votre jardin ; vous épargneriez les restes de votre fruit si vous lui donniez congé plus tôt que plus tard ; bien entendu que vous m'aurez fait avertir d'avance, et que vous vous ferez rendre en même temps la clef de la maison. A l'égard du lit et de ce qui est dans sa chambre, comme j'ignore ce qui est à vous ou à lui, je ne lui laisserai rien emporter sans un ordre de votre part. Il est inutile que personne couche ici ; et, si cela est nécessaire, je pourrai y faire coucher quelqu'un du voisinage sur qui je compte, et à qui, d'ailleurs, je ne confierai pas la clef : en attendant vous aurez le temps de faire chercher un jardinier. La seule précaution dont j'aurois besoin pour le repos des gouverneuses, ce seroit un fusil ou des pistolets pour cet hiver, mais je ne trouve personne qui veuille m'en prêter, et il ne seroit pas raisonnable d'en acheter. Au fond, je vois que nous sommes ici en parfaite sûreté et sous la protection des voisins. Je suis obligé de vous écrire tout ceci, car il est difficile d'avoir de conversation tranquille dans les courts intervalles que j'ai à passer près de vous. Bonjour, madame ; on va d'abord se mettre à votre ouvrage, et il se fera sans interruption. Mes respects à madame d'Esclavelles, et mes amitiés au tyran[1] et à vos enfants. Mon pied va mieux, malgré la fatigue.

[1] Tyran-le-Blanc, c'est-à-dire, Grimm.

RÉPONSE DE MADAME D'ÉPINAY A LA LETTRE PRÉCÉDENTE [1].

Eh! mon ami, de quoi me parlez-vous? Des pistolets! des fusils! cela est vraiment effrayant. En vous engageant à habiter l'Hermitage, mon intention étoit que vous y jouissiez de toute la tranquillité dont vous avez besoin. Mais comme un repos qu'il faut défendre, quoique préférable à celui qu'il faut acheter trop cher, cesse d'en être un; et que je veux que rien ne puisse troubler le vôtre, je vous prie de donner, à l'instant même, congé au jardinier de ma part. S'il poussoit l'insolence au point de méconnoître là-dedans ma volonté, faites-le moi savoir.

Adieu, mon ours; soignez votre santé. Rien ne presse pour la musique, vous le savez.

Il n'eût tenu qu'à vous de ne pas être saucé.

SUITE DU JOURNAL.

Je détaillois hier à M. Grimm le plan de conduite que je voulois tenir avec Rousseau, en le priant de me seconder dans l'exécution. Il se mit à rire. « Que vous connoissez mal votre Rousseau! me dit-il; retournez toutes ses propositions si vous voulez lui plaire; ne vous occupez guère de lui, mais ayez l'air de vous en occuper beaucoup; parlez de lui sans cesse aux autres, même en sa présence, et ne soyez point la dupe de l'humeur qu'il

---

[1] Ces lettres sont du mois d'août. La compagnie de Paris ne parut guère avant ce temps-là dans la vallée. Les travaux faits à la Chevrette l'en écartaient. Madame d'Épinay y vint très-rarement, par extraordinaire.

vous en marquera. » Je ne pus m'empêcher d'être un peu choquée de l'entendre se livrer à la satire sur le compte de son ami malheureux; voilà la première fois que je le vois injuste. Il ajouta : « Au reste, je vous conseille très-fort, madame, de travailler de loin à le détourner de passer l'hiver prochain à l'Hermitage; je vous jure qu'il y deviendra fou[1]; mais, cette considération à part, qui ne laisse pas d'être forte, il seroit en vérité barbare d'exposer la vieille Le Vasseur à rester six mois, sans secours, dans un lieu inabordable par le mauvais temps, sans société, sans distractions, sans ressource; cela seroit inhumain. — « J'espère qu'il suffira, répondis-je, de lui faire faire cette réflexion, pour le déterminer à passer son hiver avec les humains. »

BILLET DE ROUSSEAU A MADAME D'ÉPINAY.

Le lundi[2].

Il y a un mot dans votre lettre qui me fait beaucoup de peine, et je vois bien que vos chagrins ne sont pas

---

[1] « La coterie holbachique, dit Jean-Jacques, qui ne me voyoit faire aucun voyage à Paris, commençoit à craindre tout de bon que je ne me plusse en campagne, et que je ne fusse assez fou pour y demeurer. Là commencèrent les tracasseries par lesquelles on cherchoit à me rappeler indirectement à la ville. Diderot, qui ne vouloit pas se montrer sitôt lui-même, commença par me détacher Deleyre, à qui j'avois procuré sa connoissance, lequel recevoit et me transmettoit les impressions que vouloit lui donner Diderot, sans que lui Deleyre en vît le vrai but. » Ils ne vouloient pas que dans la solitude Rousseau reprît sur Thérèse et sur sa mère un empire impossible à détruire et peut-être même redoutaient-ils, de la part de Thérèse, des confidences qui eussent appris à Rousseau comment la mère Le Vasseur leur servait d'espion auprès de lui.

[2] Avant cette lettre-ci on en trouve une autre dans la correspondance de Rousseau qui a été mise là par mégarde, car elle est du mois de novembre, et nous la lirons tout à l'heure.

finis ; j'irai le plutôt qu'il me sera possible savoir de quoi il s'agit.

J'ai mieux aimé donner congé à votre jardinier, que de vous en laisser le tracas. Cependant cela ne vous l'évite pas ; il prétend avoir un autre compte avec vous. Je n'ignore pas ce que vous faites pour moi sans m'en rien dire, et je vous laisse faire, parce que je vous aime et qu'il ne m'en coûte pas de vous devoir ce que je ne peux tenir de moi-même, au moins quant à présent. Il prétend aussi que tous les outils du jardin, de vieux échalas et les graines sont à lui : j'ai du penchant à le croire, mais dans l'incertitude je ne laisserai rien sortir sans votre ordre.

Je ne sais si le jour de Diderot est changé : ils ne m'ont rien fait dire, et je les attends. Bonjour, ma bonne amie. J'ai reçu hier une lettre obligeante de Voltaire [1].

Comme je connois le jardinier pour un insolent, je dois vous prévenir, que si j'ai, quant à moi, lieu d'être content de ses services, il ne l'a pas moins de l'être de ma reconnoissance.

[1] J. J. Rousseau avait reçu au mois d'août les deux poëmes sur le Désastre de Lisbonne et sur la Loi naturelle. Il crut que c'était Voltaire même qui les lui adressait et lui écrivit, le 18 août, une longue et éloquente lettre pour réfuter la théorie d'un Dieu malfaisant. Voltaire lui avait répondu le 12 septembre par un billet que Tronchin porta à Paris.

CHAPITRE V

1756-1757

Madame d'Épinay passe l'automne à la campagne. — Éducation de ses enfants. — Rousseau mauvais copiste de musique. — Conseillers littéraires de Diderot. — Desmahis et ses lubies mélancoliques. — On veut empêcher Jean-Jacques de passer l'hiver à l'Ermitage. — Commencement de la lutte. — Déclamations de Diderot. — Bataille par lettres. — Madame d'Épinay veut parer les coups. — Raccommodement de Diderot et de Jean-Jacques. — Code de l'amitié. — Maladie de Gauffecourt. — J. J. Rousseau vient à Paris pour le soigner. — Madame d'Épinay voit Diderot pour la première fois. — Elle lie connaissance avec M. et madame d'Holbach. — Rousseau rentre dans sa forêt. — M. de Margency.

LETTRE DE MADAME D'ÉPINAY A M. DE LISIEUX.

Me voici établie à la Chevrette, monsieur, et très en état de vous y recevoir. Si vous êtes homme de parole, je vous attends la semaine prochaine. Vous savez que le séjour de la campagne ajoute toujours à mon bien-être, j'y jouis plus de mes amis, de mes enfants et de moi-même; mais j'ai plusieurs motifs qui m'engageoient à désirer d'y venir goûter quelques moments de repos avant l'hiver. Ma mère devient infirme et marche difficilement : ici je puis lui rendre des soins à chaque instant du jour. Il me semble que je deviens avare de ses jours; je me reproche les moments où je m'éloigne d'elle : et quand je la retrouve, je la regarde! je la regarde! je la dévore des yeux, et je ne puis me rassasier de la voir. Pauline s'avisa de me dire hier qu'elle la trouvoit changée. Je m'en étois aperçue, mais je ne voulois point me l'avouer : le propos de cet enfant me frappa comme une découverte.

A propos d'elle, monsieur, vous verrez quelques idées que j'ai jetées sur le papier, pour servir à mademoiselle Durand dans l'éducation de Pauline. Je crois que vous les approuverez, parce qu'elles m'ont été inspirées par le caractère de l'enfant et le talent de sa gouvernante. Si j'avois à conseiller Linant, je me garderois bien de lui parler ce langage. Monsieur Grimm m'a promis de me seconder dans l'éducation de mes enfants. Il étudie aussi soigneusement que moi leur caractère; nous nous communiquons nos observations, et d'après nos réflexions, et surtout d'après son avis, je décide la conduite qu'il convient de tenir avec eux. Il ne me reste aucun doute lorsque monsieur Grimm a prononcé. Nous sommes convenus plus d'une fois vous et moi, monsieur, que personne n'avoit l'esprit plus juste, ni le tact plus fin. Entre toutes les obligations que je vous ai à tous deux, je compte pour beaucoup celles de m'avoir appris à me passer des autres, à m'occuper de mes détails domestiques et à gouverner mes affaires. Il est certain qu'on ne peut vivre longtemps de suite auprès de M. Grimm sans sentir accroître en soi l'amour de la vertu.

Je croyois être seule à contribuer au bien-être de Rousseau, mais j'ai appris par mademoiselle Le Vasseur que M. Grimm et M. Diderot font à elle et à sa mère quatre cents livres de rente. Concevez-vous l'honnêteté de ce procédé? Deux hommes qui ont à peine le nécessaire ! Grimm ne m'en avoit jamais rien dit : chaque jour je découvre quelques nouveaux sujets de l'estimer [1].

---

[1] Rousseau l'ignorait, et, dupe de sa Thérèse, il ne voyait pas que la

Il s'est élevé hier à la promenade une discussion entre lui et Rousseau, qui n'étoit au fond qu'une plaisanterie. Rousseau a eu l'air de s'y prêter de bonne grâce ; mais il en souffroit intérieurement, ou je suis bien trompée. Il avoit rapporté à M. d'Épinay les copies qu'il avoit faites pour lui : celui-ci lui demanda s'il étoit homme à lui en livrer encore autant dans quinze jours. Il répondit : « Peut-être que oui, peut-être que non ; c'est suivant la disposition, l'humeur et la santé. — En ce cas, dit M. d'Épinay, je ne vous en donnerai que six à faire, parce qu'il me faut la certitude de les avoir. — Eh bien, répondit M. Rousseau, vous aurez la satisfaction d'en avoir six qui dépareront les six autres, car je défie que celles que vous ferez faire approchent de l'exactitude et de la perfection des miennes. — Voyez-vous, reprit Grimm en riant, cette prétention de copiste qui le saisit déjà ? Si vous disiez qu'il ne manque pas une virgule à vos écrits, tout le monde en seroit d'accord, mais je parie qu'il y a bien quelques notes de transposées dans vos copies. » Tout en riant et en pariant, Rousseau rougit, et rougit plus fortement encore quand, à l'examen, il se trouva que M. Grimm avoit raison. Il resta pensif et triste le reste

mère et la fille étaient parfaitement d'accord contre lui. « On leur avoit représenté, dit-il, qu'étant hors d'état de rien faire pour elles, je ne pouvois même, à cause d'elles, parvenir à rien faire pour moi. Comme je ne voyois à tout cela que de la bonne intention, je ne leur en savois pas absolument mauvais gré. Il n'y avoit que le mystère qui me révoltoit, surtout de la part de la vieille, qui, de plus, devenoit de jour en jour plus flagorneuse et plus pateline avec moi ; ce qui ne l'empêchoit pas de reprocher sans cesse à sa fille qu'elle m'aimoit trop, qu'elle me disoit tout, qu'elle n'étoit qu'une bête, et qu'elle en seroit la dupe.

« Cette femme possédoit au suprême degré l'art de tirer d'un sac dix moutures, de cacher à l'un ce qu'elle recevoit de l'autre, et à moi ce qu'elle recevoit de tous. »

de la soirée, et il est retourné ce matin à l'Hermitage sans mot dire[1].

SUITE DU JOURNAL.

Comme je n'ai point entendu parler de Rousseau depuis deux jours, j'ai envoyé savoir de ses nouvelles : il s'est contenté de me faire dire qu'il avoit une besogne en tête, qui l'empêchoit de me répondre. Pas un mot de sa santé ; d'où je conclus qu'elle est bonne. Pendant que j'envoyois à l'Hermitage, mademoiselle Le Vasseur est venue m'apporter trois copies ; elle prétend que Rousseau a l'âme malade, et que sa santé s'en ressent : elle me paroît redouter, autant pour sa mère que pour Rousseau, le séjour de l'Hermitage pour l'hiver. Elle prétend qu'on ne le déterminera jamais à retourner à Paris, mais qu'il consentiroit plutôt à passer les mois les plus durs à la Chevrette. Au moins, dit-elle, nous serions tous plus à portée des secours, et nous serions moins exposés à la rigueur de la saison.

M. Grimm, Gauffecourt et moi, nous sommes convenus de tout employer pour engager Rousseau à quitter l'Hermitage cet hiver.

Le soir.

Est-ce imprudence, sottise ou légèreté, qui a porté M. d'Épinay à nous confier l'impertinence que Rousseau a faite à lui et à ses maîtresses ? « Cela est inouï ; j'ai été me promener à l'Hermitage, nous a-t-il dit ; rien n'est

[1] Il a dit pourquoi. C'est qu'il voyait que, grâce à cette observation de Grimm, il pouvait manquer d'ouvrage, c'est-à-dire de pain.

comparable à la folie de votre hermite : cela va jusqu'à l'impertinence. Imaginez-vous que je lui ai mené deux dames pour qui je l'ai fait travailler : elles étoient curieuses de voir cet homme bizarre. Il se promenoit devant sa porte; il m'aperçoit le premier; il vient à moi le bonnet à la main; il voit ces dames; il nous salue, remet son bonnet, tourne le dos, s'en va, et court encore. Y a-t-il rien de plus fou? — Pourquoi? lui répondit de Jully; il y a tant de gens qui craignent « les roses ! » il est peut-être du nombre. — Ah! dis-je, je comprends alors que s'il est fou, sa folie est celle d'un honnête homme. »

Je tins à madame d'Épinay la promesse que je lui avois faite, d'aller passer quelque temps à la Chevrette. Pendant que j'y étois, M. Diderot écrivit à M. Grimm pour lui demander s'il ne pourroit pas faire un voyage à Paris, afin de revoir ensemble un ouvrage qu'il venoit de finir[1], et qu'il ne vouloit pas livrer à l'impression sans son avis et celui de Rousseau. M. Grimm, qui s'étoit promis de jouir paisiblement du reste de l'automne, proposa à M. Diderot, sous le bon plaisir de madame d'Épinay, de venir à la Chevrette passer les huit jours qu'il lui demandoit ; Rousseau s'y seroit rendu. L'ouvrage auroit été revu gaiement, et madame d'Épinay auroit fait connoissance avec un homme qu'elle regardoit comme le génie le plus profond du siècle. M. Diderot se défendit, je pourrois dire avec effroi, de cette proposition. M. Grimm en fut piqué et affligé, parce qu'il sentit que les impressions que lui avoit données Duclos n'étoient point du tout effacées. Il soup-

---

[1] *Le Fils naturel*, qui fut joué et imprimé l'année suivante.

çonna même Rousseau de les entretenir : il m'en parla ; mais j'étois alors si éloigné de croire celui-ci coupable de fausseté, que je fis mes efforts pour détruire ce soupçon dans l'esprit de M. Grimm. J'y réussis d'autant plus aisément, qu'il n'est pas défiant, et que je n'ai jamais connu d'homme qui fût plus malheureux des torts des autres. Il dissimula à madame d'Épinay les motifs du refus de Diderot, et il fut convenu que ces messieurs feroient un dîner chez Rousseau, que l'ouvrage y seroit porté ; que Grimm l'emporteroit à la Chevrette, et le liroit à tête reposée ; et qu'on feroit ensuite un second dîner à l'Hermitage pour résumer les avis. Diderot demanda que M. Desmahis fût admis à ces séances. Il vint, en conséquence, passer quelques jours à la Chevrette.

JOURNAL DE MADAME D'ÉPINAY.

(Automne de 1756.)

Ce qui vient de m'arriver est si singulier et si complétement ridicule, que j'aurois plus d'envie de l'oublier que d'en constater ici le souvenir : au moins vais-je sacrifier mon amour-propre à votre amusement. M. Desmahis étoit à la Chevrette lorsque vous en êtes parti, comme vous savez, et faisoit, conjointement avec M. Grimm, la révision de l'ouvrage de M. Diderot. Ils n'étoient pas toujours du même avis ; mais comme leurs discussions se passoient souvent en ma présence, je puis répondre de la douceur et de l'honnêteté avec laquelle Grimm défendoit son avis, sans cependant y renoncer. Il est certain que presque toutes les objections de Desmahis étoient petites et puériles[1]. Il y a quatre jours que, nous promenant seuls, il me demanda si je savois ce que M. Grimm avoit contre lui : je lui dis que je ne m'étois pas aperçue qu'il eût rien ni contre lui, ni contre personne, et je lui disois vrai. Il m'assura qu'il le voyoit depuis quelque temps de mauvais œil; qu'il laissoit échapper de temps à autre des propos, indirects à la vérité, mais fort durs, et que s'il continuoit, il s'en expliqueroit avec lui. Il ajouta qu'il me les feroit remarquer avant de lui en parler. Je crus que la différence de leurs opinions sur l'ouvrage dont ils s'occupoient étoit peut-être la cause de cette petite aigreur qui m'avoit échappé. Or, comme cette révision étoit terminée, que M. Grimm étoit allé reporter le manuscrit, et que je savois qu'il avoit de l'amitié pour Desmahis, je crus que tout seroit dit, et je me mis peu en peine des suites. Je le rassurai cependant de mon mieux, et je n'y pensai plus.

M. Grimm revint le soir fort tard; il étoit las; et à

---

[1] Le mérite de Desmahis avait été surfait en 1750, quand parut sa petite comédie. Collé, qui était bon juge, n'avait pas partagé l'engouement du monde. Il écrit dans son *Journal* :

« Le samedi, 3 octobre, fut la quinzième et dernière représentation de *l'Impertinent*. L'acteur nouveau, qui a débuté avec quelque succès le 14 du mois dernier, et dont j'ai parlé, a été la cause innocente de la petite fortune de cette mauvaise comédie, à laquelle on ne sauroit cependant ôter le mérite d'être bien versifiée et le défaut d'avoir de l'esprit déplacé. Elle est imprimée : je l'ai lue. Les vers se soutiennent à la lecture; mais la pièce est bien mauvaise, et d'une froideur glaciale. »

Clément disait de Desmahis : « Il a tout l'esprit qu'on peut avoir en petite monnaie. » C'est bien cela. Quand mourut Desmahis (le 25 février 1761), il laissa en portefeuille *le Triomphe du sentiment* et *la Veuve coquette*, avec des fragments de deux autres pièces : *l'Inconséquent* et *l'Honnête homme*. Il aurait pu se peindre dans cette pièce, car son cœur était excellent et sa morale droite. On a comparé son *Voyage à Saint-Germain*, fait avec M. de Margency, à celui de Chapelle et Bachaumont; mais la comparaison est une flatterie. Ce petit poëme n'est qu'une bluette.

cause du mauvais temps, il avoit eu froid en route, au moyen de quoi il fut assez silencieux. D'ailleurs, voulant causer avec moi qu'il n'avoit pas vue depuis deux jours, il m'engagea à nous retirer de bonne heure, pour passer quelques instants dans mon appartement, avant de rentrer dans le sien. Cela me parut tout aussi simple que cela l'étoit en effet ; mais Desmahis s'attribua son silence, son malaise, et même je crois le froid qu'il avoit ressenti en route. Le lendemain, qui étoit hier, il ne vint point au déjeuner, et fit dire qu'il étoit malade. Nous allâmes le voir ; il se plaignit de n'avoir pas dormi de la nuit, ajoutant qu'il avoit mal aux nerfs, et qu'il ne s'étoit pas senti assez bien pour paroître de si bonne heure. M. Grimm étoit fort gai ; il le plaisanta sur sa mélancolie, ce qui étoit le ton ordinaire lorsque nous le voyions malade : la gaieté de M. Grimm le remit un peu.

Nous sortîmes pour le laisser s'habiller, après qu'il nous eut promis de nous rejoindre dans le salon à l'heure ordinaire. En effet, à midi, il descendit. M. Grimm jouoit aux échecs avec Gauffecourt ; je travaillois auprès. Desmahis, au bout d'une demi-heure, me proposa de faire aussi une partie ; j'y consentis, et il plaça la table à l'autre bout du salon. Dès que j'y fus établie : « Avez-vous entendu, me dit-il, comme M. Grimm me traite ? — Moi, lui dis-je, je n'ai rien entendu du tout. — Ah ! certainement, reprit-il, c'est que vous n'y avez pas fait d'attention ; M. Gauffecourt l'a même remarqué, car il m'a regardé et en a rougi pour moi. Écoutez... Tenez, voyez-vous comme il regarde en dessous de ce côté-ci ? — Mais, repris-je, un peu inquiète cependant du témoignage de Gauffecourt qu'il me citoit, il a la vue basse, et voilà ce qui lui donne cet air auquel il n'ajoute sûrement aucune intention. »

Dans le moment, M. Grimm nous dit : « Vous vous mettez bien loin ; vous ne voulez pas apparemment que nous jugions des coups. — C'est par modestie, lui répondis-je en riant. — Oui, oui, voilà qui est bon, reprit-il ; mais les gens qui se cachent ont peur. — En ce cas, s'écria Desmahis, nous allons nous montrer. — Messieurs, messieurs, ajouta encore Grimm, gare le mat ! » Ce propos étoit très-simple, d'autant que notre plaisanterie de fondation est que ce que Desmahis craint le plus, est d'essuyer un mat. La partie fut longue, et par conséquent le déraisonnement se perpétua d'autant plus que Desmahis, qui se l'attribuoit, ne manquoit pas de le relever. Je conviens que plusieurs des propos de M. Grimm avoient l'air de lui être adressés, soit par l'interprétation que Desmahis leur donnoit, soit qu'en effet ils fussent équivoques : ils m'alarmèrent, d'autant plus que je vis celui-ci déterminé à en demander raison. Le dîner interrompit les parties ; je cherchai le moment de parler en particulier à M. Grimm, mais cela fut impossible. Desmahis fut placé à côté de lui, et le hasard fit qu'en se rangeant l'un et l'autre, M. Grimm lui donna un coup de coude. Desmahis crut que c'étoit un signal, et l'excuse qu'il lui en demanda ne le désabusa pas.

Cependant je ne perdois aucun de leurs mouvements, et je fus dans l'état le plus violent pendant tout le repas. Desmahis devoit partir le soir ; M. Grimm lui demanda à quelle heure : « Ce ne sera qu'après la promenade, lui répondit-il. — C'est, reprit M. Grimm, que j'ai envie de vous conduire jusqu'à moitié chemin. — Volontiers, lui dit Desmahis ; j'y compte même. » Il me regarda après cette réponse. J'avoue qu'alors la tête me tourna d'inquiétude ; je ne pouvois penser sérieusement que M. Grimm cherchât, à propos de rien, à se battre ; mais l'envie décidée qu'avoit Desmahis pouvoit l'y forcer, si, en effet, il eût eu la moindre prévention contre lui : d'ailleurs il pouvoit se formaliser de la demande d'une explication que l'autre se proposoit de lui faire. Au sortir de table, je le pris à part, malgré tout ce que fit Desmahis pour m'en empêcher, et je lui demandai ce que signifioient toutes ces démonstrations contre son ami. L'air d'effroi et de gravité que je mis à cette question le pétrifia ; il me jura qu'il ne savoit ce que je voulois dire ; qu'il étoit envers Desmahis comme à son ordinaire. « Eh bien ! lui dis-je, si vous ne me trompez pas, allez donc l'en assurer ; car il est résolu à se battre avec vous, et très-persuadé que c'est votre intention. » M. Grimm partit d'un éclat de rire, et me demanda si nous étions tous devenus fous. « Quoi, me dit-il, voilà la cause de ce grand ahurissement où je vous ai vue pendant tout le dîner ? » Il se moqua tellement de ma simplicité, et me fit tant de mauvaises plaisanteries sur ma promptitude à me mettre des chimères dans la tête, qu'après en avoir ri moi-même, j'en suis vraiment honteuse.

J'allai retrouver Desmahis, à qui je ne pus jamais persuader sa folie. Je le menai à M. Grimm et je les laissai s'expliquer ensemble ; ils sortirent très-bons amis de cette conférence. Desmahis partit un peu honteux, et je comprends qu'il doit l'être, puisque j'ai honte aussi d'avoir ajouté foi à ses visions.

SUITE DU JOURNAL.

Novembre.

Depuis deux jours que Rousseau est ici nous n'avons cessé de le détourner de passer l'hiver à l'Hermitage. Il en a d'abord plaisanté, ensuite il s'est fâché. Hier, il nous a écoutés en silence, et il a fini par me dire qu'il nous donneroit aujourd'hui sa réponse. Ce matin, il est parti avant que personne fût levé, et il m'a écrit en arrivant chez lui. Il redoute apparemment notre éloquence. Nous ne nous tiendrons pas pour battus, et nous irons le voir et lui parler encore.

LETTRE DE ROUSSEAU A MADAME D'ÉPINAY.

Je commence par vous dire que je suis résolu, déterminé, quoi qu'il arrive de passer l'hiver à l'Hermitage ; que rien ne me fera changer de résolution, et que vous n'en avez pas le droit vous-même, parce que telles ont été nos conventions quand je suis venu ; ainsi n'en parlons plus, que pour vous dire en deux mots mes raisons.

Il m'est essentiel d'avoir du loisir, de la tranquillité et toutes mes commodités pour travailler cet hiver ; il s'agit en cela de tout pour moi. Il y a cinq mois que je travaille à pourvoir à tout, afin que nul soin ne vienne me détourner. Je me suis pourvu de bois ; j'ai fait mes provisions ; j'ai rassemblé, rangé des papiers et des livres pour être commodément sous ma main. J'ai pourvu de loin à toutes mes aises en cas de maladie ; je ne puis avoir de loisir qu'en suivant ce projet, et il faudra nécessairement que je donne à m'arranger le temps que je ne puis me dispenser à donner à mon travail. Un déménagement, je le sais par expérience, ne peut se faire, malgré vous-même, sans perte, dégâts et frais de ma part, que je ne puis supporter une seconde fois. Si j'emporte tout, voilà des embarras terribles, si je laisse quelque chose, il me fera faute, ou l'on viendra le voler ici cet hiver; enfin, dans la position où je suis, mon temps et mes commodités me sont plus précieux que ma vie. Mais ne vous imaginez pas que je coure ici aucun risque; je me défendrai toujours aisément de l'ennemi du dehors; c'est au dedans qu'il étoit dangereux! Je vous promets de ne jamais m'éloigner sans précaution. Je ne compte pas même me promener de tout l'hiver ailleurs que dans le jardin; il faudroit faire un siége pour m'attaquer ici. Pour surcroît de précaution, je ferai toujours coucher un voisin dans la maison. Enfin, sitôt que vous m'aurez envoyé des armes, je ne sortirai jamais sans un pistolet en vue, même autour de la maison; d'ailleurs je compte faire parler à notre homme par M. Mathas[1]. Ne m'en parlez donc plus, ma bonne amie; vous ne feriez que me désoler, et n'obtiendriez rien; car la contradiction m'est mortelle, et je suis entêté avec raison.

Je vois, par votre billet, que c'est lundi, et non pas dimanche, que vous congédiez notre homme[2]; ce que je

---

[1] Le procureur fiscal de la duché d'Enghien.
[2] Le jardinier du clos. Ce qui a fait penser que cette lettre pouvait être classée dans la correspondance au mois de septembre, c'est sans doute cette indication du congé du jardinier dont il est parlé dans un précédent billet de Rousseau comme d'une chose décidée et faite même. Mais, à la distance de plus de cent ans et dans des détails de ce genre,

remarque, parce qu'il n'est pas indifférent que je sois instruit exactement du jour. N'oubliez pas de lui donner la note de ce que vous consentez qu'il emporte de la chambre; sans quoi, ne sachant pas ce qui est à lui, je ne laisserai rien sortir. Je suis touché de vos alarmes et des inquiétudes que je vous donne; mais comme elles ne sont pas raisonnables, je vous prie de les calmer. Aimez-moi toujours, et tout ira bien. Bonjour.

S'il fait beau demain samedi, je tâcherai de vous aller voir.

JOURNAL DE MADAME D'ÉPINAY.

Je n'ai pu gagner Rousseau pour l'engager à quitter l'Hermitage cet hiver. Mesdames Le Vasseur n'osent lui marquer leurs craintes, parce qu'il leur a fait entendre que, si on le contrarioit davantage, il s'en iroit sans mot dire et les laisseroit maîtresses de leur sort. M. Grimm et Gauffecourt ont en vain, comme moi, épuisé leur éloquence. Il est certain que son humeur le gagne de jour en jour, et je redoute pour lui l'effet de cette solitude profonde durant six mois. Il n'a pas pardonné au fond de son âme à M. Grimm d'avoir découvert des fautes dans ses copies; il n'ose me le marquer : cependant il a dit à la comtesse d'Houdetot[1] qu'il ignoroit ce qu'il avoit

il n'est pas toujours aisé d'expliquer tout; et, pour le fond de la lettre, elle est évidemment bien mieux à sa place ici que plus haut.

[1] Madame d'Houdetot était allée voir Jean-Jacques à l'Ermitage. Mais qu'il raconte lui-même cette visite dont les suites devaient être si romanesques.

« Au plus fort de mes rêveries j'eus une visite de madame d'Houdetot, la première qu'elle m'eût faite en sa vie, mais qui, malheureusement, ne fut pas la dernière. J'ai parlé de la connoissance que je fis avec elle

fait à Grimm, mais qu'il voyoit bien qu'il le desservoit auprès de nous. Il se plaint aussi de ce que le baron d'Holbach n'est pas venu le voir une seule fois depuis qu'il est à l'Hermitage. Peut-être incessamment se plaindra-t-il aussi de moi.

La comtesse d'Houdetot nous a quittés, il y a déjà huit jours, pour aller recevoir une sœur de son mari, qui devoit, dès l'année dernière, venir à Paris pour l'éducation de son fils; elle arrive. C'est une grosse petite femme, bien haute, bien sotte, bien complaisante pour sa belle-sœur, bien exigeante envers les autres : on la nomme madame de Blainville[1]. J'aime la comtesse de

étant fille. Depuis son mariage je ne la vis qu'aux fêtes de la Chevrette chez madame d'Épinay sa belle-sœur. Ayant souvent passé plusieurs jours avec elle, tant à la Chevrette qu'à Épinay, non-seulement je la trouvai toujours très-aimable, mais je crus lui voir aussi pour moi de la bienveillance. Elle aimoit assez à se promener avec moi; nous étions marcheurs l'un et l'autre, et l'entretien ne tarissoit pas entre nous. Cependant je n'allai jamais la voir à Paris, quoiqu'elle m'eût prié et même sollicité plusieurs fois. Ses liaisons avec M. de Saint-Lambert, avec qui je commençois d'en avoir, me la rendirent encore plus intéressante ; et c'étoit pour m'apporter des nouvelles de cet ami, qui pour lors étoit, je crois, à Mahon, qu'elle vint me voir à l'Ermitage.

« Cette visite eut un peu l'air d'un début de roman. Elle s'égara dans la route. Son cocher, quittant le chemin qui tournoit, voulut traverser en droiture, du moulin de Clairvaux à l'Ermitage. Son carrosse s'embourba dans le fond d'un vallon; elle voulut descendre et faire le reste du trajet à pied. Sa mignonne chaussure fut bientôt percée ; elle enfonçoit dans la crotte ; ses gens eurent toutes les peines du monde à la dégager, et enfin elle arriva à l'Ermitage en bottes, et perçant l'air d'éclats de rire auxquels je mêlai les miens en la voyant arriver. Il fallut changer de tout; Thérèse y pourvut, et je l'engageai d'oublier sa dignité pour faire une collation rustique, dont elle se trouva fort bien. Il étoit tard, elle resta peu ; mais l'entrevue fut si gaie qu'elle y prit goût et parut disposée à revenir. Elle n'exécuta pourtant ce projet que l'année suivante. »

Cinquante-six ans plus tard madame d'Houdetot se rappelait sans doute encore cette visite de Diane chasseresse aux lisières de la forêt.

[1] Anne-Charlotte-Simonette d'Houdetot, née à Paris le 31 août 1722, mariée le 1ᵉʳ février 1740 au marquis de Blainville gentilhomme du

tout mon cœur; mais, lorsqu'elle est entourée de ses chiens et de sa madame de Blainville, j'en aime mieux une autre qu'elle.

Je vais incessamment retourner à Paris, où j'espère mener cet hiver une vie heureuse, et surtout plus tranquille que celle de cet été.

LETTRE DE ROUSSEAU A MADAME D'ÉPINAY.

Le 13 décembre.

Ma chère amie, il faudra que j'étouffe, si je ne verse pas mes peines dans le sein de l'amitié. Diderot m'a écrit une lettre qui me perce l'âme[1]. Il me fait entendre que c'est par grâce qu'il ne me regarde pas comme un scélérat, et *qu'il y auroit bien à dire là-dessus*, ce sont ses termes; et cela, savez-vous pourquoi? parce que madame Le Vasseur est avec moi. Eh! bon Dieu, que diroit-il de plus si elle n'y étoit pas? Je les ai recueillis dans la rue, elle et son mari, dans un âge où ils n'étoient plus en état de gagner leur vie. Elle ne m'a jamais rendu que trois mois de service. Depuis dix ans je m'ôte pour elle le pain de la bouche; je la mène dans un bon air, où rien ne lui manque; je renonce pour elle au séjour de ma patrie; elle est sa maîtresse absolue, va, vient sans

---

Perche. Ces Blainville ne sont pas à confondre avec les marquis de Blainville, issus du second fils de Colbert.

On vivait vieux, en général, dans la famille d'Houdetot. En 1788, le marquis et la marquise de Blainville demeurent dans la même maison que M. et madame d'Houdetot, rue Saint-Honoré, au numéro 331 d'alors.

Rousseau appelle madame de Blainville « une mégère. »

[1] La correspondance de Diderot n'existe pour ainsi dire pas. Cette lettre est perdue, comme bien d'autres.

compte rendre; j'en ai autant de soin que de ma propre mère; tout cela n'est rien, et je ne suis qu'un scélérat si je ne lui sacrifie encore mon bonheur et ma vie, et si je ne vais mourir de désespoir à Paris pour son amusement. Hélas! la pauvre femme ne le désire point; elle ne se plaint point; elle est très-contente. Mais je vois ce que c'est; M. Grimm ne sera pas content lui-même qu'il ne m'ait ôté tous les amis que je lui ai donnés. Philosophes des villes, si ce sont là vos vertus, vous me consolez bien de n'être qu'un méchant! J'étois heureux dans ma retraite; la solitude ne m'est point à charge; je crains peu la misère; l'oubli du monde m'est indifférent; je porte mes maux avec patience : mais aimer, et ne trouver que des cœurs ingrats, ah! voilà le seul qui me soit insupportable! Pardon, ma chère amie; j'ai le cœur surchargé d'ennuis, et les yeux gonflés de larmes qui ne peuvent sortir. Si je pouvais vous voir un moment et pleurer, que je serois soulagé! Mais je ne remettrai de ma vie les pieds à Paris; pour le coup, je l'ai juré.

J'oubliois de vous dire qu'il y a même de la plaisanterie dans la lettre du philosophe; il devient barbare avec légèreté : on voit qu'il se civilise.

RÉPONSE DE MADAME D'ÉPINAY A ROUSSEAU.

Si les plaintes que vous faites contre M. Diderot, mon ami, n'ont pas plus de fondement que vos soupçons sur M. Grimm, je vous plains; car vous auriez bien des reproches à vous faire. Ou soyez plus juste envers ce dernier, ou cessez de prétendre que j'écoute des plaintes qui outragent un homme qui mérite fort au delà de votre estime, et qui a toute la mienne.

Si je n'étois retenue ici par un fort gros rhume, j'irois sur-le-champ vous trouver et vous porter toutes les consolations qu'avec raison vous attendez de mon amitié. Je ne puis croire que M. Diderot vous ait mandé de but en blanc qu'il vous croyoit un scélérat; il y a certainement du malentendu à cela. Mon ami, soyez en garde contre la fermentation qu'occasionne souvent un mot fâcheux entendu dans la solitude, et reçu dans une mauvaise disposition; croyez-moi, craignez d'être injuste : que fait même souvent l'expression, quand le motif est cher à notre cœur? Un ami peut-il jamais nous offenser? N'est-ce pas toujours notre intérêt, notre bonheur, notre gloire qu'il a en vue? Peut-être même aurez-vous occasionné par quelque vivacité un propos qui ne signifie ce que vous supposez que parce qu'il est isolé de celui auquel il répond. Que sais-je? N'ayant point vu vos lettres ni celles de M. Diderot, je ne puis rien décider, ni raisonner conséquemment; tout ce que je sais, c'est que M. Diderot a pour vous la plus sincère amitié; vous me l'avez dit cent fois. Je suis désolée de ne pouvoir aller vous trouver : je vous attendrirois moins encore par ma présence que par la nécessité et la douceur de confier vos peines à quelqu'un qui les ressent aussi vivement que vous-même. Si ma lettre pouvoit donner cours à vos larmes et vous procurer un peu de tranquillité, je suis persuadée que les choses prendroient une toute autre couleur. Bonjour. Envoyez-moi vos lettres, et voyez toujours à la tête de celle de Diderot ce titre important : *par l'amitié*. Voilà le vrai secret d'apprécier ses prétendues injures à leur juste valeur.

LETTRE DE ROUSSEAU A MADAME D'ÉPINAY.

Janvier 1757.

Tenez, madame, voilà les lettres de Diderot et ma dernière réponse [1]; lisez et jugez-nous, car pour moi je

[1] Il est pénible de se prononcer ou contre Diderot ou contre Jean-Jacques. Cependant on ne peut douter que Diderot n'ait eu des torts. Avec sa nature de prédicateur, il a mis plus que de l'importunité dans la façon dont il a voulu persuader à Rousseau de réformer sa manière de vivre, et il n'aurait pas dû, dans son *Fils naturel*, placer à un endroit très-apparent la fausse maxime : « Il n'y a que le méchant qui soit seul. » On a beau dire que c'est Rousseau, qui, lui, n'aurait pas dû prendre cette phrase pour une satire dirigée contre lui ; le fait est que le moment et le lieu où Diderot l'a mise devaient faire croire à Rousseau ce qu'il a cru. Les lettres de Diderot étant perdues, il y a quelque précaution à prendre en lisant celles de Rousseau ; mais il faut les lire néanmoins. Voici les deux dernières de celles dont il parle ici à madame d'Épinay. La première, la lettre tendre, n'existe sans doute plus.

« Ce mercredi soir.

« Quand vous prenez des engagements, vous n'ignorez pas que vous avez femme, enfant, domestique, etc.; cependant vous ne laissez pas de les prendre comme si rien ne vous forçoit d'y manquer : j'ai donc raison d'admirer votre courage. Il est vrai que, quand vous avez promis de venir, je murmure de vous attendre vainement ; et, quand vous me donnez des rendez-vous, de vous voir manquer à tous sans exception. Voilà, je pense, le plus grand des maux que je vous ai fait en ma vie.

« Vous n'avez pas changé? Ne vous flattez pas de cela. Si vous eussiez toujours été ce que vous êtes, j'ai bien de la peine à croire que je fusse devenu votre ami : je suis bien sûr au moins que vous ne seriez pas devenu le mien.

« Vous voulez venir à l'Hermitage samedi. Je vous prie de n'en rien faire; je vous en prie instamment. Dans la disposition où nous sommes tous deux, il ne convient pas de se voir sitôt ; car il y a bien de l'apparence que ce seroit notre dernière entrevue, et je ne veux pas exposer une amitié qui m'est chère à cette crise. Il n'est pas question de mon ouvrage, et je ne suis plus en état d'en parler, ni d'y penser. Mais peut-être serez-vous bien aise de gagner une maladie, pour avoir le plaisir de me la reprocher, et de me chagriner doublement. Dans nos altercations, vous avez

suis trop aigri, trop violemment indigné pour avoir de la raison.

Je viens de déclarer à madame Le Vasseur que, quelque plaisir que nous eussions tous deux à vivre ensemble, mes amis jugeoient qu'elle étoit trop mal ici pour une femme de son âge ; qu'il falloit qu'elle allât à Paris vivre avec ses enfants, et que je leur donnerois tout ce que

toujours été l'agresseur. Je suis très-sûr de ne vous avoir jamais fait d'autre mal que de ne pas endurer assez patiemment celui que vous aimiez à me faire, et en cela, je conviens que j'avois tort. J'étois heureux dans ma solitude ; vous avez pris à tâche d'y troubler mon bonheur, et vous la remplissez fort bien. D'ailleurs, vous avez dit qu'il n'y a que le méchant qui soit seul ; et, pour justifier votre sentence, il faut bien à quelque prix que ce soit, faire en sorte que je le devienne. Philosophes ! Philosophes !

« Non, je ne reprocherai point au ciel de m'avoir donné des amis ; mais, sans madame d'Épinay, j'ai bien peur que je n'eusse à lui reprocher de ne m'en avoir point donné. Au reste, je ne conviens pas de leur inutilité ; ils servoient ci-devant à me rendre la vie agréable, et servent maintenant à m'en détacher.

« Quant au sophisme inhumain que vous me reprochez, vous avez raison d'en parler bien bas ; vous ne sauriez en parler assez bas pour votre honneur. Que Dieu vous préserve d'avoir un cœur qui voie ainsi ceux de vos amis ! Je commence à être de votre avis sur madame Le Vasseur ! Elle sera mieux à Paris ; malheureusement je ne puis l'y tenir dans l'aisance, mais je lui donnerai tout ce que j'ai. Je vendrai tout ; si je puis gagner quelque chose, le produit sera pour elle. Elle a des enfants à Paris qui peuvent la soigner : s'ils ne suffisent pas, sa fille la suivra. En tout cela je ne ferois pas trop pour mon cœur, ni assez pour mes amis. Mais, quoi qu'il en puisse arriver, je ne veux pas aliéner la liberté de ma personne, ni devenir son esclave, la philosophie dût-elle me démontrer que je le dois. Je resterai seul ici ; je mangerai du pain, je boirai de l'eau ; je serai heureux et tranquille : vous aurez madame Le Vasseur et je serai bientôt oublié.

« Je crois avoir répondu au « lettré, » c'est-à-dire au fils d'un fermier-général, que je ne plaignois pas les pauvres qu'il avoit aperçus sur le rempart, attendant mon liard ; qu'apparemment il les en avoit amplement dédommagés ; que je l'établissois mon substitut ; que les pauvres de Paris n'auroient pas à se plaindre de cet échange ; mais que je ne trouverois pas aisément un si bon substitut pour ceux de Montmorency qui en avoient beaucoup plus besoin. Il y a ici un bon vieillard respectable qui a passé sa vie à travailler, et qui, ne le pouvant plus, meurt de faim sur ses vieux

j'avois au monde à elle et à sa fille. Là dessus, la fille s'est mise à pleurer, et, malgré la douleur de se séparer de sa mère, elle a protesté qu'elle ne me quitteroit point; et en vérité, les philosophes auront beau dire, je ne l'y contraindrai pas. Il faut donc que je me réserve quelque chose pour la nourrir aussi bien que moi. J'ai donc dit à madame Le Vasseur que je lui ferois une pension qui lui

jours. Ma conscience est plus contente des deux sous que je lui donne tous les lundis que de cent liards que j'aurois distribués à tous les gueux du rempart. Vous êtes plaisants, vous autres philosophes, quand vous regardez les habitants des villes comme les seuls hommes, auxquels vos devoirs vous lient. C'est à la campagne qu'on apprend à aimer et à servir l'humanité; on n'apprend qu'à la mépriser dans les villes. J'ai des devoirs dont je suis esclave; et c'est pour cela que je ne veux pas m'en imposer d'autres qui m'ôtent le pouvoir de remplir ceux-là.

« Je remarque une chose qu'il est important que je vous dise. Je ne vous ai jamais écrit sans attendrissement, et je mouillai de mes larmes ma précédente lettre; mais enfin la sécheresse des vôtres s'étend jusqu'à moi. Mes yeux sont secs, et mon cœur se resserre en vous écrivant. Je ne suis pas en état de vous voir : ne venez pas, je vous en conjure. Je n'ai jamais consulté le temps ni compté mes pas quand mes amis ont eu besoin de ma présence. Je puis attendre d'eux le même zèle; mais ce n'est pas ici le cas de l'employer. Si vous avez quelque respect pour une ancienne amitié, ne venez pas l'exposer à une rupture infaillible et sans retour. Je vous envoie cette lettre par un exprès auquel vous pourrez remettre mes papiers cachetés. »

« Janvier 1757.

« J'ai envie de reprendre en peu de mots l'histoire de nos démêlés. Vous m'envoyâtes votre livre. Je vous écrivis là-dessus un billet le plus tendre et le plus honnête que j'aie écrit de ma vie, et dans lequel je me plaignois, avec toute la douceur de l'amitié, d'une maxime très-louche, et dont on pourroit me faire une application bien injurieuse. Je reçus en réponse une lettre très-sèche, dans laquelle vous prétendez me faire grâce en ne me regardant pas comme un malhonnête homme : et cela, uniquement parce que j'ai chez moi une femme de quatre-vingts ans; comme si la campagne étoit mortelle à cet âge et qu'il n'y eût de femmes de quatre-vingts ans qu'à Paris. Ma réplique avoit toute la vivacité d'un honnête homme insulté par son ami : vous repartîtes par une lettre abominable. Je me défendis encore, et très-fortement; mais, me défiant de la fureur où vous m'aviez mis, et, dans cet état même, redoutant d'avoir tort avec un ami, j'enseroit payée aussi longtemps que je vivrois, et c'est ce qui sera exécuté. Je lui ai dit encore que je vous prierois d'en régler la somme, et je vous en prie. Ne craignez point de la faire trop forte ; j'y gagnerai toujours beaucoup, ne fût-ce que ma liberté personnelle.

Ce qu'il y a de plus affreux pour moi, c'est que la bonne femme s'est mis en tête que tout cela est un jeu

voyai ma lettre à madame d'Épinay que je fis juge de notre différend. Elle me renvoya cette même lettre, en me conjurant de la supprimer, et je la supprimai. Vous m'en écrivez maintenant une autre dans laquelle vous m'appelez méchant, injuste, cruel, féroce. Voilà le précis de ce qui s'est passé dans cette occasion.

« Je voudrois vous faire deux ou trois questions très-simples. Quel est l'agresseur dans cette affaire? Si vous voulez vous en rapporter à un tiers, montrez mon premier billet ; je montreroi le vôtre.

« En supposant que j'eusse mal reçu vos reproches, et que j'eusse tort dans le fond, qui de nous deux étoit le plus obligé de prendre le ton de la raison pour y ramener l'autre? Je n'ai jamais résisté à un mot de douceur. Vous pouvez l'ignorez, mais vous pouvez savoir que je ne cède pas volontiers aux outrages. Si votre dessein, dans toute cette affaire, eût été de m'irriter, qu'eussiez-vous fait de plus?

« Vous vous plaignez beaucoup des maux que je vous ai faits. Quels sont-ils donc enfin, ces maux? Seroit-ce de ne pas endurer assez patiemment ceux que vous aimez à me faire; de ne pas me laisser tyranniser à votre gré; de murmurer quand vous affectez de me manquer de parole, et de ne jamais venir lorsque vous l'avez promis? Si jamais je vous ai fait d'autres maux, articulez-les. Moi, faire du mal à mon ami! Tout cruel, tout méchant, tout féroce que je suis, je mourrois de douleur, si je croyois jamais en avoir fait à mon plus cruel ennemi, autant que vous m'en faites depuis six semaines.

« Vous me parlez de vos services ; je ne les avois point oubliés; mais ne vous y trompez pas : beaucoup de gens m'en ont rendu qui n'étoient point mes amis. Un honnête homme, qui ne sent rien, rend service, et croit être ami : il se trompe ; il n'est qu'honnête homme. Tout votre empressement, tout votre zèle, pour me procurer des choses dont je n'ai que faire, me touchent peu. Je ne veux que de l'amitié; et c'est la seule chose qu'on me refuse. Ingrat, je ne t'ai point rendu de services, mais je t'ai aimé ; et tu ne me payeras de ta vie ce que j'ai senti pour toi durant trois mois. Montre cet article à ta femme, plus équitable que toi, et demande-lui si, quand ma présence étoit douce à ton cœur affligé, je comptois mes pas et regardois au temps qu'il faisoit, pour aller à Vin-

joué entre Diderot, moi et sa fille, et que c'est un moyen que j'ai imaginé pour me défaire d'elle. Elle m'a représenté là-dessus une chose très-juste : savoir, qu'ayant passé une partie de l'hiver ici, il lui est bien dur d'en partir à l'approche du printemps ; je lui ai dit qu'elle avoit raison, mais que s'il venoit à lui arriver le moindre malheur durant l'été, on ne manqueroit pas de m'en

cennes consoler mon ami. Homme insensible et dur ! Deux larmes versées dans mon sein m'eussent mieux valu que le trône du monde ; mais tu me les refuses, et te contentes de m'en arracher. Hé bien ! garde tout le reste : je ne veux plus rien de toi.

« Il est vrai que j'ai engagé madame d'Épinay à vous empêcher de venir samedi dernier. Nous étions tous deux irrités : je ne sais point mesurer mes paroles ; et vous, vous êtes défiant, ombrageux, pesant à la rigueur les mots lâchés inconsidérément, et sujet à donner à mille choses simples un sens subtil auquel on n'a pas songé. Il étoit dangereux en cet état de nous voir. De plus, vous vouliez venir à pied ; vous risquiez de vous faire malade, et n'en auriez pas, peut-être, été trop fâché. Je ne me sentois pas le courage de courir tous les dangers de cet entrevue. Cette frayeur ne méritoit assurément pas vos reproches ; car, quoi que vous puissiez faire, ce sera toujours un lien sacré pour mon cœur que celui de notre ancienne amitié ; et, dussiez-vous m'insulter encore, je vous verrai toujours avec plaisir, quand la colère ne m'aveuglera pas.

« A l'égard de madame d'Épinay, je lui ai envoyé vos lettres et les miennes ; je serois étouffé de douleur sans cette communication ; et, n'ayant plus de raison, j'avois besoin de conseils. Vous paroissez toujours si fier de vos procédés dans cette affaire que vous devez être fort content d'avoir un témoin qui les puisse admirer. Il est vrai qu'elle vous sert bien ; et, si je ne connoissois son motif, je la croirois aussi injuste que vous.

« Pour moi, plus j'y pense, moins je puis vous comprendre. Comment ? parce qu'à propos je ne sais pas trop de quoi vous avez dit que le méchant est seul, faut-il absolument me rendre méchant et sacrifier votre ami à votre sentence ? Pour d'autres auteurs, l'alternative seroit dangereuse ; mais vous ! D'ailleurs cette alternative n'est point nécessaire ; votre sentence, quoique obscure et louche, est très-vraie en un sens, et dans ce sens elle ne me fait qu'honneur : car, quoi que vous en disiez, je suis beaucoup moins seul ici que vous au milieu de Paris. Diderot ! Diderot ! je le vois avec une douleur amère : sans cesse au milieu des méchants, vous apprenez à leur ressembler ; votre bon cœur se corrompt parmi eux, et vous forcez le mien de se détacher insensiblement de vous. »

rendre responsable. Ce ne sera pas le public, ai-je ajouté, qui dira cela; ce seront mes amis, et je n'ai pas le courage de m'exposer à passer chez eux pour un assassin.

Il y a quinze jours que nous vivions paisiblement ici, et dans une concorde parfaite; maintenant, nous voilà tous alarmés, agités, pleurant, forcés de nous séparer. Je vous assure que cet exemple m'apprendra à ne me mêler jamais qu'avec connoissance de cause et beaucoup de circonspection des affaires domestiques de mes amis, et je suis très-incertain même si je dois écrire à M. d'Épinay en faveur de ce pauvre Cahouet.

Comme Diderot me marque qu'il viendra samedi, il est important de lui envoyer sur-le-champ sa lettre. S'il vient, il sera reçu avec honnêteté, mais mon cœur se fermera devant lui, et je sens que nous ne nous reverrons jamais. Peu lui importe, ce ne sera pour lui qu'un ami de moins; mais moi, je perdrai tout, je serai tourmenté le reste de ma vie. Un autre exemple m'a trop appris que je n'ai point un cœur qui sache oublier ce qui lui fut cher. Évitons, s'il se peut, une rupture irréconciliable. Je suis si cruellement tourmenté que j'ai jugé à propos de vous envoyer cet exprès, afin d'avoir réponse à point nommé. Servez-vous-en pour l'envoyer porter la lettre à Diderot, et me répondez sur-le-champ, si vous avez quelque pitié de moi.

P. S. Il faut que je vous ajoute que madame Le Vasseur me fait à présent de violents reproches; elle me les fait durement, avec hauteur et du ton de quelqu'un qui se sent bien appuyé. Je ne réponds rien, non plus que sa fille; nous nous contentons de gémir en silence : je vois que les vieillards sont durs, sans pitié, sans entrailles, et n'aiment plus rien qu'eux-mêmes. Vous voyez que je ne peux plus éviter d'être un monstre : j'en suis un aux yeux de M. Diderot si madame Le Vasseur reste ici ; j'en suis un à ses yeux si elle n'y reste pas. Quelque parti que je prenne, me voilà méchant malgré moi.

LETTRE DE ROUSSEAU A MADAME D'ÉPINAY.

Je reçois votre lettre, ma bonne amie, une heure après que je vous ai envoyé un exprès avec celles que vous me demandez ; je ne suis pas homme à précautions, et surtout avec mes amis, et je n'ai gardé aucune copie de mes lettres. Vous avez bien prévu que la vôtre m'attendriroit. Je vous jure, ma bonne amie, que votre amitié m'est plus chère que la vie, et qu'elle me console de tout.

Je n'ai rien à répondre à ce que vous me marquez des bonnes intentions de Diderot, qu'une seule chose, mais pesez-la bien. Il connoît mon caractère emporté et la sensibilité de mon âme. Posons que j'aye eu tort ; certainement il étoit l'agresseur, c'étoit donc à lui à me ramener par les voies qu'il y savoit propres : un mot, un seul mot de douceur me faisoit tomber la plume de la main, les larmes des yeux, et j'étois aux pieds de mon ami. Au lieu de cela, voyez le ton de sa seconde lettre, voyez comment il raccommode la dureté de la première. S'il avoit formé le projet de rompre avec moi, comment s'y seroit-il pris autrement? Croyez-moi, ma bonne amie, Diderot est maintenant un homme du monde. Il fut un temps où nous étions tous deux pauvres et ignorés, et nous étions amis. J'en puis dire autant de Grimm. Mais ils sont devenus tous deux des gens importants ; j'ai continué d'être ce que j'étois, et nous ne nous convenons plus.

Au reste, je suis porté à croire que j'ai fait injustice à ce dernier, et même que ce n'est pas la seule ; mais, si vous voulez connoître quelles ont été toujours pour lui mes dispositions intérieures, je vous renvoie à un mot du billet que vous avez dû recevoir aujourd'hui, et qui ne vous aura pas échappé. Mais tous ces gens-là sont si hauts, si maniérés, si secs. Le moyen d'oser les aimer encore? Non, ma bonne amie, mon temps est passé. Hélas! je suis réduit à désirer pour eux que nous ne redevenions jamais amis. Il n'y a plus que l'adversité qui puisse leur rendre la tendresse qu'ils ont eue pour moi! Jugez si votre amitié m'est chère, à vous qui n'avez pas eu besoin de ce moyen cruel d'en connoître le prix.

Surtout, que Diderot ne vienne pas! Mais je devrois me rassurer : il a promis de venir.

SUITE DU JOURNAL.

La lettre que Rousseau a écrite à M. Diderot est remplie d'invectives et de mauvaises chicanes, tandis qu'il auroit eu beau jeu avec de la modération; car, en effet, celles qu'on lui écrit sont un peu dures[1]. Il faut pourtant

---

[1] Madame d'Épinay est un témoin. Ses Mémoires, bien lus, sont entièrement favorables à Rousseau, et tant mieux, car il serait cruel de ne voir pas dans Jean-Jacques une nature d'honnête homme. Il a ses faiblesses, il a même commis, quoi qu'il dise, le plus grand des crimes, celui de ne pas élever ses enfants, mais s'il l'eût fait, quels reproches lui adresser sur le reste? Il fut tendre, sensible, passionné pour la vertu et pour la gloire. Tout son mal vient de ce qu'il se lia imprudemment avec Thérèse. La gêne même qui altérait sa santé n'aurait pas agi sur son caractère, s'il

convenir qu'avec de la bonne foi il n'y auroit jamais eu un instant de tracasserie à tout cela. Diderot, pour toucher son ami sur le sort de sa vieille gouvernante, a voulu sans doute lui mettre sous les yeux les reproches qu'il auroit à se faire, s'il lui arrivoit le plus léger accident; reproches d'autant plus grands, que la pauvre Le Vasseur en avoit le pressentiment, et qu'un pressentiment est d'un grand poids chez cette classe de gens et chez les vieillards. L'imagination de Diderot lui a fait voir la bonne Le Vasseur malade, au lit de mort, lui faisant le discours le plus pathétique : il n'a à opposer à ce tragique tableau que des raisons foibles et puériles, mises en comparaison avec cette situation dont Rousseau a appuyé jusqu'à présent son refus de quitter l'Hermitage. Dès lors il ne le voit plus que comme un ingrat, un assassin, il n'est plus digne de son estime; il se persuade que tout ce qui peut arriver l'est, et il lui dit sans façon qu'il est un barbare (c'est un fort beau morceau de poésie que ces deux lettres de Diderot); mais à cela près, il est réellement mal à Rousseau de laisser dans l'inquiétude une femme de soixante-quinze ans à qui il doit beaucoup, quoi qu'il en dise; il n'y a que de l'exagération poétique. Aussi je viens de mander à Rousseau que je lui conseille de ne point envoyer sa lettre, à moins qu'il ne veuille avoir réellement tort; qu'au contraire, il invite sincèrement Diderot à venir chez lui, et que là ils s'expliquent avec franchise et avec toute l'amitié qui est certainement

---

eût eu une compagne digne de lui, et peut-être eût-il élevé ses enfants, s'il les avait eus d'une autre mère. On peut, on doit critiquer, au moins en partie, les théories de Jean-Jacques, mais nier ce qu'il y eut de bon dans son cœur, rire de sa poésie si naturelle, si fraîche, si éloquente, et de sa sauvagerie faire un noir dessein d'envie et de haine, c'est trop dire qu'on ne sent pas couler en soi les mêmes sources de vie

au fond de leur cœur. J'ajoute même que, s'il ne peut pas aller à l'Hermitage, il faut que Rousseau vienne le trouver à Paris ; je l'en presse, étant sûre de l'amener à un accommodement avec Diderot, qui se plaint avec plus de raison encore que lui de la première réponse. Ma mère est malade depuis deux jours, sans quoi j'aurois été le trouver. Voilà à peu près le précis d'une très-longue lettre que je viens de lui écrire.

LETTRE DE ROUSSEAU A MADAME D'ÉPINAY.

Madame Le Vasseur doit vous écrire, ma bonne amie ; je l'ai priée de vous dire sincèrement ce qu'elle pense. Pour la mettre bien à son aise, je lui ai déclaré que je ne voulois pas voir sa lettre, et je vous prie de ne me rien dire de ce qu'elle contient.

Je n'enverrai pas la mienne à Diderot, puisque vous vous y opposez. Mais, me sentant très-grièvement offensé, il y auroit à convenir d'un tort que je n'ai pas, une bassesse et une fausseté que je ne saurois me permettre, et que vous blâmeriez vous-même sur ce qui se passe au fond de mon cœur. L'Évangile ordonne bien à celui qui reçoit un soufflet d'offrir l'autre joue, mais non pas de demander pardon. Vous rappelez-vous cet homme de la comédie[1], qui crie au meurtre en donnant des coups de bâton : voilà le rôle du « philosophe. »

N'espérez pas l'empêcher de venir par le temps qu'il fait : il seroit très-fâché qu'il fût plus beau. La colère lui donnera le loisir et les forces que l'amitié lui refuse : il s'excédera pour venir à pied me répéter les injures qu'il

[1] Dans *les Fourberies de Scapin*.

me dit dans ses lettres. Je ne les endurerai rien moins que patiemment ; il s'en retournera être malade à Paris, et moi, je paroîtrai à tout le monde un homme fort odieux. Patience ! il faut souffrir. N'admirez-vous pas la raison de cet homme qui me vouloit venir prendre à Saint-Denis, en fiacre, y dîner, et me remmener en fiacre, et à qui, huit jours après, sa fortune ne permet plus d'aller à l'Hermitage autrement qu'à pied ? Pour parler son langage, il n'est pas absolument impossible que ce soit là le ton de la bonne foi ; mais, dans ce cas, il faut qu'en huit jours il soit arrivé d'étranges révolutions dans sa fortune. O la philosophie !

Je prends part au chagrin que vous donne la maladie de madame votre mère ; mais croyez que votre peine ne sauroit approcher de la mienne ; on souffre moins encore de voir malades les personnes qu'on aime, qu'injustes et cruelles.

Adieu, ma bonne amie, voici la dernière fois que je vous parlerai de cette malheureuse affaire.

Vous me parlez d'aller à Paris avec un sang-froid qui me réjouiroit dans tout autre temps. Je me tiens pour bien dites toutes les belles choses qu'il y auroit à dire là-dessus ; mais, avec tout cela, je n'irai de ma vie à Paris, et je bénis le ciel de m'avoir fait ours, hermite et têtu, plutôt que philosophe.

LETTRE DE MADAME D'ÉPINAY A ROUSSEAU.

Et vous prétendez que ma lettre vous a fait du bien ? Celle que vous venez de m'écrire est plus injuste et plus remplie d'animosité que les premières. Mon ami, vous n'êtes point en état de vous juger; votre tête fermente; la solitude vous tue, et je commence à me repentir de vous avoir donné la facilité de vous y renfermer. Vous croyez avoir à vous plaindre aujourd'hui de M. Diderot, qui n'a cependant d'autre tort que d'avoir outré les expressions de la chaleur qu'il met à tout, et qui n'a d'autre but que de vous ramener au milieu de vos amis; il a épuisé en vain toutes les raisons relatives à votre santé, à votre sécurité, à votre bien-être; il a frappé une corde qui, dans tout autre temps, étoit faite pour vous toucher, le repos d'une femme de soixante-quinze ans, qui a eu la condescendance de s'isoler à son âge pour vous suivre; il a peut-être supposé qu'elle gémissoit en secret de passer l'hiver éloignée de tout secours : cela étoit naturel, et vous lui en faites un crime! Mon ami, vous m'affligez; votre état me pénètre de douleur; car si vous m'eussiez dit de sang-froid tout ce qui se trouve dans vos trois lettres... Non, vous êtes malade; certainement vous l'êtes! Eh! qui m'assurera qu'il ne m'en arrivera pas au premier jour autant qu'à M. Diderot? On doit la vérité à ses amis dans tous les cas : malheur à ceux qui n'oseroient l'entendre. Vous n'êtes point fait pour méconnoître son langage, et vous ne méritez point d'amis qui puissent vous blesser lorsque vous êtes dans votre état naturel. Remettez-vous-y donc promptement, et préparez-vous à ouvrir les bras à votre ami, qui ne doit pas tarder à s'y jeter, suivant ce que j'entends dire.

En attendant, Grimm me charge de vous faire passer ce paquet de la part du philosophe. Bonsoir, mon pauvre ours.

LETTRE DE ROUSSEAU A MADAME D'ÉPINAY.

Diderot m'a écrit une troisième lettre en me renvoyant mes papiers[1]. Quoique vous me marquiez par la vôtre que vous m'envoyez ce paquet, elle m'est parvenue plus tard et par une autre voie, de sorte que, quand je l'ai reçue, ma réponse à Diderot étoit déjà faite. Vous devez être aussi ennuyée de cette longue tracasserie que j'en suis excédé. Ainsi n'en parlons plus, je vous en supplie.

Mais où avez-vous pris que je me plaindrai de vous aussi? Si j'avois à m'en plaindre, ce seroit parce que vous usez de trop de ménagement avec moi et me traitez trop doucement. J'ai souvent besoin d'être plus gourmandé que cela; un ton de gronderie me plaît fort quand je le mérite; je crois que je serois homme à le regarder quelquefois comme une sorte de cajolerie de l'amitié. Mais on querelle son ami sans le mépriser; on lui dira fort bien qu'il est une bête; on ne lui dira pas qu'il est un coquin. Vous ne me ferez jamais entendre que vous me croyez faire grâce en pensant bien de moi. Vous ne m'insinuerez jamais qu'en y regardant de près, il y auroit beaucoup d'estime à rabattre. Vous ne me direz pas : « Encore y auroit-il bien à dire là-dessus? » Ce ne seroit pas seulement m'offenser, ce seroit vous offenser vous-même; car il ne convient pas à d'honnêtes gens d'avoir des amis dont ils pensent mal; que, s'il m'étoit arrivé de mal interpréter sur ce point un discours de votre part, vous vous hâteriez assurément de m'expliquer votre idée, et

---

[1] Il y a une autre rédaction de cette lettre dans les éditions de la correspondance de Rousseau.

vous garderiez de soutenir durement et sèchement ce même propos dans le mauvais sens où je l'aurois entendu. Comment, madame, appelez-vous cela une forme, un extérieur?

J'ai envie, puisque nous traitons ce sujet, de vous faire ma déclaration sur ce que j'exige de l'amitié, et sur ce que j'y veux mettre à mon tour. Reprenez librement ce que vous trouverez à blâmer dans mes règles; mais attendez-vous à ne m'en pas voir départir aisément; car elles sont tirées de mon caractère que je ne puis changer.

Premièrement, je veux que mes amis soient mes amis et non pas mes maîtres ; qu'ils me conseillent sans prétendre me gouverner ; qu'ils aient toutes sortes de droits sur mon cœur, aucun sur ma liberté. Je trouve très-singuliers les gens qui, sous ce nom, prétendent toujours se mêler de mes affaires sans me rien dire des leurs.

Qu'ils me parlent toujours librement et franchement ; ils peuvent me tout dire : hors le mépris, je leur permets tout. Le mépris d'un indifférent m'est indifférent ; mais, si je le souffrois d'un ami, j'en serois digne. S'il a le malheur de me mépriser, qu'il ne me le dise pas, qu'il me quitte ; c'est son devoir envers lui-même. A cela près, quand il me fait ses représentations, de quelque ton qu'il les fasse, il use de son droit ; quand, après l'avoir écouté, je fais ma volonté, j'use du mien ; et je trouve mauvais qu'on me rabâche éternellement sur une chose faite.

Leurs grands empressements à me rendre mille services dont je ne me soucie point me sont à charge; j'y trouve un certain air de supériorité qui me déplaît; d'ailleurs, tout le monde en peut faire autant; j'aime mieux qu'ils m'aiment et se laissent aimer : voilà ce que les amis seuls peuvent faire. Je m'indigne surtout quand le premier venu les dédommage de moi, tandis que je ne puis souffrir qu'eux seuls au monde. Il n'y a que leurs caresses qui puissent me faire supporter leurs bienfaits; mais, quand je fais tant que d'en recevoir d'eux, je veux qu'ils consultent mon goût et non pas le leur; car nous pensons si différemment sur tant de choses que souvent ce qu'ils estiment bon me paroît mauvais.

S'il survient une querelle, je dirois bien que c'est à celui qui a tort de revenir le premier ; mais c'est ne rien dire, car chacun croit toujours avoir raison : tort ou raison, c'est à celui qui a commencé la querelle à la finir. Si je reçois mal sa censure, si je m'aigris sans sujet, si je me mets en colère mal à propos, il ne doit pas s'y mettre à mon exemple, ou bien il ne m'aime pas. Au contraire, je veux qu'il me caresse bien, qu'il me baise bien; entendez-vous, madame? En un mot, qu'il commence par m'apaiser, ce qui sûrement ne sera pas long; car il n'y eut jamais d'incendie au fond de mon cœur qu'une larme ne pût éteindre. Alors, quand je serai attendri, calmé, honteux, confus, qu'il me gourmande bien, qu'il me dise bien mon fait, et sûrement il sera content de moi. S'il est question d'une minutie qui ne vaille pas l'éclaircissement, qu'on la laisse tomber : que l'agresseur se taise le premier et ne se fasse point un sot point d'honneur d'avoir toujours l'avantage. Voilà ce que je veux que mon ami fasse envers moi, et que je suis toujours prêt à faire envers lui dans le même cas.

Je pourrois vous citer là-dessus une espèce de petit exemple dont vous ne vous doutez pas, quoiqu'il vous regarde; c'est au sujet d'un billet que je reçus de vous il y a quelque temps, en réponse à un autre dont je vis que vous n'étiez pas contente, et où vous n'aviez pas, ce me semble, bien entendu ma pensée. Je fis une réplique assez bonne, ou du moins elle me parut telle; elle avoit sûrement le ton de la véritable amitié; mais en même temps une certaine vivacité dont je ne puis me défendre, et je craignis, en la relisant, que vous n'en fussiez pas plus contente que de la première; à l'instant, je jetai ma lettre au feu; je ne puis vous dire avec quel contentement de cœur je vis brûler mon éloquence; je ne vous en ai plus parlé, et je crois avoir acquis l'honneur d'être battu : il ne faut quelquefois qu'une étincelle pour allumer un incendie. Ma chère et bonne amie, Pythagore disoit qu'on ne devoit jamais attiser le feu avec une épée; cette sentence me paroît la plus importante et la plus sacrée des lois de l'amitié.

J'exige d'un ami bien plus encore que tout ce que je viens de vous dire; plus même qu'il ne doit exiger de moi et que je n'exigerois de lui, s'il étoit à ma place et que je fusse à la sienne. En qualité de solitaire, je suis plus sensible qu'un autre; si j'ai quelque tort avec un ami qui vive dans le monde, il y songe un moment, et mille distractions le lui font oublier le reste de la journée; mais rien ne me distrait sur les siens; privé du sommeil, je m'en occupe durant la nuit entière; seul à la promenade, je m'en occupe depuis que le soleil se lève jusqu'à ce qu'il se couche; mon cœur n'a pas un instant de relâche, et les duretés d'un ami me donnent dans un seul jour des années de douleurs. En qualité de malade, j'ai droit aux ménagements que l'humanité doit à la foiblesse et à l'humeur d'un homme qui souffre.

Quel est l'ami, quel est l'honnête homme qui ne doit pas craindre d'affliger un malheureux tourmenté d'une maladie incurable et douloureuse? Je suis pauvre, et il me semble que cet état mérite encore des égards. Tous ces ménagements que j'exige, vous les avez eus sans que je vous en parlasse, et sûrement jamais un véritable ami n'aura besoin que je les lui demande. Mais, ma chère amie, parlons sincèrement; me connoissez-vous des amis? Ma foi, bien m'en a pris d'apprendre à m'en passer; je connois force gens qui ne seroient pas fâchés que je leur eusse obligation, et beaucoup à qui j'en ai en effet, mais des cœurs dignes de répondre au mien. Ah! c'est bien assez d'en connoitre un.

Ne vous étonnez donc pas si je prends Paris toujours plus en haine; il ne m'en vient rien que de chagrinant, hormis vos lettres : on ne m'y reverra jamais. Si vous voulez me faire vos représentations là-dessus, et même aussi vivement qu'il vous plaira, vous en avez le droit : elles seront bien reçues et inutiles; après cela, vous n'en ferez plus.

Faites tout ce que vous jugerez à propos au sujet du livre de M. d'Holbach [1], excepté de vous charger de l'édition; c'est une manière de faire acheter un livre par force et de mettre à contribution ses amis; je ne veux point de cela.

Je vous remercie du *Voyage d'Anson* [2]; je vous le renverrai la semaine prochaine.

---

[1] On ne voit pas quel livre. Le baron d'Holbach n'a rien publié en 1757. Sa traduction de la *Chimie métallurgique* de Gellert est de 1758.

[2] La traduction du *Voyage autour du monde* de l'amiral George Anson (1697-1762) avait été publiée, in-4°, en 1750, à Paris, et réimprimée en 4 vol. in-12.

Pardonnez les ratures, je vous écris au coin de mon feu où nous sommes tous rassemblés. Les gouverneuses épuisent avec le jardinier les histoires de tous les pendus du pays, et la gazette d'aujourd'hui est si abondante que je ne sais plus du tout ce que je dis. Bonjour, ma bonne amie.

LETTRE DE ROUSSEAU A MADAME D'ÉPINAY.

1757.

Il y a si longtemps que je n'ai reçu de vos nouvelles par vous-même, que je serois fort inquiet de votre santé si je ne savois d'ailleurs qu'à votre fluxion près, elle a été passable, je n'ai jamais aimé entre amis la règle de s'écrire exactement, car l'amitié elle-même est ennemie des petites formules; mais la circonstance de ma dernière lettre me donne quelque inquiétude sur l'effet qu'elle aura produit sur vous, et, si je n'étois rassuré par mes intentions, je craindrois qu'elle ne vous eût déplu en quelque chose. Soyez bien sûre qu'en pareil cas j'aurois mal expliqué, ou vous auriez mal interprété mes sentiments; voulant être estimé de vous, je n'ai prétendu y faire que mon apologie vis-à-vis mon ami Diderot et des autres personnes qui ont autrefois porté ce nom; et que, hors les témoignages de mon attachement pour vous, il n'y avoit rien dans cette lettre dont j'aie prétendu vous faire la moindre application. Ce qui me rassure aussi bien que mon cœur, c'est le vôtre qui n'est rien moins que défiant; et je ne puis m'empêcher de croire que, si vous eussiez été mécontente de moi, vous me l'auriez dit; mais, je vous en prie, pour me tranquilliser tout à fait, dites-moi que vous ne l'êtes pas. Bonjour, ma bonne amie.

Vous aviez bien raison de vouloir que je visse Diderot. Il a passé hier la journée ici ; il y a longtemps que je n'en ai passé d'aussi délicieuse. Il n'y a point de dépit qui tienne contre la présence d'un ami.

LETTRE DE MADAME D'ÉPINAY A ROUSSEAU.

Non, assurément, mon ami, votre lettre ne m'a ni déplu, ni fâchée, la preuve en est que je ne vous ai point écrit ; mais elle n'étoit pas faite d'ailleurs pour me faire éprouver aucun sentiment désagréable. Je voulois vous répondre un peu en détail, et je n'en ai pas eu le loisir. Voilà la cause de mon silence.

Je crois, mon ami, qu'il est fort difficile de prescrire des règles sur l'amitié, car chacun les fait, comme de raison, suivant sa façon de penser. Vous m'annoncez vos prétentions envers vos amis ; il en viendra ensuite un autre des miens qui en aura de tout opposées ; de sorte que moi, qui aurai aussi un caractère tout divers, je trouverai dix fois par jour le secret de me faire maudire de mes amis, et de mon côté je les enverrai nécessairement au diable. Il y a deux points généraux, essentiels et indispensables dans l'amitié, auxquels tout le monde est forcé de se réunir, l'indulgence et la liberté ; sans cela il n'est pas de liens qui ne se brisent : c'est à peu près à quoi se réduit mon code. Je ne saurois exiger que mon ami m'aime avec chaleur, avec délicatesse, avec réflexion ou avec effusion de cœur, mais seulement qu'il m'aime le mieux qu'il pourra, comme le comporte sa manière d'être ; car tout mon désir ne le reformera pas s'il est concentré, ou léger, ou sérieux, ou gai ; et ma réflexion se portant sans cesse sur cette qualité qui lui manque et que je m'obstine à lui vouloir trouver, va nécessairement me le rendre insupportable. Tenez, il faut aimer ses amis, comme les vrais amateurs aiment les tableaux ; ils ont les yeux perpétuellement attachés sur les beaux endroits, et ne voient pas les autres.

S'il s'élève une querelle, dites-vous? si mon ami a des torts, etc., etc. Eh! mais je ne sais ce qu'on veut dire quand on s'écrie : mon ami a des torts avec moi? En amitié, je n'en connois que d'une espèce, c'est la méfiance. Mais lorsque je vous entends dire : un tel jour il m'a fait un mystère ; un autre il a préféré telle chose au plaisir d'être avec moi, ou à une attention qu'il me devoit, ou bien il auroit dû me faire un tel sacrifice. Et puis vient une bouderie. Eh! laissez, laissez ce commerce de misères et d'ergoteries à ces cœurs vides et à ces têtes sans idées : cela ne va qu'à ces sots petits amants vulgaires qui, au lieu de cette confiante sécurité, de ces délicieux épanchements qui dans les âmes honnêtes et fortes augmentent le sentiment par l'exercice de la philosophie et de la vertu, mettent à la place de petites querelles fausses ou basses qui rétrécissent l'esprit, aigrissent le cœur et rendent les mœurs plates quand elles ne les rendent pas vicieuses. Est-ce à un philosophe, est-ce à un ami de la sagesse à courir la même carrière que ces dévots pusillanimes et bornés, qui mettent de petites pratiques foibles et superstitieuses à la place du véritable amour de Dieu? Croyez-moi, celui qui connoît bien l'homme lui pardonne aisément les foiblesses dans lesquelles il tombe, et lui sait un gré infini du bien qu'il fait et qui lui coûte tant à faire.

Je trouve que votre code de l'amitié, à la suite de votre querelle avec Diderot, ne ressemble pas mal au règlement que ne manque pas de faire la nation anglaise, lorsque quelque crise lui fait apercevoir dans ses lois un vice qui bouleverse tout l'État, et auquel on ne peut remédier pour le présent, faute d'avoir été prévu.

Quant à moi, mon ami, lorsque j'ai établi pour premier principe la liberté et l'indulgence au commencement de ma lettre, je ne prévoyois pas faire autant d'usage de l'un et avoir autant besoin de l'autre. Passez-moi mon impertinence en faveur de ma franchise. Mon Dieu! que j'aurois de bonnes choses à vous dire encore, mais on vient m'interrompre à toutes minutes; je n'ai que le temps de vous confier en secret que je vous défie, malgré mes mauvaises plaisanteries, de vous fâcher contre moi; car, malgré vos défauts, je vous aime de tout mon cœur.

Je savois bien que vous seriez content dès que vous auriez vu M. Diderot; je ne sais pourquoi vous n'avez pas commencé votre lettre par cet article. Cela me fâche un peu.

SUITE DU JOURNAL.

Voilà enfin la querelle de Diderot et de Rousseau terminée. Si le premier avoit mis moins d'imagination dans l'intérêt qu'il prend à l'autre, il l'auroit fort embarrassé; mais il l'a mis dans le cas de se plaindre avec une sorte de raison : je ne puis en disconvenir, malgré tout le soin que j'ai pris de persuader à Rousseau le contraire. Il faut avouer que je mène une singulière vie. Je suis si occupée tout le jour des querelles de mes amis et des affaires qu'ils m'occasionnent, qu'il ne me reste pour ainsi dire que la nuit pour vaquer aux miennes.

Pendant tout le temps qu'a duré cette discussion, M. Diderot a fait paroître son ouvrage[1] qui a eu le plus grand succès; son ami Grimm en est plus content mille fois que lui-même. L'intérêt qu'il y prend a passé jusqu'à moi; je me sens heureuse de ce succès. J'ai débité pour ma part plus de cent exemplaires en deux jours.

J'ai passé mon après-dînée seule avec M. Grimm. Il m'a paru si touché et si inquiet de mon état, que j'ai enfin cédé par complaisance au désir qu'ils ont tous que je consulte un nouveau médecin qui a beaucoup de réputation[2]. Je n'espère rien de ses avis. J'espérerois bien

[1] *Le Fils naturel*, suivie d'une poétique en dialogues, où Jean-Jacques dit qu'il lut la maxime : « Il n'y a que le méchant qui soit seul. » Elle est dans le texte même du drame.

[2] C'est Tronchin; elle le connaissait déjà; mais un roman n'est pas un recueil d'annales.

Né en 1709, mort en 1781, au mois de décembre, le Génevois Tronchin (Théodore) a laissé une réputation ambiguë. De son vivant, personne ne fut plus vanté. Homme d'esprit, en tout cas, il sut gagner de la fortune et un nom avec un mélange de bon sens et de charlatanisme. Voltaire, en 1755, écrit qu'il est beau comme Apollon et savant comme Esculape. Quand il vint à Paris, en 1755, Barbier prit note de son passage: « Ce M. Tronchin, dit-il, gagne ici des sommes considérables pour des consultations, à un louis pièce, sur toutes sortes de maladies, pour hommes et femmes; il donne même de plaisants remèdes : aux uns, de se frotter le ventre avec de la serge; aux autres, de cirer leurs appartements ou de scier une voie de bois. » C'est qu'il faisait de l'exercice et de l'activité le plus sûr instrument de guérison. Élève de Boerhave, il disait qu'il fallait

plus de trois mois de tranquillité et de solitude passés entre ma mère et mon tendre ami Grimm. S'il y a un remède à mon état, c'est celui-là, mais...

Quelque amour que j'aie pour mes enfants, je sens qu'il faut que je sois quelque temps sans m'occuper d'eux. J'en fais le sacrifice avec moins de peine par l'heureux succès des avis que j'ai donnés à mademoiselle Durand. Elle a saisi parfaitement bien mes idées; j'en étois presque sûre. Quant à mon fils, il suit le cours ordinaire des plates études de collége, et je cause quelquefois avec lui pour contre-balancer autant que je puis la sottise de son pédant Linant.

Nous avons causé, M. Grimm et moi, de Rousseau. Il prétend qu'il n'a pas mis autant de chaleur dans son explication avec Diderot qu'il en a mis dans les lettres qu'il m'a écrites à ce sujet. Cette conversation nous a amenés à différentes réflexions; il m'a fait une réponse qui m'a frappée par sa justesse. « Je m'étonne, lui disois-je, que les hommes soient en général si peu indulgents. — Mais non, reprit-il; le manque d'indulgence vient de l'erreur où l'on est de se croire libre : c'est que la morale établie est mauvaise et fausse, en ce qu'elle part de ce faux principe de liberté. — Je comprends cela, lui dis-je, mais le contraire, en rendant plus indulgent, dérange l'ordre. — Le contraire ne dérange rien. Si l'homme ne se change point, il se modifie; on peut l'amender : il n'est donc pas inutile de le punir.

oser ne rien faire, et souvent se bornait à faire avaler des pilules de quelque substance inerte, de savon, par exemple. Il avait épousé, à vingt-quatre ans, la petite-fille du grand-pensionnaire de Hollande Jean de Witt. Sa prétention était d'être un joueur de whist incomparable et un devin en politique.

Madame d'Épinay, une fois liée avec lui, le resta toute sa vie.

Le jardinier ne coupe pas l'arbre qui vient de travers ; il lie la branche et la contraint : c'est là l'effet des punitions publiques. »

Voilà quel a été le texte de notre conversation ; la vérité et la bonté de cette morale m'ont persuadée sans retour.

J'aurois été bien aise que l'occasion que j'ai eue de rendre service à M. Diderot m'eût fait connoître un homme d'un si rare mérite ; mais il ne s'en est pas soucié. Il faut que j'aie l'esprit bien fait, car j'en ai été plus affligée que piquée. M. Grimm lui a dit qu'il me devoit un remerciment, ainsi qu'à madame M***, qui a aussi contribué à la distribution de son ouvrage : il l'a prié de s'en charger. Grimm lui a représenté qu'il pourroit bien prendre cette peine lui-même. Après s'être fait beaucoup presser, il a avoué les raisons de la répugnance qu'il avoit à me voir ; il a consenti à remercier madame M***[1]. Mais, quant à moi, l'opinion qu'il a conçue, dit-il, d'après Duclos, qu'il estime, et d'après d'autres encore, fait qu'il ne peut s'y résoudre. M. Grimm lui a répondu que son opinion devroit bien avoir auprès de lui autant de poids que celle de Duclos, et que, lorsqu'il plaçoit en quelqu'un sa confiance et son estime, il pouvoit en croire l'objet assez digne pour ne pas lui refuser les égards les plus ordinaires. Ils ont eu à ce sujet une scène fort vive, à laquelle M. Grimm a mis fin en l'assurant que c'étoit tant pis pour ceux qui ne me rendoient

[1] Peut-être madame de Marchais, qui épousa plus tard M. d'Angivillers ; l'une des femmes les plus distinguées en tout genre de son siècle

pas justice; que j'étois peu curieuse d'extorquer un suffrage dont je me passerois à merveille. Depuis ce temps, ils sont en froid. J'ai su ce détail par Desmahis, qui est venu me voir une ou deux fois depuis mon retour de la campagne. M. Grimm ne m'en a rien dit; je l'ai bien trouvé un peu soucieux, je lui en ai en vain demandé la cause; et, n'ayant pu la démêler, j'avois cru que c'étoit le mauvais état de ma santé qui l'affectoit.

Il faut que Duclos ait furieusement prévenu M. Diderot contre moi. Cette circonstance m'a fait découvrir que mademoiselle d'Ette et lui, qui ne se pouvoient souffrir lorsqu'ils étoient mes amis, se sont étroitement liés depuis qu'ils ne me voient plus. C'est à qui me nuira davantage. Mademoiselle d'Ette passe sa vie dans une maison où Duclos va souvent, et où se rencontre quelquefois Diderot[1]. Il est certain que, si tout ce qu'on m'a rendu est vrai, l'on me peint là sous d'étranges couleurs. Quel plaisir trouve-t-on à me nuire? et que leur ai-je fait à tous? Jamais de mal, et souvent du bien. Cela m'afflige et m'affecte si vivement, que, sans l'ami qui dédommage de tout, je sens que je prendrois ce pays en aversion. Comment se fait-il que, n'ayant nul reproche à me faire, n'ayant jamais dit ni fait de mal à personne, j'aie des ennemis, et que ma réputation soit détruite? M. Grimm dit toujours que c'est par excès de bonté et un trop bon cœur que j'encourage les méchants à me nuire; qu'en me faisant connoître telle que je suis, je détruirai ces faux bruits. Il me blâme d'en perdre le repos. Il m'estime, il m'aime : j'ai l'aveu de ma conscience pour moi :

---

[1] A la Grandval, chez la grand'mère du baron d'Holbach, et sans doute aussi chez lui-même.

pourquoi donc me rendrois-je malheureuse des torts des autres?

Desmahis m'a paru tout honteux et tout embarrassé dans la première visite qu'il m'a faite : il étoit plus à son aise à la seconde ; mais la présence de M. Grimm le gêne. Il m'a dit qu'il avoit de fortes raisons de soupçonner Rousseau de ne m'avoir pas mieux servi que les autres auprès de Diderot. Je ne peux supporter ces accusations vagues ; je le lui ai dit, et j'espère qu'il n'y reviendra plus.

BILLET DE MADAME D'ÉPINAY A ROUSSEAU.

J'envoie, mon hermite, de petites provisions à mesdames Le Vasseur ; et comme c'est un commissionnaire nouveau dont je me sers, voici le détail de ce dont il est chargé : un petit baril de sel, un rideau pour la chambre de madame Le Vasseur, et un cotillon tout neuf à moi (que je n'ai pas porté, au moins) d'une flanelle de soie très-propre à lui en faire un, ou à vous-même un bon gilet. Bonjour, le roi des ours : un peu de vos nouvelles [1] ?

---

[1] Jean-Jacques parle de mémoire de cet envoi qui le toucha beaucoup. « Madame d'Épinay, inquiète de me savoir seul en hiver au milieu des bois dans une maison isolée, envoyoit très-souvent savoir de mes nouvelles. Jamais je n'eus de si vrais témoignages de son amitié pour moi, et jamais la sienne n'y répondit plus vivement. J'aurois tort de ne pas spécifier parmi ces témoignages, qu'elle m'envoya son portrait, et qu'elle me demanda des instructions pour avoir le mien, peint par La Tour, et qui avoit été exposé au Salon. Je ne dois pas non plus omettre une autre de ses attentions, qui paroîtra risible, mais qui fait trait à l'histoire de mon caractère, par l'impression qu'elle fit sur moi. Un jour qu'il geloit très-fort, en ouvrant un paquet qu'elle m'envoyoit de plusieurs commissions dont elle s'étoit chargée, j'y trouvai un petit jupon de dessous, de flanelle d'Angleterre, qu'elle me marquoit avoir porté (cela n'est pas

LETTRE DE ROUSSEAU A MADAME D'ÉPINAY[1].

Les chemins sont si mauvais, que je prends le parti de vous écrire par la poste, et vous pourrez en faire de même ; car on m'apporte mes lettres de Montmorency jusqu'ici, et je suis à cet égard comme au milieu de Paris.

Il fait ici un froid rigoureux qui vient altérer un peu de bonne heure ma provision de bois, mais qui me montre, par l'image prématurée de l'hiver, que, quoi qu'on en dise, cette saison n'est plus terrible ici qu'ailleurs que par l'absence des amis ; mais on se console par l'espoir de les retrouver au printemps, ou du moins de les revoir ; car il y a longtemps que vous me faites connoître qu'on les retrouve au besoin dans toutes les saisons.

Pour Dieu, gardez bien cette chère imbécillité, trésor inattendu dont le ciel vous favorise et dont vous avez grand besoin, car, si c'est un rhumatisme pour l'esprit, c'est au corps un très-bon emplâtre pour la santé ; il vous

---

exact, mais peu importe), et dont elle vouloit que je me fisse un gilet. Le tour de son billet étoit charmant, plein de caresse et de naïveté. Ce soin, plus qu'amical, me parut si tendre, comme si elle se fût dépouillée pour me vêtir, que, dans mon émotion, je baisai vingt fois, en pleurant, le billet et le jupon. Thérèse me croyoit devenu fou. Il est singulier que de toutes les marques d'amitié que madame d'Épinay m'a prodiguées, aucune ne m'a jamais touché comme celle-là ; et que même, depuis notre rupture, je n'y ai jamais repensé sans attendrissement. J'ai longtemps conservé son petit billet, et je l'aurois encore s'il n'eût eu le sort de mes autres lettres du même temps. »

[1] Cette lettre n'a pas l'air d'être à sa place. Elle doit être du mois de novembre précédent, aux approches de l'hiver. Et peut-être aurions-nous dû la placer plus haut, sans cérémonie, ainsi que le billet qui précède.

faudroit bien de pareils rhumatismes pour vous rendre impotente; et j'aimerois mieux que vous ne pussiez remuer ni pied ni patte, c'est-à-dire n'écrire ni vers ni comédie, que de vous savoir la migraine.

Je dois une réponse à M. de Gauffecourt; mais je compte toujours qu'il viendra la recevoir. En attendant les bouts rimés, il peut prier M. Chapuis [1] d'envoyer un double du mémoire que je lui ai laissé. Si tout ceci vous paroît clair, le rhumatisme vous tient bien fort.

A propos de M. de Gauffecourt, et son manuscrit, quand voulez-vous me le renvoyer? Savez-vous qu'il y a quatre ans que je travaille à pouvoir le lire sans avoir pu en venir à bout. Bonjour, madame; touchez pour moi la patte à toute la société.

De l'Hermitage, à dix heures du matin.

Quand j'avois un almanach et point de pendule, je datois du quantième; maintenant que j'ai une pendule et point d'almanach, je date de l'heure. Je suis obligé de vous dire, à cause du rhumatisme, que c'est une manière de vous demander un almanach pour mes étrennes.

Le lieutenant criminel [2] vous supplie d'agréer ses respects. La maman n'en peut faire autant, attendu qu'elle est à Paris et malade d'un gros rhume; elle compte pour-

---

[1] Marc Chappuis, né à Genève en 1734, successeur de Gauffecourt dans la fourniture des sels du Valais. Rousseau avait fait sa connaissance en 1754, lors de son voyage en Suisse.

[2] Thérèse Le Vasseur. « Le père de Thérèse étoit un vieux bon homme, très-doux, qui craignoit extrêmement sa femme, et qui lui avoit donné pour cela le surnom de lieutenant criminel, que Grimm, par plaisanterie, transporta dans la suite à la fille. »

(*Confessions* II. VIII.)

tant revenir lundi, et j'espère qu'elle me rapportera de vos nouvelles.

Je reçois à l'instant votre lettre et vos paquets. Je n'ai pas bien entendu les géants du Nord, et la glacière, et les lutins, et les tasses à la crème, etc., ce qui me fait comprendre que vous m'avez, avec tout cela, inoculé de votre rhumatisme; ainsi vous faites bien de m'envoyer en même temps votre cotillon pour m'en guérir; j'ai pourtant quelque peur qu'il ne me tienne un peu trop chaud, car je n'ai pas accoutumé d'être si bien fourré.

SUITE DU JOURNAL.

(Janvier 1757.)

Depuis six jours nous n'avons presque pas quitté notre pauvre ami Gauffecourt, qui a eu une attaque d'apoplexie[1]. Cette nouvelle m'a causé un si grand saisissement, que j'en suis malade; j'ai caché à mon ami Grimm la révolution que cet événement a occasionnée dans ma santé, c'est le seul mystère que je puis prendre sur moi de lui faire; mais son inquiétude l'auroit sûrement porté à m'empêcher de rendre des soins à Gauffecourt, et je ne veux pas le quitter qu'il ne soit hors de danger, et même sans souffrances.

J'ai appris le soir le retour de Francueil, par M. d'Épinay. On dit qu'il se porte à merveille; j'avoue que si j'ai été sincèrement contente de le savoir en bonne santé, ce qui suppose qu'il est heureux, je n'ai pu me défendre d'un peu de peine, de l'oubli total qu'il semble faire de moi.

[1] M. de Gauffecourt eut son attaque au mois de janvier.

LETTRE DE MADAME D'ÉPINAY A ROUSSEAU.

Vous savez, mon bon ami, l'accident arrivé à notre ami Gauffecourt. Depuis douze jours il me donne les plus vives inquiétudes; il ne fait qu'un cri après vous. Il a des moments d'absence, mais il semble plutôt que c'est la mémoire que la présence d'esprit qui lui manque : il cherche ses mots, et s'afflige de ne les pas trouver. Il me disoit hier qu'il avoit perdu son dictionnaire. Je suis parvenue à le deviner par signes; aussi il voudroit que je ne le quittasse pas. Jusqu'à présent j'y ai été très-assidue, même aux dépens de ma santé ; actuellement que le danger est passé, je dois penser à moi, et je sens que j'ai besoin de repos ; mais il m'en coûte de le laisser dans cet état, abandonné à des domestiques et à des médecins, qui l'auroient, en vérité, assassiné, si je les eusse laissés faire.

J'ai vu M. Diderot, et si je n'étois pas une imbécile, il auroit certainement dîné chez moi ; mais je crois que le pauvre Gauffecourt m'avoit inoculé sa goutte ou son rhumatisme sur l'esprit, et puis, je ne sais point tirailler ni violenter les gens ; au moyen de quoi je suis très-persuadée que je ne le reverrai pas, malgré toutes les assurances qu'il m'a données de venir me voir. Mais encore faut-il vous dire comment cette entrevue s'est passée? J'étois en peine de notre ami que j'avois laissé en mauvais état hier au soir; je me levai ce matin de bonne heure, et je me rendis chez lui avant neuf heures. Le baron d'Holbach et M. Diderot y étoient. Celui-ci voulut sortir dès qu'il me vit ; je l'arrêtai par le bras : « Ah! lui dis-je, le hasard ne me servira pas si bien, sans que j'en profite. » Il rentra, et je puis assurer que je n'ai de ma vie eu deux heures plus agréables.

Il y a sans doute dans ce billet bien des fautes d'orthographe, mais vous en trouverez davantage encore dans les plans que je vous fais passer.

LETTRE DE ROUSSEAU A MADAME D'ÉPINAY[1].

Passe pour le cotillon, mais le sel! jamais femme donna-t-elle à la fois de la chaleur et de la prudence? A la fin, vous me ferez mettre mon bonnet de travers, et je ne le redresserai plus. N'avez-vous pas assez fait pour vous? faites maintenant quelque chose pour moi, et laissez-vous aimer à ma guise.

Oh! que vous êtes bonne avec vos explications! Ah! ce cher rhumatisme? Maintenant que vous m'avez expliqué votre billet, expliquez-moi le commentaire ; car cette glacière où je ne comprends rien y revient encore, et pour moi, je ne vous connois pas d'autre glacière qu'un recueil de musique françoise.

Enfin, vous avez vu l'homme. C'est toujours autant de pris ; car je suis de votre avis, et je crois que c'est tout ce que vous en aurez. Je me doute pourtant bien de ce qu'un ours musqué devroit vous dire sur l'effet de ce premier entretien ; mais quant à moi, je pense que le Diderot du matin voudra toujours vous aller voir, et que le Diderot du soir ne vous aura jamais vue. Vous savez bien que le rhumatisme le tient aussi quelquefois, et que,

[1] Cette lettre suppose encore quelque chose de supprimé dans la précédente.

quand il ne plane pas sur ses deux grandes ailes au
du soleil, on le trouve sur un tas d'herbes, perclus de ses
quatre pattes. Croyez-moi, si vous avez encore un cotillon de reste, vous ferez bien de le lui envoyer. Je ne savois pas que le papa Gauffecourt fût malade, et l'on m'a même flatté de le voir aujourd'hui ; ce que vous m'avez marqué fera que, s'il ne vient pas, j'en serai fort en peine [1].

Encore de nouveaux plans? Diable soit fait des plans, et plan plan relantanplan. C'est sans doute une fort belle chose qu'un plan, mais faites des détails et des scènes théâtrales ; il ne faut que cela pour le succès d'une pièce à la lecture, et même quelquefois à la représentation. Que Dieu vous préserve d'en faire une assez bonne pour cela !

J'ai reçu votre lettre pour y chercher les fautes d'orthographe, et n'y en ai pas su trouver une, quoique je ne doute pas qu'elles n'y soient. Je ne vous sais pas mauvais gré de les avoir faites, mais bien de les avoir remarquées. Moi, j'en voulois faire exprès pour vous faire honte, et n'y ai plus songé en vous écrivant.

Bonjour, mon amie du temps présent, et bien plus encore du temps à venir. Vous ne me dites rien de votre santé, ce qui me fait augurer qu'elle est bonne.

A propos de santé, je ne sais s'il y a de l'orthographe dans ce chiffon, mais je trouve qu'il n'y a pas grand sens ; ce qui me fait croire que je n'aurois pas mal fait de me faire de votre cotillon une bonne calotte bien épaisse, au

---

[1] Toutes ces lettres se suivent mal et s'expliquent difficilement. Comment Rousseau écrivait-il, par exemple, cette phrase un peu légère, s'il répondait à un mot le pressant d'aller veiller un malade. Il doit y avoir dans tout cela des textes rapprochés et confondus, sans doute sans le vouloir, par madame d'Épinay.

lieu d'un gilet, car je sens que le rhumatisme ne me tient pas au cœur, mais à la cervelle.

Je vous prie de vouloir bien demander « au tyran » ce que signifie un paquet qu'il m'a fait adresser, contenant deux écus de six francs : cela me paroît un à-compte un peu fort sur les parties d'échecs qu'il doit perdre avec moi.

Diderot sort d'ici ; je lui ai montré votre lettre et la mienne. Je vous l'ai dit, il a conçu une grande estime pour vous, et ne vous verra point. Vous en avez assez fait, même pour lui. Croyez-moi, laissez-le aller. La maman Le Vasseur se porte un peu mieux.

LETTRE DE MADAME D'ÉPINAY A ROUSSEAU.

Je soupçonne, mon ami, que notre pauvre Gauffecourt a quelques affaires à arranger qu'il ne voudroit peut-être confier qu'à vous. Il me disoit hier que s'il ne craignoit d'abuser de votre amitié, il vous prieroit de venir passer quelques jours avec lui. Si vous voulez, mon ami, lui rendre, ainsi qu'à moi, ce service pour trois ou quatre jours, vous logeriez chez moi ou chez M. Diderot, et je prendrois ce temps pour me reposer. Je vous enverrai vendredi matin mon carrosse qui vous attendra à la grille de M. de Luxembourg[1], si vous acceptez ma proposition. Il me semble que si vous pouviez voir, d'où vous êtes, le pauvre Gauffecourt, vous ne pourriez vous refuser au plaisir qu'il vous demande.

Bonjour, mon ami.

---

[1] Dans la partie basse du village de Montmorency. Le château des Montmorency-Luxembourg a été détruit au temps de la Révolution.

LETTRE DE ROUSSEAU A MADAME D'ÉPINAY.

Nous sommes ici trois malades, dont je ne suis pas celui qui auroit le moins besoin d'être gardé. Je laisse en plein hiver, au milieu des bois, les personnes que j'y ai amenées sous promesse de ne les y point abandonner. Les chemins sont affreux, et l'on enfonce de toutes parts jusqu'au jarret. De plus de deux cents amis qu'avoit M. Gauffecourt à Paris, il est étrange qu'un pauvre infirme, accablé de ses propres maux, soit le seul dont il ait besoin. Je vous laisse réfléchir sur tout cela ; je vais donner encore ces deux jours à ma santé et aux chemins pour se raffermir. Je compte partir vendredi s'il ne pleut ni ne neige, mais je suis tout à fait hors d'état d'aller à pied jusqu'à Paris, ni même jusqu'à Saint-Denis, et le pis est que le carrosse ne peut manquer de me faire beaucoup de mal dans l'état où je suis[1]. Cependant si le vôtre se trouve, en cas de temps passable, vendredi à onze heures précises, devant la grille de M. de Luxembourg, j'en profiterai ; sinon je continuerai ma route comme je pourrai, et j'arriverai quand il plaira à Dieu. Au reste, je veux que mon voyage me soit payé ; je demande une épingle[2] pour

[1] Ses rétentions le faisaient cruellement souffrir, surtout l'hiver ; et ces souffrances ont dû, à la longue, modifier son humeur, le rendre chagrin et maussade. On en doit tenir compte quand on veut juger sa manière de vivre.

[2] Cette épingle était un emploi dans les fermes, demandé par un jeune homme qui devait faire à madame Le Vasseur une pension, dans le cas où cette bonne femme le lui ferait obtenir. On le sait par une lettre que Rousseau avait écrite quelque temps auparavant à ce sujet à madame d'Épinay.

« Voilà, madame, un emploi vacant à Grenoble, comme vous verrez ci-derrière ; mais j'ignore et dans quel département, et si l'emploi n'est

ma récompense ; si vous ne me la faites pas avoir, vous qui pouvez tout, je ne vous le pardonnerai jamais.

Je choisis d'aller dîner avec vous, et coucher chez Diderot. Je sens aussi, parmi tous mes chagrins, une certaine consolation à passer encore quelques soirées paisibles avec notre pauvre ami. Quant aux affaires, je n'y entends du tout rien ; je n'en veux entendre parler d'aucune espèce, à quelque prix que ce soit ; arrangez-vous là-dessus. Voilà un paquet et une lettre que je vous prie de faire porter chez Diderot. Bonjour, ma bonne amie ; tout en vous querellant, je vous plains, vous estime, et ne songe point sans attendrissement au zèle et à la constance dont vous avez besoin ; toujours environnée d'amis malades ou chagrins, qui ne tirent leur courage et leur consolation que de vous.

SUITE DU JOURNAL.

Rousseau n'a pu résister au désir qu'a eu Gauffecourt de le voir ; il est arrivé hier, et je vais profiter de son séjour pour prendre du repos : j'en ai grand besoin. Il y

point trop important ; ce que je sais, c'est que le gendre de madame Sabi, mon hôtesse, qui est dans le pays, donneroit une pension à madame Le Vasseur, si elle pouvoit le lui faire obtenir ; que le père du prétendant est très-solvable, et que les cautions ne lui manqueroient pas. Consultez donc là-dessus monsieur d'Épinay, si vous le jugez à propos ; puisque vous avez donné à madame Le Vasseur la commission de vous informer des emplois vacants, nous vous parlons de celui-ci à tout hasard, sauf à retirer bien vite notre proposition, si elle est indiscrète, comme j'en ai peur.

« Faites-moi dire comment vous êtes aujourd'hui. Je vous recommande toujours le ménagement ; car je trouve qu'en général on prend trop de précautions dans les autres temps, et jamais assez dans les convalescences Pour moi, je ne vaux pas la peine qu'on en parle ; quand j'aurai de meilleures nouvelles, soyez sûre que j'irai vous le dire moi-même. Bonjour, madame et bonne amie. »

a près de huit jours que je n'ai pu voir M. Grimm à mon aise, ni causer de suite avec lui. Il étoit temps que cette contrainte finît.

J'ai vu presque tous les jours chez Gauffecourt le baron d'Holbach, je me suis trouvée plus à mon aise avec lui que je ne l'aurois cru et que je ne le suis ordinairement avec ceux que je sais être prévenus contre moi; car je ne puis me flatter que Duclos m'ait mieux traitée auprès de celui-ci que de tant d'autres. Le baron m'a marqué beaucoup d'égards, il m'a même envoyé un panier de vingt-cinq bouteilles de vin de Bordeaux, ayant appris qu'il m'étoit ordonné, et sachant que je n'en pourrois trouver de bon. A tout autre j'aurois écrit un remerciment; mais M. Grimm m'a conseillé de ne rien faire qui marquât le désir de me lier avec lui, et il s'est chargé de lui témoigner comme il l'entendroit ma gratitude. Il prétend que le baron avec d'excellentes qualités a le défaut d'être fort inconstant dans ses goûts, et est en même temps sujet à l'humeur[1]. M. Grimm veut qu'il fasse les avances les plus décidées avant que je me prête à faire connoissance avec sa femme et lui, pour éviter par la suite ce qu'il appelle ses *turlus*. Le baron a demandé s'il n'étoit pas convenable qu'il vînt savoir si j'avois trouvé son vin bon. « Rien n'est moins nécessaire, lui a répondu Grimm; d'ailleurs, vous la voyez tous les jours chez Gauffecourt; vous pouvez le lui demander lorsque vous

---

[1] Tout le temps que Rousseau vécut dans la société, il le traita du haut en bas et n'en parlait qu'en l'appelant « ce petit cuistre. » Pour consoler Rousseau, Diderot lui disait que d'Holbach était comme cela avec tout le monde, et qu'on devait lui pardonner ses défauts en faveur de ses qualités. Morellet prétend, de son côté, qu'il avait « une grande politesse, une égale simplicité, un commerce facile, et une bonté visible au premier abord. »

la rencontrerez. — Ah! lui dit encore le baron, c'est que je ne serois pas fâché que ma femme fît connoissance avec elle, et c'est une occasion d'avoir accès dans sa société. — Je n'ai rien à vous dire là-dessus, » lui répondit Grimm; et la conversation changea d'objet. Je n'ai pas vu le baron depuis ce temps-là, ni n'en ai entendu parler.

M. de Francueil, qui est arrivé depuis cinq à six jours, est venu hier un moment chez moi. J'avois du monde, mais j'ai été très-contente de son ton et de sa contenance. Je n'ai pu me défendre d'être fort émue en le voyant; j'éprouvois un plaisir mêlé de crainte, et ce dernier sentiment fut un moment le plus fort; mais j'ai été promptement rassurée en le trouvant tel que je désirois qu'il fût[1].

Il paroît que Rousseau n'a pu tenir longtemps à tous ceux qui entourent Gauffecourt depuis qu'il est en convalescence, si toutefois c'est là ce que les médecins appellent une convalescence; quant à moi, elle me paroît aussi cruelle que la maladie. Il l'a quitté ce matin sans rien dire et s'en est retourné à pied à l'Hermitage : il m'a écrit quatre mots en partant, pour me prier de lui donner des nouvelles du malade et des miennes.

Dans une de mes visites à Gauffecourt, j'ai rencontré le baron, je l'ai remercié de son vin; il m'a demandé la permission de venir s'informer chez moi quand je n'en

---

[1] Pauvre Francueil! voilà que nous le regrettons presque plus que madame d'Épinay. Il valait mieux que Grimm. Et puis, c'était huit ans plus tôt, en pleine jeunesse. A présent il y a de la pédanterie et de la sécheresse à la maison. Vienne vite, pour que le paysage se ranime, le rayon de soleil qui éclairera Rousseau descendant de l'Ermitage vers Eaubonne, le long des coteaux d'Andilly!

aurois plus. Je lui ai répondu que je serois très-flattée de le voir, et j'ai parlé d'autres choses : cependant, dès le lendemain, il me rendit visite, et M. Grimm, qui est entré un peu après lui, l'a trouvé auprès de moi avec l'air de s'y plaire. J'ai remarqué, alors dans les yeux de ce dernier, la satisfaction qu'il éprouvoit de voir le baron assez détrompé sur mon compte pour être venu chez moi de son propre mouvement. Ah ! ce précieux ami est mille fois plus affecté que moi de ce qui me regarde !

LETTRE DE ROUSSEAU A MADAME D'ÉPINAY.

Vous ne m'avez pas marqué si l'on avoit congédié les médecins. Qui pourroit tenir au supplice de voir assassiner chaque jour son ami sans y pouvoir porter remède ? Eh ! pour l'amour de Dieu, balayez-moi tout cela, et les comtes et les abbés, et les belles dames et le diable qui les emporte tous. Alors écrivez-moi, et, s'il est nécessaire, je m'offre de ne le plus quitter ; mais ne me faites pas venir inutilement. Je veux bien donner ma vie et ma santé, mais je voudrois au moins que ce sacrifice fût bon à quelque chose ; car, quant à moi, je suis très-persuadé que je ne retournerai jamais à Paris que pour y mourir. Bonjour, ma bonne amie.

SUITE DU JOURNAL.

J'ai dîné aujourd'hui pour la première fois chez le baron d'Holbach[1]. Le ton et la conversation de cette maison

---

[1] « Le baron d'Holbach (nous citons Morellet, car il faut produire tous les témoignages) avoit environ soixante mille livres de rente, fortune que

me plaisent infiniment; sa femme est douce et honnête, je lui crois même beaucoup de finesse. L'on m'a présenté M. de Margency, qui est un homme âgé de trente ans, d'une santé foible, et qui passe sa vie chez le baron; il est ami de M. Grimm et dans la plus grande intimité avec M. Desmahis. Tout ce qui est ami de M. Grimm, tous ceux qui s'intéressent à lui me deviennent nécessaires à connoître.

jamais personne n'a employée plus noblement que lui, ni surtout plus utilement pour le bien des sciences et des lettres.

« Sa maison rassembloit les plus marquants des hommes de lettres françois : Diderot, J. J. Rousseau, Helvétius, Barthès, Venelle, Rouelle et ses disciples, Roux et Darcet, Duclos, Saurin, Raynal, Suard, Boullanger, Marmontel, Saint-Lambert, La Condamine, le chevalier de Chastellux, etc.

« Le baron lui-même étoit un des hommes de son temps les plus instruits, sachant plusieurs des langues de l'Europe, et même un peu des langues anciennes, ayant une excellente et nombreuse bibliothèque, une riche collection des dessins des meilleurs maîtres, d'excellents tableaux, dont il étoit bon juge, un cabinet d'histoire naturelle contenant des morceaux précieux. »

(*Mém. de Morellet*, I, 127.)

CHAPITRE VI

1757

Le duc d'Orléans fait nommer Grimm secrétaire du maréchal d'Estrées. — Commencement de la guerre de Sept-Ans. — Rétablissement de Gauffecourt. — Lamentations de madame d'Épinay. — Madame d'Houdetot à Eaubonne. — Compliment de Rousseau à Grimm. — Adieux. — Portrait de M. de Croismare. — M. de Margency et madame de Verdelin. — *La Nouvelle Héloïse* sur le métier. — Madame d'Esclavelles et ses petits-enfants. — Comment le baron d'Holbach veut et ne veut pas, et enfin loue la Chevrette. — Lettres de Grimm. — Madame d'Épinay s'inquiète de l'opinion qu'on a d'elle. — Nouveau tour de Duclos. — Départ de Saint-Lambert. — Colères de Jean-Jacques. — Portrait de M. de Margency. — Tableau de l'armée d'Allemagne. — M. de Jully ambassadeur de madame de Pompadour.

LETTRE DE MADAME D'ÉPINAY A M. DE LISIEUX.

O monsieur, mon bon ami, mon père, venez me soutenir, encouragez-moi, ne me laissez pas à moi-même ; je me crains : je veux être généreuse et je ne le puis. La satisfaction que je ressens de la faveur où est M. Grimm suffit à peine pour calmer ma douleur, et ne peut me faire détourner les yeux sur les dangers attachés à la distinction qu'il a reçue. Ma foiblesse est injuste, déraisonnable ; mais perd-on ses amis de sang-froid ? Oui, monsieur, il part ; je dois l'y encourager, je dois en être bien aise, je dois... je dois penser, agir, sentir contre nature. Non, je ne le puis. Tenez, il m'est impossible d'écrire : je suis désolée.

Le duc d'Orléans, à qui M. Grimm avoit fait assidûment sa cour depuis la mort du comte de Frièse, avoit redoublé d'estime et d'intérêt pour lui. Il pensa que la guerre qui alloit se faire sur terre[1] seroit un moyen sûr pour son avancement et pour sa fortune ; ce fut la raison qui le fit mander à Saint-Cloud. Lorsqu'il eut été introduit dans le cabinet du prince, celui-ci lui demanda s'il n'avoit pas d'autres vues pour sa fortune que les réflexions philosophiques dont il pourroit faire part au public. Puis il ajouta : « Toutes les rêveries métaphysiques du monde ne vaudront pas pour vous, croyez-moi, l'emploi que je veux vous faire avoir dans l'armée : c'est mon affaire de vous y attacher convenablement. J'ai demandé au maréchal d'Estrées, qui commande, de vous prendre d'abord comme secrétaire ; vous savez plusieurs langues, vous lui serez utile. Après cette campagne, si le jeu vous plaît, nous ferons mieux pour vous ; si, au contraire, vous trouvez que le mouvement d'une armée ne s'accorde pas avec le calme nécessaire à vos méditations, vous reviendrez ici rêver tout à votre aise à l'ombre de vos lauriers. »

---

[1] « Le roi ayant résolu d'envoyer cent mille hommes en Westphalie pour le service de l'impératrice-reine et du roi de Pologne, ses alliés, sous les ordres du maréchal d'Estrées, les premières colonnes de ces troupes étoient arrivées à Nuys et à Düsseldorf les derniers jours de mars et les premiers d'avril. L'impératrice y avoit aussi envoyé un corps de troupes allemandes, pour servir sous les ordres des généraux françois. Le prince de Soubise, chargé du commandement de l'armée jusqu'à l'arrivée du maréchal d'Estrées, s'y étoit rendu des premiers avec le comte de Maillebois, maréchal général des logis de l'armée, le comte de Saint-Germain et plusieurs autres lieutenants généraux, et ils avoient fait toujours les dispositions préliminaires.

« 6 avril. — Le prince de Soubise envoie un détachement des troupes de l'impératrice-reine enlever au roi de Prusse la ville de Clèves, ce qui est exécuté le même jour. » (*Journal du règne de Louis XV.*) Ceci est le commencement de la guerre de Sept-Ans, si fatale à la France.

Madame d'Épinay, en apprenant ces détails, passa alternativement de la joie au désespoir le plus violent. L'excès de sa douleur se calma cependant par l'espérance que nous lui fîmes concevoir que M. Grimm en seroit quitte pour une campagne, et que peut-être M. le duc d'Orléans songeroit ensuite à le fixer sérieusement auprès de lui.

SUITE DU JOURNAL.

Le baron d'Holbach m'a amené hier M. de Margency ; Gauffecourt l'a surnommé le syndic[1] des galantins, et cela me paroît merveilleusement trouvé. Le baron est resté peu de temps ; mais M. de Margency, m'ayant entendu dire que M. Grimm alloit arriver, m'a demandé permission de l'attendre. Il vouloit lui parler de Desmahis, qui est plus tourmenté que jamais de l'idée que M. Grimm lui en veut : il lui faisoit demander encore une explication ; mais, loin de la lui accorder, celui-ci a chargé M. de Margency de lui dire qu'ayant employé en vain tous les moyens qui étoient en son pouvoir pour calmer ses craintes, il ne lui reste plus qu'à renoncer à son amitié. Nous sommes convenus que c'étoit en effet le seul moyen de finir des discussions aussi ennuyeuses qu'absurdes et chimériques. J'ai passé le reste de la soirée avec mon bon ami, ma mère et mes enfants.

[1] M. de Margency (Adrien Quiret) était en réalité « syndic » du village dont il possédait la seigneurie. Si l'on peut comparer les temps et les fonctions, le syndic était une sorte de maire ; mais ses attributions n'allaient guère au delà du soin de surveiller la répartition de l'impôt foncier de la taille.

Grâces au ciel, les médecins ont déclaré que notre cher Gauffecourt étoit tout à fait hors de danger. Pour moi, je crains bien qu'il ne se ressente de cette attaque le reste de ses jours; au moins, nous le conserverons.

C'étoit aujourd'hui le jour de la semaine où je rassemble mes amis. On a beaucoup parlé de M. Grimm, de la bonté que lui marque le duc d'Orléans, et des espérances qu'il en peut concevoir. « Tout cela est bel et bon, messieurs, s'est écrié le baron d'Holbach ; mais je trouve qu'il est bien fou de partir sous un titre aussi léger que celui de secrétaire. A votre place, mon ami, je ne partirois pas sans être assuré d'un poste plus important à mon retour. — Non, monsieur, dussé-je me retrouver comme je suis, et pis encore, s'il est possible, dit M. Grimm, j'accompagnerai le maréchal. » Tout le monde a blâmé l'opinion du baron, mais personne n'a senti le côté malhonnête de cet avis. Je n'ai pu m'empêcher de leur faire voir que M. Grimm n'avoit pas le choix sur le parti qu'il convenoit de prendre ; alors tous se sont récriés sur la justesse de mon observation, sur l'agrément que promettoit cette campagne. Quelqu'un ayant ajouté qu'il seroit bien fâcheux que M. Grimm n'en pût supporter les fatigues, il est échappé à celui-ci de souhaiter de le pouvoir. Ce souhait étoit-il sincère ?

O hommes, que vous mettez peu d'importance à nos craintes et à notre douleur ! Je vais finir ma journée seule, en pleurant sur mon sort ; il me semble que je n'ai plus que cela à faire. M. Grimm est allé ce soir à Saint-Cloud. En me quittant, il a versé quelques larmes ; elles m'ont plus consolée que tous les raisonnements que je puis me faire.

Le maréchal[1] a répété à M. Grimm ce mot fatal pour moi : « Je vous emmène. » Il a ajouté en riant : « Je

[1] Louis-Charles-César Le Tellier, comte d'Estrées, marquis de Louvois et de Courtenvaux, né en 1695, mort le 2 janvier 1771, était petit-fils de Louvois.

A deux ans on le fit entrer dans l'ordre de Malte. Mestre de camp de cavalerie en 1716, il fit en 1719 une campagne en Espagne, devint en 1722 capitaine des Cent-Suisses, brigadier à l'armée du Rhin en 1734, maréchal de camp en 1738, lieutenant général en 1744, chevalier du Saint-Esprit en 1746, et maréchal de France au mois de février 1757, peu de temps avant d'être désigné pour le commandement de l'armée d'Allemagne.

« Le maréchal d'Estrées avoit on ne sauroit moins d'esprit. Sa société, quoique sûre, étoit fâcheuse ; et, sans le jeu qu'il aimoit passionnément, il y auroit été insoutenable. Il y mettoit en avant des opinions vides de sens, qu'il soutenoit avec chaleur et déraison, sans jamais écouter les objections qu'on lui faisoit. Il portoit le même esprit dans les affaires, dans le conseil, à la tête des armées. Ce n'est pas qu'il ne fît un projet, un mémoire militaire assez bien ; mais lorsqu'il étoit sur le terrain, ou qu'il s'agissoit du moment, sa timidité étoit extrême. Il étoit partout très-brave de sa personne. D'ailleurs franc, loyal, ouvert, il avoit tout ce qu'il faut pour être à la tête des troupes françaises, dont il étoit estimé. »

Dans la campagne de 1757, « le maréchal d'Estrées se trouvoit, pour la première fois, commandant en chef d'une armée ; et comme il avoit toujours servi avec zèle, activité, valeur, et confiance des généraux, étant officier général, il apporta au commandement la réputation d'homme de guerre, qu'il ne tarda pas à détruire, lorsqu'on vit ses incertitudes, ses craintes et sa mollesse à maintenir la discipline. Les idées avantageuses qu'on avoit eues sur son compte se changèrent bientôt en critiques amères, en propos licencieux. A peine y avoit-il un mois qu'on étoit rassemblé que M. d'Estrées étoit déjà totalement discrédité dans son armée.

« Il lui auroit été d'autant plus aisé de montrer moins son incapacité qu'il avoit affaire à un adversaire bien propre à donner de la réputation à un général. Jamais on n'a vu un homme moins fait pour la guerre que M. de Cumberland. Il sembloit être à nos ordres. »

(*Besenval* I, 40.)

vous dérange un peu de vos occupations et de vos sociétés. » Avec quelle légèreté les grands se jouent du bonheur des particuliers! Pourquoi lui dire cela en riant? Ces gens-là ne sentent-ils rien ou ne sont-ils affectés seulement que de ce qui les touche?

M. Grimm m'avoit promis de revenir de bonne heure aujourd'hui; mais il étoit neuf heures passées lorsqu'il est arrivé. Un homme, dit-il, à qui il avoit à parler, l'a entraîné par l'agrément de sa conversation et l'a retenu. S'il se trouvoit dans tout l'univers un homme qui eût le pouvoir de me faire rester lorsqu'il m'attend, ah! s'il existoit, je le ferois noyer, car il m'auroit privée du seul bonheur de ma vie!

J'ai passé ma journée en famille pour terminer une négociation importante pour la comtesse d'Houdetot; son mari sert en qualité de maréchal de camp. Il vouloit que sa femme allât, selon l'usage, s'enfermer dans sa terre pendant la guerre : nous nous y sommes tous opposés, et sa mauvaise santé a été un prétexte très-valable pour autoriser son refus; mais l'éloignement de sa terre étant la seule cause de sa répugnance à l'habiter, nous avons obtenu du comte qu'il lui loueroit une petite maison de campagne proche de Paris. Il en a préféré une qui est située entre l'Hermitage et la Chevrette; elle ne lui coûte que cinq cents livres de loyer, et, toute vilaine qu'elle est, la comtesse est heureuse de cette possession et a le bon esprit de s'en contenter. Il est si aisé de faire son bonheur, qu'il faut être bien dur et bien injuste pour s'y refuser[1].

---

[1] Madame d'Houdetot n'était pas si reléguée à l'écart que le dit madame d'Épinay, ni son mari si chiche. Ils avaient une assez grande maison, et madame d'Houdetot allait à la cour où la reine, Marie de Pologne,

SUITE DU JOURNAL.

Que j'ai de peine à me résigner! que je me trouve petite et foible! Je suis, sur le départ de M. Grimm, comme on est à l'égard d'un ami dangereusement malade. Le médecin arrive : « Ne vous flattez pas, dit-il, votre ami est sans ressources, à moins d'un miracle dont nous ne connoissons point d'exemple. » On se désole, mais on attend le miracle, et l'on espère encore. Hélas! dans huit ou dix jours, il ne sera plus ici!

J'ai vu aujourd'hui Diderot chez le baron d'Holbach ; il m'a fait tant de compliments, m'a dit tant de fadeurs sur l'empire que je prenois sur mes amis, que je sens à merveille qu'il me juge tout au contraire de ce que je suis. L'envie de subjuguer est bien loin de moi, et je n'en ambitionne point la gloire : c'est ce que j'ai tâché adroitement de lui faire sentir ; peut-être n'y aura-t-il vu qu'une finesse de plus.

En rentrant chez moi, j'ai trouvé une lettre de Rousseau ; je lui avois annoncé le départ de M. Grimm. « Je « fais mon compliment, me dit-il, à mon ancien ami « Grimm ; mais la faveur des grands entraîne toujours « des inconvénients. Apparemment qu'il a bien combiné

---

faisait grand cas d'elle. Le nom était tout, et madame d'Épinay, fille noble, mais femme d'un financier, ne pouvait aller là où pénétrait de droit sa belle-sœur, fille d'un financier, mais mariée à un gentilhomme de la vieille roche.

La maison louée dans la vallée de Montmorency par M. d'Houdetot était à Eaubonne, et non sans agréments. Ce n'est pas entre la Chevrette et l'Ermitage où il n'y a que Deuil, c'est assez loin du côté de l'ouest, au delà du lac, sur la route de Saint-Leu, entre Ermont, Soissy et Margency.

« ce qui lui convient. Je le plains plus que vous, ma-
« dame. »

BILLET DE MADAME D'ÉPINAY A M. GRIMM, LE JOUR DE SON DÉPART.

A onze heures du matin.

J'ai déjà passé une heure avec vous, et dans deux d'ici je ne vous verrai plus. Vous m'avez promis de me voir encore, mon ami ; j'ai, en vérité, nombre de choses essentielles à vous dire, à vous demander. Je voudrois vous parler, vous écrire... les expressions me manquent. Mon ami, ménagez-vous, c'est tout ce que je puis vous dire : c'est mon bien que je vous confie, oui, mon bien, mon unique bien. Soyez tranquille pour moi ; j'apporterai à ma santé tous les soins que vous méritez que j'en prenne. Je n'ai pu m'empêcher de vous écrire ce billet pendant votre toilette, et je ne puis m'empêcher de vous l'envoyer, ne fût-ce que pour vous dire encore que je vous attends.

LETTRE DE MADAME D'ÉPINAY A M. GRIMM.

Oh! les cruels amis! Quelle satisfaction ils ont pensé retarder d'un jour! Le baron, M. de Margency, le marquis de Saint-Lambert, la comtesse d'Houdetot sont tous accourus. « Quoi! il est parti? — Eh! mais, sans doute, il est parti. » Et puis des regrets, des éloges. Que tous ces gens-là sont froids et s'expriment foiblement auprès de ce que mon cœur sent! Ils se sont installés ; ils vouloient me consoler, m'être utiles ; mais je ne leur ai rendu justice qu'après qu'ils ont été partis. Comme nous allons dans quelques jours à la Chevrette, je me suis mise à faire des paquets de mes papiers et de mes livres; ils m'ont aidé, et cela m'a amusée un moment en me faisant accroire que j'allois partir aussi et que je vous retrouverois quelque part. Dès que j'ai été seule, j'ai couru chez vous[1]; j'avois un pressentiment que je ne me trouverois bien que là. Croiriez-vous que ce n'a été qu'au bout d'une demi-heure que j'ai enfin aperçu cette lettre à mon adresse que vous y aviez laissée? Voilà donc pourquoi il ne falloit pas laisser entrer chez vous? Que je vous remercie, mon ami! qu'elle est douce, qu'elle est consolante, cette lettre! Oui, je porterai sur mon cœur pendant tout le temps de votre absence ce précieux gage de votre tendresse et de vos attentions pour moi, aussi délicates qu'inépuisables. Après l'avoir relu dix fois, j'ai fini de ranger votre secrétaire et votre bureau; j'ai été dire un petit bonsoir à ma mère, et je vais finir ma journée avec mes enfants.

LETTRE DE M. GRIMM A MADAME D'ÉPINAY.

En partant.

Je serai déjà loin de vous, ma précieuse amie, lorsque ce billet vous rappellera combien mon cœur en est occupé. C'est avec le plus mortel regret que je vous quitte et que je renonce pour un temps à la douceur de vivre auprès de vous; mais, mon amie, nous ne saurions être tout à fait malheureux d'un événement qui est dans l'ordre et que le devoir de tout homme exige. Puisque j'ai

---

[1] Grimm demeurait déjà chez madame d'Épinay.

adopté la France pour patrie, je dois la servir[1]. Que vous êtes injuste si vous m'accusez encore d'ambition ! Rapportez-vous-en à moi pour ne faire que ce dont je ne puis me dispenser sans me manquer à moi-même. Je vous remercie du billet que vous venez de m'envoyer ; je sens trop par expérience, ma tendre amie, qu'il faut nous pardonner mutuellement la faiblesse du premier moment ; la sensibilité a des droits dont il faut chérir les effets. Celle que vous me marquez m'est bien précieuse ; mais il ne faut pas en étendre les bornes jusqu'à s'exagérer son malheur, et en devenir incapable de subir la loi de sa vocation. La vôtre est de vous conserver pour madame votre mère, pour vos enfants, pour l'ami le plus tendre. Songez que son bonheur est attaché à votre conservation et à votre bien-être. Rappelez-vous souvent, je vous en conjure, le sujet et le résultat de nos dernières conversations. Voyez combien vous avez besoin de courage, de fermeté et d'élévation pour parer à tous les inconvénients de votre situation. Mon amie, ce ne sera pas dans les larmes que vous acquerrez l'énergie qui vous est nécessaire. Ne souffrez pas que votre mari fasse aucune injustice à vos enfants ni à vos domestiques ; soumettez-vous plutôt à celles qu'il pourroit vous faire, si elles n'ont pas des suites trop importantes et si elles peuvent vous procurer du repos. Voilà, en général, le rôle qu'il vous convient de jouer.

Je vous laisse, d'ailleurs, bien entourée ; il ne tient qu'à vous de mener une vie fort douce et fort agréable. La société du baron est bien composée, vous y êtes re-

---

[1] L'expression est un peu forte. On n'est pas un citoyen parce qu'on touche de bons appointements dans une chancellerie militaire ; mais en quittant sa belle il faut bien faire blanc de son épée.

cherchée, et, puisqu'on sait vous y apprécier, je ne vois nul inconvénient pour vous à en jouir ; vous ne pouvez tous que gagner à vous connoître davantage, surtout si ma tendre amie veut bien se dire qu'une confiance sans bornes n'est pas due à tous les amis. Un peu de prudence sur ce point peut être recommandée à une âme aussi droite, aussi franche que la vôtre sans la blesser. Vous pouvez tirer un très-bon parti de Margency : il est aimable et amusant. Je suis étonné que vous n'ayez pas répondu avec plus d'empressement aux prévenances du marquis de Croismare, et que vous l'ayez reçu si froidement quand on vous l'a amené : c'est un homme d'un mérite distingué ; je serois très-aise de le voir établi dans votre société [1]. Ne me direz-vous pas, dans vos moments perdus, votre opinion sur eux tous ? Oubliez ce que nous en avons dit, et jugez-en par vous-même ; point de paresse d'esprit, s'il vous plaît. Adieu, adieu donc, mon amie. Que ce mot étoit doux à prononcer tous les soirs, mais qu'il me coûte à présent !

---

[1] Son portrait est là, deux pages plus loin. Il avait un frère et un cousin, qui sont devenus, l'un lieutenant général, et l'autre maréchal de camp. Celui-ci a commandé l'École militaire, fondée par le roi Louis XIV.

Le marquis était mort en 1774, car la sèche madame du Deffand daigne en parler, à cette date, comme d'un ami perdu pour d'Argental. Il l'était même en 1773, car Galiani, à propos de son portrait, écrit en juin (*Corresp.* t. II, 41) : « Il est parfaitement bien gravé. L'incomparable marquis de Croismare avoit une laideur originale, charmante, caractéristique, » et en juillet (t. II, 58) : « Un portrait en profil ne ressemblera jamais à notre bon M. de Croismare, dont le masque et la pantomime du visage étaient la caractéristique. »

Ami des arts et s'y connaissant, il commandait en 1756 à Raphaël Mengs des tableaux que Grimm a décrits. Diderot le peint comme un peu léger (sept. 1767) : « Il a trop besoin de variété pour s'asseoir plus d'un jour. » Mais c'était la grâce et la bonté même.

Je vais donc vous embrasser pour la dernière fois d'ici à six mois!

LETTRE DE MADAME D'ÉPINAY A M. GRIMM.

Je ne m'y fais point, je crois même que je ne m'y ferai jamais. Dix fois ce matin j'ai pensé envoyer chez vous. Je vous plains, mon ami, presque autant que moi. Vous allez être entouré de gens qui n'auront nul égard pour votre tristesse. Quant à moi, je suis un peu dédommagée par l'approbation générale que j'entends donner de toutes parts aux bontés que le duc d'Orléans a pour vous ; mais aussi, plus je vous vois aimé, plus je redoute les envieux.

Eh bien, mon ami, vous voulez donc que je me dise : « il remplit sa vocation, nous subissons notre sort. » Que ces raisons sont foibles et qu'elles ont encore peu de pouvoir sur moi ! Vous êtes si raisonnable, si austère, qu'il faut que j'aye un grand fonds de confiance en vous et une grande habitude de vous tout dire pour oser vous montrer toute la folie de mon cœur. Comme vous me le disiez un jour, je crois que je serai enfant jusqu'à l'âge où l'on retombe en enfance : mon ami, je le suis au point d'en faire gloire. J'ai bien de la peine à vous pardonner le refus de ce certain portrait relégué dans votre antichambre ; il est vrai qu'il fait un peu la grimace, mais j'en aurois tiré un grand parti, de cette grimace : j'aurois regardé sans cesse autour de moi pour voir si je n'avois pas agi ou parlé de travers. Mais laissons votre portrait, mon cœur et ma folie. Je veux vous tenir si bien au courant de tout ce qui nous intéresse, que vous puissiez croire quelquefois ne nous avoir pas quittés.

J'ai reçu ce matin un billet de M. d'Épinay, sans date de lieu. Il me mande de faire reprendre les ouvrages qu'il avoit donné ordre d'interrompre au grand château, mais de ne faire finir que huit appartements; il désire que j'aille m'y établir à la Saint-Jean et que je loue la Chevrette pour ce terme. Cela me déplaît fort et me mettra dans le cas de n'être pas un instant tranquille, tandis que le repos est le seul bien que j'ambitionne. Le baron, qui étoit chez moi lorsque j'ai reçu cet ordre, a grande envie de louer la Chevrette; si sa femme n'y met pas d'opposition, je crois que c'est une affaire faite.

Vous voulez donc savoir mon idée sur la société du baron? Jusqu'à présent, elle me paroît fort agréable; mais, mon ami, je n'aurai pas grande peine à la juger par moi-même, et ce que vous m'en avez dit n'aidera pas beaucoup à ma sagacité; car, excepté le marquis de Croismare, je ne crois pas que vous m'ayez parlé d'aucun d'eux en particulier. Si cela est, je ne me le rappelle pas; cependant il ne m'arrive guère d'oublier ce que vous me dites.

Pardonnez-moi : vraiment, j'ai très-bien distingué le marquis de Croismare; c'est même celui de toute cette société qui me plaît le plus. Il faut dire que, m'ayant demandé plusieurs fois la permission de venir chez moi, je lui ai peut-être donné lieu de penser que je n'y mettois pas un grand empressement; mais cela tenoit à l'espèce d'indifférence où je suis depuis quelque temps sur tout ce qui n'est pas vous. J'ai bien réparé ce tort, et, depuis votre départ, il est venu me voir tous les jours. Son caractère est si ouvert qu'il n'est pas nécessaire de l'observer longtemps pour le connoître; il allie, ce me semble, beaucoup de finesse à beaucoup de franchise. Voici le portrait que j'en pourrois faire, autant sur votre parole que sur ce que j'en ai vu.

« Je lui crois bien soixante ans; il ne les paroît pourtant pas; il est d'une taille médiocre, sa figure a dû être très-agréable : elle se distingue encore par un air de noblesse et d'aisance qui répand de la grâce sur toute sa personne. Sa physionomie a de la finesse. Ses gestes, ses attitudes ne sont jamais recherchés; mais ils sont si bien d'accord avec la tournure de son esprit, qu'ils semblent ajouter à son originalité. Il parle des choses les plus sérieuses et les plus importantes d'un ton si gai, qu'on est souvent tenté de ne rien croire de ce qu'il dit. On n'a presque jamais rien à citer de ce qu'on lui entend dire; mais, lorsqu'il parle, on ne veut rien perdre de ce qu'il dit; et, s'il se tait, on désire qu'il parle encore. Sa prodigieuse vivacité, et une singulière aptitude à toutes sortes de talents et de connoissances, l'ont porté à tout voir et à tout connoître; au moyen de quoi vous comprenez qu'il est très-instruit. Il a bien lu, bien vu, et n'a retenu que ce qui valoit la peine de l'être. Son esprit annonce d'abord plus d'agrément que de solidité, mais je crois que quiconque le jugeroit frivole lui feroit tort. Je le soupçonne de renfermer dans son cabinet les épines des roses qu'il distribue dans la société : assez constamment gai dans le monde, seul, je le crois mélancolique. On dit qu'il a l'âme aussi tendre qu'honnête; qu'il sent vivement et qu'il se livre avec impétuosité à ce qui trouve le chemin de son cœur. Tout le monde ne lui plaît pas; il faut pour cela de l'originalité ou des vertus distinguées, ou de certains vices qu'il appelle passions; néanmoins, dans le courant de la vie, il s'accommode de tout. Beaucoup de curiosité et de la facilité dans le caractère (ce qui va jusqu'à la folie) l'entraînent souvent à négliger ses meilleurs amis et à les perdre de vue, pour se livrer à des goûts factices et passagers : il en rit avec eux; mais on voit si clairement qu'il en rougit avec lui-même, qu'on ne peut lui savoir mauvais gré de ses disparates. »

C'est à vous présentement, mon ami, que je demande si ce n'est pas là le marquis de Croismare : voilà du moins mon opinion sur lui; à la fin de la campagne, je vous dirai si je n'ai pas changé d'avis. Je l'ai fort prié de venir ici, et il me l'a promis. M. de Margency, à qui j'ai fait la même proposition, m'a pris au mot et compte même faire un établissement chez moi : je crois deviner son motif, mais nous parlerons de lui une autre fois. J'ai des compliments, des amitiés sans nombre à vous faire; chacun voudroit être nommé; que cela soit dit une fois pour toutes. Adieu, mon bon ami, je vais dîner chez le baron. Demain nous partons pour la Chevrette; si je peux, je vous écrirai.

LETTRE DE MADAME D'ÉPINAY A M. GRIMM.

J'ai pris congé de mes amis hier; je me suis renfermée aujourd'hui pour vaquer à mes affaires et pour causer à mon aise avec vous, mon tendre ami. Je fais partir tout mon monde ce soir, j'irai avec mes enfants souper chez ma mère; et demain de bon matin je pars : ils viendront l'après-dînée me trouver avec elle. Vous n'avez pas d'idée de la joie qu'ont mes marmots d'aller souper en ville ; cela est tout simple à leur âge : mais vous n'avez pas d'idée de la satisfaction que cette joie me cause, je ne donnerois pas cette soirée pour beaucoup d'autres qui pourroient paroître plus saillantes. On est entouré d'une source perpétuelle de bonheur dont on ne sait pas assez jouir. Je vous dois un grand nombre de découvertes en ce genre, mon ami, qui me sont bien précieuses : si je ne puis présentement en jouir sans mélange, elles m'aideront du moins à supporter une privation nécessaire, mais cependant bien cruelle.

J'ai vu hier chez le baron M. de S*** qui part aujourd'hui pour votre armée ; je lui ai remis ma lettre que vous aurez plus promptement que par la poste, parce qu'il va directement où vous êtes. Le marquis de Croismare lui a remis de l'argent pour son frère, qui vous arrive aussi incessamment [1]. Le marché de la Chevrette se conclura, je crois, avec le baron : sa femme me paroît sur tout cela d'une si parfaite indifférence, qu'elle ne mettra pas d'obstacle à ce projet. Margency en est enchanté ; car la terre de madame de Verdelin [2] étant à

---

[1] Louis-Eugène, comte de Croismare, alors brigadier et lieutenant colonel du régiment du Roi. Il reçut ses ordres de service pour l'armée d'Allemagne le 1er mars 1752.

[2] Marie-Louise-Madeleine de Bermond, fille de Charles, chevalier, comte d'Ars et de la Gardette, et de Marie de Bermond-d'Ars. Elle avait épousé, par contrat du 21 avril 1750, bien malgré elle, Bernard de Verdelin, chevalier, capitaine au régiment d'Auvergne, puis maréchal de camp, veuf sans enfants de Marie-Louise Ladoubard de Beaumanoir, veuve elle-même de Pierre de Charette, lieutenant général et gouverneur de Saint-Domingue. Sa pauvreté avait fait faire ce mariage. M. de Verdelin était « vieux, laid, sourd, dur, brutal, jaloux, balafré, borgne, au demeurant bon homme quand on savoit le prendre » (*Confessions*, II, x). « Ce mignon, jurant, criant, grondant, tempêtant, et faisant pleurer sa femme toute la journée, finissoit par faire toujours ce qu'elle vouloit.

deux lieues des miennes, cela lui seroit très-commode.

Par exemple, si je ne vous voyois tous d'accord à croire Margency aussi honnête, aussi bon qu'il est aimable, je l'aurois cru méchant et fat. Au moins est-il léger et indiscret. Je l'avois souvent entendu parler des demoiselles d'Ars, et nous lire des lettres de l'aînée, très-bien écrites, mais très-passionnées. J'en avois conclu que cette madame de Verdelin étoit une fille qu'il entretenoit ; et comme je ne me mêle guère des affaires des autres, j'étois restée dans mon opinion. J'ai été très-étonnée d'apprendre par hasard que c'étoit une femme de condition très-jolie, très-aimable, très-raisonnable, qui n'a contre elle que le malheur d'avoir pris pour M. de Margency une violente passion, à laquelle elle sacrifie tout. Eh bien, voilà une femme compromise, perdue même, par un mauvais choix! On dit qu'elle lui a résisté longtemps ; car on n'ignore rien de ce qui les concerne. Je ne sais si vous avez ouï conter cette anecdote de leur roman qui est singulière. Un jour que Margency la pressoit sans succès et qu'elle le refusoit avec la plus grande fermeté, il eut recours à ce dépit simulé dont on ne craint les effets que lorsqu'il n'est pas fondé. « J'entends, ma-

---

et cela pour la faire enrager, attendu qu'elle savoit lui persuader que c'étoit lui qui le vouloit, et que c'étoit elle qui ne le vouloit pas. »

Madame de Verdelin avait de l'esprit. Jean-Jacques, qui fut longtemps à ne pas l'aimer, dit que les traits malins et les épigrammes partaient chez elle avec tant de simplicité qu'il fallait une attention continuelle pour sentir qu'on était persiflé.

M. de Verdelin était mort en 1766, car une lettre de Rousseau, datée de Wootton, en Angleterre, conseille à madame de Verdelin d'épouser M. de Margency. Elle avait alors deux jeunes filles : Léon-Marie, mariée, par contrat du 11 juin 1775, à Sophie-Jacques de Courbon-Blénac, lieutenant des vaisseaux du roi, et Henriette-Charlotte de Verdelin.

dame, lui dit-il ; vous ne m'aimez pas. » Elle se mit à rire de ce propos comme d'une absurdité. Il le répéta du même ton et avec plus de violence encore. Elle le regarda avec étonnement, lui rappela les dangers auxquels elle s'exposeroit, la jalousie de son mari, le mépris que ses parents, tous livrés à la dévotion, auroient pour elle ; la dépendance où la tiendroit le besoin qu'ils auroient de leurs valets : rien ne put calmer Margency. Elle se lève avec le plus grand sang-froid, le prend par la main, le mène dans son cabinet : « Eh bien, monsieur, dit-elle, soyez heureux. » Il le fut, ou le crut être ; et voilà les hommes ! Non, ils ne sont pas tous ainsi : il en existe de plus généreux.

On a tenté plusieurs fois, dit-on, de faire entendre à madame de Verdelin que Margency la compromettoit ; elle ne s'est jamais permis d'écouter la moindre plainte contre lui. Cela est bien beau, mais bien fou ! Sa sœur est sa confidente ; mais cette femme n'en est pas moins malheureuse. Elle a beau avoir fait son idole de Margency, lui offrir toutes ses peines comme à son dieu, car son mari est un vieux borgne, infirme, vilain dans toute l'étendue du terme, jaloux et tyrannique, elle n'en est pas dédommagée, on prétend que Margency, en rendant justice au mérite de madame de Verdelin, n'en est cependant que foiblement épris. Néanmoins elle en paroit contente ; elle dit qu'elle l'aime pour lui, et que, pourvu qu'il soit heureux, elle ne désire rien. Ce sentiment est-il bien juste ? Je suis loin de cette perfection ; car je ne la crois pas dans la nature : sûrement cette femme est romanesque. Le bonheur de deux personnes qui s'aiment est si étroitement lié qu'il ne fait qu'un. On peut faire réciproquement des sacrifices à la raison, à la fortune, à l'honneur; mais la douleur est la même. Sans doute, on veut par-dessus tout le bonheur de l'objet que l'on chérit, mais on veut qu'il soit heureux par nous : c'est un droit dont on est jaloux à proportion qu'on est heureux par lui; et quand l'un des deux y a renoncé, il n'est plus de bonheur ni de repos : l'espèce de tranquillité qu'il acquiert avec le temps est un néant mille fois plus à craindre que la mort. O mon ami, ô vous, chargé sans doute par le ciel de répandre la lumière dans mon âme et le charme sur ma vie, nous n'avons point de semblables révolutions à craindre. Vous tiendrez à votre ouvrage; j'adorerai, je révérerai toujours la source de mes progrès, et rien dans l'univers ne pourra altérer ni rompre le lien qui nous unit.

Ma mère, toute occupée de me dissiper, a, je crois, engagé le baron et sa femme à me proposer de faire un voyage à Chantilly. Je présume que c'est elle, par l'empressement qu'elle a eu à me faire accepter cette partie : ils doivent donc me mener à Chantilly à la fin de l'autre semaine, avec le marquis de Croismare. Margency a dit qu'il vouloit en être. « A la bonne heure, a répondu le baron d'un air de mauvaise humeur; mais n'allez pas bavarder de ce projet chez votre vieux borgne; nous voulons être seuls, nous voulons être libres et en petite société; ainsi, mon ami, une fois en votre vie, mettez, je vous prie, votre langue dans votre poche. » Tout en riant de la harangue, M. de Margency a promis si doucement de se taire, que je présume qu'il est accoutumé aux sorties du baron, et qu'il le mérite.

La comtesse d'Houdetot est venue hier me dire adieu. Que c'est une jolie âme; naïve, sensible et honnête! Elle est ivre de joie du départ de son mari, et vraiment elle est si intéressante que tout le monde en est heureux pour elle : elle étoit folle hier comme un jeune chien. Le marquis de Saint-Lambert étoit avec elle ; il vous fait mille et mille compliments. Il m'a conté un propos très-plaisant qu'il a tenu à Rousseau dans son dernier voyage à Paris : « Voulez-vous savoir, lui dit le marquis, la différence du sentiment d'amitié qui nous unit l'un à l'autre ? c'est que je chéris le besoin que mon cœur a de vous, et que vous êtes quelquefois embarrassé du besoin que vous auriez de moi. » Cela a dû le piquer, car cela est vrai.

Voilà le temps que je vous destinois écoulé, et il me semble que je ne vous ai presque rien dit. Adieu donc, mon bon ami ; je compte les jours de votre absence, et j'attends impatiemment celui qui doit m'apporter de vos nouvelles.

LETTRE DE MADAME D'ÉPINAY A M. GRIMM.

De la Chevrette.

En arrivant ici avant-hier, mon ami, nous avons trouvé Rousseau qui nous attendoit ; il étoit calme et de la meilleure humeur du monde. Il m'a apporté à lire deux cahiers d'un roman qu'il a commencé cet hiver[1]. Il me

---

[1] *La Nouvelle Héloïse*, ce roman céleste des cœurs de vingt ans. Malheureux en effet qui n'en a pas, une fois en sa vie, savouré l'ivresse !
C'est à madame d'Épinay que les lettres doivent ce chef-d'œuvre. Si Rousseau n'eût pas vécu deux printemps à l'Ermitage, il ne l'écrivait pas. Mais elles le doivent aussi à madame d'Houdetot, car il n'y jetait pas la même flamme, si elle n'était venue, par cette journée de boue et de froid d'automne, allumer en son cœur la première étincelle de la passion.
Mais ce n'est ni madame d'Houdetot, ni madame d'Épinay qui ont, les premières, lu le livre immortel. C'est Thérèse et sa mère.
« Content, dit Jean-Jacques, d'avoir grossièrement esquissé mon plan,

les laisse pour quelques jours ; car je ne puis encore ni lire ni juger. Il est retourné à l'Hermitage hier au soir, afin de continuer cet ouvrage qui fait, dit-il, le bonheur de sa vie. Vous voyez bien d'après cet avertissement que, quelque jugement que j'en porte, je me garderai bien de détruire une chimère qui lui est si chère.

Notre déjeuner ce matin a été assez silencieux : nous sentions tous qu'il y manquoit quelqu'un ; Pauline l'a dit la première. Elle trouve déjà votre voyage assez long ; aucun de nous n'est accoutumé à être trois jours sans vous voir. Maman nous a fait un petit sermon sur la destinée et sur la bizarrerie du sort qui se joue, à son gré, de nos projets et de notre bonheur. Pauline lui a demandé ce que c'étoit que le sort. Elle lui a répondu : « Mon enfant, c'est pour chacun le résultat des événements qu'il plaît à Dieu d'enchaîner, suivant l'ordre qu'il prescrit. » Vous croyez bien qu'elle n'a rien compris à cette définition. Cela l'a fait rêver. Elle a demandé à son frère s'il l'entendoit. Mon fils a répondu que oui. « Eh bien, lui a-t-elle dit, expliquez-le moi, car j'ai beau rêver, je n'y entends goutte. » Cette naïveté nous a divertis. Mon fils a toussé, craché, rougi, et il a fini par

---

je revins aux situations de détail que j'avais tracées ; et de l'arrangement que je leur donnai résultèrent les deux premières parties de la *Julie*, que je fis et mis au net durant cet hiver avec un plaisir inexprimable, employant pour cela le plus beau papier doré, de la poudre d'azur et d'argent pour sécher l'écriture, de la nonpareille bleue pour coudre mes cahiers, enfin ne trouvant rien d'assez galant, rien d'assez mignon pour les charmantes filles dont je raffolois comme un autre Pygmalion. Tous les soirs, au coin de mon feu, je lisois et relisois ces deux parties aux gouverneuses. La fille, sans rien dire, sanglotoit avec moi d'attendrissement ; la mère, qui ne trouvant point là de compliments, n'y comprenoit rien, restoit tranquille, et se contentoit, dans les moments de silence, de me répéter toujours : « Monsieur, cela est bien beau. »

dire qu'il entendoit bien ce que ma mère avoit dit, mais qu'il ne savoit comment s'y prendre pour l'expliquer. » « En ce cas, lui a dit Pauline, vous ne l'entendez pas. — Ce n'est pas une raison, a répondu ma mère ; est-ce que vous pourriez expliquer toutes les choses que vous croyez savoir assez bien pour les faire entendre à quelqu'un qui n'en auroit nulle idée ? — Je crois que oui, maman, a-t-elle répondu, si je les entends bien. — Eh bien, ma sœur, a repris mon fils, dites-moi ce que c'est que d'avoir de l'esprit ? — Je ne vous ai pas dit, mon frère, que j'entendisse bien ce terme, d'abord ; mais je crois que c'est de bien comprendre ce que disent les autres, et de ne pas rendre de travers ce que l'on pense. »

Elle se mit à rire d'un air malin après cette réponse. « Ma fille, lui dis-je, cette définition n'est pas fausse, mais elle n'est pas absolument exacte ; mes enfants, il ne faut pas vous creuser la tête pour chercher à entendre des choses au-dessus de vos âges et de votre portée ; vous courriez le risque de prendre des idées fausses ou imparfaites. Il y a tant de connoissances préliminaires à acquérir avant d'en venir à ces sortes de questions, que je vous conseille de renoncer, pour quelque temps encore, à approfondir celle-ci. Questionnez toujours, cela est très-bien fait et très-nécessaire ; mais ne vous fixez à croire que ce que vous comprendrez sans peine, dans les explications que nous vous donnerons ; sur le reste suspendez votre opinion et votre jugement. — Ce que je vous ai dit, reprit ma mère, se réduit à vous faire voir qu'il faut prier Dieu sans cesse qu'il nous garantisse des événements fâcheux. — Et comme il y auroit un très-sot orgueil, ai-je ajouté bien vite, à croire que Dieu changeroit l'ordre de ses décrets, sur la supplication d'un atome comme l'homme, il faut le prier de nous donner le courage et la fermeté nécessaire pour nous soumettre aux événements qu'on ne peut empêcher. » Ma mère n'avoit pas l'air fort édifiée de cette addition ; mais heureusement Pauline, par d'autres questions, détourna son attention. « Qu'est-ce qu'un atome, demanda-t-elle ? » Mon fils lui en montra à la lueur du soleil ; et ma mère ne manqua pas d'ajouter : « Et nous sommes tous des atomes aux yeux de Dieu. »

Il étoit aisé de prouver la contradiction qu'offroit cette explication avec la première proposition, mais je m'en serois bien gardée, cette respectable mère ne mérite pas qu'on l'humilie. Il faut que j'achève mon radotage et que je vous dise l'épigramme de Pauline. « Quoi ! mon frère, s'écria-t-elle, vous seriez un atome ! — Oui, ma sœur. — Il y a donc de bien gros atomes. »

Ainsi s'est passée notre matinée, mon ami. M. de Margency qui nous est arrivé hier au soir, n'a point assisté au déjeuner. Il est descendu plus tard pour me lire des vers qu'il a faits pour la fête de madame de Verdelin : ils sont jolis, mais quoique son jaloux n'ait qu'un œil, il y verra clair.

LETTRE DE MADAME D'ÉPINAY A M. GRIMM.

Le soir.

Le baron est un des plus grands originaux que je connoisse. Il est venu dîner ici pour me dire qu'il renonçoit à louer ma maison par des raisons impossibles à changer, et deux heures après il m'a persécutée pour signer le bail. Voici comment cela s'est passé.

Il m'avoit promis sa décision sous peu de jours, lorsque je suis partie de Paris. Ce matin il arrive, il ne me parle point de maison. Je lui vois l'air embarrassé; à la fin, je romps le silence et je lui demande ce qu'il veut faire. « Hélas, dit-il d'un air tout décontenancé, il m'est impossible de prendre une maison de campagne. — Pourquoi donc cela? — Eh! c'est que je n'en ai jamais eu; cela dérouteroit mes amis. Moi je veux vivre à ma fantaisie, je ne veux pas vivre ici pour avoir une maison ouverte, et je courrois risque d'être seul l'hiver. — Quelle folie! Est-ce que vous comptez y vivre absolument en hermite, et pas même voir vos amis?—Non, mais... tenez, j'y renonce avec bien du regret, mais.. mais il le faut. »

Et puis il fait une moue d'une aune. « Allons, lui dis-je, un peu fâchée, n'y pensons plus, et, sur toute chose, n'en parlons pas davantage. — C'est le meilleur parti, dit-il, puisqu'il y faut renoncer; car je ne connois pas une maison plus séduisante. Quelle vue! Quels jardins! Quel aspect! et de l'eau, et des plaines d'une richesse! Avec cela la plus jolie distance. Le grand chemin à quatre pas. Un voisinage charmant. On est ici au courant de tout; la maison assez isolée pour vivre seul si l'on veut. Voilà un point de vue là-bas! Mais savez-vous que cela ressemble tout à fait à un jardin anglais[1]. »

Je ne répondis rien et me mis à mon ouvrage. Il s'approcha de la fenêtre, et s'appuyant sur le balcon, il rêva un bon quart d'heure, sa lorgnette à la main; puis il s'avança vers moi, en disant : « Eh bien, vous ne voulez me rien dire? J'ai bien envie de louer, mais ils me feront damner ma vie. — Qui? — Eh bien, mordieu! il faut vous dire vrai : je sais du reste le fond de tout cela moi;

---

[1] Diderot parle du magnifique et triste salon de la Chevrette, et de ses grandes pièces d'eau où nageaient des cygnes.

il y a des gens à qui notre liaison déplait. Vous êtes fâchée, je le vois bien, mais je ne pouvois pas vous dire cela tout de suite. — Et pourquoi pas, monsieur, si ce n'est ni à madame, ni à vous? peu importe, ce me semble. — Cela est vrai, mais ce seront des trains, des clabauderies! — Comment, monsieur, vous ne savez pas avoir une volonté? — J'entends bien, mais je ne veux me brouiller avec personne, moi ; ce sont mes amis, je ne veux pas me brouiller avec mes amis. Si je prends cette maison, et qu'ils n'y veulent pas venir? — Monsieur le baron, arrangez-vous avec votre femme, avec vos amis, et soyez sûr que si vous ne louez pas ma maison, je ne vous en saurai pas mauvais gré. »

Je n'ai pas cru devoir rien ajouter. Je sentis à merveille que c'étoit monsieur Diderot qui mettoit obstacle à cet arrangement. Après le dîner, le baron, tout à coup, s'approcha de moi, et me dit : « Mon parti est pris, madame, écrivons les articles et signons. » J'ai voulu lui donner encore vingt-quatre heures ; il n'y a pas eu moyen de reculer; nous avons signé les conventions, et il m'a fait promettre d'aller lundi à Paris pour passer bail.

Après le dîner nous avons lu les cahiers de Rousseau. Je ne sais si je suis mal disposée, mais je n'en suis pas contente ; c'est écrit à merveille, mais cela est trop fait et me paroît être sans vérité et sans chaleur. Les personnages ne disent pas un mot de ce qu'ils doivent dire, c'est toujours l'auteur qui parle : je ne sais comment m'en tirer ; je ne voudrois pas tromper Rousseau, et je ne puis me résoudre à le chagriner.

Notre voyage de Chantilly est rompu, mon ami; la comtesse d'Houdetot en a appris le projet, et a voulu tout de suite en être ; ce qui a déterminé le baron à y renoncer : je n'en suis pas trop fâchée. Bonsoir, mon ami. Je n'ai point de vos nouvelles. Hélas ! il viendra des moments plus inquiétants et plus durs à supporter.

LETTRE DE M. GRIMM A MADAME D'ÉPINAY.

Route de Metz.

Je salue ma tendre amie, et je pars. Mon cœur ne vous a pas quittée. Ayez soin de votre santé ; c'est de toutes les marques de tendresse que vous puissiez me donner la plus douce pour moi. Nous continuons notre route sans nous arrêter. Qu'il y a longtemps que je ne vous ai vue ! J'espère que vous êtes occupée de vous ; cela me console un peu. Je ne sais si ce billet vous parviendra. Adieu.

LETTRE DE M. GRIMM A MADAME D'ÉPINAY.

De Metz.

Me voici à Metz. En vérité, j'ai fait tout le trajet sans savoir où j'étois et où l'on me conduisoit. Ma chère amie, vous regrettez sans doute l'homme du monde qui vous est le plus attaché, mais vous ne le plaignez pas assez, j'en suis sûr. Vous ne pouvez concevoir à quel point je souffre d'être privé de la douce habitude de vous voir. Je passerai des mois entiers sans jouir de cette satisfaction : pour surcroît de malheur, je prévois que je n'aurai pas un seul instant de liberté ; je serai peu avec vous ; jamais avec moi. Consolez-moi, ô ma tendre amie, par tout ce que vous connoissez de plus essentiel à ma tranquillité. Que vos lettres me parlent sans cesse de vous, de votre famille, de vos intérêts, de vos soins pour votre santé, et de leur succès. Vous m'êtes toujours présente; je tremble pour vous, et je ne réussis pas toujours à me rassurer.

Vous ne savez pas, mon amie, que je suis parti de Paris bien malade. Avant d'aller chez vous la seconde fois, je me suis trouvé si mal, que je ne savois si je serois en état de me mettre en route : tout cela s'est dissipé, et n'a pas eu plus de suite que mes maux ordinaires. Qu'il me tarde d'apprendre de vos nouvelles! Je ne sais pas un mot de ce que vous ferez demain, par exemple; depuis que je vous connois, cela ne m'est point arrivé. Nous allons continuer notre route. Adieu, ma tendre amie, pensez à tout ce que vous m'avez promis, et puisque mon bonheur est si essentiellement attaché à vos jours, songez à les conserver. Mes respects et mes compliments, etc.

LETTRE DE MADAME D'ÉPINAY A M. GRIMM.

Tenez, mon ami, ces trois mots écrits en route me font plus de plaisir, me sont plus précieux que même la lettre datée de Metz, que j'aie reçue en même temps. Si vous saviez combien je suis sensible à tout ce que vous faites pour moi! Je crois que je serois morte d'inquiétude si je vous avois su malade en partant. Mon ami, vous m'assurez bien que votre indisposition n'a eu aucune suite? je vous crois, mais j'ai besoin que vous me le disiez encore.

J'arrive de Paris; le bail est signé. J'ai beaucoup de choses à vous dire; mais pour vous prouver combien j'ai soin de moi, je remets à demain à vous écrire. Je vais retrouver ma mère et mes enfants, faire savoir mon retour à Rousseau, et me reposer le reste du jour. J'avois besoin de vous dire ce petit mot, sans quoi j'aurois été mal à mon aise.

SUITE DE LA MÊME LETTRE.

Le lendemain, à six heures du matin.

J'existe plus aujourd'hui que je n'ai fait depuis deux mois. Il fait le plus beau temps du monde, le ciel est pur; la campagne est si belle! Son calme et son silence sont si bien au ton de mon âme! Je me sens enlevée au-dessus de moi-même. Ah! certainement j'aurai encore une lettre de vous aujourd'hui; je me livre à toute la douceur de cette attente.

O mon unique ami, c'est en m'éveillant que je vous écris. Je ne revois le jour que pour vous regretter : c'est le premier mouvement de mon âme, et la première pensée de mon esprit. La solitude et la tranquillité sont des ressources qui me restent, et dont vous êtes privé. Vous n'aurez donc de consolation qu'en recevant souvent de mes nouvelles? Si je m'en croyois, je vous écrirois sans cesse; mais vous prescrivez des bornes à mon zèle, et vous êtes l'arbitre absolu de ma volonté. J'ai donc à vous raconter mon voyage de Paris.

Lorsque je suis arrivée chez le baron, il étoit enrhumé, avoit eu de la fièvre, et venoit d'être saigné. Sa femme étoit avec lui; je lui fis un petit compliment sur le plaisir que j'aurois à l'avoir dans mon voisinage : elle me répondit froidement, comme elle répond, mais honnêtement. Le baron l'envoya faire sa toilette. Nous lûmes le bail : je le signai pour mon mari, suivant l'autorisation que j'en avois de lui par écrit; ensuite il confirma mon soupçon, et me dit que c'étoit Diderot qui s'étoit opposé à ce qu'il louàt ma maison, et qu'ayant appris que l'affaire étoit terminée, il étoit venu la veille lui dire tout ce qu'il avoit dans l'âme contre moi. Le baron m'a fait grâce de ce détail; mais il s'est permis une sortie si vive sur mes anciens alentours, que je soupçonne Duclos de continuer à travailler sourdement contre moi. Il prétend que Desmahis, et même Margency, n'ont pas de meilleures langues; qu'ils n'ont peut-être pas le but de nuire, mais qu'ils ont tous la rage de commenter ce qu'ils voient et ce qu'ils entendent.

Je me suis contentée de remercier le baron de l'intérêt qu'il me marquoit; en ajoutant qu'heureusement je n'étois pas dans le cas d'avoir à cacher ni mes démarches, ni ma façon de penser : tant pis, d'ailleurs, pour ceux qui abuseroient de ma franchise. « Je m'étois bien doutée, lui ai-je dit encore, que M. Diderot avoit quelques raisons pour me fuir avec tant d'affectation. Il est fort malheureux, sans doute, qu'on m'ait mise aussi mal dans l'esprit d'un homme que j'estime et que je considère à tant d'égards, mais je n'y peux rien. Il faut espérer que le temps effacera ces mauvaises impressions. »

Je vois de reste, par tout ce qui est échappé au baron, que je passe dans la tête de Diderot pour coquette, fausse et intrigante. S'il me croit telle, il est très-conséquent à lui de ne pas me voir. A la bonne heure; mais comment se permet-on de se peindre avec des couleurs aussi noires quelqu'un qu'on ne connoît pas, et sur de simples ouïdire? Malgré le bien que l'on m'en a dit, je serois fondée, d'après sa conduite avec moi, à le croire méchant, tracassier, et je ne sais quoi encore. Il vous a dit du mal de moi, je le sais, quoique vous ne m'en ayez jamais parlé;

il en a dit au baron, et peut-être à bien d'autres; mais je me garderai bien de le juger, ni lui, ni aucun autre, à moins que je ne le connoisse personnellement.

Cette nouvelle tracasserie m'a fait faire quelques retours fâcheux sur moi-même, mon ami, je ne puis vous les cacher. Il me paroît difficile que Diderot soit le seul qui ait une opinion si défavorable sur mon compte. D'après l'idée que vous m'avez donnée de lui, il faut même qu'elle soit assez généralement établie, pour qu'il se soit permis d'en parler. Mon ami, pardonnez mes craintes; je m'estime assez pour ne pas douter que je ne conserve votre estime; mais le désagrément d'être si intimement à quelqu'un qui a un si mauvais renom! Si c'étoit la cause de cette réserve que je vous ai reprochée quelquefois? Je n'ose m'arrêter à cette idée; elle seroit trop accablante. Un mot encore : quelque sentiment que ma réputation vous fasse éprouver, vous m'en devez l'aveu; je ne crois pas, au reste, avoir rien à ajouter sur cette matière. Bonjour, mon tendre ami. Vous ai-je dit que j'avois ramené le marquis de Croismare? Il est avec nous jusqu'à demain. On m'attend pour le déjeuner. Adieu.

―――

Ce fut en effet Duclos qui, ayant appris que le baron avoit fait connoissance avec madame d'Épinay, tenta d'engager Diderot à faire rompre cette liaison. Comme il connoissoit le baron très-susceptible d'engouement, il craignit que madame d'Épinay ne cherchât à lui faire perdre sa maison, qui étoit presque la seule qui lui restât. Dans cette conjecture, il alla trouver Diderot. « Voilà donc, lui dit-il, le baron d'Holbach qui va se lier avec madame d'Épinay? — Oui, répondit Diderot. — Elle y a déjà dîné? — Oui, plus d'une fois. — Et vous l'y avez vue? — Certainement. — Avez-vous perdu le sens, Diderot? Comment, mordieu! vous laissez établir une femme perdue auprès de la femme de votre ami? — Que puis-je à cela, s'il vous plaît? Ce ne sont pas mes affaires; je hais les tracasseries, les caquetages; Duclos, laissez-moi, je ne veux point entendre parler de tout cela. — Eh! que ne le disiez-vous? Madame d'Épinay vous a séduit, je n'en suis pas étonné; vous ajouterez à ses triomphes; mais il en coûte cher : avant peu, mon ami, vous m'en direz des nouvelles. — Mordieu! Duclos, laissez-moi, vous dis-je; ne me faites pas dire ce que je ne veux pas dire, et croyez, une fois pour toutes, que, lorsqu'on me suppose dupe, ce n'est pas toujours moi qui le suis. — Si vous ne l'êtes pas, que ne parlez-vous au baron? c'est un devoir de l'amitié. — En ce cas, Duclos, que ne lui parlez-vous vous-même? — Je ne suis pas son ami; je ne le connois même pas assez. D'ailleurs, je suis brouillé avec madame d'Épinay, et alors vous sentez bien que ce qui est un devoir pour vous auroit de ma part un air malhonnête, qu'il ne me convient pas d'avoir; mais madame d'Épinay est si généralement décriée, qu'à moins d'avoir comme moi une raison de délicatesse pour garder le silence, il n'est, ma foi, pas excusable de se taire. Ses aventures avec moi ne sont pas connues; elle peut les taire, les nier, les avouer, tout comme elle voudra; mais tant d'autres sont si publiques qu'elle n'en seroit pas moins perdue, quand elle pourroit se disculper des miennes. »

Diderot, que cette conversation gênoit, déclara à Duclos qu'il ne seroit point le délateur d'une femme qu'il ne connoissoit pas personnellement. Duclos avoit beau lui être suspect, sa dernière réflexion l'avoit frappé. D'ailleurs, celui-ci eut l'adresse de laisser de côté madame d'Épinay, et de se jeter sur les inconvénients du caractère du baron; sur son engouement, ses inconséquences. Il le montra abandonnant ses anciens amis; il peignit même sa femme délaissée et jalouse, mourant de chagrin; Grimm trahi et brouillé avec le baron; enfin, il termina ce tableau en disant à Diderot : « Peut-être d'un mot auriez-vous pu éviter et prévenir tous ces malheurs; vous croyez ne le pas devoir, tout est dit : il n'y a que vous qui puissiez juger ce qu'il vous convient de faire. Adieu, mon ami, vous voyez au moins que mon motif étoit honnête et valoit bien la peine que je m'expliquasse avec vous. »

Il laissa Diderot dans la plus cruelle perplexité. Le résultat de ses réflexions fut qu'il devoit se taire et qu'il se tairoit jusqu'à nouvel ordre. Mais, en arrivant le même soir chez le baron, il le trouva si enchanté de madame d'Épinay, si enivré du plaisir qu'il avoit eu à causer avec elle, si décidé à louer sa maison et à s'y établir tout de suite, quoique sa femme fût au moment d'accoucher[1], qu'il oublia toutes ses réflexions, et ne vit plus qu'un abîme ouvert sous les pas du baron. Il voulut néanmoins tâcher de pénétrer les sentiments de son épouse. Elle n'avoit point sur cela de volonté, car il entroit dans son plan de conduite avec son mari de n'en point montrer. Diderot prit son silence pour une marque certaine de son déplaisir. Les prédictions de Duclos se retracèrent à son esprit; il crut qu'il alloit être dans la nécessité de voir

---

[1] Madame d'Holbach accoucha au mois d'août.

souvent madame d'Épinay. L'idée qu'il seroit obligé de partager ses torts, ou de plonger le poignard dans le cœur de Grimm, s'offrit à son imagination; sa tête échauffa son cœur et le détermina à prendre le baron à part pour lui jurer qu'il ne mettroit de sa vie les pieds à sa campagne : celui-ci, ne comprenant rien à ce caprice, le força à lui en dire les raisons; alors Diderot fut obligé de lui avouer toutes les chimères sur lesquelles il étoit fondé. On a vu, et l'on verra par la suite des lettres de madame d'Épinay et de M. Grimm, ce qui résulta de ces tracasseries. On ne découvrit que fort longtemps après que Rousseau pouvoit y avoir eu quelque part, s'il n'avoit pas agi ouvertement; mais ce qu'il y a de certain, c'est qu'il employa sourdement tous les moyens qu'il put imaginer pour empêcher M. Diderot de se lier avec madame d'Épinay.

LETTRE DE ROUSSEAU A MADAME D'ÉPINAY.

Quoique je ne craigne pas la chaleur, elle est si terrible aujourd'hui que je n'ai pas le courage d'entreprendre le voyage au fort du soleil. Je n'ai fait que me promener à l'ombre autour de la maison, et je suis tout en nage. Ainsi je vous prie de témoigner mon regret à mes prétendus confrères; et comme, depuis qu'ils sont ours, je me suis fait galant, trouvez bon que je vous baise très-respectueusement la main.

Puisqu'on ne peut vous voir demain, ce sera pour vendredi, s'il fait beau, et je partirai de bonne heure.

LETTRE DE MADAME D'ÉPINAY A M. GRIMM.

Nous avons passé notre journée d'hier, mon tendre ami, à parler de vous et à vous regretter. Il faut que je vous confie qu'après avoir reconduit le soir le marquis de Croismare, je me suis promenée seule, et n'ai pu retenir mes larmes en songeant à la vie que vous allez mener, et combien vous êtes encore plus à plaindre que moi; j'en ai versé aussi en pensant que je ne vous verrai pas de l'année. Ne me le reprochez pas, mon aimable ami, il faut passer à mon pauvre cœur quelques foiblesses de plus qu'au vôtre. Ne courez, s'il se peut, aucun danger, et je serai fort raisonnable.

Je vous envoie un billet que j'ai reçu il y a deux jours de Rousseau. Il ne signifie rien, mais c'est pour vous tenir au courant de tout. Il est venu hier. Lorsque nous nous sommes trouvés seuls, je lui ai demandé s'il avoit revu Diderot : « Non, m'a-t-il répondu; il en a fait le projet, il ne viendra pas. D'ailleurs, il a bien mieux à faire : il faut qu'il soit à tout le monde, excepté à moi. — Comment, ai-je repris, qu'y a-t-il de nouveau? Ses moments, vous le savez, ne sont pas toujours à sa disposition, et il n'a pas les facilités nécessaires. — Ah! reprit-il tendrement et d'un air pénétré, qu'il vienne, qu'il ne vienne pas, nous nous aimons également; nous sommes si sûrs l'un de l'autre, notre amitié est si solidement établie, qu'elle est à l'abri de tout événement. »

Je suis restée pétrifiée de cette tendre déclaration. « Je le crois, lui ai-je dit, et je désire pour vous que vous en soyez toujours persuadé. » Je lui ai remis les cahiers qu'il m'avoit confiés, et je lui ai fait entendre mon opinion avec le plus de ménagement qu'il m'a été possible ; il ne m'en a pas paru blessé : mais, cependant, au lieu de rester plusieurs jours avec nous, il est parti au sortir du dîner, en exagérant fort la peine qu'il avoit de nous quitter. Ma mère ne l'a jamais beaucoup aimé, comme vous savez, mais je me meurs de peur qu'incessamment elle ne se prenne de grippe contre lui. Pour Margency, il rit de tout ; ma mère et lui étoient fort drôles à entendre sur son chapitre : la fin de leur conversation nous a ramenés à celui qui réunit tous nos suffrages.

La comtesse d'Houdetot est venue souper hier avec nous, et nous a amené sa grosse madame de Blainville. La première est entrée comme une folle, et l'autre comme une sotte : le marquis de Saint-Lambert étoit avec elle, il venoit m'apprendre son départ pour l'armée. Madame d'Houdetot en est désespérée ; elle ne s'attendoit pas à cette séparation. Nous avons eu beau l'assurer qu'il n'y avoit pas de grands événements à craindre du côté où va Saint-Lambert, la vivacité de son imagination et la sensibilité de son âme lui font tout mettre au pis. Elle ne se possède pas, et laisse voir sa douleur avec une franchise, au fond très-estimable, mais cependant embarrassante pour ceux qui s'intéressent à elle. J'ai cru voir entre elle et sa belle-sœur un plan formé pour me faire faire connoissance avec madame de Verdelin ; j'ai répondu de manière à y faire renoncer. Peut-être fait-on agir la comtesse sans qu'elle s'en doute elle-même ; je serois assez portée à le croire, car elle est loin de l'intrigue et du tripotage. Mon Dieu ! que j'ai d'impatience de voir dix ans de plus sur la tête de cette femme ! Si elle pouvoit acquérir un peu de modération, ce seroit un ange. Mais si son mari continue à la contrarier, elle n'en sera que plus longtemps ivre. Il faut que je vous avoue en attendant, mon ami, que toutes ces belles dames et ce gentil Margency me déplaisent ; le Syndic cependant me fait rire ; mais qu'est-ce que c'est que rire quand l'âme est triste ! Elle n'en est que plus mal à son aise après cette convulsion.

J'ai bien remarqué dans Margency une de ces vérités communes qui me frappent toujours comme si elles étoient neuves. C'est que l'esprit et le caractère se peignent dans les choses les plus indifférentes. M. de Margency n'est que l'ébauche ou l'extrait de tout ce qui est agréable ; c'est un groupe de très-bonnes petites choses. J'admirois tantôt le spectacle de la nature, je l'admirois en grand, les masses seules m'avoient frappée ; il ne s'arrêtoit qu'aux détails. Je considérois la majesté du bois d'Épinay ; il auroit volontiers compté les feuilles ; il les examinoit chacune en particulier. Si quelqu'une présentoit une forme un peu bizarre, elle n'avoit aucun droit à son admiration : voilà pourquoi il préfère sans balancer Racine à Corneille, l'opéra à la tragédie, et Grandisson à Clarisse.

Traitons un peu le chapitre de ma santé ; car vous ne me pardonneriez pas de le passer sous silence. J'ai commencé hier le lait d'ânesse, il a très-bien passé : je suis si sévère sur mon régime, que vous-même ne le seriez pas tant. Je dors passablement bien ; je ne m'expose ni au soleil, ni au serein ; je ne marche point sans faire suivre ma voiture. Voilà bien tout ce que vous m'avez recommandé et ce que les médecins exigent de moi ; j'y suis exacte, vous y pouvez compter. Soyez-le aussi, je vous en prie, à me parler de vous ; ne m'écrivez pas une seule lettre sans me dire comment vous vous portez.

LETTRE DE M. GRIMM A MADAME D'ÉPINAY.

Wesel, à onze heures du soir.

J'arrive, madame, et quoique j'aie grand besoin de repos, je ne puis me résoudre à en prendre sans vous avoir donné de mes nouvelles. J'ai reçu par M. de S... deux lettres de vous qui me rendent la vie. J'ignore encore l'ordre des courriers : M. le maréchal en fait partir un demain. S'il est expédié ce soir, il vous portera ce billet; s'il ne l'est que demain, il vous portera un volume, à ce que j'espère. Je tremble pour la vie agitée que je vais mener. Oh! que je suis à plaindre!

Adieu, madame, je n'écris à personne, je me porte à merveille, mais je suis rendu; mes respects à madame votre mère.

LETTRE DE M. GRIMM A MADAME D'ÉPINAY.

Que j'ai hâte de vous remercier de vos lettres, ma chère amie! elles m'ont fait un plaisir bien vif. J'aurois volontiers versé un torrent de larmes en les lisant; mais je suis si malheureux que je ne puis pleurer ni de douleur ni de joie. Votre pauvre ami, toujours entouré de témoins, ne peut se livrer à ce qu'il sent; il est dans une contrainte perpétuelle : vous savez comme cela me va. Jugez donc de mes ennuis, et n'attribuez qu'à eux seuls les faibles expressions de ma reconnoissance et de ma tendresse. Je n'aurois pas besoin de m'éloigner de vous pour sentir que mon cœur est uni au vôtre par les liens les plus forts et les plus indissolubles ; mais je sens plus que jamais que vous me tiendriez lieu de tout s'il m'étoit permis de vivre à ma fantaisie.

Vous vous réjouissez de la faveur où je suis. Eh! ne voyez-vous pas combien elle m'éloigne de vous? Il faudra toute mon habileté pour me garantir de tout le bien qu'on me veut. Si je ne me flattois pas d'y réussir, je ne vous en parlerois pas si tranquillement. J'admire la destinée et à quoi tient l'éclat et le sort d'un homme. Qu'ai-je fait pour mériter le mien, et que ne feront pas nombre de gens sans pouvoir en obtenir un semblable? Ils seroient heureux, et cependant je ne le suis pas.

Ma chère amie, j'attends vos lettres avec une impatience que vous ne concevrez jamais ; votre santé m'inquiète : je ne sais pourquoi, je ne puis me persuader qu'elle est bonne. Le lait doit être commencé avec toutes les précautions imaginables, à ce que j'espère. Je voudrois répondre à tout à la fois ; je ne sais par où commencer. Amusez-vous sans nuire à votre santé, et alors je jouirai de tout ce qui vous arrivera d'agréable. Il m'est impossible, ma chère amie, de causer encore avec vous comme je le voudrois : nous sommes trop en l'air.

Le courrier va partir, on me presse de fermer mon paquet ; si je n'avois pas de lettre demain, ma chère amie, je serois bien à plaindre. Mes respects, etc..

LETTRE DE M. GRIMM A MADAME D'ÉPINAY.

Vous ne m'apprenez rien de nouveau, ma chère amie, au sujet de Diderot ; j'avois deviné qu'il retarderoit le marché de la Chevrette : sans qu'il m'ait rien dit de bien net, j'ai présumé que cela devoit être. Vous voyez, ma tendre amie, combien il est difficile de détruire les préventions ; cela arrivera pourtant, si vous pouvez prendre sur vous de n'y rien faire. Laissez, laissez, le temps vient à bout de tout. Si cette bonne tête, qui a de si beaux yeux, ne se met plus à la torture pour se laver des torts qu'elle n'a point, elle confondra ses ennemis insensiblement.

Tout ce que le baron d'Holbach vous a dit ne doit rien changer à votre façon de vivre ni à la manière dont vous traitez chacun de ceux dont on vous a parlé. Que peuvent-ils dire ? Voici, ce me semble, ce qu'il faut penser à cet égard : Duclos est un maraud, vous l'avez chassé pour cela ; Desmahis est un fou, ce n'est pas à vous à le guérir ; Margency peut bavarder, mais qu'est-ce que cela me fait ? que peut-il dire ? Plus il vous voit de près, et plus il doit penser du bien de vous ; c'est un homme de fort bonne compagnie : vous ne devez être ni mieux ni plus mal avec lui. Je vous conseille de répondre toujours au baron fort légèrement sur cette matière, et de couper le fil du bavardage ; il l'aime assez, et tout cela ne fait que des tracasseries. Quelque raison que vous ayez pour désirer que Diderot vous estime, s'il ne le fait pas, tant pis pour lui ; vous vous en passerez à merveille, et vous n'en vaudrez pas moins. Cherchez vos ressources en vous-même, ma chère amie ; et qui en eut jamais autant que vous ? Chaque regard que vous portez sur vous doit embellir votre existence et vous la rendre précieuse. En traitant vos amis avec droiture et confiance, vous aurez une société douce et honnête, et vous recueillerez de l'amitié le seul avantage qu'on en doive attendre.

L'avis que je ne puis, par exemple, me dispenser de vous donner, c'est d'agir avec une extrême prudence avec Rousseau. Il y a longtemps que sa conduite avec vous ne me paraît pas nette : il n'ose parler mal de vous, mais il souffre qu'on n'en dise pas de bien en sa présence, et il est même loin de vous défendre ; cela me déplaît.

Ma tendre amie a donc toujours dans la tête que j'ai manqué de confiance en elle ? Quels soupçons ! Vous me connaissez bien mal, si vous croyez que je puisse prendre les impressions des autres quand je suis à portée de voir par moi-même. Reconnaissez votre injustice, mon amie, et croyez que si je ne dis pas souvent ce qui m'occupe, ce n'est pas le manque de confiance qui me fait taire, c'est que je n'aime ni les raisonnements, ni les combinaisons inutiles. Il n'y a souvent pas un mot de vrai aux conjectures que l'espérance ou la crainte fait former ; et, d'ailleurs, pourquoi se flatter ou s'alarmer avant le temps ? J'ai plus d'une idée dans la tête, par exemple, pour me fixer auprès de vous ; mais mes vues tiennent à tant de *si*, de *mais*, que je ne pourrois rien vous dire de raisonnable. Il faut laisser au temps à amener chaque circonstance, et, lorsqu'il sera venu, je parlerai. Rapportez-vous-en à moi ; vous savez si vous m'êtes chère : le sort peut nous contrarier beaucoup, mais il ne dépend que de vous que je sois toujours heureux.

Le fils de M. de Croismare a eu la rougeole ; il est resté à Cambrai en attendant qu'il soit parfaitement rétabli. Dites au marquis que M. de S*** a remis à son frère l'argent dont il l'avoit chargé ; parlez-lui aussi de mes sentiments pour lui : ils doivent lui être connus.

Il fait ici un temps exécrable : toujours de la pluie ; tout est sous l'eau. On dit que c'est là le temps ordinaire de ce pays. Je n'avois pas besoin de cette circonstance de plus pour le trouver maussade.

Adieu, ma chère et incomparable amie, je vous porte dans mon cœur; puissiez-vous être aussi heureuse que je le désire! Vous ne savez pas à quel point vous m'êtes chère, puisque vous concevez des soupçons sur ma confiance. Adieu. Faites ma cour, je vous supplie, à madame votre mère, et embrassez les chers enfants, si la dignité de mademoiselle Pauline ne s'en trouve point offensée.

Je bénis la comtesse d'avoir fait manquer le voyage de Chantilly.

LETTRE DE MADAME D'ÉPINAY A M. GRIMM.

Comme j'allois hier me mettre à écrire à mon tendre ami, j'ai eu la visite de la comtesse d'Houdetot. Elle avoit l'air plus gai, plus fou que jamais : j'en étois excédée, car je suis bien loin de ce ton; elle m'a fait espérer de la voir passer ici quelques jours avec la Blainville. Je ferai bien tout ce que je pourrai pour l'éviter, si je le puis, sans la blesser; car sa belle-sœur est d'une bonté pesante et insupportable. La comtesse veut faire connaissance avec le baron d'Holbach et sa femme; je ne m'en mêlerai pas. La baronne, qui l'a vue peu, ne l'aime point; au contraire, si le baron m'en parle, je le prierai très-fort de ne mettre à sa volonté sur cet article ni complaisance, ni égards pour moi. En faisant, d'ailleurs, l'éloge du cœur et de l'âme de la comtesse, je me tairai sur le peu de convenance de cette liaison.

Mademoiselle Le Vasseur vient de me venir voir; elle m'a conté que Rousseau a eu, il y a peu de jours, une querelle épouvantable avec M. Deleyre : il l'a presque chassé de chez lui ; son humeur devient de jour en jour plus intraitable, et elle prétend que, depuis son dernier voyage ici, il passe les jours et les nuits à pleurer ; sa mère et elle n'en peuvent pénétrer le motif. Il parle tout seul la nuit ; il s'écrioit l'autre jour : « Pauvre madame d'Épinay, si vous saviez cela ! » Et l'on ne sait ce qu'il veut dire : il prétend qu'il viendra passer quinze jours de suite ici, qu'il a nombre de choses à me confier, et qu'il s'est toujours bien trouvé de mes conseils[1]. Mais ce qui me paroît incroyable, c'est que mademoiselle Le Vasseur assure que la comtesse d'Houdetot va voir l'hermite presque tous les jours, et qu'ils ont défendu à ces femmes de me le dire : elle laisse ses gens dans la forêt, vient seule et s'en va de même[2]. La petite Le Vasseur est ja-

---

[1] L'amour de Jean-Jacques pour madame d'Houdetot venait de le saisir au cœur. Il résistait et s'indignait de sa faiblesse, lui qui, depuis cinq ans, s'était juré d'être digne de prêcher la réformation des mœurs et qui, déjà tout honteux du crime de l'abandon de ses enfants, rougissait de vouloir tant aimer la vertu et de l'avoir si peu pratiquée. Son roman même, cette *Julie* qu'il calligraphiait sur du papier si amoureusement noué de faveurs bleues et qui enchantait sa pensée, ne se reprochait-il déjà pas assez de le concevoir et de l'écrire c'est-à-dire d'énerver encore, et malgré lui, le caractère de son siècle au lieu de ne composer pour ses contemporains que des écrits d'un style mâle où il ne fût pas question de tendresse, et où du moins la loi sainte de la paix conjugale fût respectée ?

Ce n'est pas ici une apologie de fiction. Ce que je dis, il le sentait avec toute la fougue de son âme naïve et impétueuse, et il était si embarrassé, si malheureux de se voir près d'un bonheur défendu, qu'il en avait l'air faux et criminel.

[2] Il peut remplir des pages, mais il n'est pas long le récit de ce roman naissant :

« Le retour du printemps, dit Jean-Jacques, avoit redoublé mon tendre délire, et, dans mes érotiques transports, j'avois composé pour les dernières parties de la *Julie* plusieurs lettres qui se sentent du ravissement dans lequel je les écrivis. Je puis citer, entre autres, celles de l'Élysée et de la promenade sur le lac, qui, si je m'en souviens bien, sont à la fin de la quatrième partie. Quiconque, en lisant ces deux lettres, ne sent pas

louse; moi, je crois qu'elle ment ou que la tête leur tourne à tous.

Le baron est venu dîner et passer la journée ici; il faisoit un temps exécrable, et nous n'avons point quitté

amollir et fondre son cœur dans l'attendrissement qui me les dicta, doit fermer le livre : il n'est pas fait pour juger des choses de sentiment.

« Précisément dans le même temps, j'eus de madame d'Houdetot une seconde visite imprévue. En l'absence de son mari et de son amant, elle étoit venue à Eaubonne, au milieu de la vallée de Montmorency, où elle avoit loué une assez jolie maison. Ce fut de là qu'elle vint faire à l'Ermitage une nouvelle excursion. A ce voyage, elle étoit à cheval et en homme. Quoique je n'aime guère ces sortes de mascarades, je fus pris à l'air romanesque de celle-là, et, pour cette fois, ce fut de l'amour. Comme il fut le premier et l'unique en toute ma vie, et que ses suites le rendront à jamais mémorable et terrible à mon souvenir, qu'il me soit permis d'entrer dans quelque détail sur cet article.

« Madame la comtesse d'Houdetot approchoit de la trentaine (elle avoit vingt-sept ans), et n'étoit point belle; son visage étoit marqué de la petite vérole; son teint manquoit de finesse; elle avoit la vue basse et les yeux un peu ronds; mais elle avoit l'air jeune avec tout cela; et sa physionomie, à la fois vive et douce, étoit caressante; elle avoit une forêt de grands cheveux noirs, naturellement bouclés, qui lui tomboient au jarret : sa taille étoit mignonne, et elle mettoit dans tous ses mouvements de la gaucherie et de la grâce tout à la fois. Elle avoit l'esprit très-naturel et très-agréable; la gaieté, l'étourderie et la naïveté s'y marioient heureusement : elle abondoit en saillies charmantes qu'elle ne recherchoit point, et qui partoient quelquefois malgré elle. Elle avoit plusieurs talents agréables, jouoit du clavecin, dansoit bien, faisoit d'assez jolis vers. Pour son caractère, il étoit angélique; la douceur d'âme en faisoit le fond; mais, hors la prudence et la force, il rassembloit toutes les vertus. Elle étoit surtout d'une telle sûreté dans le commerce, d'une telle fidélité dans la société que ses ennemis mêmes n'avoient pas besoin de se cacher d'elle. J'entends par ses ennemis ceux ou plutôt celles qui la haïssoient; car pour elle, elle n'avoit pas un cœur qui pût haïr, et je crois que cette conformité contribua beaucoup à me passionner pour elle. Dans les confidences de la plus intime amitié, je ne lui ai jamais ouï parler mal des absents, pas même de sa belle-sœur. Elle ne pouvoit ni déguiser ce qu'elle pensoit à personne, ni même contraindre aucun de ses sentiments : et je suis persuadé qu'elle parloit de son amant à son mari même, comme elle en parloit à ses amis, à ses connoissances, et à tout le monde indifféremment. Enfin, ce qui prouve sans réplique la pureté et la sincérité de son excellent naturel, c'est qu'étant sujette aux plus énormes distractions

le coin du feu. Il doit revenir passer les fêtes[1] avec sa femme, et je crois que voilà tout ce que je les verrai : ils annoncent déjà qu'ils ne peuvent guère quitter Paris. Je fais bien de n'avoir pas besoin d'eux, mon ami; vous voyez comme ils sont de ressource! Quant au marquis de Croismare, il est amoureux de mademoiselle la Grive[2], qui lui a vendu à bon marché des cartes de géographie la semaine dernière; elle et son enchaînement de riens ordinaires l'empêcheront, m'a-t-il fait dire, de venir de quelque temps.

Oh! mon ami, que vous m'avez rendue difficile! Je l'éprouve tous les jours. J'aimois fort la société de M. de Margency lorsque je le voyais de temps en temps, à Pa-

---

et aux plus risibles étourderies, il lui en échappoit souvent de très-imprudentes pour elle-même, mais jamais d'offensantes pour qui que ce fût.

« On l'avoit mariée très-jeune et malgré elle au comte d'Houdetot. Elle trouva dans M. de Saint-Lambert tous les mérites de son mari, avec des qualités plus agréables, de l'esprit, des vertus, des talents. S'il faut pardonner quelque chose aux mœurs du siècle, c'est sans doute un attachement que sa durée épure, que ses effets honorent, et qui ne s'est cimenté que par une estime réciproque.

« C'étoit un peu par goût, à ce que j'ai pu croire, mais beaucoup pour complaire à Saint-Lambert, qu'elle venoit me voir. Il l'y avoit exhortée, et il avoit raison de croire que l'amitié qui commençoit à s'établir entre nous rendroit cette société agréable à tous les trois. Elle savoit que j'étois instruit de leurs liaisons; et, pouvant me parler de lui sans gêne, il étoit naturel qu'elle se plût avec moi. Elle vint; je la vis; j'étois ivre d'amour sans objet; cette ivresse fascina mes yeux, cet objet se fixa sur elle; je vis Julie en madame d'Houdetot, et bientôt je ne vis plus que madame d'Houdetot, mais revêtue de toutes les perfections dont je venois d'orner l'idole de mon cœur.

« Madame d'Houdetot, sans cesser de me rappeler à mon devoir, à la raison, sans flatter jamais un moment ma folie, me traitoit au reste avec la plus grande douceur, et prit avec moi le ton de l'amitié la plus tendre. »

[1] Sans doute la fête d'Épinay qui a lieu le 10 juin. Le jour de la fête de la Chevrette était le 14 septembre.

[2] Femme d'un libraire de Paris.

ris; mais, du matin au soir et tête à tête, je crois qu'il n'y a que vous au monde qui puissiez soutenir cette épreuve. Mon compagnon est d'une paresse qui engourdit à voir ; il n'a jamais un quart d'heure de suite la même volonté. Veut-on causer? on ne trouve pas une idée dans cette tête, ou, dans d'autres moments, on en découvre une foule de si petites, si petites, qu'elles se perdent en l'air avant que d'arriver à votre oreille. Il tient comme un diable à l'opinion du moment, qu'on est tout étonné de le voir abandonner le quart d'heure d'après sans qu'on l'en prie; il commence trente choses à la fois, et n'en suit aucune; il est toujours enchanté de ce qu'il va faire et ennuyé de ce qu'il fait; le morceau le plus sublime ne lui inspire que du dédain, s'il s'y trouve, par malheur, une expression qui blesse son oreille. Je suis sûre qu'il ne pardonneroit pas à la plus belle femme d'être coiffée de travers; aussi a-t-il en aversion tout ce qui sent la province. Il ne manque ni de pénétration, ni de finesse; mais je ne lui ai jamais vu saisir une chose fortement ni extraordinairement pensée. Ouf! j'avois besoin de vous dire tout cela. Je l'aime fort; mais je voudrois ou être seule, ou avoir quelqu'un qui liât et amalgamât ses manies avec les miennes, car j'en ai bien aussi. Vraiment, sans cette réflexion, je me serois peut-être déjà prise de grippe contre lui.

Je vous remercie de l'explication que vous me donnez de cet air de réserve, qui, je l'avoue, m'avoit un peu tourmentée. Je tombe à vos pieds et je rends justice à votre sublime prudence. Ce que vous me dites à ce sujet m'a fait rire; cela est si vrai et si bien dans votre caractère, que l'on ne peut s'empêcher de s'y rendre. Oui, mon ami, ce n'est pas d'aujourd'hui que je sens qu'avec vous on peut se laisser conduire sans y regarder; vous m'inspirez tous les jours davantage cette espèce de sécurité qu'a l'enfant qui dort sur les genoux de sa mère.

J'ai commencé hier à prendre le lait le soir; il passe à merveille, et je ne me suis jamais si bien portée. Ne soyez point inquiet de moi : toutes mes privations et mes attentions pour ma santé sont devenues mes plus doux plaisirs après celui de vous écrire; mais celui-ci n'est que momentané et l'autre est continuel. Au reste, je ne suis ni triste, ni gaie, mais un peu distraite, un peu mélancolique; cet état a sa douceur, et je pardonne difficilement à ceux qui s'efforcent de m'en tirer. Le tableau que vous m'avez crayonné de la vie que vous menez ne me sort pas de la tête. C'est bien à moi à me croire malheureuse! Je puis me livrer à mon abattement et à ma mélancolie, tandis que vous, toujours contrarié, à peine avez-vous le temps de m'écrire. Il ne vous manquoit plus que ce supplice et à moi cette privation! Je vais tâcher de me faire quelque occupation utile et agréable.

J'ai lu à Pauline l'article de votre lettre où vous parlez d'elle et de son frère, et où vous demandez permission de l'embrasser. Elle a regardé maman et lui a dit : « Je crois que nous pouvons le lui permettre. — Oui, a dit ma mère en riant, jusqu'à son retour seulement. — A la bonne heure, a répondu Pauline, et puis nous verrons. »

LETTRE DE M. GRIMM A MADAME D'ÉPINAY.

Du camp de ***.

Après trois jours de marche, nous faisons ici séjour pour continuer notre route pour ***, où nous arriverons le 30. J'attends de vos nouvelles, ma tendre amie, et je me porte bien. Voilà tout ce que je puis vous dire dans le désordre où je suis, étant entouré de gens qui ne s'intéressent ni à vous ni à moi, et qui ont bien autre chose à penser. Écrivez-moi le plus que vous pourrez ; ma confiance est en vous. Il faudra passer toute la campagne, comme je l'avois prévu, sans être bon à rien et sans être avec moi. J'avois écrit à la comtesse de C*** une lettre à ce sujet en partant de Paris ; elle l'a montrée à M. le duc d'Orléans. Elle m'en écrit une, d'après sa réponse, qui m'a tiré des larmes de reconnoissance.

Nous avançons, et l'ennemi ne se retire pas ; malgré cela, j'ai peine à croire qu'il y ait une bataille. On parle beaucoup de paix ; je saisis cette nouvelle avec bien de l'avidité. Rendez-moi, je vous prie, le service de m'envoyer exactement les gazettes. Tenez, ma chère amie, quelque désir que j'aie de causer avec vous, cela m'est impossible, au milieu de quinze personnes qui font un sabbat affreux. Je vous écrirai cependant le plus qu'il me sera possible ; mais, lorsque vous n'aurez point de mes nouvelles, n'en soyez pas inquiète et croyez qu'il y aura impossibilité.

Vous me comblez en écrivant aussi régulièrement : continuez, je vous prie, ma chère amie ; vos lettres sont ma seule consolation. Je vous remercie de jouir comme vous faites des beautés de la nature. Oh ! que vous êtes heureusement née ! De grâce, ne manquez pas votre vocation : il ne tient qu'à vous d'être la plus heureuse et la plus adorable créature qu'il y ait sur la terre, pourvu que vous ne fassiez plus marcher l'opinion des autres avant la vôtre, et que vous sachiez vous suffire à vous-même.

Les nouvelles de votre santé me font un grand plaisir. Ah ! si vous pouviez continuer à vous bien porter pendant que je serai loin de vous, je me consolerois, je crois, de notre expédition dans ce maudit pays. Nous menons une vie assez dure et fort magnifique. Nous avons laissé les gros équipages à *** ; malgré cela, à chaque marche on voit défiler pendant trois heures notre nécessaire le plus indispensable. Cela est fort scandaleux, et me persuade plus que jamais que le monde n'est composé que d'abus qu'il faut être fou pour vouloir corriger[1]. J'envie votre sort de pouvoir faire le projet de travailler ; je voudrois bien en être là ; mais nous logeons au moins trois dans la même chambre, quelquefois davantage. Je n'ose plus vous parler de mes tourments. Adieu, ma chère amie ; je vous ai déjà priée et je vous prie encore de ne point attendre après mes lettres. Je me porte à merveille, et il ne peut plus rien m'arriver, ni en bien ni en mal, que par vous.

Vous ne me parlez pas de la santé de madame votre mère ; je suppose qu'elle est bonne. Assurez-la, je vous prie, de mon respect. J'ai tant de choses à vous dire et si peu de temps, que je remets à une autre fois. J'écris deux mots à M. de Margency.

---

[1] Le luxe des équipages de nos officiers et la surabondance insensée des charrois furent l'une des causes de nos échecs dans cette malheureuse guerre de Sept-Ans. Quand Frédéric II battit le maréchal de Soubise à Rossbach (le 5 novembre 1757), il lui prit, avec son canon, ses comédiens, ses cuisiniers, ses perruquiers, ses perroquets, ses parasols et ses caisses d'eau de lavande.

LETTRE DE MADAME D'ÉPINAY A M. GRIMM.

M. de Jully sollicitoit depuis assez longtemps, comme j'ai su, un emploi dans les affaires étrangères; mais, n'ayant pu obtenir celui qu'il désiroit, et ayant apparemment quelques raisons que l'on ne devine pas pour fuir Paris, il s'est décidé à accepter la résidence de Genève[1]; il est venu hier nous l'apprendre. En vain ma mère et moi nous nous sommes épuisées à lui représenter que le parti qu'il prenoit étoit d'une bizarrerie inouïe; qu'il alloit s'expatrier, se casser le cou pour sa vie; quitter et abandonner une famille à laquelle il pouvoit être si nécessaire; qu'il le seroit à mes enfants, à nous, à la comtesse d'Houdetot. Tout cela n'a servi à rien, son parti est pris, il veut s'expatrier pour quelques années; il nous l'a déclaré avec l'entêtement dont Dieu l'a doué. Il convient de toutes nos raisons, et n'en tient pas moins à sa résolution.

« Mais, mon frère, lui ai-je dit, si vous ne voulez quitter Paris que pour quelques années, que ne voyagez-vous sans vous lier à un poste subalterne? » Il m'a répondu comme la comtesse de Pimbêche : « Ma sœur, je veux être lié. » Nous n'y comprenons rien. Ce qui me paroît encore singulier, c'est ce choix de Genève; car il est dévot, et petitement dévot.

Enfin, il part sous deux mois; mais je crains qu'il ne fasse une sotte démarche. Savez-vous ce que je prévois?

---

[1] A la place de M. de Montpeyroux, par conséquent; mais il n'y a pas d'Almanach royal où l'on ne voie celui-ci à son poste. M. de Jully avoit donc quelque autre titre, probablement.

Il partira, il résidera, puisqu'il veut absolument résider; il s'ennuyera à crever, puis il reviendra jouer un fort plat rôle à Paris après cette équipée, et perdra ainsi la considération que l'honnêteté de son caractère et sa médiocrité lui avoient acquise. On dit que c'est la marquise de Pompadour[1] qui lui a mis cette folie en tête; ce qu'il

---

[1] C'est par madame de Pompadour que la ferme générale avait fait la conquête de la couronne de France. Son avènement était un triomphe pour toute la finance. La famille La Live, liée avec les Le Normant, avait gardé des relations avec madame Le Normant d'Étioles, devenue marquise de Pompadour. On trouve bien détaillée, dans la *Vie privée de Louis XV*, par Moufle d'Argenville, l'histoire des intrigues qui la poussèrent au premier rang après la mort de la duchesse de Chateauroux; mais, quoiqu'il y ait, certes, de la différence entre cette élégante fille de la bourgeoisie, élevée comme une courtisane de la Grèce, et la boueuse Jeanne Vaubernier, fille publique des tripots modernes, il ne faut pas salir nos pages de ces anecdotes misérables. Madame d'Houdetot et madame d'Épinay sont d'autres personnes, que dans leurs égarements le respect doit encore entourer. Du reste, c'est plutôt Sa Majesté le roi Louis XV qu'il faut flétrir que madame de Pompadour.

Si elle avait eu une aptitude aux affaires égale à son ambition, elle aurait pu, même montée au pouvoir par les escaliers dérobés, s'y faire une réputation enviable; mais elle n'avait que des qualités et des petits talents de femme de financier, avec quelque bonté, car il y a des traits d'elle qui effacent un peu la lamentable histoire de Latude. Son adresse fut de séduire quelques gens de lettres, quelques artistes.

Née à Paris en 1722, elle mourut le 14 avril 1764, ayant dépensé en vingt ans trente-six millions neuf cent vingt-quatre mille cent quarante livres d'alors.

Les lettres de madame de Pompadour ne sont pas communes. En voici trois, adressées au maréchal de Richelieu, dont les copies me sont restées par hasard d'une collection de lettres du dix-huitième siècle que j'ai eue entre les mains :

1

« Je vous plains sans doute de la situation où vous êtes avec le maréchal; car il ne faut pas vous flatter, il a le public pour lui; je ne sais ce que fait M. le maréchal de Noailles dans les bulletins qui ont couru : c'est qu'il faut qu'il soit fourré partout.

« La querelle de M. Lancy est un chiffonnage, et voilà souvent comment des riens deviennent des choses graves, quand il y a des experts

y a de certain, c'est qu'elle le protége hautement et qu'il en fait des éloges à toute outrance.

La comtesse est désolée de cette folie de son frère : nous la voyons tous du même œil. Mais elle l'est bien pour les empoisonner. Je suis fâchée que le maréchal en ait tout autour de lui ; car pour sa personne, elle est pleine de bonnes qualités. Quant à moi, vous ne pouvez pas douter de l'intérêt que je prends à vous et de mon amitié. La façon dont je vous parle en est une grande preuve.

« A Choisy, ce 25. »

II

« 28 mai.

« On nous a mandé de Toulon les plus jolies nouvelles du monde, je les aimerois mieux de votre patte de chat. Mons Bing nous tient un peu alertes. Et

> Nous ne voyons jamais passer devant chez nous
> Cheval, âne ou mulet, sans le prendre pour vous.

« Je n'aurois pas en mille ans trouvé assez d'esprit pour vous exprimer l'occupation où nous sommes de MM. de Minorque. Les vieilles comédiennes ont heureusement de la mémoire ; elle m'a bien servie, puisque j'ai ajusté si à propos cette magnifique comparaison. Je vous envoie la déclaration de guerre du roi d'Angleterre : la vérité n'y brille pas plus que le style ; j'en suis fâchée pour l'honneur des beaux esprits anglais. Je crois M. de Duras un honnête garçon ; je lui souhaite tous les biens imaginables et je contribuerai volontiers à les lui faire obtenir, mais je ne puis qu'applaudir au choix de M. de Mirepoix. Bonsoir, monsieur le Minorquin, j'espère bien fort que vous êtes actuellement en pleine possession.

Je rouvre ma lettre pour vous complimenter sur la bonne opération de M. de La Galissonnière ; j'espère qu'elle vous avancera. Nous attendons la nouvelle d'un second combat. »

III

« Vos bons amis de cour, monsieur le maréchal, *ont l'air fort intrigué de l'envoi de Cremille* ; il ne peut pas entrer dans l'esprit de certaines gens que l'on fasse rien de simple, et qu'en vous envoyant un homme intelligent, en qui vous et le ministère avez confiance, on ne puisse avoir d'autres vues que celles du bien, de régler tout ce qu'il y a à faire avec vous, de voir sur les lieux ce qui est possible et ce qui ne l'est pas, et de vous donner par la suite une tranquillité dont vous ne pouvez jouir par les contradictions que vous trouvez dans les opinions, et qui seront levées

plus encore de ce que le détachement où sert le marquis de Saint-Lambert passe en Westphalie.

Moi, après m'être désolée, il me vient des envies de prendre les hommes comme ils sont et de me divertir à leurs dépens, et je commence par vous, mon bon ami. Dites-moi, par exemple, ce que vous voulez faire des gazettes? Cette demande me paroît tout à fait hétéroclite. Est-ce pour apprendre ce que vous aurez fait trois semaines avant, ou voulez-vous y lire l'avenir? Moi, qui n'y entends rien, je vous les enverrai pour que vous me mandiez ce qu'on doit y voir.

Tous ces motifs honnêtes, et pour le bien de la chose et pour vous-même, ne peuvent être compris par des gens qui ne le sont pas, parlant d'honnêteté. Je ne crois pas qu'il y ait rien de si indécent que tous ces propos que votre R*** a fait tenir contre M. de Beauvau. Je ne le connois pas assez pour l'aimer beaucoup; mais je suis indignée des moyens dont elle se sert pour obtenir des grâces. Ce n'est pas la première fois que je la vois employer ces infâmes moyens pour réussir dans ses projets: Dieu merci, elle n'a pas encore réussi. N'allez-vous pas renvoyer votre neveu pour ces arrangements?

« J'oubliois de vous dire, à propos de Crémille, que M. *de Maillebois le déteste*. Je vous mets en garde autant qu'il m'est possible contre les choses qui pourroient nuire au bien du service, et à votre tranquillité. Duverney n'entend pas raison pour les fourrages; M. de Paulmy et moi cherchons des moyens pour que Dumesnil ait Brouage et que votre chère tante ne nous mange pas.

« Bonsoir, monsieur le maréchal. »

CHAPITRE VII

1757

Saint-Lambert à l'armée avec Grimm. — Madame de Pompadour veut être souveraine de Neufchâtel. — Train de vie de la Chevrette. — Caractère de mademoiselle d'Épinay. — M. d'Épinay repasse un instant sur la scène. — Madame d'Épinay se défend d'être aimée de Jean-Jacques. — Association philharmonique de M. d'Épinay et de Francueil. — Les rendez-vous de Jean-Jacques et de madame d'Houdetot. — Conversation de madame d'Épinay et de Rousseau sur l'éducation. — Liaison et rupture entre madame d'Houdetot et madame de Verdelin. — Nouvelles de l'armée. — Tristes peintures. — Lettre musquée de M. de Margency. — Un grand dîner à l'Ermitage. — Brusque retour de Saint-Lambert. — Rousseau chez Diderot, à Paris. — Desmahis devenu dévot. — Diderot empêche le baron d'Holbach d'aller à la Chevrette. — Madame d'Houdetot, Saint-Lambert et Rousseau ensemble.

LETTRE DE M. GRIMM A MADAME D'ÉPINAY.

A Munster.

Je n'ai point reçu de lettres aujourd'hui, et me voilà rentré dans la solitude affreuse où mon âme sera toujours quand je n'entendrai pas parler de vous. La tristesse, l'inquiétude, l'impatience et l'ennui m'accompagnent dans ce désert et ne me quitteront qu'au moment où je pourrai vous rejoindre. O ma tendre amie! je ne vis plus que pour vous; mon âme est fermée à tout autre sentiment : celui-là l'absorbe tout entière. Pour m'aider à supporter l'absence, je cherche en vain l'énergie et la fermeté dont je fus quelquefois susceptible : je ne m'en trouve plus. Vous me plaignez, et j'en ai grand besoin ; je vous trouve très-généreuse, et beaucoup plus que je ne croyois. Vous avez senti dès le premier instant ma situation et ce qu'elle a de pénible pour moi ; vos lettres sont remplies de tendresse et de compassion, et mon cœur en est bien touché.

Que vous êtes aimable de continuer à vous bien porter ! mais il me semble que vous vous dépêchez bien de prendre le lait le soir. Ne précipitez rien, je vous en conjure : c'est un de vos vieux défauts d'aller toujours trop vite. Ma chère amie, la nature agit lentement et imperceptiblement : elle vous a donné de beaux yeux ; servez-vous-en et agissez, je vous prie, comme elle.

Ce que vous me mandez de Rousseau me paroit fort extraordinaire, et ces visites mystérieuses de la comtesse le sont encore davantage. Pour lui, c'est un pauvre diable qui se tourmente et n'ose s'avouer le vrai sujet de ses peines qui est dans sa maudite tête et dans son orgueil ; il se crée, comme cela, des sujets imaginaires, pour avoir le plaisir de se plaindre de tout le genre humain. Je m'en rapporte à votre prudence sur les rabâcheries qu'on vous fera sans doute ; défiez-vous de votre bon cœur, et prenez soin de votre bonheur et de votre tranquillité. Je ne doute pas que je ne sois pour quelque chose dans tout cela, mais ce seroit vous faire injure que de vous recommander mes intérêts ; aussi, ma tendre amie, je ne vous parle que de vous.

J'admire que tout le monde ait sans cesse des tracasseries avec Diderot. Depuis cinq ans que je suis son ami intime et qu'il est pour moi l'homme du monde que j'aime le plus, je n'ai jamais entendu parler de rien : c'est que, pour faire des tracasseries, il faut être deux, et que tous ces bavards ne font qu'abuser de sa franchise et de sa bonne foi.

J'ai été interrompu, hier, par l'arrivée du marquis de Saint-Lambert ; j'ai passé la soirée avec lui. Vous pensez bien que nous avons un peu parlé de vous ; vous n'imaginez pas quelle satisfaction j'ai eue à voir un homme qui venoit de vous quitter. C'est une grande consolation pour moi de passer le reste de la campagne avec lui ; il m'a parlé des torts de Rousseau envers moi ; il pense que vous lui avez tourné la tête depuis longtemps, et que j'en suis devenu sa bête[1]. Cela est-il vrai ?

[1] Voilà un point à noter. Grimm craignait et madame d'Épinay aurait désiré que Rousseau fût amoureux d'elle. Il n'y a guère à en douter. Grimm fit donc tout ce qu'il put, et depuis longtemps il avait commencé, pour que Rousseau ne fût pas trop bien vu de l'amie qu'il lui devait, mais de chez laquelle il l'avait évincé ; et, de son côté, madame d'Épinay, quoiqu'il n'y eût chez elle qu'un désir trompé, se sentit piquée de jalousie et se crut presque trahie lorsque Rousseau se mit à aimer madame d'Houdetot. Joignez à ces sentiments la rustique colère de Thérèse, l'embarras, les remords de Jean-Jacques, et voilà tous les éléments du drame.

Rousseau, cependant, n'avait jamais aimé madame d'Épinay qu'en amie, ni pensé à l'aimer autrement. « J'étois presque toujours compté pour rien en toute chose, dit-il. Cette nullité m'accommodoit fort partout ailleurs que dans le tête-à-tête, où je ne savois quelle contenance tenir, n'osant parler de littérature, dont il ne m'appartenoit pas de juger, ni de galanterie, étant trop timide, et craignant plus que la mort le ridicule d'un vieux galant ; outre que cette idée ne me vint jamais près de madame d'Épinay et ne m'y seroit peut-être pas venue une seule fois en ma vie, quand je l'aurois passée entière auprès d'elle : non que j'eusse pour sa personne aucune répugnance ; au contraire, je l'aimois peut-être trop comme ami pour pouvoir l'aimer comme amant. Je sentois du plaisir à la voir, à causer avec elle. Sa conversation, quoique assez agréable en cercle, étoit aride en particulier ; la mienne, qui n'étoit pas fleurie, n'étoit pas pour elle d'un grand secours. Honteux d'un trop long silence, je m'évertuois pour relever l'entretien ; et, quoiqu'il me fatiguât souvent, il ne m'ennuyoit jamais. J'étois fort aise de lui rendre de petits soins, de lui donner de petits baisers bien fraternels qui ne me paroissoient pas plus sensuels pour elle : c'étoit là tout. Elle étoit fort

Pourquoi donc la comtesse est-elle si gaie? Est-ce que le départ de Saint-Lambert ne lui a fait aucune peine?

Oui, mon amie, vous faites très-bien de n'avoir besoin de personne; c'est le moyen de vous attacher pour toujours tous les honnêtes gens de votre cour; sans compter que, seule ou entourée, vous serez toujours bien. Vous avez raison, la société de la comtesse d'Houdetot ne va point du tout au baron ni à sa femme, et je désire comme vous que cette fantaisie lui passe, ainsi que bien d'autres que nous lui avons connues.

Le portrait que vous faites de Margency est un chef-d'œuvre; on ne peut rien voir de plus vrai, de plus fin et de plus délicat; il y a des figures qui ne sont bien dans un tableau qu'en groupe : le Syndic est de ces figures-là.

Je reçois dans l'instant deux de vos lettres; je commence à craindre que vous ne vous fatiguiez trop en écrivant si souvent. Je vous demande en grâce, ma chère amie, de préférer votre santé à tout le reste et de ne me point écrire des volumes; cela échauffe le sang, et me fait trembler pour ce lait dont vous ne me dites pas le mot dans votre dernière lettre : je prends cela pour une bonne marque. Je me porte bien; à cela près, que voulez-vous que je vous dise de moi? Jusqu'à présent je n'ai été bon à rien à M. le maréchal; je ne sais si cela viendra, mais j'en doute. Nous sommes vingt-huit secrétaires; et que diable faire à l'armée, de la philosophie et de la métaphysique? Après cette expérience, j'espère

maigre, fort blanche, de la gorge comme sur ma main. Ce défaut seul eût suffi pour me glacer; et d'autres causes inutiles à dire m'ont toujours fait oublier son sexe auprès d'elle. » Ces autres choses, ce sont les indiscrétions de Francueil sur l'une des maladies de madame d'Épinay.

que le prince sentira qu'il faut me fixer auprès de lui et de vous.

Savez-vous que ce que vous me dites de M. de Jully est un coup de lumière pour moi, et m'explique une nouvelle qu'on m'avoit dite et que son absurdité m'empêchoit de croire : elle pourroit bien être vraie cependant ; mais si je devine juste, il sera récompensé suivant l'événement ; et comme il ne peut être tel qu'on le désire, c'est un homme noyé.

Je ne sais si ce que je vous écris a le sens commun. Je suis logé dans un maudit galetas, au milieu des officiers de la bouche qui nous préparent à dîner.

Dites-vous bien que mon cœur vous est attaché par les liens les plus doux. Je vous parle sans cesse, mais je ne puis vous écrire ; lisez donc ce que je vous dis, et non ce que je vous écris. Adieu ; ayez bien soin de mon amie ; je vous la recommande de mon mieux : dites-lui de ma part tout ce que vous savez de plus doux et de plus tendre ; vous n'en direz jamais assez : dites-lui surtout de ne se point affliger, et d'opposer l'espérance à tous les maux qui nous accablent. Parlez-moi de vos affaires, de madame votre mère, de vos enfants, de tout ce qui vous intéresse.

M. Grimm avoit pressenti très-juste sur la résidence de M. de Jully à Genève ; il étoit chargé de commissions secrètes, et l'on avoit exigé de lui qu'il auroit l'air d'ambitionner ce poste de préférence à tout autre ; sa mission étoit, disoit-on à l'oreille, d'observer les démarches du roi de Sardaigne, et d'examiner ce qui se passeroit en Piémont ; mais les inquiétudes qu'on marquoit à cet égard étoient une chimère, et je suis persuadé qu'elles n'ont jamais existé.

Pendant le séjour que M. de Jully fit à Genève, il n'y resta jamais un mois sédentaire; il fut presque toujours en Suisse, sous prétexte de la curiosité que lui inspiroit ce pays; il alla même plus d'une fois jusqu'à Neufchâtel. Une très-grande dame de la cour [1], persuadée que le roi de Prusse ne pourroit résister à toutes les puissances qui se tournoient contre lui, avoit porté l'ambition jusqu'à devenir souveraine de Neufchâtel : elle vouloit prévenir les esprits en sa faveur; mais, incertaine de l'événement, elle ne tenta qu'une négociation indirecte et qui ne pût pas la compromettre. Ce projet étoit le comble de la folie : tout autre que M. de Jully ne s'y seroit pas prêté; mais madame de Pompadour trouva le secret de le lui rendre vraisemblable. Comme il étoit important de choisir un homme honnête, confiant, sans ambition, et qui ne fut pas assez considérable pour donner de l'ombrage, ni pour vouloir jouer un rôle sans nécessité, on jeta les yeux sur M. de Jully, et on lui promit de le tirer de ce poste aussitôt après la guerre, avec des récompenses telles qu'il les demanderoit. Il donna dans le piége, et fut trop heureux de s'en tirer sans dommage personnel. Peu de gens savent cette anecdote.

LETTRE DE MADAME D'ÉPINAY A M. GRIMM.

Puisque vous voulez, mon ami, que je vous parle sans cesse de notre vie domestique, vous saurez que, tous les

---

[1] Madame de Pompadour. La principauté de Neufchâtel appartenait au roi de Prusse, et n'a été incorporée réellement à la Suisse qu'il y a quelques années.

matins, nous nous rassemblons comme à l'ordinaire dans le petit salon d'en bas; là nous déjeunons, ma mère, mes enfants, Linant et moi. Un peu plus tard Linant et mon fils se retirent, pour aller se promener ou pour étudier. Si cependant la conversation mérite qu'ils l'écoutent ou qu'ils y prennent part eux-mêmes, alors ils restent. Le paresseux Margency descend quelquefois, de même que ceux qui se trouvent à demeure avec lui; mais tous ces arrangements sont libres, excepté pour mes enfants, à qui je fais un devoir de donner cette marque de déférence à ma mère, et à qui je me plais de montrer l'exemple. Chacun, vers les dix heures, se retire pour vaquer à sa fantaisie à l'emploi de son temps. Je me débarrasse volontiers tout de suite des affaires de mon ménage, ensuite de ma toilette, qui est bientôt faite. Je vous écris, je travaille, et je ne me rends dans le salon qu'à l'heure du dîner. Nous jouons ensuite une bonne heure avec mes enfants; ils se retirent vers les cinq heures, et puis nous faisons des commentaires à perte de vue sur ce qu'ils ont dit, ce qu'ils ont fait, ce qu'ils diront, ce qu'ils feront, ce qu'ils penseront, et Margency se moque de nous. Il mit l'autre jour la conversation de ma mère et de moi en vers; c'étoit un radotage délicieux. Quelquefois, et très-souvent, nous parlons de vous, et c'est le moment où nous nous trouvons tous d'accord. Que vous dirois-je encore? Nous nous promenons, nous lisons, nous dormons. En tout notre vie est assez monotone, mais elle est douce et tranquille; et, en y regardant de près, on verra que c'est là précisément la vie heureuse que tant de gens cherchent en vain[1].

[1] Rien que pour peindre les lieux, allons une douzaine d'années au delà du temps où nous sommes et voyons ce qu'en dira Diderot :

J'ai eu une conversation avec la gouvernante de ma fille, dont voici à peu près le sujet. J'y ai rêvé depuis, et j'avoue que j'ai besoin de vos lumières pour me guider dans ceci. Je me plaignois que ma fille prenoit souvent un ton de fatuité et d'importance qui me déplaisoit ; mademoiselle Durand me dit qu'elle tiroit une grande vanité des égards que mes amis lui marquoient,

« A midi M. de Villeneuve arriva.

« Nous étions dans le triste et magnifique salon.

« Vers la fenêtre qui donne sur les jardins, M. Grimm se faisoit peindre, et madame d'Épinay était appuyée sur le dos de la chaise de la personne qui le peignait. Un dessinateur, assis plus bas, sur un placet, faisoit son profil au crayon. Il est charmant ce profil ; il n'y a point de femme qui ne fut tentée de voir s'il ressemble.

« M. de Saint-Lambert lisait dans un coin la dernière brochure que je vous ai envoyée.

« Je jouois aux échecs avec madame d'Houdetot.

« La vieille et bonne madame d'Esclavelles, avait autour d'elle tous ses enfants, et causoit avec eux et avec leur gouverneur.

« 15 septembre 1760. »

— « On peint madame d'Epinay en regard avec moi ; c'est vous dire en un mot à qui les deux tableaux sont destinés.

« Elle est appuyée sur une table, les bras croisés mollement l'un sur l'autre, la tête un peu tournée, comme si elle regardoit de côté ; ses longs cheveux noirs relevés d'un ruban qui lui ceint le front ; quelques boucles se sont échappées de dessous ce ruban. Les unes tombent sur sa gorge, les autres se répandent sur ses épaules, et en relèvent la blancheur. Son vêtement est simple et négligé. »

Le ruban était bleu... « La bouche entr'ouverte ; elle respire, et ses yeux sont chargés de langueur. C'est l'image de la tendresse et de la volupté.

« 17 septembre 1760. »

C'était alors la fête de la Chevrette. Seigneurs et vilains dansaient gaiement, sans étiquette. A l'intérieur le service était splendide. Diderot est ébloui du luxe du festin. Saurin était là et, naturellement, le curé de Deuil, très-grosse et joviale figure.

La Chevrette pouvait véritablement passer pour un château important. Il y avait une chapelle peinte sous Louis XIII par Jacques Blanchard. M. de Bellegarde ou M. d'Epinay avait fait peindre au salon l'histoire de Psyché par Natoire.

(V. les notes du catal. du cabinet de M. La Live de Jully, pet. in-4°, 1764.)

et des conversations suivies et raisonnables qu'ils avoient avec elle. Elle est accoutumée à jouer un rôle, ajouta-t-elle ; elle en est enorgueillie : je crains, madame, que ce ne soit un inconvénient inévitable du plan d'éducation que nous avons adopté. Elle a raison ; je le pense comme elle.

Sur cela nous avons raisonné des moyens d'y remédier. Il seroit du plus grand danger de lui faire éprouver de notre part quelque humiliation publique ; elle est si décidée, que nous ne la retenons que par la honte : si nous émoussons cette sorte de sensibilité, elle ne connoîtra plus de frein. Nous sommes convenues d'abord de lui faire sentir en particulier qu'on ne la traite avec plus de distinction qu'un enfant ordinaire, que parce qu'elle a montré le désir d'être raisonnable ; mais que les égards cesseront nécessairement si elle cesse d'être bien, et si elle tire vanité des grâces qu'on lui accorde. Le mot de grâce la révoltera, j'en suis sûre, et je n'en suis pas fâchée. Ensuite je donnerai le mot à mes amis pour qu'ils se moquent d'elle au premier air d'orgueil ou d'importance qu'elle se donnera. Voilà, ce me semble, le moyen le plus sage pour ne détruire que l'excès de sa fierté ; mais qui me répondra que, le jour où elle recevra cette leçon, il n'arrivera pas quelque intrus qu'il ne nous conviendra pas de prévenir, et qui gâtera toute notre besogne ?

L'habitude où nous sommes de ne la point contraindre dans ses occupations ni dans ses lectures, lui met aussi un papillotage dans la tête qu'il est bon de commencer à détruire ; pour cela nous avons imaginé de faire une lecture le soir en commun. Au bout de deux jours elle demandera un autre livre ; nous lui dirons qu'elle est la maîtresse d'aller lire dans sa chambre. Vous voyez tout ce qu'il y a à lui répondre, et ce même orgueil que nous voulons réduire la fera rester : il en sera de même pour l'ouvrage.

Rien ne prouve mieux l'abus des méthodes d'éducation qui ne sont pas dirigées par le caractère de l'enfant, que ce qui résulte pour mon fils du plan adopté pour ma fille. Etant élevés tous deux sous mes yeux, il n'est pas possible qu'il ne participe pas aux mêmes conversations, aux mêmes égards qu'on marque à sa sœur, sans quoi on afficheroit une prédilection toujours injuste et toujours nuisible; or, bien loin de s'en prévaloir, il s'en ennuie, il en ressent de la gêne, et est bien plus content de ceux qui polissonnent avec lui, que de ceux qui veulent lier conversation; il est vrai qu'il a moins d'esprit que sa sœur, et que, par proportion, il est moins formé.

Rousseau ne vient presque plus me voir; il est sans cesse chez la comtesse d'Houdetot : il n'a dîné qu'une seule fois ici pendant le séjour du baron.

La comtesse vient d'arriver. Elle nous a parlé d'une tragédie qui a parfaitement réussi; le sujet est grec et fort intéressant, mais, dit-elle, ces Grecs-là pensent et parlent à la française; les vers sont parfaitement beaux et absolument dans le goût de Racine [1]. A cette nouvelle, le Syndic a sauté de joie. Voilà tout ce que vous mande votre pauvre amie retirée du monde, qui n'apprend que ce qu'on lui dit, et qui n'écouteroit rien, sans le désir qu'elle a de vous amuser.

---

[1] Cette pièce est l'*Iphigénie en Aulide*, de Guimond de la Touche, tragédie qui eut vingt-sept représentations.

Le lendemain.

Mon époux est tombé des nues ici ce matin; je ne sais d'où il vient, mais sa chaise étoit crotté et tout en pièces, ses gens et lui harassés. Il est monté dans mon appartement; je lui ai fait quelque reproches sur l'embarras où il nous avoit laissés; il m'a tendu la main les larmes aux yeux : « Ne m'accablez pas, m'a-t il dit, ma chère amie; je suis assez malheureux. »

Persuadée que j'avois quelque accident affreux à redouter, je me sentie si saisie, qu'à peine ai-je osé le questionner; cependant, voyant qu'il ne disoit mot et qu'il pleuroit toujours : « Parlez donc, lui dis-je, je m'attends à tout : il y a longtemps que je prévois. — Ne vous alarmez pas, ma chère amie, ma peine ne regarde que moi »

Croyez-vous que je fus assez sotte pour n'être pas plus tranquille? « Il faut qu'elle soit bien grave, lui dis-je, puis-je la partager? — Hélas! vous n'y pouvez rien. — Peut-être, un bon conseil? Quelquefois il est important d'en demander. Vous savez que vous pouvez compter sur moi. — Je le sais, je connois votre bon cœur; je vous ai toujours retrouvée. — Eh bien! avez-vous besoin de quelques secours prompts; sûrement, vous manquez d'argent? — Oh! mon Dieu non; c'est-à-dire, pardonnez-moi, je n'en ai pas; mais ce n'est pas cela. Tenez, je puis vous parler, vous n'êtes pas une âme comme une autre, vous êtes mère tendre. — Ah ciel! — Quoi? — Dites donc. — Une personne que j'aime et que j'estime, avec qui je passe ma vie, a sa petite fille à la mort, à la mort sans ressource. »

Jugez de ce que je devins à cette belle confidence; je restai immobile et si indignée, qu'il me fut d'abord impossible de proférer un mot. Pendant ce silence, il parloit avec une chaleur, un attendrissement : « C'est que si vous connoissiez cette enfant, disoit-il, si vous saviez ce qu'elle vaut, ses grâces, ses talents ! »

Il finit par me faire pitié : « Pauvre homme, lui dis-je, vous êtes ensorcelé ! je ne sais ni remède, ni consolation à cet état. » Je me levai pour le quitter, mais il n'eut pas l'air d'être blessé de ma réflexion, ni du peu de part que je prenois à sa douleur ; il se leva et me suivit en essuyant ses yeux, puis il me dit tout à coup : « A propos, j'attends trois de mes amis qui viennent chasser avec moi ; il faut bien se dissiper un peu ; faites-nous préparer à déjeuner. » Il me passa par la tête qu'il n'y avoit pas un mot de vrai à tout ce qu'il m'avait dit, et qu'il n'avoit peut-être joué cette scène que pour m'empêcher de lui faire des reproches qu'il sentoit bien mériter. Mais en partant pour le chasse, il me pria d'ouvrir les lettres que l'exprès qu'on devoit lui envoyer apporteroit, afin de le préparer, lorsqu'il reviendroit, à ce que j'aurois peut-être à lui apprendre. Je ne répondis rien. L'exprès est arrivé en effet, et je n'ai point ouvert la lettre comme vous le pensez bien. Je la lui ai remise à son arrivée. « Pourquoi donc ne l'avez-vous pas ouverte, m'a-t-il dit? — C'est que je ne me mêle point des affaires qui ne me regardent pas, lui ai-je répondu. — Je vous l'avois dit. — Cela est vrai, mais je m'étois bien promis de n'en rien faire. — Il n'y a donc jamais que vos premiers mouvements d'honnêtes. »

En disant cela, il ouvroit sa lettre et la lisoit. « Ah ! quel bonheur, s'écria-t-il ; il y a eu une crise, elle est sauvée ! » Puis il me tourne le dos, appelle ses gens, va à son écurie, monte à cheval et court encore.

M. de Jully est venu ce soir nous faire lecture du plus fastidieux sermon que j'aie de ma vie entendu; il est de je ne sais quel abbé, que ma voisine lui a dit de protéger. Il fait collection de ces sortes d'écrits, pour se prémunir contre le calvinisme dont la ville qu'il va habiter est infectée. Ce morceau d'éloquence a trouvé grâce auprès du Syndic. Trois ou quatre petites phrases carrées l'ont transporté et converti. « On a beau faire, dit-il; tôt ou tard il en faut revenir là; il est de certaines vérités auxquelles il faut que tout cède. » Je ne sais combien cela lui durera; mais je sais bien qu'une femme qui aime cet homme-là doit redouter jusqu'à un aveugle qui chante dans la rue le *Vexilla regis*.

J'ai conté à M. de Jully la scène que j'ai eue avec son frère; il s'est chargé de lui parler, et de se faire rembourser des avances qu'il m'a faites pendant son absence. Bonsoir, demain ou après je vous en dirai davantage.

LETTRE DE MADAME D'ÉPINAY A M. GRIMM.

Reprenons où j'en suis restée.

Je n'ai point répondu, mon ami, à l'article où vous me mandiez que le marquis de Saint-Lambert prétendoit que Rousseau étoit amoureux de moi; je vous proteste qu'il n'y a jamais pensé. Où a-t-il donc pris cela? j'y ai bien regardé, et je suis très-sûre qu'il n'en est rien.

Pardonnez-moi, vraiment la comtesse est désolée de l'absence du marquis; mais le chagrin l'a-t-il jamais empêchée d'être gaie? Elle pleure de la meilleure foi du monde, et rit de même. C'est la femme la plus heureusement née que je connoisse.

Je ne vous ai point écrit depuis trois jours, parce que j'ai eu du monde, et puis, parce que, parce que je viens de commencer un ouvrage dont le début me plaît : c'est le roman de Rousseau qui m'en a donné l'idée [1]. Toutes ses lettres sont si belles, si bien faites, que la lecture m'en paroit froide et fatigante. Lorsque j'aurai quelques cahiers d'achevés, je vous les enverrai pour savoir si je dois continuer. J'ai fait aussi quelques à-propos de société qui ont eu assez de succès. M. Diderot me les a fait demander par le gouverneur de mon fils ; mais il faut me rendre un peu plus de justice pour avoir le droit de lire mes rêveries.

M. d'Épinay, au milieu de son désordre, et malgré l'état de gêne où toute sa maison est réduite, trouve de quoi fournir à cette association scandaleuse dont vous avez vu les commencements. M. de Francueil, le chevalier de M***, et le petit de Maurepaire en sont. Ils ont fait faire un théâtre ; ils y jouent l'opéra, la comédie, devant la cour et la ville : le spectacle est médiocre, mais le ridicule des acteurs est intéressant dans un pays où se moquer du monde est tout l'art d'en jouir ; de sorte qu'on y court comme au feu.

M. de Francueil est venu me voir une fois ici avec ses trois associés ; je les ai reçus comme leur conduite le mérite.

On prétend que Rousseau et la comtesse continuent leurs mystérieux rendez-vous dans la forêt. Il y a trois jours qu'il me fit dire par le jardinier, qu'il ne venoit pas me voir, parce qu'il étoit incommodé. Le même soir, j'envoyai chez la comtesse ; il y étoit établi tête à tête, et y est resté deux jours. Cela me paroît si bizarre et si

---

[1] Peut-être bien ces Mémoires-ci.

DEUXIÈME PARTIE. — CHAPITRE VII.

comique, que je crois rêver. Il est venu hier passer la journée ; il m'a paru embarrassé, mais je n'ai pas eu l'air de rien savoir, ni de rien remarquer. Il prétend toujours qu'il viendra passer quelques jours avec moi : comme il voudra [1].

[1] Reprenons le texte de Rousseau : « Madame d'Houdetot continuoit à me faire des visites que je ne tardai pas à lui rendre. Elle aimait à marcher ainsi que moi : nous faisions de longues promenades dans un pays enchanté. Content d'aimer et de l'oser dire, j'aurois été dans la plus douce situation, si mon extravagance n'en eût détruit tout le charme. Elle ne comprit rien d'abord à la sotte humeur avec laquelle je recevois ses caresses ; mais mon cœur, incapable de savoir jamais rien cacher de ce qui s'y passe, ne lui laissa pas longtemps ignorer mes soupçons : elle en voulut rire ; cet expédient ne réussit pas ; des transports de rage en auroient été l'effet ; elle changea de ton. Sa compatissante douceur fut invincible ; elle me fit des reproches qui me pénétrèrent ; elle me témoigna, sur mes injustes craintes, des inquiétudes dont j'abusai. J'exigeai des preuves qu'elle ne se moquoit pas de moi. Elle vit qu'il n'y avoit nul autre moyen de me rassurer. Je devins pressant ; le pas étoit délicat. Il est étonnant, il est unique peut-être qu'une femme ayant pu venir jusqu'à marchander, s'en soit tirée à si bon compte. Elle ne me refusa rien de ce que la plus tendre amitié pouvoit accorder. Elle ne m'accorda rien qui pût la rendre infidèle, et j'eus l'humiliation de voir que l'embrasement dont ses légères faveurs allumoient mes sens n'en porta jamais aux siens la moindre étincelle.

« La véhémence de ma passion la contenoit par elle-même. Le devoir des privations avoit exalté mon âme. L'éclat de toutes les vertus ornoit à mes yeux l'idole de mon cœur ; en souiller la divine image eût été l'anéantir. J'aurois pu commettre le crime ; il a été cent fois commis dans mon cœur ; mais avilir ma Sophie ! Ah ! cela se pouvoit-il jamais. »

Poursuivons encore, car voici des pages où l'art d'écrire le plus achevé va nous peindre notre paysage en l'illuminant des couleurs dont Rousseau le vit alors éclairé, et où par un triomphe de langage, la passion exprime ses plus vives, ses plus impatientes ardeurs sans cesser d'être noble et délicate.

« Il y a près d'une lieue de l'Ermitage à Eaubonne ; dans mes fréquens voyages, il m'est arrivé quelquefois d'y coucher : Un soir, après avoir soupé tête à tête, nous allâmes nous promener au jardin par un très-beau clair de lune. Au fond de ce jardin étoit un assez grand taillis par où nous fûmes chercher un joli bosquet orné d'une cascade dont je lui avois donné l'idée, et qu'elle avoit fait exécuter. Souvenir immortel d'innocence et de jouissance ! Ce fut dans ce bosquet qu'assis avec elle

Mon ami, il faut que je vous confie que je suis un peu en peine de ma mère. Si j'avois été parfaitement tranquille sur son état, je n'aurois pas été si longtemps sans vous en parler. Elle se porte bien cependant, mais elle a des caprices et des variations de goût qui m'alarment ; elle n'est occupée que des arrangements à faire dans sa nouvelle maison ; car je vous dirai qu'elle s'est dégoûtée

sur un banc de gazon, sous un acacia tout chargé de fleurs, je trouvai, pour rendre les mouvements de mon cœur, un langage vraiment digne d'eux. Ce fut la première et l'unique fois de ma vie ; mais je fus sublime, si l'on peut nommer ainsi tout ce que l'amour le plus tendre et le plus ardent peut porter d'aimable et de séduisant dans un cœur d'homme. Que d'enivrantes larmes je versai sur ses genoux ! Que je lui en fis verser malgré elle ! Enfin, dans un transport involontaire, elle s'écria : « Non, « jamais homme ne fut si aimable, et jamais amant n'aima comme vous ! « Mais votre ami Saint-Lambert nous écoute, et mon cœur ne sauroit « aimer deux fois. » Je me tus en soupirant ; je l'embrassai... Quel embrassement ! Mais ce fut tout. Il y avoit six mois qu'elle vivoit seule, c'est-à-dire loin de son amant et de son mari ; il y en avoit trois que je la voyois presque tous les jours, et l'amour en tiers entre elle et moi. Nous avions soupé tête à tête, nous étions seuls, dans un bosquet au clair de lune, et, après deux heures de l'entretien le plus vif et le plus tendre, elle sortit au milieu de la nuit de ce bosquet et des bras de son ami aussi intacte, aussi pure de corps et de cœur qu'elle y étoit entrée.

« Et qu'on n'aille pas s'imaginer qu'ici mes sens me laissoient tranquille. C'étoit de l'amour cette fois, et de l'amour dans toute son énergie et dans toutes ses fureurs. Je ne décrirai ni les agitations, ni les frémissements, ni les palpitations, ni les mouvements convulsifs, ni les défaillances de cœur que j'éprouvois continuellement : on en pourra juger par l'effet que sa seule image faisoit sur moi. J'ai dit qu'il y avoit loin de l'Ermitage à Eaubonne : je passois par les coteaux d'Andilly, qui sont charmants. Je rêvois en marchant à celle que j'allois voir, à l'accueil caressant qu'elle me feroit, au baiser qui m'attendoit à mon arrivée. Ce seul baiser, ce baiser funeste, avant même de le recevoir, m'embrasoit le sang à tel point que ma tête se troubloit, un éblouissement m'aveugloit, mes genoux tremblants ne pouvoient me soutenir ; j'étois forcé de m'arrêter, de m'asseoir ; toute ma machine étoit dans un désordre inconcevable : j'étois prêt à m'évanouir. Instruit du danger, je tâchois en partant, de me distraire et de penser à autre chose. Je n'avois pas fait vingt pas que les mêmes souvenirs et tous les accidents qui en étoient la suite revenoient m'assaillir sans qu'il me fût possible de m'en délivrer ;

de celle qu'elle habitoit, et qu'elle l'a quittée. Elle disoit hier, à propos de cela, qu'elle vouloit vous demander votre portrait, tout mauvais qu'il est, pour mettre dans son cabinet. J'ai osé lui dire que je le lui disputerois; et elle a répondu qu'elle ne le céderoit qu'à moi. Me le refuserez-vous à présent? Ah! mon ami, vous êtes si honnête, que vous faites taire même les scrupules de la dévotion.

et, de quelque façon que je m'y sois pu prendre, je ne crois pas qu'il me soit jamais arrivé de faire seul ce trajet impunément. J'arrivois à Eaubonne, foible, épuisé, rendu, me soutenant à peine. A l'instant que je la voyois, tout étoit réparé; je ne sentois plus auprès d'elle que l'importunité d'une vigueur inépuisable et toujours inutile.

« Il y avoit sur ma route, à la vue d'Eaubonne, une terrasse agréable, appelée le mont Olympe, où nous nous rendions quelquefois chacun de notre côté. J'arrivois le premier; j'étois fait pour l'attendre; mais que cette attente me coûtoit cher! Pour me distraire, j'essayois d'écrire avec mon crayon des billets que j'aurois pu tracer du plus pur de mon sang : je n'en ai jamais pu achever un qui fût lisible. Quand elle en trouvoit quelqu'un dans la niche dont nous étions convenus, elle n'y pouvoit voir autre chose que l'état vraiment déplorable où j'étois en l'écrivant. Telle a été la seule jouissance amoureuse de l'homme, du tempérament le plus combustible, mais le plus timide en même temps que peut-être la nature ait produit. Tels ont été les derniers beaux jours qui m'aient été comptés sur la terre. »

L'acacia était en fleurs, c'était donc à la fin de mai et, tout au plus tard, au commencement de juin, si l'année avait été froide. Il existe, il vit encore cet acacia d'Eaubonne, et, à chacun des mois de mai qui reviennent, il se couronne de ces mêmes fleurs dont le parfum enivra si doucement, si purement Rousseau et son amie. La maison occupée par madame d'Houdetot est le pavillon du jardinier de la propriété de madame Pérignon. C'était alors le petit château de Meaux. Le jardin était grand et s'étendait bien au delà du terrain qu'il occupe. La cascade du parc était du côté du bois Jacques, et l'acacia, resté en dehors de la propriété actuelle, ombrage à présent le lavoir du village.

Madame d'Houdetot a raconté, dans sa vieillesse, à Népomucène Lemercier qu'elle courut en effet du danger dans cette soirée mémorable, mais qu'elle fut sauvée par le juron inattendu d'un charretier qui suivait le mur du parc et qui faisait relever sa bête. Un de ses jeunes éclats de rire, si francs, si vifs, partit de sa bouche. Rousseau frémit de colère et de honte, et la poésie seule resta maîtresse de la nuit.

Quant à mes enfants, je suis contente d'eux : ils feroient mon bonheur si j'étois entièrement maîtresse de leur sort et du mien ; mais comme je ne le suis pas, plus j'ai lieu d'être satisfaite de ce qu'ils annoncent, plus ils m'occasionnent de réflexions fâcheuses pour l'avenir.

Je ne vous écrirai point davantage aujourd'hui, mon ami ; je vais me tranquilliser, j'irai ensuite me promener, je reviendrai prendre mon lait, et puis je travaillerai à mon ouvrage qui s'avise de m'amuser. Ce qui me fâche, c'est que je n'ai personne pour transcrire, mais je prierai le baron d'Holbach de me donner un de ses copistes, afin de pouvoir vous envoyer ma besogne au fur et à mesure.

Rousseau est arrivé ce matin avec mademoiselle Le Vasseur, pour passer deux jours ici, c'est-à-dire jusqu'à vendredi. Je vous rendrai compte de son séjour s'il en vaut la peine. Desmahis a écrit à M. de Margency pour le prier de négocier auprès de moi la restitution d'une lettre en vers qu'il m'écrivit l'année dernière, et de m'engager à effacer de mon recueil ma réponse, le tout sans un mot d'honnêteté, ni de compliments pour moi. J'ai remis l'une à M. de Margency, et j'ai effacé de mon recueil l'autre en sa présence, en lui disant que je ne savois pas pourquoi il supposoit qu'il fallût une négociation pour cette demande ; que l'hiver dernier je lui en avois fait une pareille sans y mettre assez d'importance pour y mêler un tiers : je lui ai dit encore que les lettres que je lui avois écrites n'étoient dans mon recueil que malgré moi, et parce qu'il l'avoit exigé ; que je ne les trouvois pas dignes d'avoir place au milieu de tout ce qui y étoit, et qu'il me rendoit un vrai service de désirer qu'elles fussent effacées.

La lettre de Desmahis est fort entortillée; j'en suis très-mécontente, et je ne l'ai pas caché au Syndic, car si le fond de la demande est simple, la tournure ne l'est pas. J'entrevois dans tout ceci quelques petits mystères de foiblesse mêlée d'iniquité, que, loin de chercher à développer, je remercie Dieu de ne pas connoître. Il n'y a que trop de gens que je mésestime dans le monde, je ne veux pas en voir augmenter le nombre; le mépris me gêne beaucoup, mais la pitié n'est pas si embarrassante : or, je n'en suis encore que là avec Desmahis, et j'espère que j'y resterai : en tout cas je veux éloigner toute chiffonnerie de ma tête et de mon cœur pour être tout entière à vous et à moi.

Je ne comprends rien, mon ami, à la profondeur de vos raisonnements politiques sur la résidence de M. de Jully, mais je suis, en attendant, toujours pour ce que j'en ai dit : il se propose de partir très-incessamment.

J'ai été hier deux heures seule avec Rousseau, et aujourd'hui autant; il ne m'a rien dit au delà de la pluie et du beau temps. La réserve que je suis obligée d'avoir avec lui me gêne. Ce que vous m'avez dit de cet homme me l'a fait examiner de plus près; je ne sais si c'est prévention ou si je le vois mieux que je ne le voyois, mais cet homme n'est pas vrai : lorsqu'il ouvre la bouche, et qu'il en sort un propos dont je ne puis me dissimuler la fausseté, il se répand en moi un certain froid que je ne saurois bien rendre, mais qui me coupe la parole si décidément, qu'on me tueroit plutôt que de me faire trouver deux mots à lui dire. Il y a sûrement quelque cause étrangère à sa conduite que je ne connois pas, et qui lui donne à mes yeux cet air faux, tandis qu'il ne l'est peut-être pas : s'il l'étoit et que j'en fusse sûre, alors l'indignation s'empareroit de moi et je serois plus à mon aise. Je ne sais trop si je lui ferois tort de dire qu'il est plus flatté du plaisir de soutenir des thèses bizarres, que peiné de l'alarme que peuvent jeter dans le cœur de ceux qui l'écoutent des sophismes si adroitement défendus. J'ai éprouvé hier ce que je dis là : il a vraiment laissé dans mon âme de la désolation. Je causois avec lui et M. de Margency sur la manière dont Linant s'y prenoit avec mon fils; nous approuvions une partie de sa méthode et nous blâmions l'autre. Tout à coup je m'avise de dire : « C'est une chose bien difficile que d'élever un enfant. — Je le crois bien, madame, répondit Rousseau; c'est que les père et mère ne sont point faits par la nature pour élever, ni les enfants pour être élevés[1]. »

Ce propos de sa part me pétrifia : « Comment entendez-vous cela? » lui dis-je. Margency, en éclatant de rire, ajouta ce que je n'avois osé ajouter : « N'avez-vous pas, lui dit-il, un projet d'éducation dans la tête? — Il est vrai, répond Rousseau du même sang-froid, mais il vaudroit bien mieux qu'ils fussent dans le cas de s'en passer, et moi de ne le pas faire. Dans l'état de nature il n'y a que des besoins auxquels il faut pourvoir, et cela sous peine de mourir de faim; que des ennemis dont il faut se défendre, et cela sous peine d'en être tué; que

---

[1] « Perfectionner l'éducation! Cette prétention me rappelle une conversation que j'eus il y a quinze ans avec Jean-Jacques, et dont je vous ai déjà parlé, il y soutenoit que les pères et les mères ne sont point faits par la nature pour élever, ni les enfants pour être élevés. Je manquois d'expérience alors; j'avois encore toute l'illusion et l'enthousiasme que produit la vertu dans une âme honnête; aussi cette opinion me révolta. Mais maintenant le voile est déchiré. J'en suis fâchée : Jean-Jacques a raison. »

(*Lettre de madame d'Épinay à Diderot.*)

son semblable à produire, chose à laquelle le plaisir ne nous invite que de reste sans la leçon de nos parents : ainsi vous voyez que l'éducation d'un homme sauvage se fait sans qu'on s'en mêle ; que la base de la nôtre n'est pas dans la nature : il faut qu'elle soit fondée sur des conventions de société qui sont toutes pour la plupart bizarres, contradictoires, incompatibles tantôt avec le goût, les qualités de l'enfant, tantôt avec les vues, l'intérêt, l'état du père ; et que sais-je de plus ?

— Mais enfin, nous ne sommes pas sauvages, lui dis-je ; bien ou mal, il faut élever : comment s'y prendre ? — Cela est fort difficile, reprit-il. — Je le savois, lui dis-je, c'est la première chose que je vous ai dite, et me voilà tout aussi avancée qu'auparavant. — Pour faciliter votre ouvrage, reprit Rousseau, il faudroit commencer à refondre toute la société, car sans cette condition vous serez à tout moment dans le cas, en voulant l'avantage de votre enfant, de lui prescrire dans sa jeunesse une foule de maximes fort sages d'après lesquelles il reculera au lieu d'avancer : franchement, jetez les yeux sur tous ceux qui ont fait un grand chemin dans le monde : croyez-vous que ce soit en se conformant aux maximes scrupuleuses de probité qu'ils ont reçues de leurs pères ? On n'ose leur dire qu'il faut être menteur, faux et méfiant ; mais on sent très-bien qu'il faudroit qu'ils le fussent : voilà l'embarras de l'éducation. On sent par expérience tout l'avantage de ces qualités. Aussi écoutez un enfant un peu plus avisé que les autres ; s'il presse son père sur l'observance rigoureuse des règles qu'il lui prescrit dans quelques circonstances fort importantes, comme lorsqu'il s'agit de faire le sacrifice de sa fortune à un ami, ou de secourir des malheureux, vous verrez ce père apporter tant de *si*, de *mais*, tant de modifications à ses préceptes, que l'enfant ne saura plus où s'arrêter, et alors la belle maxime se réduit à rien. Tenez, c'est qu'il ne faut pas penser à tirer parti de l'éducation, toutes les fois que l'intérêt particulier ne sera pas tellement joint à l'intérêt général, qu'il soit presque impossible d'être vicieux sans être châtié, et vertueux sans être récompensé, ce qui n'est malheureusement dans aucun lieu du monde.

— Quoi! pas même dans votre patrie? reprit Margency. — C'est peut-être là un peu moins mal qu'ailleurs, répondit Rousseau; mais, en général, partout où l'éducation d'un peuple est mauvaise, celle des particuliers ne peut être bonne, et toute la jeunesse se passe à apprendre des choses qu'il faut oublier dans un âge plus avancé. Le grand talent de votre éducation est de placer, ou d'oublier les maximes suivant les circonstances. — Mais, lui dis-je, est-ce que vous ne croyez pas qu'il y a de l'avantage à être bon, même dans une société corrompue? — Oui, reprit-il, mais c'est un avantage qu'on ne peut sentir qu'à la fin de la vie. — Ah! monsieur, lui dis-je, véritablement en colère, vous oubliez que je suis mère, et vous me désespérez avec votre philosophie! — Madame, ajouta-t-il avec le même sang-froid, vous me demandez la vérité : votre douleur même est une preuve que je vous la dis. »

Que pensez-vous de cela, mon ami? je vous avoue que je suis vivement affectée de cette conversation; j'ai besoin de votre avis pour fixer mes espérances et mes craintes; je ne saurois me faire à l'idée qu'il faut renoncer à la probité pour être heureux dans ce monde.

A propos; grande brouillerie entre la comtesse d'Houdetot et le Syndic! Grande brouillerie entre ladite comtesse et madame de Verdelin! Je n'y suis et n'y veux être pour rien, Dieu merci. Je vous conterai tout cela après dîner. Bonjour, au revoir.

Le lendemain.

Ah! que je suis en colère contre vous : en vérité, mon ami, vous me désolez. Je ne puis digérer cette lettre que vous avez écrite au trésorier de madame la duchesse[1], et qui court tout Paris; elle m'est revenue de deux endroits différents. Il a tort de l'avoir fait courir; mais de quoi vous avisez-vous d'adresser des doléances à un homme dont la discrétion ne vous est pas connue. En vérité, je ne vous reconnois pas là, vous qui êtes sage, prudent plus que personne au monde, qui êtes l'ennemi déclaré de toute espèce de déclamation : je n'en reviens pas.

Je conçois que c'est un affreux spectacle pour un ami de l'humanité que celui de cent mille hommes exposés à toutes les souffrances, à la misère et à la cruauté inséparables de la guerre, et surtout dans une armée commandée et menée par plusieurs volontés; mais vous me disiez si bien, il y a quelque temps, qu'il falloit se contenter de gémir sur la folie des hommes, et être encore plus fou qu'eux pour penser à les corriger. Enfin, mon ami, si ce n'est pas pour vous que vous gardez le silence, que ce soit pour la tranquillité de vos amis et la mortification de vos ennemis.

Voici encore une lettre de vous où je ne vois que soldats, officiers, généraux, intendants; si je revois un seul de tous ces mots-là, je rabats beaucoup de votre sagesse.

Mais je dois vous dire cependant que rien n'est si plai-

---

[1] Le trésorier de la maison d'Orléans s'appelait Palerne de Ladon.

sant que la relation de votre bal et le portrait de la petite bossue qui enchantoit tous vos talons rouges. Ce qui m'a fait le plus de plaisir dans tout cela, c'est que vous avez eu un quart d'heure de gaieté. Je vous ai promis une histoire, à mon tour; la voici, et je ferme ma lettre.

Madame de Verdelin s'étant prise de passion pour la comtesse et la comtesse pour elle, parce que, la première fois qu'elles se virent, elles avoient un ruban de même couleur de rose, à la troisième visite allèrent se promener tête à tête dans le petit bois de Margency. L'une de soupirer, l'autre de répondre de même; et, de soupirs en soupirs, les voilà conduites à des réflexions générales sur la gêne des maris, l'inconstance des amants. Des pleurs involontaires s'échappent de leurs yeux, et, par leur abondance, grossissent bientôt les ruisseaux; un regard de côté rapproche leurs âmes, et voilà la confiance établie : on s'avoue réciproquement ses amours. Que dis-je, on s'avoue! on s'en vante. La petite de Verdelin console la comtesse par son éloquence et sa sensibilité; la comtesse, à son tour, ranime l'espérance perdue, promet des soupers en partie carrée, des promenades, etc. Enfin elles sortent du bois voyant les cieux ouverts. On écrit le lendemain à mon compagnon tous ces nouveaux et merveilleux projets; on lui recommande d'aller bien vite faire sa cour à la comtesse. Il trouve que cela n'est pas pressé. Sur ce peu de vivacité, on le boude chez les Verdelin. Il se passe huit jours, pendant lesquels les deux héroïnes ne se quittent point; elles se lèvent vingt fois par jour pour aller s'embrasser et se soupirer dans l'oreille. Pendant ce temps, la jeune sœur vient tous les jours à ma porte demander mon compagnon, et le gronder de ce qu'il ne va pas chez la comtesse; on lui exagère les services qu'elle doit rendre, on parvient à l'engouer, ce qui n'est pas absolument difficile. Il revient, à la fin, enchanté de tout ce que ces dames en racontent, et tourne une heure autour du pot pour me faire trouver bon qu'il s'en aille dans deux jours en passer trois chez la comtesse ; je consens de toute mon âme. Le lendemain (c'est une chose fâcheuse que le lendemain pour de certaines gens) le lendemain donc, arrive ici cette comtesse pour dîner. Margency, la voyant arriver, change de tabatière, et pour cause. Force révérences, force compliments, mais elle ne lui dit pas un mot ; il s'approche d'elle, il la remercie assez hautement de ses bontés pour lui ; vous connoissez la légèreté et l'indiscrétion qu'il met à tout cela. Il prend du tabac d'Espagne, en offre ; madame d'Houdetot aperçoit une miniature, prend la boîte, reconnoît la divinité, referme le sanctuaire, le rend en détournant la tête d'un air indigné, et s'éloigne du profane sans dire un mot ; elle évite de lui parler le reste du jour, et, craignant sans doute d'être compromise, rompt net avec la petite femme, sa petite sœur et leur cousine, surnommée la Fée bleue ; et tous ces gens, la veille si enivrés d'elle, l'appellent aujourd'hui bégueule. Voilà mon conte ; si vous ne le trouvez pas bon, mon ami, faites-en un meilleur. Bonsoir.

LETTRE DE M. GRIMM A MADAME D'ÉPINAY.

Oh ! ma chère Émilie, laissez-moi oublier un instant avec vous le cruel spectacle dont je suis sans cesse témoin. Sans cette campagne, je n'aurois jamais eu idée jusqu'où peut être poussé l'excès de la misère et de l'injustice des hommes. Venez consoler un moment votre pauvre ami.

Hélas! pour tout au monde je n'aurois voulu vous quitter! Il l'a fallu cependant. Comment ai-je pu prendre sur moi ce cruel sacrifice? Je suis encore à le comprendre.

Nous avons vu le soleil aujourd'hui pour la première fois; mais on nous a rassurés sur ce phénomène, et l'on nous promet de la pluie pour demain. J'ai perdu la seule douceur qui me restoit, la société du marquis de Saint-Lambert; nous campons à trois lieues l'un de l'autre. Je ne vois mon salut que dans la fin de cette campagne, car on nous fait faire sans sujet des marches et des contre-marches. L'ennemi a allumé sa paille hier à onze heures du soir, pour se moquer de nous, et a décampé; son camp, qui passait pour inexpugnable, s'est trouvé sans un seul retranchement.

Je pense, comme vous, que Rousseau devient fou; mais je ne sais pourquoi vous vous en étonnez, ma tendre amie : je l'ai toujours bien prévu, et je ne cesserai de vous dire que vous avez grand tort d'avoir, pour ainsi dire, partagé ses premiers écarts par la foiblesse avec laquelle vous l'avez traité; ayant autant de crédit que vous en aviez sur lui, vous auriez dû l'employer à ramener à la raison son esprit égaré. Je fais des vœux pour que vous ne soyez pas mêlée dans ses extravagances, et que vous n'ayez plus à vous laver des torts des autres.

Le marquis de Saint-Lambert m'a fait passer une lettre de la comtesse d'Houdetot, où elle mande que vous vous portez à merveille et que vous engraissez; c'est le seul moyen de me faire prendre mon parti sur mon exil. Elle mande aussi que vous vous occupez beaucoup de votre établissement à Épinay, afin de céder la Chevrette au baron : est-ce qu'il compte venir s'y établir tout de suite? Mandez-moi un peu ce qu'ils deviennent.

J'approuve très-fort le refus que vous avez fait de montrer vos ouvrages à Diderot; cette marque de confiance n'est due qu'à vos amis. Vous pouvez vous souvenir, ma tendre amie, que nous sommes souvent convenus qu'une femme ne sauroit être trop réservée sur cet article; peu de gens sont tentés de rendre justice à leurs talents, et beaucoup sont tentés de leur supposer de la prétention. D'ailleurs, il est bon et même très-nécessaire d'avoir le ressentiment des injustices qu'on nous fait éprouver, et de traiter les gens en conséquence de l'estime qu'ils vous marquent.

Je vous en demande pardon, mais la scène de votre mari m'a fait rire comme un fou ; il est pourtant certain que rien n'est moins risible, et que les réflexions que fait naître son extravagance ne sont pas gaies. Je ne puis m'empêcher de vous exhorter à lui parler très-ferme sur l'état où il laisse sa maison : c'est là votre devoir, et non de suppléer à ce qu'il doit faire et qu'il ne fait pas.

J'ai plus d'une fois remarqué dans Pauline le défaut dont vous vous plaignez; je ne m'en suis point alarmé pour elle, parce qu'il est le germe de plus d'une vertu, et d'une vertu très-nécessaire dans le monde, surtout au degré de mollesse et de corruption où la société est arrivée. Prenez-vous-en moins à votre plan qu'à son caractère ; la preuve en est le peu d'effet qu'il produit sur son frère. Quant au papillotage que vous lui reprochez, cela est différent : il pourroit bien tenir à la méthode que vous avez jusqu'à présent employée avec elle, ma chère amie ; c'est que les plus belles spéculations, les meilleures théories sont souvent bien fausses dans la pratique. Mais avec l'esprit juste, actif et vigilant dont vous êtes douée, y a peu de maux sans remèdes. Quant à moi, il m'est aussi impossible de vous guider à cet égard du fond de la Westphalie, qu'à notre général de nous laisser reposer deux heures de suite.

Imaginez-vous que je vous écris debout, appuyé contre une mauvaise planche, et au milieu des cris de tout un village qui demande justice sur la maraude et le pillage de nos soldats; ce qui vous paroîtra incroyable, c'est qu'ils ont pris pour trois cent mille écus de toiles. La sévérité ne ramène point la discipline; nous sommes entourés de pendus, et l'on n'en massacre pas moins les femmes et les enfants lorsqu'ils s'opposent à voir dépouiller leurs maisons. Je ne peux rien prévoir encore sur la durée de la campagne, mais je ne crois pas qu'elle soit excessivement longue; on prétend qu'on pourroit bien faire un gros détachement de notre armée pour renforcer celle d'Alsace : si cela est, j'en sais plusieurs qui regagneront bientôt la capitale.

Adieu, ma chère amie, conservez-vous pour vous et moi; souvenez-vous que vous n'aurez jamais d'ami si tendre. Je baise cette main qui m'est si chère. Adieu.

LETTRE DE M. DE MARGENCY A M. GRIMM.

Du château d'Épinay.

Eh bien! notre très-aimable ami, vous marcherez donc toujours et ne vous reposerez jamais? Toujours après ces Prussiens, qui passent tranquillement le Véser à votre barbe? Eh bien! comme dit la chanson :

Et lon lan la, laissez-les passer;

c'est mon avis. Au reste, j'ai remis tous les paquets que vous m'avez adressés à madame d'Épinay, et, puisque je suis sur son compte, il faut que je vous parle d'elle. Je suis témoin de sa sagesse et de son courage : si elle ne peut guérir, elle mérite au moins de se bien porter par l'exactitude et la sévérité de son régime.

Nous sommes installés ici depuis quatre jours, pour laisser le champ libre au baron d'Holbach lorsqu'il lui plaira de venir s'établir à la Chevrette. Ma foi, je trouve que c'est ici le plus beau château, les bois les plus frais et la meilleure ombre du monde ; réellement, tout cela est délicieux.

Le baron et sa femme sont chez leur mère ; je crois pourtant qu'ils ne tarderont pas à venir habiter ce séjour enchanteur. Nous attendons aussi tous les jours ce marquis charmant [1].

Ah! mon ami, nous vous désirons fort ; il me semble que nous serions bien tous au même ton. Il nous prend à propos de botte des bouffées de rire qui nous réjouissent tout à fait. Vous ne nous parlez que pluie dans vos lettres ; nous ne connoissons point cela ici : c'est un soleil, un beau temps, un chaud de tous les diables ; c'est le climat de Toulon. Il est vrai que nous n'avons point de bal, encore moins de bossues pour les faire entrer en danse ; nous sommes tous droits comme des I, et nous avons d'assez beaux yeux. Je connois cependant, à une lieue d'ici, un œil philosophique qui figureroit assez bien à votre bal [2] ; j'irai voir demain s'il y est encore.

---

[1] Le marquis de Croismare. On l'appelait « le charmant marquis » dans la société.

[2] M. de Verdelin, qui était borgne et qui demeurait à Margency, chez M. de Margency même dont il avait loué le château. Il acheta, deux ou

Je viens de recevoir une lettre du grand Duclos : il me rend compte d'une chose que je lui avois demandée ; mais ce qui m'étonne, c'est qu'il ne m'y dise pas de bien de lui ni de mal des autres.

Nous vîmes hier le vieux secrétaire de l'Académie française [1] chez le bon M***.; c'est, comme disoit le baron, le temps chez l'éternité. Il y avoit encore là une demoiselle ; je n'en ai jamais vu qui ait mérité autant de le demeurer ; aussi je la crois intacte comme l'enfant qui vient de naître : je ne sais point son nom, mais son visage est rouge et jaune comme une grenade. Nous attendons aujourd'hui l'Hermite avec son chien [2] ; je vous jure qu'il ne ressemble pas au beau ténébreux de Michel Cervantes. Entre nous, je crois qu'il est philosophe comme Sganarelle étoit médecin.

Je travaille ici à faire trembler, et au bout de tout cela, je n'ai encore qu'une chanson et un madrigal de présentables. Je voudrois aller jusqu'à l'églogue ; cela viendra peut-être un de ces matins. Adieu, mon ami, je vous embrasse et vous bénis.

trois ans après, une maison de campagne à Soisy, beaucoup plus près de Montmorency.

Au temps des amours de Jean-Jacques, c'était par Margency qu'il allait d'Andilly à Eaubonne, et comme le passage par le parc raccourcissait le chemin, madame de Verdelin en avait donné une clef à madame d'Houdetot, qui s'en servait avec Rousseau pour aller au mont Olympe.

[1] M. de Mirabaud (J. B.), qui était remplacé par Duclos dans ses fonctions, mais qui ne devait mourir qu'en 1760. Il était né en 1675. Cette année même (1757) était mort le secrétaire perpétuel de l'Académie des sciences, Fontenelle, et bien autrement vieux, à cent ans. Peu de temps avant sa fin, il s'amusait à ouvrir un bal en conduisant par la main la fille de madame d'Épinay.

[2] Jean-Jacques avait acheté un petit chien pour lui servir de sentinelle.

LETTRE DE MADAME D'ÉPINAY A M. GRIMM.

Du château d'Épinay.

Mon compagnon vous a mandé hier notre établissement ici, mon ami; je l'avois laissé maître de la maison, et j'étois allée à Paris pour dire adieu au baron et à sa femme qui sont allés passer quinze jours chez leur mère [1]. Ils comptent à leur retour s'établir à la Chevrette. J'ai profité de mon voyage pour faire un tour chez vous : j'ai rangé par ordre les manuscrits que m'a remis M. de Margency; j'ai fait quelques autres affaires tranquillement chez moi, et je suis revenu à six heures; il ne faisoit ni froid, ni chaud. J'ai fait une partie du chemin à pied, à peu près ma dose de promenade ordinaire, et je suis arrivée sans aucune fatigue.

Je reçois une lettre de Paris. Eh! vraiment oui, la la grande armée de l'Alsace [2] est décidée! cela est-il bien vrai? Il me semble que nous aurions tout gagné si je vous voyois revenir en France. Mais qu'est-ce que c'est que ce bois dont on me parle par où il faut passer pour gagner les ennemis? Il sera sûrement bien gardé. Passera-t-on à travers? cela n'est pas croyable; et si l'on file à l'abri du bois, on n'est pas à l'abri d'une embuscade : convenez que cela fait peur à imaginer. Mon Dieu, mon ami! Tenez je n'y veux plus penser; mais j'y pense sans le

[1] Madame D'Aine, à la Grandval. Le frère de madame d'Holbach fut reçu maître des requêtes justement en 1757.
[2] C'est en juin qu'il fut décidé qu'on formerait une armée particulière pour le prince de Soubise, qui, le 17 avril, avait remis les troupes aux mains du maréchal d'Estrées. En même temps on créait un autre corps que le maréchal de Richelieu devait commander.

vouloir. Je crains bien que le moment ne soit arrivé où vous ne serez plus en sûreté. Je n'ose le demander, de peur qu'on ne me réponde que cela est vrai.

Voici une mauvaise journée, mon ami ; des idées noires, presque point de temps pour causer avec vous, une lettre imposante qu'il faut écrire à mon époux, pour obtenir de l'argent et pour qu'il tire ses pauvres domestiques de la misère où il les tient. Je sais qu'il doit recevoir dans quatre jours un remboursement de vingt mille livres ; je voudrois bien en accrocher quelque chose.

J'ai mené mes enfants visiter les pauvres de notre paroisse. Nous avons distribué des vêtements aux petits enfants ; j'ai été assez contente des miens : mais cette visite va nous servir de texte pendant huit jours, car leurs idées sur la misère et sur ses effets son bien embrouillées.

Adieu, mon bon ami. Vous ai-je dit que nous avions aussi parcouru toutes nos possessions ? Tout est en meilleur état que je ne le croyois.

LETTRE DE MADAME D'ÉPINAY A M. GRIMM.

Je n'ai point de lettres. Je fais un grand effort sur moi-même pour n'être pas inquiète. Je vais tâcher, mon ami, de ne vous parler ni de vous, ni de moi. J'ai l'âme triste, et le détail que le marquis de Croismare, qui vient d'arriver, nous a fait de l'état du pauvre Desmahis ne m'a point du tout égayée. Depuis trois semaines on le voyoit devenir de jour en jour plus mélancolique ; quelques accès de fièvre se sont joints à cette humeur noire, et sa tête en est restée affectée. Il est tombé tout à coup dans la dévotion la plus extrême. Malheureusement pour lui il voit continuellement l'enfer ouvert pour l'engloutir; il est dévoré de remords; il ne se croit en sûreté que lorsqu'il a son directeur à ses côtés. Il a brûlé tous ses écrits; mais ce qu'il y a de plus scandaleux dans cette prétendue réforme, c'est qu'il a rompu avec tous ses amis, et qu'il a fait une satire [1] contre eux et nommément contre Diderot et contre Voltaire, comme le seul moyen, dit-il, d'expier sa vie passée. Cette nouvelle nous a consternés; elle a expliqué à M. de Margency le silence que Desmahis a gardé sur deux lettres qu'il a dû recevoir de lui : il ne le supposoit pas malade.

Il vient de lui écrire encore pour lui offrir d'aller s'enfermer avec lui; car il se flatte, s'il accepte sa proposition, de ramener sa tête et de lui faire jeter au feu sa satire. Le marquis prétend qu'il en court déjà des fragments dans Paris. Il a fait entendre au Syndic, très-honnêtement et avec cette finesse que vous lui connoissez, qu'il le croyoit peu propre à prêcher la raison et la philosophie.

Un billet de madame de Verdelin avoit détruit, il y a quelque temps, l'effet d'un certain sermon que nous lut M. de Jully : aujourd'hui il nous assure que l'aventure de Desmahis l'a fait revenir à ses anciens principes, mais s'il est témoin vingt-quatre heures de la componction du pauvre pénitent, je ne réponds pas qu'il n'en fasse de sang-froid autant que lui. C'est un grand malheur de n'avoir que des préjugés sans principes, et de ne s'être jamais rendu compte de rien : un malheur aussi grand est

---

[1] Si cela est, on pouvait croire Desmahis, en effet, bien changé. C'est lui qui disait à un jeune poëte, à propos de quelques vers satiriques : « Renoncez à ce genre, si vous voulez rester mon ami. »

de n'avoir pas un avis à soi. Je pense que le grand secret pour ne pas varier au moment de la mort, est d'être conséquent pendant sa vie. Il est très-sage à ceux qui ont des doutes et des scrupules de les éclaircir, et de les écouter s'ils ne peuvent les lever avec assez de certitude pour vivre tranquilles ; mais il est très-plat de jouer l'esprit fort par respect humain.

Nous irons demain dîner à l'Hermitage, si le temps le permet. Je suis bien aise que vous ayez approuvé le refus que j'ai fait de montrer mes écrits à M. Diderot. Ils en vaudroient la peine, que j'aurois eu, je crois, la même sagesse. Bonsoir, mon ami, je vais retrouver mes hôtes. M. de Jully part demain pour Genève : vous l'ai-je dit ?

LETTRE DE MADAME D'ÉPINAY A M. GRIMM.

Nous avons été hier dîner à l'Hermitage, mon compagnon, le marquis de Croismare et moi. Nous sommes partis à sept heures et demie du matin, ces messieurs après avoir pris leur chocolat, et moi mon lait. Rousseau étoit de la meilleure humeur ; ma mère et mes enfants sont venus le soir au-devant de nous. Rousseau est revenu avec nous.

Les bonnes femmes Le Vasseur sont à vos genoux, et pleurent de tendresse et de reconnoissance en parlant de vous. La vieille m'a dit à l'oreille, comme si elle avoit eu peur que Rousseau ne l'entendît : « Madame, voulez-vous bien que je vous demande des nouvelles de quelqu'un ? Ah ! madame, nous lui avons bien de l'obligation, ainsi qu'à vous. Ah ! si madame savoit ! on ne nous donne rien ; enfin nous sommes endettées d'un louis. »

DEUXIÈME PARTIE. — CHAPITRE VII.   291

Vous pensez bien que je ne me le suis pas fait dire deux fois, mais j'ai été obligée de mettre fin d'ailleurs à leur confidence qui devient très-scandaleuse. Elles ont trouvé une lettre : je ne sais trop ce que c'est, n'ayant pas voulu leur permettre d'entrer dans aucun détail [1]. J'ai dit à

---

[1] Ici commence le mystère. Pour que le plus de vérité possible s'en dégage, nous avons besoin de confronter les textes et de mettre celui de Rousseau à côté de celui de madame d'Épinay. Voici donc quelques extraits essentiels des *Confessions* :

D'abord au sujet de la jalousie de madame d'Épinay, qui bien évidemment a cru un moment que Jean-Jacques l'aimerait et qui même, avant de se lier avec Grimm, paraissait disposée à ne pas le haïr. Les lettres de Grimm le laissent voir. « Notre intimité, dit Rousseau, frappoit tous les yeux; nous n'y mettions ni secret ni mystère. Elle n'étoit pas de nature à en avoir besoin, et comme madame d'Houdetot avoit pour moi l'amitié la plus tendre, qu'elle ne se reprochoit point; que j'avois pour elle une estime dont personne ne connoissoit mieux que moi toute la justice; elle, franche, distraite, étourdie; moi, vrai, maladroit, fier, impatient, emporté, nous donnions encore sur nous, dans notre trompeuse sécurité, beaucoup plus de prise que nous n'aurions fait si nous eussions été coupables. Nous allions l'un et l'autre à la Chevrette; nous nous y trouvions souvent ensemble, quelquefois même par un rendez-vous. Nous y vivions à notre ordinaire, nous promenant tous les jours tête à tête, en parlant de nos amours, de nos devoirs, de notre ami, de nos innocents projets, dans le parc, vis-à-vis l'appartement de madame d'Épinay, sous ses fenêtres, d'où, ne cessant de nous examiner, et se croyant bravée, elle assouvissoit son cœur, par ses yeux, de rage et d'indignation. »

Qui est-ce qui instruisit Saint-Lambert, car nous l'allons voir revenir tout à coup. Jean-Jacques ne doute pas un instant que ce ne fût madame d'Épinay.

« Un jour que j'allai voir madame d'Houdetot à Eaubonne, au retour d'un de ses voyages à Paris, je la trouvai triste, et je vis qu'elle avoit pleuré. Je fus obligé de me contraindre, parce que madame de Blainville, sœur de son mari, étoit là; mais sitôt que je pus trouver un moment, je lui marquai mon inquiétude. « Ah! me dit-elle en soupirant, je crains bien
« que vos folies ne me coûtent le repos de mes jours. Saint-Lambert est
« instruit et mal instruit. Il me rend justice; mais il a de l'humeur, dont,
« qui pis est, il me cache une partie. Heureusement je n'ai rien tu de nos
« liaisons, qui se sont faites sous ses auspices. Mes lettres étoient pleines
« de vous, ainsi que mon cœur : je ne lui ai caché que votre amour in-
« sensé, dont j'espérois vous guérir, et dont, sans me parler, je vois

Thérèse : « Mon enfant, il faut jeter au feu les lettres qu'on trouve, sans les lire, où les rendre à qui elles appartiennent. »

Le soir, avant de me coucher.

J'en suis encore pénétrée : comme j'étois à vous écrire,

« qu'il me fait un crime. On nous a desservis ; on m'a fait tort ; mais
« n'importe. Ou rompons tout à fait ou soyez tel que vous devez être.
« Je ne veux plus rien avoir à cacher à mon amant. »

Madame d'Épinay dit dans les Mémoires que c'est sans doute Thérèse la dénonciatrice. Mais, quoiqu'elle écrivît passablement sans savoir bien lire, son style était reconnaissable (on en a des échantillons), Saint-Lambert l'eût reconnu, et madame d'Houdetot en aurait appris quelque chose par la suite des temps, tandis qu'il semble qu'elle crut bien avec Jean-Jacques que c'était madame d'Épinay qui avait averti Saint-Lambert. Dans la grande lettre intime à Sophie qu'on a retrouvé en 1819, on voit que Jean-Jacques et madame d'Houdetot n'avaient pas d'autre pensée. « Les intrigues de ton indigne sœur, » lui dit-il. Mais laissons-le parler encore :

« Nous savions l'un et l'autre que madame d'Épinay étoit en commerce de lettres avec Saint-Lambert. *Ce n'étoit pas le premier orage qu'elle avoit suscité à madame d'Houdetot*, dont elle avoit fait mille efforts pour le détacher, et les succès de quelques-uns de ces efforts foisoient trembler pour la suite. D'ailleurs, Grimm était en Westphalie aussi bien que Saint-Lambert ; ils se voyoient quelquefois. *Grimm avoit fait auprès de madame d'Houdetot quelques tentatives qui n'avoient pas réussi*. Grimm, très-piqué, cessa tout à fait de la voir. Qu'on juge du sang-froid avec lequel, modeste comme on sait qu'il l'est, il lui supposoit des préférences pour un homme plus âgé que lui, et dont lui Grimm, depuis qu'il fréquentoit les grands, ne parloit plus que comme de son protégé.

« Mes soupçons sur madame d'Épinay se changèrent en certitude quand j'appris ce qui s'étoit passé chez moi. Quand j'étois à la Chevrette, Thérèse y venoit souvent, soit pour m'apporter mes lettres, soit pour me rendre des soins nécessaires à ma mauvaise santé. Madame d'Épinay lui avoit demandé si nous ne nous écrivions pas, madame d'Houdetot et moi. Sur son aveu, madame d'Épinay la pressa de lui remettre les lettres de madame d'Houdetot, l'assurant qu'elle les recachetteroit si bien qu'il n'y paroîtroit pas. Thérèse, sans montrer combien cette proposition la scandalisoit, et même sans m'avertir, se contenta de mieux cacher les lettres qu'elle m'apportoit : précaution très-heureuse, car madame d'Épinay la faisoit guetter à son arrivée ; et, l'attendant au passage, poussa

est entré chez moi le marquis de Saint-Lambert : je n'en reviens pas. Si vous saviez comme nous l'avons tous embrassé, combien nous avons parlé de vous ! quelle joie nous avons eue de le voir ! Il m'a remis votre lettre : qu'elle est bonne, et qu'elle m'a fait de bien ! Mais, mon

plusieurs fois l'audace jusqu'à chercher dans sa bavette. Elle fit plus : s'étant un jour invitée à venir avec M. de Margency dîner à l'Ermitage, pour la première fois depuis que j'y demeurois, elle prit le temps que je me promenois avec Margency pour entrer dans mon cabinet avec la mère et la fille, et les presser de lui montrer les lettres de madame d'Houdetot.

« Thérèse eut la discrétion de me taire assez longtemps toutes ces tentatives ; mais, voyant mes perplexités, elle se crut obligée à tout me dire, afin que, sachant à qui j'avois affaire, je prisse mes mesures pour me garantir des trahisons qu'on me préparoit. Mon indignation, ma fureur ne peut se décrire. Au lieu de dissimuler avec madame d'Épinay, à son exemple, et de me servir de contre-ruses, je me livrai sans mesure à l'impétuosité de mon naturel, et, avec mon étourderie ordinaire, j'éclatai tout ouvertement. »

Pesez les témoignages et décidez. Madame d'Épinay et J. J. Rousseau, par hasard, ont gardé tous les deux le souvenir de ce dîner fait à l'Ermitage. Qui en parle le plus franchement ? De quel côté est la vraisemblance ? Rien ne prouve absolument que ce soit madame d'Épinay qui ait averti Saint-Lambert, et il se peut que Thérèse l'ait fait, ou par elle-même, ou par un intermédiaire ; mais il se peut qu'elle l'ait fait aussi, et en tout cas, il paraît certain que sa jalousie de femme et de belle-sœur lui fit manquer à la délicatesse. Petits événements, si l'on veut, mais qui, avec de tels personnages, prennent l'importance de l'histoire. Si Jean-Jacques dut rompre enfin avec ses amis les gens de lettres, si son amour refoulé dans son cœur, raillé, persécuté, se tourna en colère et en défiance systématique, c'en est ici la cause. On peut excuser madame d'Épinay. Elle se croyait maîtresse de l'homme qu'elle avait fait venir chez elle ; elle ne supposait pas, s'il venait à aimer, que ce ne serait pas elle qu'il aimerait, et enfin elle était poussée à mal penser et peut-être à mal faire par Grimm. Le vrai coupable, c'est Grimm ; et l'instinct de Rousseau ne s'y est pas trompé. Grimm, honnête homme dans le monde, critique juste, mais simple critique, jaloux d'un écrivain à grandes ailes, musicien de salon, mais envieux de l'auteur du *Devin de village*, et en outre désireux de faire sortir du cercle de ses nouvelles amitiés l'homme qui l'y avait introduit et devant qui son ton d'importance et de suffisance avait l'air le plus ridicule, Grimm enfin, dédaigné déjà par madame d'Houdetot !

ami, le marquis dit que vous êtes triste ; je ne le veux pas. Songez qu'il y va de mon repos. Je ne suis pas à beaucoup près aussi aise de voir Saint-Lambert, que je suis fâchée que vous l'ayez perdu ; il vous a vu ; il vous a aidé à supporter votre ennui. Vous avez été pressé de lui parler de nous, il me l'a dit ; pardonnez-nous d'avoir été un moment ravis de le voir.

La comtesse d'Houdetot est venue, une heure après l'arrivée de Saint-Lambert, le retrouver ici. Hélas ; il y a des gens qui ont tous les hasards pour eux ! Je suppose toujours qu'elle sait apprécier celui-ci. Ils m'ont paru cependant assez froids l'un et l'autre ; mais je vois quelqu'un qui en est visiblement dans une amère douleur : il me feroit pitié, si tout sentiment, qui n'est ni honnête, ni raisonnable, pouvoit en faire. L'effet qu'a produit sur Rousseau l'apparition du marquis, ne me laisse presque pas douter qu'il ne soit amoureux de la comtesse [1]. Mais,

---

[1] « Pendant que j'étois à Paris (chez Diderot), Saint-Lambert y arriva de l'armée. Comme je n'en savois rien, je ne le vis qu'après mon retour en campagne, d'abord à la Chevrette (à Épinay, devrait-il dire) et ensuite à l'Ermitage, où il vint avec madame d'Houdetot me demander à dîner. On peut juger si je les reçus avec plaisir ! Mais j'en pris bien plus encore à voir leur bonne intelligence. Content de n'avoir pas troublé leur bonheur, j'en étois heureux moi-même ; et je puis jurer que durant toute ma folle passion, mais surtout en ce moment, quand j'aurois pu lui ôter madame d'Houdetot, je ne l'aurois pas voulu faire, et je n'en aurois pas même été tenté. Je la trouvois si aimable aimant Saint-Lambert que je m'imaginois à peine qu'elle eût pu l'être autant en m'aimant moi-même ; et, sans vouloir troubler leur union, tout ce que j'ai le plus véritablement désiré d'elle dans mon délire étoit qu'elle se laissât aimer. Enfin, de quelque violente passion que j'aie brûlé pour elle, je trouvois aussi doux d'être le confident que l'objet de ses amours, et je n'ai jamais un moment regardé son amant comme mon rival, mais toujours comme mon ami. On dira que ce n'étoit pas encore là de l'amour : soit, mais c'étoit donc plus.

« Pour Saint-Lambert, il se conduisit en honnête homme et judicieux. Comme j'étois le seul coupable, je fus aussi le seul puni, et même avec

mon ami, j'en reviens à vous ; pourquoi donc étiez-vous si triste le vingt-six au matin? Pourquoi faisiez-vous votre mine intérieure? Saint-Lambert nous l'a dit ; je veux absolument en savoir le sujet. Il n'est ici, ou plutôt il ne sera à Versailles que peu de jours, et il retournera auprès de vous. Il se tait d'ailleurs sur le sujet de sa mission. J'ai encore beaucoup de choses à vous dire, mais ce sera pour une autre fois. Le marquis est retourné à Versailles; il nous reviendra demain.

LETTRE DE M. GRIMM A MADAME D'ÉPINAY.

Voyez, ma chère amie, combien je suis à plaindre! Je n'ai seulement pas trouvé un instant pour répondre à nombre d'articles de vos lettres qui en valoient assurément bien la peine. Je profite du départ du marquis de Saint-Lambert et d'une heure de tranquillité pour causer avec vous un peu librement ; j'attendrai présentement son retour avec impatience pour savoir quel progrès a fait votre santé.

Eh bien, cette bonne, cette excellente tête est donc tout en l'air et tout alarmée de la philosophie de Rousseau? Mon amie, tout ce qu'il dit tombe sur les maximes qu'on souffle aux enfants, et il a raison ; mais agissez, parlez : que les vôtres voient secourir les malheureux avec cette délicatesse et cet attendrissement qui vous sont propres; qu'ils voient votre indulgence envers les autres, votre amour pour la vérité; qu'ils vous voient

indulgence. Il me traita durement, mais amicalement, et je vis que j'avois perdu quelque chose dans son estime, mais rien dans son amitié. »
(*Confessions.*)

enfin si heureuse du bien que vous aurez vu et de celui que vous aurez fait, qu'ils soient jaloux du même bonheur. Alors, ils feront le bien ou avec réflexion, ou même par instinct, comme s'il leur étoit naturel ; ou, s'ils n'en viennent pas là, c'est qu'il n'y a nulle étoffe, et que dans toute autre circonstance on n'en auroit pu rien faire de bien.

Une des choses, ma tendre amie, qui vous rend le plus chère à mes yeux, est la sévérité et la circonspection sur vous-même que vous avez surtout en présence de vos enfants ; il faut bien se résoudre à blâmer quelquefois devant eux ce qui fait au fond le bonheur de la vie ; mais c'est que la société et ses sottes institutions ont tout corrompu. On ne saurait réformer, il faut donc se soumettre. Les enfants sont bien pénétrants ! ils ont l'air de jouer : ils ont entendu, ils ont vu. Oh ! combien de fois cette crainte a corrompu la douceur des moments passés près de vous ! La certitude (si l'on pouvoit l'avoir) qu'ils nous ressembleroient un jour et qu'ils s'attacheroient à réparer un tort nécessaire par mille actions de bienfaisance et d'honnêteté, auxquelles ils ne se croiroient que plus obligés, nous délivreroit d'une partie de cette contrainte. Mais qui sait cela ? Mon amie, cela nous fait sentir plus que jamais qu'il n'est pas permis à tout le monde d'enfreindre de certaines lois de la société ; il faut bien des vertus solides pour donner le droit de mépriser ce qu'on appelle la pédanterie de la morale. Faites le bien, comme vous avez coutume de faire, et ne me parlez plus de votre diable de sophiste, qui ne voit jamais les choses que d'un œil.

Le marquis attend ma lettre. Adieu, ma tendre amie; il vous portera mes respects, mes hommages, et dira à madame votre mère combien je la révère et vous suis dévoué. Je ne saurais m'alarmer, comme vous, de la joie qu'elle a de changer de maison, si elle se porte bien d'ailleurs. Je reçois la lettre de Margency.

LETTRE DE MADAME D'ÉPINAY A M. GRIMM.

Grande nouvelle, aussi admirable qu'étonnante et inattendue! Rousseau est allé... Où? Devinez. A Paris! A Paris? Oui, à Paris. Et pourquoi? Pour voir Diderot, se jeter à son cou, lui demander pardon de je ne sais quelle lettre trop vive qu'il lui a écrite, j'ignore pourquoi : lettre beaucoup trop forte, à laquelle Diderot n'a point répondu. Quoiqu'il n'ait pas tort, dit-il, il veut lui aller jurer une amitié éternelle. Si cette démarche étoit sincère, elle seroit fort belle; mais il ne faut pas avoir de distractions lorsqu'on veut en imposer. Rousseau n'est plus, à mes yeux, qu'un nain moral monté sur des échasses. Il vint hier au soir dans mon appartement : « Ma bonne amie, me dit-il, il faut que je vous confie une chose que vous ne désapprouverez pas, cette fois. — Voyons. — Je vais demain de grand matin à Paris, chez Diderot ; je veux le voir, passer vingt-quatre heures avec lui, et expier, si je puis, le chagrin que nous nous sommes fait mutuellement. »

Je lui dis que j'approuvois fort cette résolution, mais que j'aurois désiré qu'il l'eût prise un peu plus tôt. Alors, il m'a conté l'histoire de cette lettre d'une manière si louche, que j'en ai conclu que cette réconciliation n'étoit qu'un prétexte pour éviter la présence du marquis, dont l'intimité avec la comtesse lui cause un chagrin qu'il ne lui est pas possible de dissimuler. Il me faisoit pitié, et mes propos s'en ressentoient; j'y mettois plus de consolation que de fermeté. J'avois entamé un fort beau discours, très-touchant, à ce qu'il me sembloit, lorsque tout à coup il m'interrompit pour me demander si je n'avois pas un portefeuille à lui prêter pour emporter sous son bras. Cette demande me parut étrange. « Eh! pourquoi donc faire, lui dis-je, pour un jour? — C'est pour mon roman, » me répondit-il un peu embarrassé. Je compris alors le motif de son grand empressement à voir Diderot. « Tenez, lui dis-je sèchement, voilà un portefeuille; mais il est de trop dans votre voyage, il vous en fait perdre tout le fruit. »

Il rougit et entra dans une fureur inconcevable; je lui dis les choses les plus fortes sur les sophismes absurdes qu'il me débitoit pour justifier une démarche que j'aurois pu trouver toute simple s'il n'avoit pas voulu la colorer d'un motif qui n'étoit pas le véritable. Je lui dis, entre autres choses, qu'à force de vouloir soutenir le rôle d'homme singulier, qui ne lui étoit jamais dicté par son cœur, mais seulement par je ne sais quel système de vanité et d'amour-propre, il deviendroit faux par habitude. Il s'est mis à pleurer comme un enfant, en me disant qu'il voyoit bien que je ne l'aimois plus. Je lui ai répondu que jamais je ne lui avois donné tant de preuves du contraire. Enfin ses pleurs ont tari, et il est sorti de ma chambre plus en colère qu'affligé.

Ce matin, il est entré chez moi à six heures, comme je venois de me lever. Il a longtemps fixé les yeux sur moi sans me parler, puis tout à coup je l'ai entendu sangloter. « Mon pauvre ami, lui ai-je dit, vous me faites pitié. — Vous êtes une femme bien singulière! s'est-il écrié; il faut que vous m'ayez ensorcelé, pour que je souffre patiemment tout ce que vous me dites. Quel art avez-vous donc, de dire les vérités les plus dures et les plus offensantes, sans qu'on puisse vous en savoir mauvais gré? — Mon ami, ai-je répondu, c'est que vos torts ne sont qu'une erreur de votre esprit, et que votre cœur n'y a pas de part. — Où diable avez-vous pris cela? reprit-il avec la plus grande violence; sachez, madame, une fois pour toutes, que je suis vicieux, que je suis né tel, et que.., et que vous ne sauriez croire, mordieu! la peine que j'ai de faire le bien, et combien peu le mal me coûte. Vous riez? Pour vous prouver à quel point ce que je vous dis est vrai, apprenez que je ne saurais m'empêcher de haïr les gens qui me font du bien. — Mon ami, lui dis-je, je n'en crois pas un mot, car c'est comme si vous me disiez que vous ne pouvez pas vous empêcher d'aimer ceux qui vous font du mal. »

Il ne put se défendre de rire de ma réponse; mais il me toucha, en me priant avec une bonne foi d'enfant de le ménager et d'avoir pitié de lui. « Je ne me sens pas le courage, dit-il, de vous écouter toujours du même sang-froid. — En ce cas, lui dis-je, renoncez à mon amitié; car je ne me sens pas celui de vous tromper. » Nous nous sommes quittés fort bons amis. Il n'a pas pris le portefeuille; mais, par ce qu'il m'a dit, je crains bien qu'il ne me pardonne pas le moment de franchise que je lui ai arraché.

L'arrivée du marquis, le départ de Rousseau m'ont empêchée de vous parler de Desmahis : il est fort mal; il avoit reçu le message de M. de Margency avec des transports de joie. Il fit approcher le valet de chambre qui lui avoit apporté la lettre, et lui demanda des nouvelles de son maître, où il étoit, ce qu'il devenoit. Et ensuite il le renvoya, en lui recommandant de dire à son maître qu'il n'avoit plus rien de commun avec lui ni avec les gens du monde; qu'il le prioit de ne se souvenir de lui que pour prier Dieu de lui faire miséricorde; qu'il le conjuroit de profiter de son exemple, et de ne pas attendre si tard pour faire pénitence.

Le pauvre Syndic n'a pu entendre le récit de son domestique sans verser des larmes. Nous sommes tous consternés du sort de Desmahis et de la direction que l'on a fait prendre à son esprit. Ma mère se tait absolument là-dessus; moi, qui sais lire dans son âme, je vois qu'elle gémit de l'abus que font certaines personnes de leur ministère; cependant, elle n'ose les blâmer hautement. Elle en est indignée comme nous, j'en suis sûre; mais elle en est encore plus contrariée pour la bonne cause.

A propos : j'ai fait partir deux cahiers de mon roman, que j'ai copiés, pour que vous m'en disiez votre avis bien nettement. Si vous en êtes content, je continuerai.

LETTRE DE MADAME D'ÉPINAY A M. GRIMM.

J'ai reçu une lettre de M. de Jully, qui est dans un enthousiasme plaisant de son Genève. Il a été malade en arrivant, et, comme c'est Tronchin qui l'a guéri, il me sollicite, avec un empressement qui est à faire rire, de venir me remettre entre ses mains; il en dit les dix-sept merveilles, comme si je ne connoissois pas mieux que lui mon sauveur! Mais je ne me porte point mal à présent. J'ai interrompu le lait par prudence; et si, pour votre repos, je ne m'étois pas fait une loi de tout vous dire, je ne vous parlerois pas des malaises et des maux de tête passagers que j'éprouve quelquefois ; mais il faut bien se garder de s'en plaindre, car j'ai souvent remarqué que ces sortes de maux s'augmentent en y pensant, et diminuent, au contraire, en ne s'en occupant point. J'attendrai en paix ce que ma destinée ordonnera de moi, et je remercierai néanmoins Jully de son zèle.

Rousseau est revenu de Paris et y a passé deux jours délicieux, à ce qu'il dit ; Diderot et lui sont enchantés l'un de l'autre. Diderot m'a fait dire les choses les plus obligeantes. A quoi tout cela revient-il, avec une conduite si contraire à ses propos ?

Je vous ai mandé, il y a deux jours, que le baron alloit venir à la Chevrette ; point du tout : Diderot a dérangé et rompu ce projet, en déclarant hautement au baron qu'on ne le verroit jamais dans un lieu où il ne pourroit éviter de me voir et de se lier avec une femme douée d'un caractère aussi infernal[1]. Margency, qui a été hier passer la journée à Paris, étoit présent à cette scène, et l'a fort assuré, à ce qu'il m'a dit, que je n'étois pas plus empressée que lui de le voir. Il lui a répondu : « Mon ami, si elle vous l'a persuadé, c'est une fausseté de plus. » Le docile baron, enfin, a renoncé à la campagne pour cette année.

M. Diderot ne me fera-t-il jamais l'honneur de m'oublier ? Il faut être juste, cependant ; sa réponse à Margency me persuade que quelqu'un ne cesse de lui en im-

---

Jean-Jacques lui avait sans doute raconté l'histoire de ses amours avec madame d'Houdetot (que Diderot devait connaître de reste par le salon du baron d'Holbach), et lui avait dit comment et pourquoi il soupçonnait madame d'Épinay d'avoir écrit à Saint-Lambert. Et Diderot, prenant feu comme à l'habitude, avait dû en effet ne pas ménager la dame.

poser sur mon compte. Il y a certainement quelques noirceurs là-dessous que je ne puis démêler; mais il n'est pas naturel que Diderot, que je ne connois pas, qui est votre ami, par conséquent qui est juste et honnête, s'attache à me nuire et à me décrier sans but et sans motif. Au reste, Rousseau n'a point porté son manuscrit, et il m'a remerciée de l'en avoir empêché [1].

Le soir, après souper.

La comtesse d'Houdetot vient de souper avec nous; elle a amené avec elle le marquis de Saint-Lambert et Rousseau. Le marquis de Croismare prétend qu'elle est entrée comme une princesse sur le théâtre au moment de la catastrophe. Je lui ai demandé ce que cela signifioit; il m'a répondu qu'il ne se rendoit jamais compte de ce qu'il disoit. Et moi, je vous promets qu'il ne l'a pas dit sans intention. Saint-Lambert et elle avoient l'air très-soucieux, et Rousseau n'étoit pas plus gai. J'ai pris le parti, au sortir de table, de les quitter sous le prétexte d'avoir besoin de repos [2].

J'ai enfin reçu ce soir de vos nouvelles; je vois, par le ton de votre lettre, combien vous êtes triste et mal à votre aise. Vous vous laissez abattre, et vous n'avez pas

[1] Le « au reste » de madame d'Épinay n'est pas bien naturel. Elle a l'air de chercher à peindre Rousseau en noir parce qu'elle suppose que lui-même a bien pu la desservir; et il est très-possible que ce petit trait du manuscrit ne soit glissé là que pour montrer un peu plus loin que Rousseau était un menteur.

[2] Et peut-être aussi par embarras. Car enfin il est impossible que Rousseau ait inventé ce qu'il a dit de madame d'Épinay cherchant les lettres de madame d'Houdetot jusque dans la bavette de Thérèse, et alors nous pouvons croire que la jalousie et les conseils de Grimm l'ont effectivement égarée jusqu'à vouloir brouiller entre eux, et n'importe comment, Rousseau, madame d'Houdetot et Saint-Lambert. Si cela n'est pas, qu'y a-t-il donc eu?

même le courage de vous plaindre ; et, pendant ce temps, je reste sans lettres et sans consolation. Bonsoir, mon tendre ami. Demain ou incessamment, j'espère vous répondre en détail.

LETTRE DE M. GRIMM A MADAME D'ÉPINAY.

J'aurois bien envie de vous gronder, ma chère amie, mais il n'y a pas moyen, vous êtes trop aimable; il faut tomber à vos genoux et vous adorer sans cesse. Cependant, si ces longues lettres que vous m'écrivez sont au dépens de votre repos, si ces courses légères que vous faites sans ma permission à Paris et à l'Hermitage vont déranger votre santé et votre régime, que voulez-vous que je devienne? Vous m'envoyez, dites-vous, deux cahiers de votre roman; vous passez donc votre vie à travailler et à écrire? Que tout ce que vous faites pour moi m'est précieux! mais qu'il me le faudra payer cher, si c'est au préjudice de votre santé!

L'état du pauvre Desmahis me fait compassion : il ne m'étonne pas cependant; la scène qu'il nous a donnée l'année dernière annonçoit quelque détraquement dans cette cervelle. Je n'ai jamais compris comment vous aviez pu un instant adopter ses rats. Les réflexions que vous faites sur lui et sur Margency sont très-justes.

Je savois bien que l'arrivée de Saint-Lambert vous surprendroit : c'est le prince de Soubise[1] qui lui a valu

---

[1] Le futur maréchal de Soubise, le vaincu de Rossbach, celui qui compromit le plus tristement l'honneur militaire de la France, et qui fit croire à l'Europe en 1792 que pour mettre les Français à la raison il suffisait de les menacer de l'armée prussienne.

Charles de Rohan, prince de Soubise, était né en 1715. Mousquetaire en

cette commission. Ne regrettez pas un hasard pareil à celui-là, car il sera incessamment de retour; et notre campagne finira avant la sienne.

1732, brigadier de cavalerie en 1740, maréchal de camp en 1743, il était devenu lieutenant général en 1748, à trente-trois ans, grâce à l'amitié de madame de Pompadour et à celle du roi. Battu par Frédéric II, Louis XV disait de lui en pensant aussi à sa femme : « Il ne lui manque plus que d'être content. » Et il le fit maréchal de France et ministre d'État.

« M. de Soubise, né avec peu d'esprit, a cependant un acquis et des connoissances que lui a procurés un grand usage du monde et de la cour, où sa conduite politique et noble ne répond point aux prétentions qu'il y forme. Dans mille occasions il auroit pu prendre une supériorité à portée de laquelle le met sa position ; mais il n'est occupé de l'acquérir qu'en cherchant à maintenir ou à augmenter, ouvertement ou par adresse, un rang que la maison de Rohan croit lui être dû, et que les gens titrés de la noblesse lui disputent toujours. Jaloux de considération, il a cherché à se faire des partisans par une politesse exigeante qui ne l'abandonne jamais, même vis-à-vis des gens avec lesquels il est le plus familier, et dans les instants les plus libres. Il faut moins s'en prendre à lui de cette façon d'être qu'à son éducation, qui est la même pour tous ceux de sa maison : cette manière est assez connue dans le monde sous la dénomination de *politesse des Rohans*. Son ambition la plus forte a toujours été de commander les armées. Embarrassé et indécis dans le cabinet, il l'est encore devant les ennemis. Sa véritable qualité militaire est la valeur. Il n'a pas eu plus d'éclat dans le conseil, où l'amitié de madame de Pompadour l'a placé. »

(*Mémoires de Besenval*, II, 54.)

Et ailleurs, pour achever de le peindre :

« Son goût effréné pour les femmes, auxquelles l'âge le mettoit hors d'état de plaire, l'avoit jeté dans un genre de vie scandaleux. Les filles de l'Opéra composoient sa cour, et, d'autre part, une madame de l'Hôpital, maîtresse en titre, entretenue par le jeu. Mais cependant tout le monde avoit pour lui une sorte de déférence qu'inspiroient sa naissance et son grade, ainsi que la place qu'il occupoit dans le conseil. »

M. de Soubise est mort en 1789.

Tels étaient les hommes du siècle de Louis XV. Mais aussi quel souverain que cette espèce d'homme d'esprit ennuyé qui régnait en France, et comme l'hérédité monarchique avait doté notre patrie d'un triste sire! Nous avons vu quelques lettres de lui (et elles sont rares, même celles-là, car il n'écrivait guère), où S. M. le roi de France emploie la langue des crocheteurs, et même une pire. On ne pourrait pas les imprimer. L'une d'elles, entre autres, est un récit du mariage du duc de Chartres envoyé au maréchal de Richelieu.

Pourquoi donc ne me parlez-vous plus des amours de Rousseau? est-ce que vous n'en avez pas des nouvelles depuis l'arrivée du marquis? Vous avez de bons yeux ; mandez-moi, je vous prie, ce que vous pensez de la comtesse dans cette aventure. Il me semble que vous ne lui supposez aucun tort. Je suis porté à la juger comme vous, mais encore faut-il savoir à qui l'on a affaire. Il y a quelque temps qu'elle mandoit à Saint-Lambert que Rousseau étoit fou. « Il faut que cela soit bien fort, disoit-il, puisqu'elle s'en aperçoit. » Vous avez parlé comme un ange à Rousseau, le jour de son départ pour Paris; sa conversation est à imprimer. Si vous lui eussiez toujours parlé sur ce ton-là, vous lui auriez évité bien des chagrins, mais je crains que sa folie ne soit trop avancée pour qu'on puisse espérer de le revoir jamais heureux et tranquille. La demande du portefeuille m'a fait sauter jusqu'aux nues. Il faut être bien sot pour être faux et vouloir faire des dupes.

Rien n'est si plaisant que l'aventure de madame de Verdelin et de la comtesse. En vérité, vos récits sont des chefs-d'œuvre. Que ne suis-je auprès de vous, ma tendre amie, pour rire à mon aise de toutes ces folies? mais je ne sais plus rire. Et le moyen, loin de vous? Voyez avec cette disposition mélancolique ce que je deviendrois? si j'avois, par-dessus mes peines, celle de voir votre santé dérangée. Le mois d'octobre n'arrivera-t-il jamais? Il est triste d'être dans le cas de désirer le retour du mauvais temps, au lieu de jouir de la belle saison. Jouissez-en au moins pour vous et pour moi. Adieu, ma chère, mon incomparable amie ; il faut toujours finir par être enchanté de vous. Continuez, je vous prie, à avoir pitié de moi, et donnez-moi des nouvelles de Desmahis.

LETTRE DE MADAME D'ÉPINAY A M. GRIMM.

Il faut, mon ami, que je vous fasse encore un des contes de notre canton ; il est fertile en anecdotes cette année.

Je vous dirai donc que la petite Verdelin, dans un moment d'enthousiasme romanesque, a pris son vieux borgne pour confident. Elle a voulu lui persuader qu'il étoit trop heureux qu'elle eût choisi le Syndic. Cet excès de franchise n'a pas eu un si heureux succès auprès de M. son époux, que dans je ne sais quel roman d'où la petite femme avoit tiré cette démarche. Depuis ce temps Margency est beaucoup plus assidu ici ; il n'ose se présenter chez sa belle. Il prend cela très-philosophiquement, et, lorsqu'il ne m'impatiente pas, il m'amuse et me fait rire.

Certainement si je l'avois voulu, je serois très-fort au courant des amours de Rousseau, ou du moins au courant du bavardage de Thérèse ; elle est même venue plusieurs fois pour me porter ses plaintes, mais je l'ai toujours fait taire. Au défaut de ma complaisance, elle est aller se confier à M. de Margency, qui rit et s'accommode de tout. Quoiqu'il ne semble pas ajouter plus de foi que moi aux propos de cette créature, il les répète cependant et s'en amuse. J'ai même été obligée de lui rappeler plus d'une fois que ces contes vrais ou faux me déplaisoient, et que mes amis devoient ménager ma belle-sœur ; à plus forte raison si elle ne méritoit pas qu'on la déchirât. En effet, sur quel fondement? sur le rapport d'une fille jalouse, bête, bavarde et menteuse,

Pourquoi donc ne me parlez-vous plus des amours de Rousseau? est-ce que vous n'en avez pas des nouvelles depuis l'arrivée du marquis? Vous avez de bons yeux ; mandez-moi, je vous prie, ce que vous pensez de la comtesse dans cette aventure. Il me semble que vous ne lui supposez aucun tort. Je suis porté à la juger comme vous, mais encore faut-il savoir à qui l'on a affaire. Il y a quelque temps qu'elle mandoit à Saint-Lambert que Rousseau étoit fou. « Il faut que cela soit bien fort, disoit-il, puisqu'elle s'en aperçoit. » Vous avez parlé comme un ange à Rousseau, le jour de son départ pour Paris ; sa conversation est à imprimer. Si vous lui eussiez toujours parlé sur ce ton-là, vous lui auriez évité bien des chagrins, mais je crains que sa folie ne soit trop avancée pour qu'on puisse espérer de le revoir jamais heureux et tranquille. La demande du portefeuille m'a fait sauter jusqu'aux nues. Il faut être bien sot pour être faux et vouloir faire des dupes.

Rien n'est si plaisant que l'aventure de madame de Verdelin et de la comtesse. En vérité, vos récits sont des chefs-d'œuvre. Que ne suis-je auprès de vous, ma tendre amie, pour rire à mon aise de toutes ces folies? mais je ne sais plus rire. Et le moyen, loin de vous? Voyez avec cette disposition mélancolique ce que je deviendrois? si j'avois, par-dessus mes peines, celle de voir votre santé dérangée. Le mois d'octobre n'arrivera-t-il jamais? Il est triste d'être dans le cas de désirer le retour du mauvais temps, au lieu de jouir de la belle saison. Jouissez-en au moins pour vous et pour moi. Adieu, ma chère, mon incomparable amie ; il faut toujours finir par être enchanté de vous. Continuez, je vous prie, à avoir pitié de moi, et donnez-moi des nouvelles de Desmahis.

LETTRE DE MADAME D'ÉPINAY A M. GRIMM.

Il faut, mon ami, que je vous fasse encore un des contes de notre canton; il est fertile en anecdotes cette année.

Je vous dirai donc que la petite Verdelin, dans un moment d'enthousiasme romanesque, a pris son vieux borgne pour confident. Elle a voulu lui persuader qu'il étoit trop heureux qu'elle eût choisi le Syndic. Cet excès de franchise n'a pas eu un si heureux succès auprès de M. son époux, que dans je ne sais quel roman d'où la petite femme avoit tiré cette démarche. Depuis ce temps Margency est beaucoup plus assidu ici; il n'ose se présenter chez sa belle. Il prend cela très-philosophiquement, et, lorsqu'il ne m'impatiente pas, il m'amuse et me fait rire.

Certainement si je l'avois voulu, je serois très-fort au courant des amours de Rousseau, ou du moins au courant du bavardage de Thérèse; elle est même venue plusieurs fois pour me porter ses plaintes, mais je l'ai toujours fait taire. Au défaut de ma complaisance, elle est aller se confier à M. de Margency, qui rit et s'accommode de tout. Quoiqu'il ne semble pas ajouter plus de foi que moi aux propos de cette créature, il les répète cependant et s'en amuse. J'ai même été obligée de lui rappeler plus d'une fois que ces contes vrais ou faux me déplaisoient, et que mes amis devoient ménager ma belle-sœur; à plus forte raison si elle ne méritoit pas qu'on la déchirât. En effet, sur quel fondement? sur le rapport d'une fille jalouse, bête, bavarde et menteuse, qui accuse une femme qui nous est connue pour étourdie, confiante, inconsidérée à la vérité, mais franche, honnête, et très-honnête, sincère et bonne au suprême degré de bonté. J'aime mille fois mieux croire que Rousseau s'est tourné la tête tout seul, sans être aidé de personne, que de supposer que madame d'Houdetot s'est réveillée un beau matin coquette et corrompue.

Mon opinion est donc, d'après ce que j'en ai appris, comme je vous dis à bâtons rompus, que, prévenue comme elle l'étoit de la vertu de notre hermite, elle n'a jamais vu en lui qu'un ami, un confident, un consolateur, un guide, et qu'elle n'est que pour son inadvertance dans le mal qu'elle a fait ; leurs promenades solitaires n'avoient sûrement pas d'autre but de la part de la comtesse que de métaphysiquer sur la morale, la vertu, l'amour, l'amitié et tout ce qui s'ensuit : si l'hermite avoit un but plus physique, je n'en sais rien ; mais la comtesse n'en aura rien vu ; s'il l'a expliqué de la manière à n'en pouvoir douter, elle sera tombée des nues ; je la vois d'ici, elle aura fait l'impossible pour le ramener à ce qu'il se doit. Peut-être aura-t-elle tu cette folie au marquis par égard pour Rousseau ? Je ne réponds pas que par bonté d'âme, par honnêteté, elle n'ait entassé sottise sur sottise : peut-être finira-t-elle même par en être la victime et avoir toute l'apparence d'un tort qu'elle n'aura point : je ne sais que trop que cela se passe ainsi. J'ignore ce que l'on murmure d'une lettre d'elle que Thérèse a trouvée. Il faudroit avant tout savoir si le fait est vrai, et ensuite voir la lettre et connoître toutes les circonstances avant de juger. Ce qu'il y a de certain, c'est que l'on ne peut voir Rousseau sans compassion ; il a l'air d'un désespéré : je ne l'ai point vu depuis son retour de Paris. Il est pourtant dur qu'un philosophe vous échappe au moment où l'on s'y attend le moins. Je ne sais si vos actions monteront à mesure que les miennes baisseront. Je lui parle sans cesse de vous; il n'ose s'impatienter, parce que ma mère, mes enfants, tous nos amis ne tarissent point sur votre chapitre. Quand l'humeur le gagne à un certain point, il prend son chapeau et s'en va. Alors le Syndic rit. Moi, je n'en peux plus rire : il est trop malheureux.

Vous devez avoir reçu mon ouvrage, ou vous êtes bien prêt de le recevoir. Faites, je vous prie, vos observations à la marge et renvoyez-le moi. L'effet que vous fera ce début décidera, je crois, de mon émulation. Bonsoir, mon cher ami. Le marquis de Croismare nous a quittés jusqu'à vendredi.

LETTRE DE M. GRIMM A MADAME D'ÉPINAY.

J'avois besoin de recevoir des meilleures nouvelles de votre santé, ma tendre amie, pour être en état de répondre à votre dernière lettre. Vous m'assurez que le dérangement de votre santé n'est rien, il faut bien le croire; mais je ne puis m'empêcher d'être désolé lorsque je pense qu'il a fallu quitter ce lait qui vous réussissoit si bien. J'ai hâte d'apprendre que vous l'avez repris avec succès; voilà le seul moyen de vous faire pardonner le mal que vous vous êtes fait.

Ne regardez point comme une folie le conseil que vous donne M. de Jully, de faire un voyage à Genève. Cette idée m'a passé plus d'une fois dans l'esprit, et, sans l'assurance que vous m'avez donnée jusqu'à présent que vous vous portiez mieux, je vous en aurois déjà suppliée. Il faut espérer que votre santé n'aura pas besoin des secours de Tronchin, mais, si elle continuoit à être misérable, il n'y auroit pas à hésiter.

Rousseau vous a donc dit qu'il n'avoit pas porté son ouvrage à Paris? Il en a menti, car il n'a fait son voyage que pour cela [1]. J'ai reçu hier une lettre de Diderot, qui peint votre hermite comme si je le voyois. Il a fait ses deux lieues à pied, est venu s'établir chez Diderot sans l'avoir prévenu, le tout pour faire avec lui la révision de son ouvrage. Au point où ils en étoient ensemble, vous conviendrez que cela est assez étrange. Je vois, par certains mots échappés à mon ami dans sa lettre, qu'il y a quelque sujet de discussion entre eux; mais, comme il ne s'explique point, je n'y comprends rien. Rousseau l'a tenu impitoyablement à l'ouvrage depuis le samedi dix heures du matin jusqu'au lundi onze heures du soir, sans lui donner à peine le temps de boire ni manger. La révision finie, Diderot cause avec lui d'un plan qu'il a dans la tête,

---

[1] La chronologie, nous l'avons eu à remarquer déjà, n'est parfaitement suivie ni dans ces *Mémoires* ni dans les *Confessions*. Rousseau lie en effet sa visite à Diderot, à la dispute des lettres échangées entre eux pendant l'hiver.

Mais Diderot était, depuis ce temps, venu le voir plusieurs fois. Madame d'Houdetot, « grande enthousiaste de Diderot, » le décida à aller à Paris voir son ami, qui, outre l'orage excité contre l'Encyclopédie, essuyait encore, avec beaucoup d'émotion, les ennuis que ses ennemis lui causaient au sujet de sa pièce, en disant qu'il n'avait fait que la traduire de Goldoni. Diderot le reçut bien, et lui montra le plan du *Père de Famille*. Depuis six mois il avait entre les mains les deux premières parties de la *Julie*, mais il n'en avait rien regardé. Ils en lurent ensemble un cahier que Diderot, comme madame d'Épinay, trouva trop écrit, redondant, « feuillet, » pour employer son expression. Pendant le temps de ce petit voyage, qui fit du bruit dans Paris, Diderot mena Rousseau chez les d'Holbach où il ne fut pas trop bien accueilli.

et prie Rousseau de l'aider à arranger un incident qui n'est pas encore trouvé à sa fantaisie. « Cela est trop difficile, repond froidement l'hermite, il est tard, je ne suis point accoutumé à veiller. Bonsoir, je pars demain à six heures du matin ; il est temps de dormir. » Il se lève, va se coucher et laisse Diderot pétrifié de son procédé[1]. Voilà cet homme que vous croyez si pénétré de vos leçons. Ajoutez à cette réflexion un propos singulier de la femme de Diderot, dont je vous prie de faire votre profit. Cette femme n'est qu'une bonne femme[2] ; mais elle a le tact juste. Voyant son mari désolé le jour du départ de Rousseau, elle lui en demande la raison ; il la lui dit : « C'est le manque de délicatesse de cet homme, ajoute-t-il, qui m'afflige ; il me fait travailler comme un manœuvre ; je ne m'en serois, je crois, pas aperçu, s'il ne m'avoit refusé aussi sèchement de s'occuper pour moi un quart d'heure. — Vous êtes étonné de cela, lui répond sa femme ; vous ne le connoissez donc pas ? Il est dévoré d'envie ; il enrage quand il paroit quelque chose de beau qui n'est pas de lui. On lui verra faire un jour quelques grands forfaits plutôt que de se laisser ignorer. Tenez, je ne jurerois pas qu'il ne se rangeât du parti des jésuites et qu'il n'entreprît leur apologie. »

La femme de Diderot a senti très-juste, mais ce n'est pas cela que fera Rousseau, c'est contre les philosophes qu'il prendra parti ; il se fera dévot, il écrira contre ses amis ; et par travers de tête, il finira comme finit Des-

---

[1] Comment croire à toutes ces allégations de Grimm ? Lui-même nous dit, quelques lignes plus loin, que Diderot était désolé du départ de son ami. Tout cela est plein de contradictions.

[2] Elle s'appelait Anne-Antoinette Champion, et survécut à son mari. Rousseau dit que c'était une pie-grièche et une harangère. Dans l'intimité on l'appelait Nanette.

mahis par foiblesse, et cela sans que personne s'en mêle. Retenez bien ce que je vous dis.

Le baron est une poule mouillée, je vous l'ai toujours dit; ses variations ne m'étonnent point. Il ne sait jamais ce qu'il veut, et le dernier qui lui parle a toujours raison. Laissez-le faire, ma chère amie, sans vous en affecter. Encore un mois ou deux, nous nous retrouverons, et le reste nous sera égal.

Quant à Diderot, qu'il soit pour vous, je vous en prie, comme s'il n'existoit pas; c'est la seule conduite qu'il faille opposer au préjugé et à l'injustice. J'ai encore mille choses à vous dire, mais on ne m'en laisse pas le loisir. Nous partons demain, car nous partons toujours, marchons sans cesse, et n'avançons jamais. J'espère que, lorsque nous serons à Cassel, nous serons plus tranquilles. Ayez bien soin de votre santé; c'est un dépôt que je vous ai confié : songez, ma tendre amie, que je ne pourrois vous pardonner de ne pas y apporter tous vos soins. Au premier moment de liberté j'achèverai de vous répondre.

LETTRE DE M. GRIMM A MADAME D'ÉPINAY.

En vérité, je suis dans une telle colère, que je ne me possède pas. Je reçois deux gros cahiers de votre roman, tous deux écrits de votre main. Vous voulez donc absolument vous tuer? O la plus adorable de toutes les amies possibles et impossibles! Quoi! sans égard pour votre santé, sans respect pour mes ordonnances, vous avez copié vous-même ces énormes cahiers? Il faut pourtant convenir que, depuis hier que j'ai reçu ce paquet, ma colère commence à se passer et fait place à l'admiration que cet ouvrage mérite. En vérité, il est charmant. J'étois bien las lorsqu'on me l'a remis, j'y ai jeté les yeux, je n'ai jamais pu le quitter ; à deux heures du matin je lisois encore : si vous continuez de même, vous ferez très-sûrement un ouvrage unique. Mais n'y travaillez que lorsque vous en aurez vraiment le désir, et, sur toutes choses, oubliez toujours que vous faites un livre ; il sera aisé d'y mettre des liaisons ; c'est l'air de vérité qui ne se donne pas quand il n'y est pas du premier jet, et l'imagination la plus heureuse ne le remplace pas. Quand je serai un peu tranquille, et Dieu sait quand ! je vous enverrai ces précieux cahiers avec des observations qui portent sur des riens, un mot çà et là à changer à mon gré, mais rarement : en vérité, c'est un chef-d'œuvre. Si vous m'en croyez, vous ne montrerez cet ouvrage à personne qu'il ne soit achevé ; car, sans vous en apercevoir, cela vous gêneroit par la suite, et vous mettriez moins de naturel en cherchant l'élégance. Regardez-le comme un monument réservé pour vous seule, et vous en ferez un digne d'une femme de génie. Au reste, maintenant que Rousseau ne soupire plus pour vous, ma pauvre amie, si vous lui avez montré quelque chose de ces Mémoires, je vous tiens pour brouillée avec lui. Il a le tact trop fin pour ne pas sentir l'extrême distance qu'il y a entre votre principal personnage et son ennuyeuse et pédantesque héroïne.

Vous prenez les amours de Rousseau bien au tragique, jamais une passion insensée ne m'a fait peur ; à moins que le diable ne s'en mêle, il faut bien que le tour de la raison revienne. Cette histoire n'alloit pas au caractère franc et honnête de madame d'Houdetot : c'est aussi ce qui me rassure ; quand on est sans espérance, la tête ne sauroit tourner tout à fait, et je parierois comme vous que Rousseau n'en sauroit avoir. En attendant que nous sachions à quoi nous en tenir, nous mourons de chaud et de fatigue. Je me porte à merveille, mais mon métier m'ennuie à l'excès. Je ne puis vous mander les raisons qui me font croire que j'en changerai l'année prochaine, mais j'ai des espérances assez bien fondées; et ces espérances valent presque des certitudes.

Je ne reviens point de la confidence que madame de Verdelin a faite à son œil philosophique; tout le monde (excepté nous, comme il convient) a donc la tête tournée. Je vois par vos narrés que je n'ai rien à gagner à toutes ces folies. Le volage Rousseau reviendra à son ancienne passion[1], et je serai toujours l'objet de ses injustices.

J'assure madame votre mère de mes respects, je demande permission d'embrasser madame sa fille, et je me prosterne respectueusement devant l'illustre auteur des Mémoires.

LETTRE DE MADAME D'ÉPINAY A M. GRIMM.

Je me livre à l'espérance que vous me donnez de ne plus vous voir faire de campagne, mon bon ami, mais c'est sur votre parole; car je n'en comprends pas la possibilité. Je voudrois avant tout voir celle-ci terminée; j'ai besoin que vous me répétiez encore, et plus d'une

[1] Cette lettre, entre autres, indique bien clairement que madame d'Épinay croyait Rousseau amoureux d'elle, avant l'aventure de madame d'Houdetot; et peut-être bien avait-elle ses raisons pour le croire; car si Rousseau ne ment guère par invention, il peut faillir un peu par omission.

fois, ce que vous m'avez déjà dit à ce sujet. Ma mère, à qui je n'ai pu m'empêcher de confier vos espérances, n'ose pas y croire plus que moi. Elle me charge de vous souhaiter de sa part toute sorte de bonheur et un peu plus de repos dans le reste de cette année. Nous craignons qu'à la fin votre santé ne se ressente de ces courses continuelles pendant les chaleurs excessives dont nous sommes accablés. Maman souffre beaucoup de ses yeux, je crains bien qu'elle ne soit menacée de les perdre; son âme tendre et remplie de confiance en Dieu supporte avec courage cette cruelle perspective. Savez-vous que la résignation aux décrets de la Providence tient souvent lieu de fermeté? J'admire ma mère; et je conçois que la dévotion, aussi bien entendue qu'est la sienne, peut être une chose très-utile, et sûrement très-respectable.

Je suis enchantée, mon cher ami, du plaisir que vous a fait mon roman... Voilà une singulière transition! N'importe: je dis donc que vous m'encouragez à le continuer, car j'ai une telle confiance dans votre jugement, que je ne crains point que l'amitié vous abuse. En vérité, depuis que j'ai reçu votre lettre, je n'hésite pas à me persuader que je fais une belle chose : que sais-je? il ne faut quelquefois que cette opinion pour développer le génie. On a une réputation à soutenir, on fait des efforts qu'on n'auroit pas tentés sans cette circonstance; rien ne l'étouffe au moins comme la défiance de soi-même. Incessamment je vous enverrai la suite de mon ouvrage. Au reste, calmez cette grande colère qui vous a saisi en le recevant. Je n'ai point copié les cahiers que je vous ai envoyés: ce sont mes brouillons, et je garde les copies que j'ai fait faire pour mettre à la marge les corrections que vous m'enverrez. Je n'ai montré mon ouvrage qu'à Rousseau et au Syndic. Le premier m'en a paru émerveillé de la meilleure foi du monde. M. de Margency dit que c'est assez joliment écrit, d'un style cependant un peu trop familier.

Je pense qu'il ne mérite pas toute l'admiration qu'en a eue Rousseau ; je suis même bien tentée de ne la prendre que pour de l'étonnement de ce que cela n'étoit pas tout à fait mauvais.

Eh bien, j'avois raison lorsque je soutenois que les amours de Rousseau n'étoient qu'un bavardage, il n'y a pas un mot de vrai à tous les propos de Thérèse. Que je me sais de gré de n'avoir jamais voulu y prêter l'oreille ! Le marquis de Croismare, qui nous est arrivé hier (par parenthèse, plus gai, plus aimable, plus lui que jamais), a fait une promenade tête à tête avec la comtesse, qui n'a fait que l'entretenir, à mots couverts plus clairs que le jour, de sa passion pour le marquis de Saint-Lambert. M. de Croismare l'a mise fort à son aise, et au bout d'un quart d'heure elle lui a confié que Rousseau avoit pensé se brouiller avec elle dès l'instant qu'elle lui avoit parlé sans détour de ses sentiments pour Saint-Lambert. La comtesse y met un héroïsme qui n'a pu rendre Rousseau indulgent sur sa foiblesse. Il a épuisé toute son éloquence pour lui faire naître des scrupules sur cette liaison qu'il nomme criminelle ; elle est très-loin de l'envisager ainsi, elle en fait gloire et ne s'en estime que davantage. Le marquis m'a fait un narré très-plaisant de cette effusion de cœur. Quoi qu'il en soit, voilà, ce me semble, l'énigme expliquée des fréquentes conférences de Rousseau et de la comtesse. Cette chaleur, cette activité, ces mystères réciproques, se réduisent à rien, et s'ils ne font pas honneur à leur prudence, ils font au moins l'éloge de leur honnêteté; j'en étois sûre. Oh! que j'aurois de regret si je m'étois pressée de juger!

Je suis en peine de Rousseau; il devoit venir il y a quatre jours, il n'est point venu, et je n'en ai pas même entendu parler. Je viens de lui écrire un billet pour en savoir la raison; j'en attends la réponse avec impatience. Bonjour, mon ami, je vous quitte toujours à regret; et, quoi que ce soit que je vous écrive, je ne vous dis jamais le quart de ce que j'ai à vous dire.

CHAPITRE VIII

1757

Explications plus ou moins claires de madame d'Épinay sur ce qui précède e sur ce qui va suivre. — Comment Rousseau a cru qu'elle instruisit Saint-Lambert. — Fureur de Jean-Jacques. — Billets de guerre. — Il vient à Épinay pour obéir à madame d'Houdetot et éviter l'éclat. — Départ précipité de Saint-Lambert. — Bavardages de Thérèse. — M. de Croismare et mademoiselle d'Épinay. — Nouvelles de la bataille d'Hastenbeck. — Lettres de M. de Jully sur Genève. — L'intérieur des d'Holbach. — L'abbé de V***. — Retour de Grimm. — Tête-à-tête avec Rousseau. — Maladie inexplicable de madame d'Épinay. — Elle doit quitter Paris. — Grimm voudrait que Rousseau la chaperonne. — Diderot mis en mouvement par Grimm. — Jean-Jacques se révolte. — Madame d'Houdetot essaye de maintenir la paix. — Départ de madame d'Épinay pour Genève.

Pour l'intelligence de ce qu'on va lire, il faut savoir que la passion de Rousseau pour madame la comtesse d'Houdetot étoit très-réelle. Il la savoit si fortement attachée au marquis de Saint-Lambert, qu'il ne vit d'autre moyen de se faire aimer d'elle qu'en détruisant le marquis; il étoit inattaquable : il n'y avoit pas moyen de le rendre suspect, ni de lui supposer des torts avec quelque vraisemblance. Pour ne pas effaroucher la comtesse, il s'appliqua d'abord à lui cacher l'amour qu'il avoit conçu pour elle; il mit toute sa chaleur et son éloquence à lui faire naître des scrupules sur sa liaison avec le marquis. Cela ne réussissant pas, il feignit de croire que madame d'Épinay aimoit aussi le marquis et tâchoit sourdement de l'enlever à sa belle-sœur; il faisoit entendre qu'il n'é-

toit pas éloigné de croire que le marquis en étoit flatté.
Celui-ci avoit beau jurer qu'il n'en étoit rien, Rousseau
l'en plaisantoit toujours et rapportoit tout à cette idée.
Il trouvoit double avantage dans ce plan, car il faisoit
naître de la jalousie à la comtesse et il l'éloignoit de sa
belle-sœur, dont il craignoit la pénétration. Cette jalousie, étant sans fondement réel, devoit à la fin fatiguer le
marquis, produire de l'aigreur et peut-être une rupture
entre lui et madame d'Houdetot.

A peu près dans ce temps-là, le marquis reçut une
lettre anonyme qui lui apprenoit que Rousseau et madame d'Houdetot le jouoient et vivoient ensemble dans
l'union la plus intime et la plus scandaleuse. On lui donnoit la conviction de cet avis par des circonstances réelles,
mais déguisées et calomnieusement arrangées aux vues
de l'auteur de la lettre. J'ai toujours soupçonné Thérèse,
et cette idée est venue à presque tous ceux qui ont été
témoins de cette aventure.

Il y a peu d'hommes assez maîtres d'eux-mêmes pour
se défier d'apparences aussi fortes, et celles-ci ne pouvoient perdre leur valeur que par la profonde estime que
méritoit la comtesse. M. de Saint-Lambert eut avec elle
une explication vive, après laquelle il lui rendit la justice qui lui étoit due. Comme la comtesse ne se doutoit
pas encore des sentiments de Rousseau pour elle, elle le
mit dans la confidence de cette lettre ; celui-ci en éprouva
un trouble, un emportement et un chagrin si vifs, qu'il
en fut malade. Dans l'embarras d'en découvrir l'auteur,
il n'hésita pas à nommer madame d'Épinay. C'est une
noirceur, disoit-il, que sa passion pour le marquis de
Saint-Lambert rend vraisemblable ; elle a sans doute
imaginé ce moyen de le détacher de la comtesse. Enfin,

DEUXIÈME PARTIE. — CHAPITRE VIII.

il adopta ou feignit d'adopter si fortement cette idée, que, malgré tout ce que purent lui dire la comtesse et le marquis, il se conduisit comme s'il en eût eu la certitude la plus complète. Ainsi qu'on l'a vu par sa dernière lettre, madame d'Épinay étoit bien loin de soupçonner l'injure qu'on lui faisoit ; aussi ne comprit-elle rien à tout ce que lui écrivit Rousseau[1].

---

[1] Marmontel prétend savoir de Diderot même quelle fut la conduite de Jean-Jacques. « Vous connoissez, lui auroit-il dit, la passion malheureuse qu'avoit prise Rousseau pour madame d'Houdetot. Il eut un jour la témérité de la lui déclarer d'une manière qui devoit la blesser. Peu de temps après, Rousseau vint me trouver à Paris. « Je suis un fou, je suis « un homme perdu, me dit-il : voici ce qui m'est arrivé ; » et il me conta son aventure. « Eh bien, lui dis-je, où est le malheur ? — Com-« ment ! où est le malheur ? reprit-il ; ne voyez-vous pas qu'elle va écrire à « Saint-Lambert que j'ai voulu la séduire, la lui enlever, et doutez-vous « qu'il ne m'accuse d'insolence et de perfidie ! C'est pour la vie un ennemi « mortel que je me suis fait. — Point du tout, lui dis-je froidement ; Saint-« Lambert est un homme juste ; il vous connoît ; il sait bien que vous « n'êtes ni un Cyrus, ni un Scipion. Après tout, de quoi s'agit-il ? D'un mo-« ment de délire, d'égarement. Il faut, vous-même, sans différer, lui « écrire, lui tout avouer ; et, en vous donnant pour excuse une ivresse qu'il « doit connoître, le prier de vous pardonner ce moment de trouble et « d'erreur. Je vous promets qu'il ne s'en souviendra que pour vous aimer « davantage. »

« Rousseau, transporté, m'embrassa. « Vous me rendez la vie, me « dit-il, et le conseil que vous me donnez me réconcilie avec moi-même : « dès ce soir je m'en vais écrire. » Depuis je le vis plus tranquille, et je ne doutai pas qu'il n'eût fait ce dont nous étions convenus.

« Mais, quelque temps après, Saint-Lambert arriva ; et m'étant venu voir, il me parut, sans s'expliquer, si profondément indigné contre Rousseau, que ma première idée fut que Rousseau ne lui avoit point écrit. « N'avez-vous pas reçu de lui une lettre ? lui demandai-je. — Oui, « me dit-il, une lettre qui mériteroit le plus sévère châtiment. — Ah ! « monsieur, lui dis-je, est-ce à vous de concevoir tant de colère d'un mo-« ment de folie dont il vous fait l'aveu, dont il vous demande pardon ? « Si cette lettre vous offense, c'est moi qu'il en faut accuser ; car c'est moi « qui lui ai conseillé de vous l'écrire. — Et savez-vous, me dit-il, ce que « contient cette lettre ? — Je sais qu'elle contient un aveu, des excuses, « et un pardon qu'il vous demande. — Bien moins que tout cela. C'est

LETTRE DE MADAME D'ÉPINAY A M. GRIMM.

Le 15 (juillet).

Je crois, en vérité, que le pauvre Rousseau devient fou. J'ai voulu attendre, pour vous instruire de ce qui vient de se passer, que j'aie pu y comprendre quelque chose; mais, après nos explications, je n'en suis pas plus avancée. Tout ce que j'entrevois, c'est que sa tête fermente, qu'il est malheureux, qu'il ne sait à qui s'en prendre, et que, dénué de motifs réels de plainte, il accuse jusqu'à ses amis, et qu'il voit partout des chagrins, des dangers, des complots, comme don Quichotte voyait des enchanteurs.

« un tissu de fourberie et d'insolence, c'est un chef-d'œuvre d'artifice
« pour rejeter sur madame d'Houdetot le tort dont il veut se laver. —
« Vous m'étonnez, lui dis-je, et ce n'étoit point là ce qu'il m'avoit pro-
« mis. » Alors pour l'apaiser, je lui racontai simplement la douleur et le
repentir où j'avois vu Rousseau d'avoir pu l'offenser, et la résolution où
il avoit été de lui en demander grâce; par là, je l'amenai sans peine au
point de le voir en pitié.

« C'est à cet éclaircissement que Rousseau a donné le nom de perfidie.
Dès qu'il apprit que j'avois fait pour lui un aveu qu'il n'avoit pas fait,
il jeta feu et flamme, m'accusant de l'avoir trahi. Je l'appris; j'allai le
trouver. « Que venez-vous faire ici? me demanda-t-il. — Je viens savoir,
« lui dis-je, si vous êtes fou ou méchant — Ni l'un ni l'autre, me dit-il;
« mais j'ai le cœur blessé, ulcéré contre vous. Je ne veux plus vous voir. »
Cependant, à en croire Marmontel, ils se seraient réconciliés après une
scène de passion et d'éloquence; et c'est alors qu'ils auraient fait ensemble
la lecture de la *Julie*. Diderot avait donc tout oublié et, de temps en
temps, venait à l'Ermitage voir Jean-Jacques, lorsque parut la *Lettre à
D'Alembert* où, sans avoir pu le prévoir, il vit que Rousseau lui déclarait la guerre. Tel est, à ce qu'il paraît, le récit qui avait cours parmi
les anciens amis de Rousseau, une fois qu'il eut définitivement renoncé
à leur amitié. Il n'est d'accord ni avec les *Confessions*, ni avec les *Mémoires* de madame d'Épinay, ni avec la vraisemblance.

Je lui avois écrit, comme je vous l'ai mandé, étant inquiète de lui. Voici ma lettre[1] :

« Je suis en peine de vous, mon ours ; vous m'aviez promis, il y a cinq jours, que je vous verrais le lendemain : vous n'êtes point venu, et vous ne m'avez rien fait dire ; vous n'êtes point accoutumé à me manquer de parole. Vous n'avez sûrement pas d'affaires ; si vous aviez du chagrin, mon amitié s'offenseroit que vous m'en fissiez mystère. Vous êtes donc malade ? Tirez-moi de mon inquiétude, mon bon ami ; elle est proportionnée aux sentiments que vous me connoissez pour vous. »

Le lendemain, est arrivée Thérèse avec cette réponse :

« Je ne puis rien vous dire encore ; j'attends d'être mieux instruit, et je le serai tôt ou tard. En attendant, soyez sûre que l'innocence outragée trouvera un défenseur assez ardent pour donner quelque repentir aux calomniateurs, quels qu'ils soient. »

Je fus si étonnée de cette lettre, elle me parut si inintelligible, que je questionnai Thérèse sur l'état de Rousseau et sur sa tête ; elle me dit qu'il étoit dans une agitation extrême. Au reçu de ma lettre, il s'étoit écrié : « N'est-ce pas ajouter l'ironie à l'injure, que de vouloir

[1] Les trois lettres suivantes de madame d'Épinay diffèrent de celles que Rousseau rapporte dans ses *Confessions* D'où cela vient-il ? Madame d'Épinay cherchait-elle à déguiser à Grimm les ménagements qu'elle gardait pour Rousseau, ou bien celui-ci a-t-il altéré à dessein ces mêmes lettres ? C'est ce que nous ne saurions dire, puisque les originaux de madame d'Épinay ne sont pas sous nos yeux. (Note de 1818.)

que j'aille me consoler chez elle? On se moque de moi ; mais, patience! »

Thérèse n'en savoit pas davantage. Je répondis à Rousseau par ces trois mots-ci :

« C'est de vos nouvelles que je demande ; votre billet ne m'en apprend pas : il est une énigme à laquelle je ne comprends rien. J'attends de la confiance et de l'amitié un langage plus clair et plus conforme à mes sentiments pour vous. Vous savez si vous pouvez disposer de moi : au premier mot, je suis à vous. »

Voici l'impertinente réponse que je reçus à ce second billet :

« Je ne puis ni vous aller voir, ni recevoir votre visite, tant que durera l'inquiétude où je suis. La confiance dont vous parlez n'est plus, et il ne vous sera pas aisé de la recouvrer. Je ne vois à présent dans votre empressement que le désir de tirer des aveux d'autrui des avantages qui conviennent à vos vues ; et mon cœur, si prompt à s'épancher dans un cœur qui s'ouvre pour le recevoir, se ferme à la ruse et à la finesse. Je reconnois votre adresse ordinaire dans la difficulté que vous trouvez à comprendre mon billet. Me croyez-vous assez dupe pour penser que vous ne l'ayez pas compris? Non ; mais je saurai combattre et vaincre vos subtilités à force de franchise. Je vais m'expliquer plus clairement, afin que vous m'entendiez encore mieux.

« Deux amants bien unis et dignes de s'aimer me sont chers ; je m'attends que vous ne saurez pas qui je veux dire, à moins que je ne vous les nomme. Je présume qu'on a tenté de les désunir, et que c'est de moi qu'on s'est servi pour donner de la jalousie à l'un des deux. Le choix n'est pas fort adroit; mais il a paru le plus commode à la méchanceté, et, cette méchanceté, c'est vous que j'en soupçonne. J'espère que ceci devient plus clair. Ainsi donc, la femme du monde pour laquelle j'ai le plus d'estime et de respect auroit, de mon su, l'infamie de partager son cœur et sa personne entre deux amants? Et moi, dont le cœur n'est ni sans délicatesse, ni sans fierté, je serois paisiblement l'un de ces deux lâches? Si je savois qu'un seul moment de la vie vous eussiez pu avoir d'elle et de moi une pensée si basse, je vous haïrois jusqu'à la mort; mais c'est seulement de l'avoir dit, et non de l'avoir cru, que je vous taxe. Je ne comprends pas, en pareil cas, auquel des trois vous avez voulu nuire; mais, si vous aimez le repos, craignez d'avoir eu le malheur de réussir. Je n'ai caché ni à vous ni à elle tout le mal que je pense de certaines liaisons; mais je veux qu'elles finissent par un moyen aussi honnête que sa cause, et qu'un amour illégitime se change en une éternelle amitié. Moi qui ne fis jamais de mal à personne, servirois-je innocemment à en faire à mes amis? Non, je ne vous le pardonnerois jamais; je deviendrois votre irréconciliable ennemi. Vos secrets seuls seroient respectés, car je ne serai jamais un homme sans foi.

« Je n'imagine pas que les perplexités où je vis depuis plusieurs jours puissent durer bien longtemps encore; je ne tarderai pas, sans doute, à savoir si je me suis trompé. Alors j'aurai peut-être de grands torts à réparer, et je n'aurai rien fait de ma vie de si bon cœur. Mais, savez-vous comment je rachèterai mes fautes durant le peu de temps qui me reste à passer près de vous? En faisant ce que nul autre ne fera après moi : en vous disant sincèrement ce qu'on pense de vous dans le monde et les brèches que vous avez à réparer dans votre réputation. Malgré tous les prétendus amis qui vous entourent, quand vous m'aurez vu partir, vous pourrez dire adieu à la vérité; vous ne trouverez plus personne qui vous la dise. »

Voici quelle a été ma réponse[1] :

« Sans doute vous avez des preuves incontestables de ce que vous osez m'écrire, car il ne suffit pas du soupçon pour accuser une amie de dix ans. Vous me faites pitié, Rousseau. Si je ne vous croyois pas fou ou sur le point de l'être, je vous jure que je ne me donnerois pas la peine de vous répondre, et je ne vous reverrois de ma vie.

« Vous voyez bien que votre lettre ne peut pas m'offenser : elle ne sauroit me convenir, elle ne m'approche seulement pas. Il ne vous faudra pas de grands efforts pour vous avouer que vous ne pensez pas un mot de toutes ces infamies. Je suis cependant bien aise de vous

---

[1] Pour qu'on voie la différence des textes, voici ce que Rousseau dit que lui écrivit madame d'Épinay.

« Je n'entendois pas votre lettre de ce matin : je vous l'ai dit, parce que cela étoit. J'entends celle de ce soir : n'ayez pas peur que j'y réponde jamais : Je suis trop pressée de l'oublier; et, quoique vous me fassiez pitié, je n'ai pu me défendre de l'amertume dont elle me remplit l'âme. Moi! user de ruse, de finesses avec vous! Moi! accusée de la plus noire des infamies! Adieu, je regrette que vous ayez la... Adieu : je ne sais ce que je dis... Adieu . je serai bien pressée de vous pardonner. Vous viendrez quand vous voudrez : vous serez mieux reçu que ne l'exigeroient vos soupçons. Dispensez-vous seulement de vous mettre en peine de ma réputation. Peu m'importe celle qu'on me donne. Ma conduite est bonne, et cela me suffit. Au surplus, j'ignorois absolument ce qui est arrivé aux deux personnes qui me sont aussi chères qu'à vous. »

C'est bien là le style de madame d'Épinay, jusque dans son habitude des suspensions. Pourquoi donc a-t-elle si complétement refait ses billets? Rien que cela suffit pour qu'on soit plutôt pour Rousseau que pour elle.

dire que cette extravagance ne vous réussira pas avec moi. Si vous êtes d'humeur à changer de ton et à réparer l'injure que vous me faites, vous pouvez revenir à cette condition; mais ce n'est qu'avec elle que je vous recevrai. Gardez-vous de me parler de ma prétendue réputation. Loin de me donner par là ce que vous appelez une marque d'amitié, donnez-m'en une du respect et de l'estime que vous me devez, en ne me tenant que des propos que je puisse me permettre d'entendre. Sachez, au reste, que peu m'importe la réputation qu'on me donne : ma conduite est bonne, et cela me suffit. Je vous délierai quand il vous plaira sur mes secrets, pour peu qu'ils vous coûtent à garder; vous savez mieux que personne que je n'en ai point qui ne me fissent honneur à divulguer. »

J'ignore, mon ami, si vous approuverez la conduite que j'ai tenue; il est difficile d'être bon juge lorsque l'on reçoit de la part de ses amis des injustices d'un certain genre. Vous aviez bien raison de dire que je ne me tirerois pas de tout ceci sans tracasserie. J'espère cependant qu'elle n'aura pas de suite; vous conviendrez, au moins, que celle-ci étoit difficile à prévoir.

LETTRE DE MADAME D'ÉPINAY A M. GRIMM.

Ce 18 juillet.

Rousseau est arrivé l'après-dînée; nous étions tous à la promenade. Voyant qu'il ne pouvoit me parler, il me demanda permission de me dire un mot. Je restai à quelque distance de la compagnie. « Je ne veux point, lui dis-je, par égard pour vous, faire de ceci une scène publique, à moins que vous ne m'y forciez; remettons notre conversation après la promenade, supposé que vous soyez venu avec les dispositions dans lesquelles je puis me permettre de vous entendre ; sinon, je n'ai rien à vous dire, vous pouvez repartir. »

Après ces deux mots, je rejoignis tout le monde. Il fut très-mal à son aise pendant la conversation : il feignit même une ou deux fois de s'en aller ; ces messieurs le retinrent, il resta. On le plaisanta sur ce caprice ; il s'en tira assez mal, mais il resta. Je ne lui dis pas un mot. Le marquis de Croismare me dit à l'oreille : « Vous voyez d'un sang-froid de Pénélope le tourment de ce pauvre diable, comme si vous n'en étiez pas la cause. Je suis sûr que c'est vous qui lui faites tourner la tête. »

Lorsque nous fûmes rentrés, j'allai dans mon appartement, et je dis à Rousseau de me suivre. « Quittez, me dit-il, lorsque nous fûmes seuls, cet air froid et imposant avec lequel vous m'avez reçu ; il me glace : en vérité, c'est me battre à terre. — N'êtes-vous pas trop heureux lui dis-je, que je veuille bien vous recevoir et vous entendre, après un procédé aussi indigne qu'absurde ? »

Je ne saurois vous rendre le détail de cette explication. Il s'est jeté à mes genoux avec toutes les marques du plus violent désespoir ; il n'a pas hésité à convenir de ses torts : sa vie, m'a-t-il juré, ne suffira pas à son gré pour les réparer. Il a été abusé, dit-il encore, par l'assurance qu'on lui avoit donnée que j'avois une passion invincible pour le marquis de Saint-Lambert. « C'est, lui ai-je répondu, un premier tort de l'avoir cru, et c'en est un impardonnable d'avoir supposé que je fusse capable d'une infamie, pour me venger d'une prétendue passion malheureuse. »

Il a cherché à me faire l'apologie de sa conduite avec la comtesse ; mais je n'ai rien voulu entendre sur cet article : « Je n'aime point, lui ai-je dit, à m'entretenir sans nécessité des affaires des autres, et je n'ai pas besoin de leur témoignage pour les croire honnêtes : il m'en coûteroit trop de les voir autrement, pour laisser l'entrée aux soupçons contre eux dans mon cœur. » J'ai repassé ensuite tous ses torts avec ses amis ; vous pensez bien que je ne vous ai point oublié. Le résultat de notre conversation a été de lui promettre d'oublier ceux qu'il venoit d'avoir avec moi, si je le voyois à l'avenir s'en souvenir assez pour ne plus faire injure à tous ses amis. Il me paroît déterminé à quitter ce pays-ci et à s'en retourner dans sa patrie. Il annonce ce projet hautement ; il m'a même ajouté qu'il partiroit aussitôt qu'il seroit lavé des horreurs qu'on lui impute [1].

Ce qui m'étonne, c'est que depuis plusieurs jours je n'ai entendu parler ni de la comtesse, ni du marquis. Je ne sais si je dois aller au-devant d'eux ou les voir venir. Je crois que je prendrai le parti de me tenir tranquille.

Bonjour, mon ami ; il fait une chaleur à mourir, et j'ai mille petits tracas domestiques qui me privent de causer plus longtemps ce soir.

---

[1] Rousseau dit bien que les lettres et les réponses furent toutes échangées en un seul jour. Mais, si vite que l'échange se fût fait, il avait réfléchi et se rappelait trop bien que madame d'Houdetot l'avait priée de ne pas faire d'éclat et de la laisser seule arranger les affaires. Il comprit donc qu'il fallait pousser à bout madame d'Épinay, donner ses preuves, et sortir de l'Ermitage en grand scandale, ou aller voir sur-le-champ son ancienne amie et attendre d'elle ses explications. Il y alla, dit-il, et elle lui sauta au cou, mais sans un mot sur la brûlante querelle, et, ni le soir ni le lendemain, quelque embarrassé qu'elle le vît, elle n'osa ou ne crut devoir engager de discussion. Il y a donc une bien grande différence entre ce que nous lisons ici dans les *Mémoires*, et ce qu'on voit dans les *Confessions*.

LETTRE DE M. GRIMM A MADAME D'ÉPINAY.

22 juillet.

Je n'ai le temps que de vous dire un mot, ma tendre amie; n'importe, il en faut profiter. J'ai reçu vos deux lettres des 15 et 18 de ce mois, mais je n'ai pas eu le loisir de lire toute la dernière, ni les copies qui y étoient jointes. Je suis très-fâché du billet que vous avez écrit à Rousseau : ne sentez-vous pas qu'il ne falloit lui dire autre chose, sinon que n'ayant pas entendu parler de lui, vous étiez inquiète de sa santé, que vous envoyiez savoir de ses nouvelles, et quand il viendroit vous voir. Cette lettre auroit été simple. Mais pourquoi lui demander s'il a du chagrin? Vous n'aviez aucune raison de le supposer, et cette question a dû le surprendre ou lui paroître suspecte. Je n'entends rien du tout à sa réponse, mais je parierois qu'il y a de la tracasserie là-dessous. Il n'auroit pu vous écrire comme il l'a fait, si vous vous étiez tenue à ce billet simple; au lieu qu'à présent je redoute les éclaircissements. Je vous en prie, jouez dans tout ceci le rôle qui vous convient. Vous savez que les fous sont dangereux, surtout quand on biaise avec eux, comme vous avez fait quelquefois avec ce pauvre diable, par des égards malentendus pour ses folies : on en attrape toujours quelques éclaboussures. Si votre billet eût été plus simple, il n'auroit pas pu dire que vous vous moquiez de vouloir le consoler. Je compte pourtant que ma sage et prudente amie aura remédié à tout et prévenu à temps les suites de cette tracasserie, et qu'elle me mandera la fin de cette ridicule et extravagante aventure.

Ce qui me fait un plaisir bien sensible, c'est que je

vois que vous tirez parti de votre position et que vous passez votre temps agréablement ; il me sera bien doux de vous retrouver au milieu de vos amis, chérie et estimée comme vous méritez de l'être.

Adieu, ma chère Émilie, si aimable et si aimée ; à peine me laisse-t-on le temps de vous embrasser.

LETTRE DE MADAME D'ÉPINAY A M. GRIMM.

Commençons par nous débarrasser la tête de tous les riens que j'ai à vous dire. Le chevalier de Valory arrive demain pour s'installer dans votre appartement. Le marquis de Croismare est toujours avec nous ; mais ce que vous ne savez pas, c'est qu'il est indisposé. J'en ai eu un soin tout particulier, il devoit s'en aller aujourd'hui. Le baron est même venu le chercher ; il a dit qu'il se trouvoit bien, et qu'il aimoit mieux rester ici ; qu'il ne croyoit même pas qu'il se déterminât à s'en aller jamais, parce qu'il s'y trouvoit heureux. Il étoit d'une folie dont vous n'avez pas d'idée : c'est en vérité un homme charmant, qui a une gaieté bien franche, bien soutenue et bien précieuse.

On prétend ici que les ennemis ont fait une marche prodigieuse, et que nous sommes peut-être à la veille d'une action ; mais comme le bruit n'est pas général, nous espérons encore qu'il est sans fondement. N'appelons pas l'inquiétude, elle ne viendra que trop tôt. Cependant, mon ami, le marquis de Saint-Lambert est reparti sans nous voir ; cela est singulier. Il m'en a fait faire des excuses : son départ précipité, m'a-t-il dit, en est cause. A la bonne heure.

Thérèse a dit à M. de Margency que la comtesse avoit défendu à Rousseau de la voir¹.

Il y a longtemps, ce me semble, que je ne vous ai parlé de mes enfants. Il faut que vous sachiez ce qu'a fait et dit Pauline l'autre jour ; elle s'étoit donné ses airs ordinaires : la gouvernante et moi nous lui avons représenté en amies qu'elle se couvroit de ridicule ; mais que, puisqu'elle ne vouloit pas nous croire, c'étoit bien son affaire. Il y a quelques jours, que, sans égards pour nos avis, elle continua sur le même ton, malgré un coup d'œil d'avertissement que je lui fis ; le marquis de Croismare partit d'un éclat de rire, et lui dit qu'apparemment elle le prenoit pour sa poupée, et jouoit à la madame avec lui ; ensuite il lui dit qu'elle étoit trop grande pour faire l'enfant comme cela : bref, il la persifla pendant une heure. Elle se fâcha, il en rit davantage ; puis d'un air de réflexion il lui dit : « Mais voyons, mademoiselle, j'ai peut-être tort, vous avez pris un ton si décidé pour nous dire votre avis, que je commence à croire que vous avez peut-être plus de connoissances que je ne le supposois ; tirons une bonne fois cette affaire au net. » Il s'agissoit

---

¹ « Quand Saint-Lambert fut reparti, dit Rousseau, je trouvai madame d'Houdetot fort changée à mon égard. J'en fus surpris comme si je n'avois pas dû m'y attendre ; j'en fus touché plus que je n'aurois dû l'être, et cela me fit beaucoup de mal. Il sembloit que tout ce dont j'attendois ma guérison ne fit qu'enfoncer dans mon cœur davantage le trait que j'ai plutôt brisé qu'arraché.

« J'étois déterminé tout à fait à me vaincre, et à ne rien épargner pour changer ma folle passion en une amitié pure et durable. J'avois fait pour cela les plus beaux projets du monde, pour l'exécution desquels j'avois besoin du concours de madame d'Houdetot. Quand je voulus lui parler, je la trouvai distraite, embarrassée ; je sentis qu'elle avoit cessé de se plaire avec moi, et je vis clairement qu'il s'étoit passé quelque chose qu'elle ne vouloit pas me dire, et que je n'ai jamais su. »

d'une lettre du roi de Prusse qui court [1] et que Pauline avoit décidée mauvaise, parce qu'elle ne l'entendoit pas. Le marquis lui fit un nombre de questions auxquelles il lui fut impossible de répondre, parce qu'elle sait fort peu des choses qu'il étoit nécessaire de savoir pour entendre cette lettre. De là il fut aisé de lui prouver sa sottise. Elle s'en tira très-bien. Elle fut d'abord très-humiliée ; puis, les larmes aux yeux, elle dit au marquis : « Monsieur, je vous remercie de la leçon ; elle est un peu forte, mais je m'en souviendrai ; jouons au volant. »

Cette enfant n'est-elle pas adorable? Mon ami, je veux en faire un ange.

Rousseau est retourné à l'Hermitage le lendemain de la dernière lettre que je vous ai écrite. Thérèse est venue me voir depuis. Elle prétend qu'il se donne force *meâ culpâ* sur la conduite qu'il avoit tenue envers moi. Depuis le sévère arrêt que madame d'Houdetot lui a prononcé, il lui a écrit deux grandes épîtres auxquelles elle n'a pas répondu ; et hier, dit toujours Thérèse, la comtesse lui a mandé de venir la consoler du départ de Saint-Lambert. Il n'a pas trouvé la plaisanterie bonne. On ne sait ce qu'il aura répondu. Je suis persuadée qu'il n'y a pas un mot de vrai à tout cela : ce sont des contes de pure invention de Thérèse ; mais à quoi bon cependant, et quel seroit son but?

La comtesse a passé hier au soir un moment ici pour la première fois depuis un siècle. Elle avoit les yeux gros comme des poings, grand mal à la tête, et ne cessoit de

---

[1] On croirait que c'est la lettre de Frédéric au maréchal de Richelieu, pour mettre en avant les idées de paix, elle est datée du 6 septembre. Nous serions alors ici à l'entrée de l'automne ; mais nous allons, en tournant la page, nous trouver au mois d'août. C'est donc une autre lettre.

se lamenter sur l'injustice des hommes, sur l'inconvénient des gens qui font du noir. Cela ne finissoit pas. Le Syndic prétend que la fin de l'orage qui me menaçoit pourroit bien être tombée sur elle.

J'oubliois de vous dire que j'ai recommencé le lait depuis deux jours, et je m'en trouve fort bien.

Le lendemain.

Rousseau est malade. J'ai envoyé seulement savoir de ses nouvelles sans lui écrire, il m'a répondu quatre mots qui marquent la fermentation de sa bile, mais où il n'y a rien qui vaille la peine de vous être dit.

LETTRE DE ROUSSEAU A MADAME D'ÉPINAY.

Je vous remercie de votre souvenir. Je ne souffris jamais tant de mes maux que je fais depuis quelques jours : tout le monde, à commencer par moi-même, m'est insupportable. Je porte dans le corps toutes les douleurs qu'on peut sentir, et dans l'âme les angoisses de la mort. J'allai hier à Eaubonne, espérant quelque soulagement de la marche et quelque plaisir de la gaieté de madame d'Houdetot. Je l'ai trouvée malade, et j'en suis revenu encore plus malade moi-même que je n'étois allé. Il faut absolument que je me séquestre de la société et vive seul jusqu'à ce que ceci finisse de manière ou d'autre. Soyez sûre qu'au premier jour de trêve je ne manquerai pas de vous aller voir. Mille respects, s'il vous plaît, à madame d'Esclavelles, et amitiés à ces messieurs. Je vous conjure tous de me pardonner mes maussaderies ; croyez qu'à ma place chacun de vous seroit dans son lit et penseroit n'en point relever.

LETTRE DE MADAME D'ÉPINAY A M. GRIMM.

Le 2 août.

Je n'ai point encore de vos nouvelles. Il y a aujourd'hui huit jours que je n'en ai eu. Est-il possible que vous nous laissiez dans ce moment-ci sans savoir où vous êtes, ce que vous devenez [1] ! Nous passons la journée sur le grand chemin à attendre vos lettres, et il n'en vient point. Nous nous regardons en silence, nous nous rassurons mutuellement ; mais nous ne pouvons néanmoins nous dissimuler que nous sommes inquiets. Tous les courriers sont arrivés, chacun reçoit ses lettres ; le marquis et moi nous sommes les seuls qui n'en ayons pas. Il seroit donc possible que vous ne m'eussiez pas écrit. Je vous suppose toujours en bonne santé, et je me répète sans cesse qu'il ne peut vous être rien arrivé ; malgré cela ce silence m'inquiète : je suppose tous les hasards possibles, et cela suffit à peine pour me rassurer.

O mon tendre ami, jugez ce que je deviendrois s'il vous étoit arrivé quelque chose ! Le pauvre marquis deviendra fou si cela dure. On dit son fils tué : en vérité, je ne comprends pas comment on résiste à ce genre de tourment.

[1] On venait de recevoir la nouvelle de la bataille d'Hastembeck, gagnée le 26 juillet, sur le duc de Cumberland, par le maréchal d'Estrées, le jour même où lui parvenait l'ordre de se démettre de son commandement.

Le 3 août.

Point de lettre encore aujourd'hui! cela est-il concevable? Ah! je vous avoue qu'il faut avoir un furieux empire sur soi pour y tenir. Neuf jours sans nouvelles! et dans quel moment? Est-il possible qu'on supprime ou qu'on retarde les lettres à la poste dans une circonstance pareille, sans égard, sans respect pour les inquiétudes du public! Le pauvre marquis n'a nulle nouvelle ni de son fils, ni de son frère; en vérité, je ne serois pas étonnée que la tête tournât en pareil cas; au moins ne conçois-je pas, lorsqu'on est libre, comment on ne part pas sur-le-champ. Ma mère me rassure tant qu'elle peut; mais je démêle qu'au fond de son âme elle n'est pas plus tranquille que moi.

Le 4 août.

Mais il faut que vous m'ayez écrit des choses étonnantes, car je ne doute pas à présent qu'on n'ait supprimé vos lettres à la poste. Le marquis en a eu de son fils et de son frère : ils se portent bien. Le pauvre homme sera longtemps à se remettre du trouble où l'a jeté ce silence. Il a pensé y avoir hier une émeute à la poste, il y avoit plus de quatre mille âmes qui vouloient forcer les portes et s'emparer des lettres. Enfin, quand ils auroient supprimé la première, il m'en seroit arrivé d'autres : la dernière étoit du 22 juillet. Ah! mon ami, je n'y tiens plus!

Le 4, à dix heures du soir.

Je reçois quatre lettres à la fois, et me voilà tranquille; je n'y réponds pas, mon tendre ami, pour ne pas retarder celle-ci. S'il arrive encore quelque affaire, écrivez-moi un billet tout ouvert, car, en vérité, ce supplice est au-dessus de mes forces. Adieu. Nous n'avions pas besoin de cette épreuve pour sentir combien vous nous êtes cher. Que vous êtes aimable de vous bien porter!

LETTRE DE M. GRIMM A MADAME D'ÉPINAY.

Le 27 juillet.

Les ennemis sont bien battus, madame, et nous nous portons tous à merveille. Il n'y a de gens de notre connoissance que MM. de L*** et de C*** de tués[1]. Nous avons pris douze pièces de canon. Si je ne vous écris pas de quelques jours, n'ayez, je vous en supplie, aucune inquiétude : nous sommes dans le désordre et le tumulte de la victoire. Vos lettres, s'il m'en arrive, me seront d'une grande consolation.

Voilà qui va abréger notre campagne. Faites part de nos nouvelles à nos amis. Voilà, si je ne me trompe, une lettre qui m'arrive d'Épinay : elle vaut pour moi une bataille gagnée; fermons toujours celle-ci. Vous connoissez, madame, mon respect et mon attachement. Ne m'oubliez pas auprès de madame votre mère.

AUTRE BILLET DU MÊME.

On fait partir un courrier extraordinaire, madame, et quoique je vienne de vous écrire, je ne veux pas

---

[1] La *Gazette de France* et le *Journal de Verdun*, n'indiquent que 17 officiers tués et 118 blessés; et 1,038 soldats tués et 1,150 blessés. Dans la liste des officiers tués il n'y a aucun nom commençant par de L*** ou de C***.

manquer cette occasion de vous faire ma cour. Nous nous portons tous à merveille. La bataille d'hier n'est ni meurtrière ni décisive. Je crains que vous ne soyez longtemps sans nouvelles, car je soupçonne notre général de retenir les courriers ; au moins devez-vous avoir cette lettre-ci. Adieu, madame, mes respects et mes compliments à tout le monde, et mille grâces vous soient rendues des bonnes lettres que je viens de recevoir.

Le lendemain.

La gloire de la journée d'Hastenbeck appartient, madame, à votre ami M. de Chevert[1]. Il a fait la plus belle manœuvre du monde : il auroit dû être perdu mille fois, lui et son détachement ; et lui seul a tout fait : le reste de l'armée n'a pas donné. Les officiers qui ont servi sous lui en parlent avec extase. Si nous n'avons pas mieux profité de ses avantages, ce n'est pas sa faute. Hameln s'est rendu hier matin. La garnison sort avec les honneurs de la guerre, et ne sert plus contre nous.

Mes respects et mes bénédictions, s'il vous plaît, à qui il appartient. O vous tous qui aimez le pathétique, écoutez. Trente heures après l'action, un officier trouve sur le champ de bataille un soldat blessé. « Mon général, lui dit-il, est-ce que vous ne me ferez pas emporter ?

---

[1] François Chevert, né à Verdun le 21 février 1695, est mort le 24 janvier 1769 à Paris. Son épitaphe et son buste en médaillon se voient encore à Saint-Eustache. L'épitaphe est de d'Alembert.

Sans aïeux, sans fortune, sans appui,
Orphelin dès l'enfance,
Il entra au service à l'âge de onze ans ;
Il s'éleva, malgré l'envie, à force de mérite,
Et chaque grade fut le prix d'une action d'éclat.
Le seul titre de maréchal de France
A manqué non pas à sa gloire,
Mais à l'exemple de ceux qui le prendront pour modèle.

ce n'est pas que je me plaigne, mais j'en ai assez. » En même temps il découvre sa poitrine et lui montre cinq coups de fusil qu'il avoit reçus. Voilà un des traits de nos soldats : on en entend sans cesse de cette force.

Que de remercîments je vous dois, madame, sur cette belle santé dont vous jouissez. J'espère qu'incessamment je m'en acquitterai plus dignement, mais nous sommes encore dans le chaos.

LETTRE DE M. GRIMM A MADAME D'ÉPINAY.

Je vous ai écrit un mot, ma tendre amie, par le premier courrier qui soit, je crois, parti depuis quatre jours. Si ce dérangement vous a causé quelque inquiétude, je serai au désespoir : il ne faut qu'un instant pour détruire votre santé. Maintenant causons un peu, car je suis bien las de tout ceci, et je veux me consoler auprès de cette précieuse amie que j'aime et que je révère tous les jours davantage. Hélas! cette bataille n'est rien moins que décisive et ne me laisse encore qu'une espérance bien vague de vous rejoindre.

J'ai tant de choses à vous dire, que je ne sais par où m'y prendre. Voyons cependant et traitons d'abord le chapitre de Rousseau. Son histoire m'afflige; cet homme finira par être fou. Nous le prévoyons depuis longtemps, mais ce qu'il faut considérer, c'est que ce sera son séjour à l'Hermitage qui en sera cause. Il est impossible qu'une tête aussi chaude et aussi mal organisée supporte la solitude. Le mal est fait ; vous l'avez voulu, ma pauvre amie, quoique je vous aie toujours dit que vous en auriez du chagrin. Je prends aisément mon parti sur lui; il ne mérite pas qu'on s'y intéresse, parce qu'il ne connoit ni les droits, ni les douceurs de l'amitié : mais je voudrois vous garantir de tous les dangers, et voilà ce que je ne trouve pas facile. Il est certain que cela finira par quelque diable d'aventure qu'on ne peut prévoir; je trouve que c'est déjà un très-grand mal que vous soyez exposée à recevoir des lettres insultantes. On peut tout pardonner à ses amis, excepté l'insulte, parce qu'elle ne peut venir que d'un fond de mépris; et, quelle que soit la situation d'âme de mon ami, je ne lui pardonnerois jamais d'y avoir conçu un tel sentiment pour moi. Je trouve votre réponse foible : quand on est outragé, il faut laisser voir qu'on le ressent. Il falloit ordonner à Rousseau de venir, sans ajouter un mot; il falloit entendre tout ce qu'il avoit à dire; ensuite vous lui auriez fait sentir l'indignité de sa conduite, et vous l'auriez mis à la porte avec défense de jamais rentrer chez vous. C'est alors qu'il auroit pu tomber à vos genoux et obtenir son pardon : mais non, encore le traitement de l'amitié ! Cependant si, depuis vos dernières nouvelles, vous l'avez traité avec votre bonté ordinaire, vous aurez fait une très-grande faute, dont vous vous repentirez, parce qu'elle sera suivie d'une impertinence plus grande. Plus grande! non, je l'en défie. Mais, si vous ne savez pas ressentir de pareils procédés, vous manquez au respect que vous vous devez à vous-même. La seule consolation que je puisse avoir dans cette aventure, ma tendre amie, c'est d'apprendre que vous traitez Rousseau très-froidement, qu'il s'en plaint avec la honte qu'il doit avoir de sa conduite, et que vous lui répétez avec le sérieux qu'il convient que ses torts vous éloignent de lui; et que vous sentez que votre cœur ne reviendra que lorsqu'il les aura réparés : or ce n'est pas l'affaire d'un jour. Voilà comment il faut traiter les gens quand on veut conserver des amis. Vous n'êtes pas assez sensible aux injures, je vous l'ai souvent dit. Il faut les ressentir et ne s'en point venger ; voilà ma morale.

Je viens de recevoir le second envoi de votre roman : le paquet est arrivé en fort mauvais état, fort mouillé et tout décacheté. Je vous demande en grâces de ne plus rien m'envoyer. Le désordre où nous sommes est si grand, que je ne sais quand je pourrai me flatter de continuer cette délicieuse lecture. Je vois seulement que vous vous tuez à écrire, et cela me fait une peine mortelle. Ce que vous me dites des différents jugements qu'on en a portés est bien bon et bien plaisant. Vous pouvez vous en tenir au vôtre et au mien, et je vous promets que le public s'y conformera en temps et lieu. Je ne vous enverrai point de corrections, elles ne portent que sur des mots que nous changerons en relisant vos cahiers ensemble. Jusqu'à présent je n'en ai pas encore trouvé une seule essentielle à faire ; il faut croire que ce sont vos brouillons que vous m'envoyez, puisque vous le dites, mais cela est inconcevable.

A dix heures du soir.

Depuis ma lettre écrite, j'ai presque la certitude de vous rejoindre à la fin de ce mois ou au commencement de l'autre. Jamais vous ne concevrez combien je le désire. Adieu, mon adorable amie ; je souhaite de toute mon âme que vous ayez profité de votre dernière explication avec Rousseau pour prendre le ton qui vous convient. Soyez sûre qu'on ne peut céder sans inconvénient à la foiblesse et à la déraison des autres. Dites-moi si c'est là votre façon de penser. Si vous avez suivi le plan que je vous propose, me direz-vous avec quel succès? Mon Dieu! qu'on s'ennuie de ne vous point voir!

LETTRE DE MADAME D'ÉPINAY A M. GRIMM.

Dieu vous entende, mon tendre ami, quand vous dites que je vous reverrai à la fin de ce mois ou au commencement de l'autre : hélas! je n'ose l'espérer. Tout le monde soutient que la guerre durera, et vous ne vous expliquez point sur vos espérances; je n'y comprends rien, et j'attends du temps la décision de mon sort.

Pour cette fois il semble que ce soit tout de bon que Rousseau ait rompu avec la comtesse. Il lui avoit écrit ettre sur lettre : elle s'étoit d'abord obstinée à ne lui pas répondre; elle lui écrit à la fin un billet de quatre lignes pour annoncer qu'elle n'en écriroit ni n'en recevroit d'autres à l'avenir. Le lendemain du jour où cet arrêt lui fut signifié, la fièvre le prit avec le délire. Thérèse, tout effrayée, m'en avertit; je lui envoyai le petit docteur qui étoit ici, et qui m'assura que cet état n'auroit pas de suite, à ce qu'il espéroit. Cela me tranquillisa et me donna le courage de résister aux instances qu'il me fit faire le lendemain pour aller le voir; j'étois un peu incommodée, ce fut mon excuse. J'ai bien fait de toute façon, car la bonne vieille m'a dit depuis qu'il étoit résolu à me tout confier. Sur mon refus, il manda M. Diderot, qui vint sur-le-champ le trouver à l'Hermitage. Je ne sais ce qui se sera passé entre eux; mais je présume qu'il vous seroit facile de le savoir de M. Diderot. Puisque nous sommes sur le compte de Rousseau, je veux avoir une explication en règle à ce sujet, répondre par ordre à vos questions, mon ami, et n'en plus parler ensuite.

Vous dites donc que j'ai mal fait de lui avoir demandé s'il avoit du chagrin ; et qu'il est tout simple qu'il ait supposé que je me moquois de lui. Mais, mon ami, je ne lui ai pas demandé, ni ne lui ai offert de le consoler ; relisez mon billet. Il me semble, d'ailleurs, que j'aurois été très-fondée à le faire, puisqu'il étoit parti brusquement après plusieurs jours de tristesse et de mauvaise humeur. Si, depuis sa lettre, je ne l'ai pas traité comme à l'ordinaire, j'avoue que ce n'est pas par ressentiment, car je n'en ai aucun, attendu qu'il n'a pas eu un instant de soupçon réel contre moi ; cela ne se peut pas, j'en suis sûre, et je suis également certaine qu'il ne se seroit pas permis de m'accuser auprès de personne. C'est une fausseté de sa part, à la vérité ; mais une fausseté que lui a sans doute suggérée sa folie, pour se brouiller, et, par conséquent, être quitte de la reconnaissance avec moi, et partir pour son pays, afin d'y publier que tous ses amis l'avoient chassé de celui-ci à force de mauvais procédés. C'est un moyen presque sûr d'être bien accueilli des hommes, que d'avoir à se plaindre de leurs semblables. La folie de celui-ci me fait pitié, et sa fausseté m'inspire le plus profond mépris. Vous voyez que je le traite bien plus mal que vous ne me le conseillez ; car vous croyez bien que je ne saurois marquer de l'amitié à celui que je méprise ; mais je ne saurois davantage marquer du ressentiment à un fou. Je m'en tiens donc à l'indifférence.

Il a été fort mal ; je lui ai procuré tous les secours qui ont dépendu de moi, mais je n'ai pas été moi-même le voir. Il y a trois jours qu'il s'est traîné ici ; la seconde nuit qu'il y fut, il pensa mourir. J'ai envoyé chercher ses gouverneuses : il est un peu mieux aujourd'hui ; mais il me fait pitié ; depuis la conversation que j'ai eue hier avec lui, j'avoue que l'indifférence fait place à ce sentiment, qui n'est guère plus flatteur. Il n'est pas encore en état de retourner à l'Hermitage.

C'est hier, l'après-midi, qu'étant seul avec moi, il me dit tout en sanglotant que, si je n'avois pas pitié de lui, il n'avoit d'autre ressource que son désespoir, et qu'il se donneroit la mort. Mon premier mouvement l'emporta, et je lui répondis : « Mais vous feriez fort bien, si vous ne vous sentez pas le courage d'être vertueux. » Il resta pétrifié, et moi aussi. Ce propos étoit dur, mais il étoit lâché, et il n'y avoit pas moyen de courir après. Je l'adoucis le plus que je pus, en lui montrant que je n'attribuois ses erreurs qu'à sa mauvaise tête, et je soutins thèse pour son cœur. Je fis semblant de croire qu'il lui étoit possible de reprendre à l'avenir un ton de franchise et de droiture, et je lui rendis le courage, qu'il sembloit avoir perdu ; je le consolai. Si c'est un tort, je m'en confesse ; mais, le moyen de voir quelqu'un dans la peine et de conserver son sang-froid ou de le laisser sans consolation : cela n'est pas en moi.

Je vais après-demain à Paris passer quelques jours avec madame d'Holbach ; on m'apportera tous les jours mon lait de la campagne, au moyen de quoi mon régime ne sera pas dérangé. Je mettrai cette lettre à la poste en arrivant, et j'espère d'ici là y ajouter encore quelques mots.

Le lendemain.

Je reçois une lettre charmante du marquis de Saint-Lambert. Il me parle de la comtesse, et je présume qu'il n'en est pas content. « Si je ne vous ai guère vue pendant mon voyage, dit-il, prenez-vous-en à madame d'Houdetot. Si vous la voyez, dites-lui que je lui suis toujours très-attaché. Je le lui dis bien aussi; mais elle aime mieux que d'autres le lui disent. »

Je trouve qu'il a été très-honnête avec l'hermite; il l'a fort bien traité, quoique Rousseau lui trouve un air railleur et méprisant qu'il ne lui avoit pas encore vu [1]. Et cette comtesse, qui m'écrit lettre sur lettre! En voilà trois depuis hier, pour me demander avec les plus vives instances d'écrire au marquis, pour lui persuader, si je puis, qu'elle l'adore; elle me fait tout plein de détails qui montrent assez clairement qu'il voudroit se débarrasser d'elle. J'ai répondu comme je devois, et je ne me mêlerai en aucune façon de tout ce tripotage.

J'ai reçu aussi des nouvelles de M. de Jully; il est dans l'enthousiasme de Genève et des Génevois : c'est le plus beau pays! les plus honnêtes gens! A l'en croire, il n'y en eut jamais de pareils. Cela est-il vrai? Ils n'en ont pas au moins la réputation. Il me mande aussi qu'il a été

[1] Rousseau dit, que c'est dans son désespoir de voir madame d'Houdetot refroidie et embarrassée avec lui, qu'il eut l'idée de s'en plaindre à Saint-Lambert lui-même, et que n'en recevant pas de réponse, il essaya de s'étourdir en se mêlant aux habitués de la Chevrette, en prenant part à leurs fêtes, en faisant de la musique pour attirer l'attention de madame d'Houdetot, et, par exemple, un motet, composé sur des paroles de Linant, qui fut chanté pour la dédicace de la chapelle d'Épinay, sans doute reconstruite et non pas bâtie à neuf.

La lettre à Saint-Lambert, qui est bien belle, se trouve dans la correspondance imprimée de J. J. Rousseau.

chez M. de Voltaire, qui l'a reçu à merveille; mais il ne nous en dit qu'un mot : ç'auroit été cependant un sujet plus digne de m'intéresser que tout ce qu'il me dit d'ailleurs. J'imagine qu'il ose à peine le regarder sans se signer, et je parierois bien que, si la marquise ne lui avoit pas ordonné de le voir, il n'y auroit pas mis les pieds. Il part pour Lausanne, et sera absent de Genève une huitaine de jours. Voilà une manière de résider nouvelle : il se propose de faire tout le tour de la Suisse [1].

Rousseau est retourné ce matin à l'Hermitage. Cet homme a une confiance qui seroit trop absurde et trop impertinente, si elle ne partoit pas d'une conscience sans reproche. Vous vous souvenez bien que je le priai, lorsqu'il partit pour faire son établissement à l'Hermitage, de demander à M. Latour, qui a fait son portrait, de le faire copier pour moi. Il me dit, un jour de cet été que je lui rappelois cette promesse, que M. Latour [2] lui avoit répondu qu'il le copieroit lui-même et le lui porteroit.

---

[1] On voit dans la *Gazette de France* que M. de Jully était à Paris, et faisait à Versailles son service d'introducteur des ambassadeurs au mois de juin et au mois d'août de cette année. C'est dans les cinq premiers mois que son collègue, M. Dufort, introduit les ambassadeurs à sa place. Madame d'Épinay a donc, peut-être, confondu quelque peu les temps.

[2] Maurice-Quentin de La Tour, né à Saint-Quentin, le 6 septembre 1704, mort le 17 février 1788.

« La Tour avait de l'enthousiasme, et il l'employoit à peindre les philosophes de ce temps-là ; mais, le cerveau déjà brouillé de politique et de morale, dont il croyoit raisonner savamment, il se trouvait humilié, lorsqu'on lui parloit de peinture. » (*Mémoires de Marmontel*, liv. VI.)

On connaît le mot de Louis XV. La Tour faisait son pastel et lui parlait des affaires de l'État. « Il est fâcheux que nous n'ayons pas de marine. — La Tour, vous oubliez celles de Vernet. »

Rousseau accepta, et je convins avec lui qu'il feroit au peintre une petite galanterie que je payerois. Ce matin, en prenant congé de moi, il me montra une lettre de son ami qui lui annonce ce portrait dans trois ou quatre jours. « Comme vous ne serez pas ici, me dit-il, dans quel endroit de votre chambre voulez-vous que je le fasse placer? — Chez vous, lui ai-je dit ; je ne refuse pas votre portrait, mais ne vous pressez pas de l'apporter : il faut voir si vous méritez que je l'accepte. » Il resta un peu étourdi de ma réponse. Malgré cela, je le traite moins mal depuis quelques jours, car il est certain qu'il me fait pitié.

Mardi, sept heures du soir, de chez le baron d'Holbach.

J'arrive à Paris par un temps fait exprès pour voyager sans inquiétude. Soyez bien tranquille sur ma santé, mon ami ; je la ménagerai et je vous en rendrai bon compte. Je suis descendue chez le baron ; le plaisir avec lequel on m'a vue arriver dans cette maison m'a vraiment touchée. J'y ai trouvé la sœur et la mère de la baronne. Ah! quelle mère et quelle sœur! et quelle sotte famille! car il y a là un frère. Ah! cela est inouï! Je lui ressemble pourtant, à cette sœur : c'est dur. Heureusement que tout cela va se coucher à neuf heures.

Bonsoir, mon ami ; j'attends demain de vos nouvelles.

LETTRE DE MADAME D'ÉPINAY A M. GRIMM.

J'espérois avoir de vos nouvelles hier, mon tendre ami, mais le courrier n'est pas arrivé ; il faudra prendre patience jusqu'à ce soir, et, en attendant, amuser son espérance le mieux qu'il sera possible ; et c'est en s'occupant de vous, et en vous rendant compte de tout ce que je fais, que je puis tuer le temps jusqu'à votre retour. Je vois qu'il me sera bien difficile de me tirer d'ici avant l'accouchement de la baronne ; cette pauvre petite femme est négligée par tous ses parents, et surtout par sa mère, d'une façon révoltante. Son mari et elle me paroissent désirer que j'assiste à ses couches : ils n'ont osé me le dire, mais cela est si clair que je ne puis me dispenser de l'entendre ; je sens même un très-grand plaisir à leur rendre ce service. Voilà ce que c'est que d'être venue ! me direz-vous. Cela est vrai, mon ami ; mais personne ne venoit plus me voir : le Syndic alloit me quitter, Rousseau retournoit dans sa solitude ; j'allois me trouver exactement seule, et j'ai préféré venir à Paris rendre service à mes amis et m'amuser auprès d'eux. Bonjour, mon tendre ami.

LETTRE DE M. GRIMM A MADAME D'ÉPINAY.

Août.

Fort bien, j'apprends qu'on a été un peu incommodée ; sans ce narré des folies de Rousseau, je n'en aurois rien su. Quelle confiance puis-je donc avoir, lorsque vous m'assurez que vous vous portez à merveille? Ma tendre amie, je crains que vous ne sentiez pas assez combien votre santé est essentielle et importe à mon repos. Je ne vous remercie pas cependant de n'avoir pas été à l'Hermitage et de ne vous être pas rendue aux sollicitations que Rousseau vous en a fait faire. Autrefois, c'eût été une action héroïque ; à présent, ce refus n'est qu'un acte de prudence, qui vous est devenu ordinaire. Vous avez présumé très-juste : il a tout confié à Diderot ; celui-ci me l'a mandé, et me paroît fort affecté de la peine de Rousseau. Nous n'en saurons pas le détail par cette voie, à moins qu'en causant avec lui, à mon retour, je n'échauffe sa tête et je ne la mette en fermentation ; alors, il pourra s'évaporer à son insu quelques parcelles de son secret. Je suis bien aise que Saint-Lambert vous écrive de jolies lettres, et que les extravagances de Rousseau n'aient point affoibli le goût qu'il a pour votre société. Quant à lui, j'avoue que son état inspire de la pitié autant qu'un fou en peut inspirer. Je ne saurois trop le dire, ma tendre amie : le moindre de tous les maux eût été de le laisser partir pour sa patrie, il y a deux ans, au lieu de le séquestrer à l'Hermitage ; je suis convaincu que ce séjour nous causera tôt ou tard du chagrin.

Le baron d'Holbach m'avoit mandé que vous alliez venir passer cinq ou six jours à Paris, mais je n'en voulois rien croire. Comment pouvez-vous risquer de vous trouver à l'accouchement de la petite femme, pour vous accabler de fatigue sans nécessité, déranger votre santé et votre régime, et me mettre au désespoir ? S'il vous arrive le plus léger accident, ce sera bien votre faute. Vous allez vous trouver liée nécessairement avec la famille de la femme, ce qui peut avoir de grands inconvénients. Ma tendre amie, ne faites point de folies, je vous en conjure.

Lorsque je vous donne des conseils, pour me réfuter, vous prouvez laborieusement que vous vous conduisez bien. Eh ! tant mieux, mon amie, que vous vous portiez bien ! Vous n'avez qu'à m'en assurer, sans vous fatiguer à me le prouver dans trois pages. Je vous ai dit ma pensée à l'égard de l'hermite, pour que vous en fissiez votre profit. Ce que vous avez fait à ce sujet doit faire la matière des récits qui m'attendent dans nos promenades; au reste, je répondrois bien à tous ces beaux sophismes, si j'en avois le temps. Mais vous avez si bien en vous de quoi vous faire estimer, respecter, adorer, que, si vous ne vous conduisez pas avec toute la sagesse et la prudence dont vous êtes capable, et qui conviennent à votre situation, je ne pourrai de ma vie vous pardonner le mal que vous vous ferez.

A propos, j'oubliois de vous dire mon avis sur la lettre de M. de Jully. Ce que vous avez ouï dire des Génevois n'est pas tout à fait faux, et néanmoins M. de Jully vous dit vrai : c'est qu'ils ne sont pas les mêmes chez eux qu'ailleurs. Les Génevois voyageurs passent pour faux, menteurs et intéressés, parce qu'ils ne voyagent que pour commercer ; ils regardent les étrangers comme des gens faits pour les enrichir. Mais, de retour chez eux, ils sont bienfaisants, affables; ils font de grandes et belles actions, et néanmoins ils tondroient sur un œuf.

Je ne suis point étonné que M. de Jully soit enthousiaste de M. Tronchin; je me joindrai à lui, en temps et lieu, pour vous engager à aller trouver ce grand médecin. Mais j'espère cependant que votre santé n'en aura pas de besoin, si vous voulez continuer à vous ménager.

LETTRE DE MADAME D'ÉPINAY A M. GRIMM.

Tout le monde veut que le maréchal arrive le 10. Oh! mon ami, seroit-il bien possible? Cette idée m'a donné des forces. Quoi! je vous reverrois dans quinze jours!

Je ne voulois vous écrire que demain, et me reposer encore aujourd'hui; j'ai la tête fatiguée d'un gros rhume, mais ce n'est rien... Ma mère, à qui je disois hier la nouvelle que j'avois apprise de votre arrivée, me dit : Mandez-lui qu'il ne nous en laisse pas ignorer le moment; ce seroit un crime impardonnable d'embrasser quelque autre de ses amis avant nous. Dites-le lui de ma part.

Mais ne me surprenez pas cependant, mon ami; ma frêle machine ne résisteroit pas à un si grand excès de joie, si je n'y étois préparée. O mon ami! vous en qui seul j'ai mis ma confiance et mon bonheur, nous allons donc être réunis! Ma tête est foible, mon ami, et ne me permet pas de continuer. Adieu.

LETTRE DE MADAME D'ÉPINAY A M. GRIMM.

Mais quel train il fait, ce trop aimable ami! Pardon mille fois : j'avoue que j'ai trop présumé de mes forces, et que l'envie d'être utile à madame d'Holbach m'a fait entreprendre ce petit voyage assez mal à propos pour ma santé. Mais, mon ami, en convenant de ce tort, il faut convenir en même temps que je n'aurois pas évité vraisemblablement la crise que je viens d'avoir, qui m'annonce quelque cause à mes maux, inconnue jusqu'à présent, mais peut-être assez grave[1]. Je n'ai pas assez de confiance en Tronchin pour me déterminer jamais à aller le trouver; cependant, si vous le désirez, je lui

---

[1] Cette lettre, et sans doute une partie de celles que madame d'Épinay adresse à Grimm, sont des lettres postiches qui n'ont été écrites que pour le roman. Madame d'Épinay prépare dans celle-ci le prétexte du voyage à Genève, qu'elle aura tout à l'heure besoin de faire.

écrirai. Mais je voudrois attendre votre retour, d'autant mieux, mon ami, que je ne suis pas mal à présent. Je ne souffre pas, je ne suis que languissante ; un peu de repos me remettra peut-être jusqu'à nouvel ordre.

J'ai reçu une lettre de l'abbé de V***, qui se propose de venir passer trois semaines à Paris. Il se promet de me voir, si ma société lui convient, dit-il ; en attendant il en fait la critique, et me blâme d'avoir multiplié mes goûts et mes talents. Il paroît douter de mon amitié pour lui et pour ses parents ; je leur ai rendu trop de petits services pour avoir besoin de faire mon apologie. Je vous envoie ma réponse, qui ne me paroît pas trop mauvaise. Ce qu'il y a d'excellent, c'est que je n'avois pas entendu parler de lui[1] depuis le voyage qu'il a fait ici, il y a deux ans, excepté une seule fois qu'il m'écrivit pour me donner une commission et me demander des nouvelles de tous mes *merveilleux amis*. Je me contentai de lui dire que je ne connoissois pas de *merveilleux*, et que j'ignorois de qui il vouloit parler.

LETTRE DE MADAME D'ÉPINAY A L'ABBÉ DE V***.

Vous le croirez si vous le jugez à propos, mon cher abbé ; le seul tort que j'aie eu avec mes amis et avec moi, est d'avoir toujours songé à eux préférablement à moi et à satisfaire jusqu'à leurs fantaisies sans me compter pour rien. Au moyen de ce petit système, j'avois autant de maîtres que d'amis, et j'avois trouvé le secret de me

---

[1] Peut-être cet abbé de V*** est-il le frère du chevalier de V*** dont il a été question lors de la mort de madame de Jully.

faire une source de peines de l'amitié, qui est peut-être le seul dédommagement des malheurs attachés à la condition humaine. Avoir une volonté à moi me paroissoit un crime; je faisois mille choses qui ne me convenoient pas avec une complaisance qui me convenoit encore moins, et dont on ne se doutoit seulement pas. J'en étois continuellement la victime sans qu'on m'en sût gré. J'y ai bien regardé, j'ai commencé à oser être moi; je ne compte plus pour rien les caprices des autres, je ne fais plus que ce qui me plaît : je m'en trouve à merveille, et il me semble que mes amis ne s'en trouvent pas mal.

Cela posé, mon cher abbé, vous pouvez me croire quand je vous dis que vous me ferez plaisir de venir me voir ici : je le pense apparemment, puisque je vous le dis; quelle raison m'y obligeroit sans cela? Je n'en connois pas qui puisse me faire dire le contraire de ma pensée, et encore moins de mes sentiments. Si vous êtes juste, vous ne pouvez douter ni de mon attachement pour vous, ni du plaisir que j'ai de vous voir; je m'épuiserois en assurances inutiles si vous ne l'êtes pas. Prenez garde qu'avec un peu d'humeur et de roideur dans le caractère, on exige toujours plus qu'on n'a envie d'accorder de son côté; mais si chacun vouloit ranger les autres à son avis, les assujettir à ses goûts et à ses volontés, qui est-ce qui auroit des amis dans le monde?

Il seroit assez plaisant qu'on me fît un crime du soin que j'ai pris de cultiver les talents que j'ai pu avoir, surtout n'ayant jamais eu que des goûts honnêtes et n'ayant mis d'autre prétention à tout cela que celle de m'amuser. S'il est vrai que je les ai trop multipliés, j'y trouve des motifs de m'en estimer davantage. Au reste, je ne prétends pas que les autres doivent m'imiter : chacun fait en cela comme il l'entend, et tout le monde a raison. Ce qui m'occupe principalement, c'est de savoir si j'ai lieu d'être contente de moi; et quand je le suis, je crois que les autres doivent être contents. Si j'avois toujours osé penser et agir ainsi, j'aurois évité toutes les apparences de légèreté et d'inconséquence que vous me reprochez. Cependant, mon cher abbé, vous pourriez me voir avec d'autres yeux que les personnes qui ne me connoissent que superficiellement.

Quant à ma société, je me suis mal expliquée si vous avez compris par ma dernière lettre que je ne voyois plus MM. Rousseau, Grimm, le baron d'Holbach; ou que leur ton était changé; leur ton ne change point. Je les vois beaucoup, je ne vois même guère qu'eux, par la raison que je viens de vous dire; c'est que je n'arrange plus ma société pour les autres, mais pour moi seule. Je n'y admets que ceux qui me conviennent; il y en a beaucoup à qui elle conviendroit que je n'admets pas. Pour vous, mon cher abbé, j'ai de la peine à croire que vous soyez jamais horsd'œuvre nulle part, quoi que vous en disiez; à plus forte raison chez moi. Les honnêtes gens se conviennent partout; quelque différence qu'il y ait entre leurs opinions et leurs façons de penser, ils savent que cela ne change rien aux égards et aux marques d'estime qu'on se doit mutuellement quand on vit dans la même société. Ainsi, pourvu que vous soyez juste et indulgent, comme il faut bien l'être avec des êtres qui ne sont pas parfaits et dont on est le semblable, je suis sûre que vous augmenterez chez moi le nombre des gens de mérite que je reçois, et que vous vous en trouverez aussi bien que moi.

Au reste, je suis si persuadée de votre amitié pour moi, que je ne me fâcherai certainement de ma vie de rien de ce que vous me direz. Je connois vos sentiments ; ils sont purs et sincères, je leur rends bien justice ; j'ai cru devoir vous faire part des miens, et je me flatte, mon cher abbé, que vous les approuverez.

LETTRE DE MADAME D'ÉPINAY A M. GRIMM.

D'Épinay. (Fin d'août ou commencement de septembre.)

Je suis de retour à Épinay, mon cher ami ; ma santé me l'a permis, et j'y attends impatiemment la nouvelle de votre arrivée : je la regarde comme le sceau de mon rétablissement.

Mademoiselle Le Vasseur est venue ce matin savoir de nos nouvelles de la part de Rousseau, à qui j'avois fait dire hier mon retour. Il y a je ne sais quoi en l'air. M. Diderot est allé deux fois cette semaine à l'Hermitage ; et le résultat de toutes ces conférences a été une lettre de huit pages que Rousseau a écrite à Saint-Lambert. On ignore ce qu'elle contient ; on croit seulement que cette lettre a été conseillée par M. Diderot [1]. Mademoiselle Le Vasseur a entendu qu'il disoit à Rousseau en partant : « Croyez-moi, écrivez au marquis : je crois que vous ne pouvez pas vous en dispenser ; mais écrivez comme je vous ai dit, et je vous promets que vous vous en trouverez bien. » Il a vu aussi la comtesse chez madame de Verdelin. Ils ont eu une longue conversation dont l'hermite est sorti en larmes. Il dit que l'année ne se passera pas qu'il n'ait revu sa patrie.

[1] Bien évidemment ceci n'est pas non plus à sa place.

BILLET DE M. GRIMM A MADAME D'ÉPINAY.

Ma tendre amie, j'arrive, et je ne réponds pas à vos deux dernières lettres que je viens de recevoir; je vous en remercie. Jeudi au soir, ou, au plus tard, vendredi matin, je serai aux pieds de tout ce qui m'est cher. Si votre santé ne vous permettoit pas de venir à Paris, écrivez-moi un mot, et que j'y trouve mes clefs. Adieu, ma tendre amie. J'arrive. Entendez-vous que j'arrive?

LETTRE DE MADAME D'ÉPINAY A M. GRIMM.

Nous espérons bien être à Paris avant vous, mon tendre ami, mais il faut pourtant que je vous écrive; c'est un besoin pour mon cœur. D'ailleurs, ma santé peut me retenir ici malgré moi. Il est inutile de vous cacher davantage combien elle est foible et languissante; vous ne le verrez que trop. Cependant il est réel que la seule nouvelle de votre arrivée m'a fait un bien sensible. Je suis infiniment mieux depuis l'instant que j'en ai été sûre. Ma mère en est rajeunie, mes enfants sont plus sages, et Linant un peu plus bête. Voilà l'effet des secousses subites données à l'âme.

Rousseau a de nouveau entamé ce matin le chapitre de ses torts avec moi. Vous saurez à votre retour le détail de cette conversation. Je crois seulement devoir vous prévenir, en attendant, des dispositions de l'hermite à votre égard : j'ai traité plus d'une fois ce sujet avec lui. Il m'a répondu qu'il ne vouloit pas mourir injuste envers vous; qu'il se reconnoissoit des torts qu'il avoit aggravés en n'osant les réparer, et qu'il attendoit impatiemment votre retour pour se mettre à la merci de votre générosité. « Aidez-moi, aidez-moi, m'a-t-il dit d'un air pénétré, à retrouver un ami qui n'a jamais cessé de m'être cher. » Je lui ai promis de vous engager à l'écouter. Je n'ai rien promis de plus; c'est à vous de faire le reste. Mon pénitent noir (car ce n'est sûrement pas un pénitent blanc) jure qu'il met son bonheur à vous faire oublier ses torts. Plus nous lui connoissons d'orgueil, plus sa démarche me paroit sincère; mais il a besoin d'être soutenu et encouragé. Je ne vous demande que ce que vous ferez sûrement si vous êtes content de lui au premier abord; si vous ne l'êtes pas, je ne demande rien.

Dès l'instant que M. Grimm fut de retour, madame d'Épinay reprit son journal.

SUITE DU JOURNAL.

(Septembre 1757.)

Ma santé m'alarme et m'empêche de jouir depuis huit jours du plus grand des biens, celui de revoir M. Grimm au milieu de nous. Il est arrivé dans la meilleure santé du monde. Nous avons tous été à sa rencontre. Ma mère fut, ce jour-là, la première levée, mais, par une fatalité singulière, je ne me suis jamais, je crois, si mal portée. Dès le matin j'eus des palpitations violentes; il falloit tout le désir que j'avois de revoir M. Grimm pour me donner la force de me traîner; aussi fut-il frappé de mon changement. Nous avons passé cette première soirée chez ma mère, et le lendemain tout le jour chez le baron d'Holbach : nous sommes revenus deux jours après à Épinay; Rousseau nous y attendoit. M. Grimm, que j'avois prévenu qu'il l'y trouveroit, me prédit que leur explication se passeroit en bavardage, et que Rousseau ne diroit pas un mot de ce qu'il devoit dire. « Au reste, avoit-il ajouté, s'il fait un pas, j'en ferai quatre, vous y pouvez compter. »

M. Grimm avoit bien deviné. Rousseau courut à lui en lui tendant la main, non comme quelqu'un qui a des torts et qui cherche à les réparer, mais comme un homme généreux qui tend la main à un coupable et qui pardonne. M. Grimm le reçut avec le même ton qu'il avoit pris depuis longtemps avec lui. Au bout d'une demi-heure il se retira dans son appartement, et y fut assez longtemps; Rousseau n'avoit pas l'air à son aise. « Il se fait tard, me dit-il tout d'un coup, Grimm ne descend pas, si je l'allois trouver? qu'en dites-vous, madame? — Tout comme il vous plaira, lui dis-je; mais si c'est avec la disposition où vous étiez lorsqu'il est arrivé, avec l'air de protection... — Par Dieu! madame, vous êtes d'une tyrannie inconcevable ; voulez-vous que j'affiche mes torts et mon pardon? cela ne me va point. — J'ai cru, monsieur, que c'étoit le rôle qui vous convenoit après avoir affiché votre injustice. Est-ce dans le silence de votre cabinet que vous l'avez accusé de vous avoir fait perdre le pain que vous vous efforciez de gagner? est-ce au fond de votre cœur que vous l'avez soupçonné de vous décrier? » Il me tourna le dos brusquement, et s'en alla dans le jardin. M. Grimm rentra, et, ne voyant plus Rousseau, il me demanda en riant si j'étois contente de sa réception. « Non, assurément, » lui dis-je. Il

DEUXIÈME PARTIE. — CHAPITRE. VIII.   357

me plaisanta sur la crédulité que j'avois mise à son repentir. « Je parierois, ajouta-t-il, qu'il ne se reproche pas davantage l'injure qu'il vous a faite. » Le soir Rousseau fut cependant trouver M. Grimm dans son appartement lorsque tout le monde fut retiré : il le complimenta sur son retour, il le questionna sur son voyage ; puis, en se retirant, il lui prit la main en disant : « Ah çà, mon cher Grimm, vivons désormais en bonne intelligence, et oublions réciproquement ce qui s'est passé. » Grimm se mit à rire : « Je vous jure, lui dit-il, que ce qui s'est passé de votre part est le moindre de mes soucis. »

Ils se séparèrent après cette belle explication, et Rousseau n'en eut pas moins le front de me dire le lendemain : « Vous devez être contente, madame, et Grimm doit l'être aussi, je me suis assez humilié pour vous complaire à tous les deux ; mais, si cela doit me rendre le cœur de mon ami, je ne m'en repens pas. » Que l'on juge quel a été mon étonnement en apprenant le détail de cette prétendue humiliation [1].

---

[1] Rousseau raconte tout cela bien différemment. Il dit que c'est madame d'Épinay, par une lettre écrite de concert avec Grimm, qui le pria, le persuada de faire sa paix. « Bref, dit-il, comme j'avois fait déjà plusieurs fois avec Diderot, avec le baron d'Holbach, moitié gré, moitié foiblesse, je fis toutes les avances que j'avois droit d'exiger. J'allai chez Grimm, comme un autre Georges Dandin, lui faire excuses des offenses qu'il m'avoit faites. Je m'attendois que, confus de ma condescendance et de mes avances, Grimm me recevroit, les bras ouverts, avec la plus tendre amitié. Il me reçut en empereur romain, avec une morgue que je n'avois vue encore à personne. Je n'étois point du tout préparé à cet accueil. Quand, dans l'embarras d'un rôle si peu fait pour moi, j'eus rempli en peu de mots, et d'un air timide, l'objet qui m'amenoit près de lui, avant de me recevoir en grâce il prononça, avec beaucoup de majesté, une longue harangue qu'il avoit préparée et qui contenoit la nombreuse énumération de ses rares vertus, et surtout dans l'amitié. »

M. d'Épinay a paru ici hier pour la première fois depuis un siècle. Il s'est trouvé un peu embarrassé de la présence de M. Grimm, qu'il ne savoit pas de retour. Il n'osoit avouer devant lui qu'il y avoit plus d'un mois qu'il vivoit dans l'ignorance de ce qui se passoit chez lui. Ma mère lui demanda, en présence de M. Grimm et du marquis de Croismare, qui est ici pour quelques jours, s'il avoit apporté de l'argent suivant nos dernières conventions : il est revenu comme d'un rêve en nous demandant très-humblement excuse de cet oubli ; il y pensoit depuis trois jours, a-t-il dit; l'argent est tout prêt, et, par une fatalité étrange, c'est la première chose qu'il ait oubliée en partant. « Rien n'est si aisé à réparer, lui dit ma mère; M. Grimm va demain passer la journée à Paris, il voudra bien se charger d'aller toucher cet argent chez vous et de nous le rapporter le soir. Vous n'aurez qu'à lui donner un billet pour votre valet de chambre. — Très-bien, a-t-il répondu, même sans donner de billet, j'y serai, et je remettrai l'argent à monsieur. — Si vous y êtes, monsieur, a repris ma mère, monsieur vous rendra le billet; si vous n'y êtes pas, monsieur en fera usage. » M. d'Épinay, après quelques discussions sur ce billet, promit enfin de l'écrire avant de partir. Mais après le dîner il donna ordre secrètement de faire aller sa voiture au bout de l'avenue, et puis il prit son chapeau comme pour aller faire un tour; je m'en défiai et le priai de ne pas sortir sans donner à M. Grimm son billet. « Je vais revenir, dit-il; n'avez-vous pas peur que je m'échappe? — Cela se pourroit bien, dit finement Linant en se frottant les mains et sans savoir de quoi il s'agissoit, car je viens de voir la voiture de monsieur qui va gagner l'avenue. » M. d'Épinay lança un regard foudroyant au pauvre Linant, le marquis partit d'un éclat de rire, et M. Grimm, qui n'avoit rien dit, présenta à M. d'Épinay tout ce qu'il falloit pour écrire, suivant la prière que ma mère lui en fit ; alors mon mari écrivit l'ordre de nous payer la somme qu'il étoit convenu de nous donner.

La satisfaction que j'éprouve du retour de M. Grimm ne sert qu'à m'alarmer davantage sur mon état. Je sens chaque jour mes forces s'affoiblir ; j'ai des moments d'anéantissement, j'en ai d'autres de souffrance qui ne me prouvent que trop que j'ai quelque cause inconnue de destruction prochaine[1]. Il m'arrive souvent d'avoir des douleurs de tête assez vives pour me donner le délire ; et ces accès sont suivis de plusieurs jours de langueur. Hélas ! ma mère, mes enfants, M. Grimm, vous serez bien plus à plaindre que moi si mes pressentiments se vérifient ! Jamais je n'ai tant tenu à la vie ; j'aurois, je crois, beaucoup de peine à me résigner s'il falloit la perdre à présent. Pourquoi faut-il que le chagrin et la crainte soient toujours si près du bonheur ?

J'ai cédé enfin aux persécutions que m'ont faites ma mère et M. Grimm pour que je voie Tronchin. Je commencerai pourtant par lui envoyer l'histoire des maux qui m'ont accablée depuis qu'il est retourné à Genève ; et, s'il juge qu'il est indispensable que je fasse le voyage, il faudra bien m'y décider.

A mon retour à Paris, dont j'avois été éloigné pendant plusieurs mois, je ne tardai pas à aller trouver ma-

---

[1] C'était bien le contraire, car elle était enceinte du fait de Grimm.

dame d'Épinay. Je fus effrayé de son changement et de sa maigreur; mais ce qui me frappa le plus, ce fut un certain tiraillement convulsif qui avoit allongé ses traits de manière à la rendre méconnoissable. Je fus véritablement touché des attentions recherchées et des preuves d'attachement que lui donnoient tous ceux qui étoient autour d'elle. Je fus aussi très-content de ses enfants, beaucoup plus cependant de sa fille que de son fils. M. Linant, incertain dans ses opinions, dans ses plans et dans sa méthode, avoit fait contracter à son pupille un papillotage dans ses idées et dans ses études qui le rendoit incapable d'aucune application suivie. D'ailleurs, il me confia qu'à l'insu de madame d'Épinay il venoit un maître de clavecin quatre fois par semaine, par ordre du père, pour donner des leçons à son fils. « La plus grande partie du temps, me dit-il, étant employée à la musique, il est impossible de travailler beaucoup à autre chose. » Je lui représentai qu'il avoit eu tort de n'en avoir pas parlé à madame d'Épinay, qui n'entendoit sûrement pas que son fils perdît son temps à une étude aussi frivole. « Ah! monsieur, me répondit-il, il faut bien laisser quelque **chose** aussi à la satisfaction du papa. Madame sera agréablement surprise cet hiver; cela la dissipera, et je vous réponds que le temps n'est pas perdu, car l'enfant a fait des progrès singuliers : ce sera le premier musicien de Paris. — Je doute, lui dis-je, monsieur, que sa mère en soit flattée; elle m'a fait des plaintes sur le peu de progrès des études de son fils; je n'en suis pas étonné.» A la vérité, ayant causé avec l'enfant, je lui vis une passion **décidée** pour la musique, et peu de disposition à d'autres exercices; mais aussi sans aucun mauvais penchant.

DEUXIÈME PARTIE. — CHAPITRE VIII.

Pauline avoit peu de science acquise, mais son caractère ferme et décidé, joint à un cœur droit et à un esprit fort juste, avoit contribué à meubler sa tête de principes et d'idées qui valoient bien la science qu'on pouvoit attendre d'un enfant de douze ans, elle avoit le raisonnement singulièrement formé pour son âge.

Pour madame d'Épinay, elle me parut très-alarmée de sa position, et d'autant plus qu'elle n'attendoit aucun soulagement de Tronchin. Ceux qui ne vivoient point habituellement avec elle ne concevoient rien à son état ; de temps à autre, on entendoit qu'elle étoit fort mal, et, quatre jours après, on la rencontroit dans la meilleure santé. C'est ce qui avoit fait dire un jour à Duclos dans une société assez nombreuse : « Je sais le mot de cette énigme, et je le sais de bonne part ; elle devient folle, Grimm la tyrannise. Je le lui avois prédit, elle ne m'a pas voulu croire ; car elle n'a jamais eu de tête et n'en aura jamais. »

SUITE DU JOURNAL.

J'ai reçu la réponse de M. Tronchin ; si elle ne me console pas beaucoup, elle me donne dans ses lumières et dans sa prudence plus de confiance que je n'en avois. Il y a certainement, dit-il, une cause immédiate aux fréquents dérangements de ma santé ; mais quand même il prendroit sur lui de prononcer de si loin sur cette cause, jamais il n'oseroit entreprendre d'y remédier sans m'avoir sous ses yeux. Il dit encore que mon état exige les plus grands ménagements ; il ne le croit pas dangereux, surtout si l'on n'y fait rien : un seul remède mal placé peut produire les effets les plus funestes. Il finit par m'exhorter à n'en faire aucun. Je suivrai cet avis : j'y suis bien résolue.

Il n'y a donc point de guérison pour moi ; mais il y a un tourment certain dans la persécution que ma mère et tous mes amis me font pour m'engager à passer quelques mois à Genève. M. de Jully m'écrit et m'en presse ; enfin M. Grimm ne peut s'absenter, le prince le retient, mais il me promet de venir incessamment me rejoindre. Ma mère, quoique combattue par la crainte qu'on ne blâme dans le monde ce voyage, se joint néanmoins à tous mes amis pour m'y déterminer. Ils me sollicitent en vain : puis-je prendre sur moi de quitter tant de gens qui me sont chers ? peut-être pour ne plus les revoir ! A peine réunie à M. Grimm, dont je suis séparée depuis six mois ! Puis-je quitter ma mère à son âge ? Mes enfants ? puis-je abandonner leurs intérêts déjà si négligés, et qui ne se soutiennent en bon état que par une vigilance continuelle ? Ce tableau m'effraye. Tant de sujets d'inquiétude sont au-dessus de mon courage. Cela est décidé, je vais leur déclarer que je ne m'y déterminerai jamais, et je les prierai instamment de ne m'en plus parler ; s'il le faut, je le défendrai.

Peu de jours après cette décision, madame d'Épinay eut une nouvelle crise plus longue et plus forte que les précédentes. Elle crut cette fois son état si fâcheux qu'au bout de huit jours que dura cette crise, elle prit subitement et d'elle-même le parti d'aller à Genève, et son mari voulut l'accompagner. Voici la lettre qu'elle m'écrivit lorsqu'elle eut pris sa résolution.

LETTRE DE MADAME D'ÉPINAY A M. DE LISIEUX.

C'en est fait, monsieur, je suis déterminée à partir pour Genève : l'état où je suis depuis huit jours est tel, qu'il m'en coûte infiniment moins de m'éloigner de tout ce qui m'est cher que d'être témoin de la douleur qu'ils s'efforcent de me cacher. Je partirai dans huit jours : j'aurois voulu partir dès demain; mais cela m'est impossible. Ainsi vous vous êtes tous épuisés en vain pour me persuader et me déterminer au parti que je prends aujourd'hui de moi-même. J'ai peu d'espérance de guérir, mais ici j'ai trop de peine à me résigner : peut-être même qu'une fois arrivée sous les yeux de M. Tronchin... Le grand point est d'arriver, et voilà, dans la vérité de mon cœur, sur quoi je compte peu. J'ai désiré d'emmener mon fils avec moi, plusieurs raisons m'y engagent. En mon absence, il ne pourroit être que sous l'autorité de M. d'Épinay : qu'en résulteroit-il? Rien que de fâcheux pour lui. Si je puis arriver jusqu'à Genève, les mœurs austères de cette ville ne peuvent que lui être salutaires; le spectacle d'un peuple libre, ennemi du luxe, élèvera son âme; le changement d'objets donnera une nouvelle tournure à ses idées, et les bons exemples exciteront son émulation. Il aura contracté l'habitude du travail et de la réflexion pendant le séjour de sept à huit mois [1] qu'il faudra bien faire à Genève :

---

[1] Juste le temps d'en finir avec cette maladie que l'on cache. Madame d'Épinay auroit pu être ici plus habile.

c'est une consolation que je n'ai pas le courage de me refuser : heureusement qu'elle se trouve d'accord avec l'intérêt de mon enfant. Ma mère aura plus d'autorité sur ma fille qu'elle n'en pourroit avoir sur mon fils : avec elle et sa gouvernante, je ne suis point en peine de Pauline. Mais si je péris en chemin, je vous conjure de ne penser qu'à mon fils ; n'épargnez rien pour faire tourner cet événement à son profit. Il ne peut sentir assez l'étendue de la perte qu'il feroit ; rendez-la-lui si frappante, qu'elle ne lui sorte jamais de la mémoire et qu'il suffise de la lui rappeler par la suite pour l'arrêter dans les écarts où tout concourra pour l'entraîner. Ne craignez pas de redoubler l'horreur de mes derniers moments ; pourvu qu'ils puissent lui être profitables, j'aurais, j'espère, le courage de les soutenir. Mais ma mère, ma pauvre mère ! C'est elle, monsieur, qu'il me coûte le plus de quitter. Qui prendra soin de sa vieillesse ? Qui essuiera ses larmes ? O vous, mon cher Grimm, tendre et précieux ami de mon cœur, je vous la confie ; que vous allez être à plaindre !

J'ai eu le bonheur de conserver jusqu'à présent assez de sang-froid pour mettre en ordre mes affaires. Je ne sais d'où me vient cette fermeté ; je ne m'en serois jamais crue capable. Oh ! que je crains le moment où je m'éveillerai !

J'appréhendois de trouver des obstacles à mon voyage de la part de M. d'Épinay, mais il s'y prête au contraire de la manière la plus honnête : il veut même absolument me conduire ; c'est ce que je ne lui demandois pas. Il consent que je garde mon fils et Linant à Genève, et me laisse maîtresse de fixer la pension que je prendrai pour eux lorsque nous y seront établis. Il m'a dit que je pouvois être assurée qu'il ne changeroit rien au sort qu'il faisoit à ma mère ; il l'a priée de garder ma fille, et lui a offert de payer sa pension ; mais ma mère, en acceptant de prendre ma fille et sa gouvernante, a refusé la pension. Il dit qu'il va supprimer son ménage pendant mon absence, afin de réparer ses affaires. Puissent durer tant de bonnes résolutions ! mais je n'ose y compter.

Je fais part aujourd'hui de mon voyage à mes amis : si je n'avois craint de leur manquer, je serois partie sans rien dire à personne, je redoute les avis, les opinions, les regrets. Qui sent mieux que moi tout ce qu'il y a d'affligeant dans le parti que je prends ? M. Grimm m'épargne une foule de réflexions qu'il fait sûrement bien mieux qu'eux : il me promet de venir me retrouver. Adieu, monsieur, j'espère bien que je vous verrai encore avant mon départ.

LETTRE DE ROUSSEAU A MADAME D'ÉPINAY.

Soyez sûre que, sans le temps qu'il a fait, vous m'auriez vu dès hier. Je suis, sur votre état, dans des inquiétudes mortelles. Au reste, je juge que vous prenez le bon parti. Adieu, ma chère amie ; quoique je me porte fort mal moi-même, vous me verrez demain matin au plus tard.

Madame d'Épinay passa les derniers jours qui précédèrent son départ dans la plus grande agitation, alternativement combattue par la crainte et l'espérance. La douleur que ses amis avoient de la perdre, les témoignages de leur attachement, les efforts qu'ils faisoient pour lui cacher leur peine et pour redoubler son courage, rien n'échappoit ni à son esprit, ni à son cœur ; mais une scène très-vive qu'elle eut avec Rousseau pensa la mettre hors d'état de partir, tant fut grande l'impression que produisit sur elle la fausseté de cet homme. Pendant les derniers jours qu'elle avoit passés à la campagne, Rousseau avoit paru redoubler d'attachement pour elle. La veille du jour où elle quitta Épinay, tandis qu'ils étoient seuls ensemble, on apporta à madame d'Épinay ses lettres : il s'en trouva une pour Rousseau, adressée chez elle ; elle la lui remit.

La lecture de cette lettre causa à celui-ci un mouvement de dépit si violent, que, se croyant seul, il se frappa la tête de ses deux poings en jurant. « Qu'avez-vous ? lui dit-elle ; quelle nouvelle vous met dans cet état ? — Mordieu ! dit-il en jetant à terre la lettre qu'il venoit de déchirer de ses dents, ce ne sont pas là des amis, ce sont des tyrans ! Quel ton impérieux prend ce Diderot ! Je n'ai que faire de leurs conseils. » Madame d'Épinay ramassa la lettre. « J'apprends, écrivoit Diderot, que ma-
« dame d'Épinay part pour Genève, et je n'entends pas
« dire que vous l'accompagniez. Ne voyez-vous pas que si
« elle a avec vous les torts que vous lui supposez, c'est
« la seule manière de vous acquitter de tout ce que vous
« lui devez, et de pouvoir rompre ensuite décemment
« avec elle. Si vous n'en faites rien et que vous la laissiez
« partir dans l'état où vous la voyez, étant aussi malin-
« tentionnée qu'elle l'est pour vous, elle vous en fera un
« tort dont vous ne vous laverez jamais. Et puis, ne crai-
« gnez-vous point qu'on interprète mal votre conduite,
« et qu'on ne vous soupçonne ou d'ingratitude ou d'un

« autre motif? Je sais bien que vous aurez toujours
« pour vous votre conscience ; mais cela suffit-il seul, et
« est-il permis de négliger le témoignage des autres
« hommes? »

« Qu'est-ce que cette supposition, demanda madame
d'Épinay? Par quelle raison M. Diderot croit-il que je
sois malintentionnée pour vous? quels sont mes torts avec
vous, s'il vous plaît? »

Rousseau revint comme d'un rêve, et resta interdit de
l'imprudence que la colère venoit de lui faire commettre.
Il arracha la lettre des mains de madame d'Épinay ; et
enfin, pressé de répondre : « C'est, lui dit-il, la suite de
ces anciennes inquiétudes ; mais vous m'avez dit qu'elles
n'étoient pas fondées ; je n'y pense plus, vous le savez
bien. Est-ce que réellement cela vous feroit plaisir que
j'allasse à Genève? — Et vous vous êtes permis, lui dit
madame d'Épinay, de m'accuser auprès de M. Diderot?—
Je l'avoue, reprit-il, je vous en demande pardon. Il vint
me voir; alors j'avois le cœur oppressé, je ne pus résister
à l'envie de lui confier ma peine. Le moyen d'avoir de la
réserve avec celui qui nous est cher ! — Vous trouvez
donc qu'il en coûte moins, monsieur, de soupçonner son
amie et de l'accuser sans vraisemblance et sans certitude ? — Si j'avois été sûr, madame, que vous eussiez été
coupable, je me serois bien gardé de le dire ; j'en aurois
été trop humilié, trop malheureux. — Est-ce aussi la
raison, monsieur, qui vous a empêché depuis de dissuader M. Diderot? — Sans doute, vous n'étiez pas coupable, je n'en ai pas trouvé l'occasion, et cela devenoit
indifférent. »

Madame d'Épinay, indignée, voulut le chasser de son
appartement. Il tomba à ses genoux et lui demanda grâce,

en l'assurant qu'il alloit écrire sur-le-champ à M. Diderot pour la justifier. « Tout comme il vous plaira, lui dit-elle; rien de votre part ne peut plus m'affecter. Vous ne vous contentez pas de me faire la plus mortelle injure ; vous me jurez tous les jours que votre vie ne suffira pas pour la réparer, et en même temps vous me peignez aux yeux de votre ami comme une créature abominable ; vous souffrez qu'il garde cette opinion, et vous croyez que tout est dit en lui mandant aujourd'hui que vous vous êtes trompé. — Je connois Diderot, lui répondit-il, et la force qu'ont sur lui les premières impressions; j'attendois que j'eusse quelques preuves pour vous justifier. — Monsieur, reprit-elle, sortez ; votre présence me fait mal : je suis trop heureuse de partir ; je ne pourrois prendre sur moi de vous revoir. Vous pouvez dire à tous ceux qui vous le demanderont, que je n'ai point désiré que vous vinssiez avec moi, parce qu'il ne pouvoit jamais nous convenir de voyager ensemble, dans l'état où votre santé et la mienne sont réduites. Allez, et que je ne vous revoie pas. »

Il sortit furieux [1]. Madame d'Épinay me fit appeler,

---

[1] « Un jour que je ne songeois à rien moins, madame d'Épinay m'envoya chercher. En entrant, j'aperçus dans ses yeux et dans toute sa contenance un air de trouble dont je fus d'autant plus frappé que cet air ne lui étoit point ordinaire, personne au monde ne sachant mieux qu'elle gouverner son visage et ses mouvements. « Mon ami, me dit-elle, je pars « pour Genève; ma poitrine est en mauvais état; ma santé se délabre au « point que, toute chose cessante, il faut que j'aille voir et consulter « Tronchin. » Cette résolution, si brusquement prise, et à l'entrée de la mauvaise saison, m'étonna d'autant plus que je l'avois quittée trente-six heures auparavant sans qu'il en fût question. Je lui demandai qui elle emmèneroit avec elle. Elle me dit qu'elle emmèneroit son fils avec M. de Linant ; et puis elle ajouta négligemment : « Et vous, mon ours, ne viendrez-vous pas aussi? » Comme je ne crus pas qu'elle parlât sérieusement, sachant que dans la saison où nous entrions j'étois à peine en état

DEUXIÈME PARTIE. — CHAPITRE VIII.   369

ainsi que M. Grimm, avec qui je me promenois ; nous la trouvâmes absolument épuisée par l'impression que venoit de lui faire la duplicité de cet homme. Elle convint qu'elle se l'étoit attirée par la facilité qu'elle avoit eue de lui pardonner si promptement ses dernières extravagances. M. Grimm se proposa de voir Diderot en arrivant à Paris. Quant à Rousseau, il resta dans sa chambre le soir, et ne reparut que le lendemain, au moment du départ de madame d'Épinay. Alors il l'aborda en lui disant : « Je crois, madame, devoir vous charger vous-même de la lettre que j'écris à Diderot ; j'espère vous prouver, avec le temps, que je ne suis pas si coupable qu'on pourroit le penser. Cette lettre contient tout ce qu'il me convient de dire ; j'aurois dû l'écrire plus tôt, cela est vrai, et je le mande. Il me reste à vous prier de me laisser à l'Hermitage jusqu'à votre retour, ou du moins jusqu'au printemps. —Vous en êtes le maître, monsieur, lui répondit-elle, tant que vous vous y trouverez bien. » Elle prit la lettre, et monta en voiture [1].

de sortir de ma chambre, je plaisantai sur l'utilité du cortége d'un malade pour un autre malade ; elle parut elle-même n'en avoir pas fait tout de bon la proposition, et il n'en fut plus question.

« Je n'avois pas besoin de beaucoup de pénétration pour comprendre qu'il y avoit à ce voyage un motif secret qu'on me taisoit. Ce secret, qui n'en étoit un dans toute la maison que pour moi, fut découvert dès le lendemain par Thérèse, à qui Teissier, le maître d'hôtel, qui le savoit de la femme de chambre, le révéla. »

[1] « La saison devenoit mauvaise, et l'on commençoit à quitter la campagne. Madame d'Houdetot me marqua le jour où elle comptoit faire ses adieux à la vallée, et me donna rendez-vous à Eaubonne. Ce jour se trouva par hasard le même où madame d'Épinay quittoit la Chevrette pour aller à Paris achever les préparatifs de son voyage. Heureusement elle partit le matin, et j'eus le temps encore, en la quittant, d'aller dîner avec sa belle-sœur. » (*Confessions.*)

Saint-Lambert avait enfin répondu à Rousseau, et s'il ne l'avait fait plus tôt, c'est qu'il avait été frappé, à Wolfenbuttel, d'une attaque d'apo-

La lettre fut envoyée à M. Diderot, et M. Grimm fut le voir le lendemain. Lorsqu'il entra en explication, Diderot se mit à rire : « Qu'appelez-vous, lui dit-il, que me parlez-vous de justification. Lisez donc, et cessez d'être dupe une fois en votre vie, si vous pouvez. « De quoi vous « avisez-vous, mandoit Rousseau, d'envoyer chez madame « d'Épinay les lettres que vous m'écrivez ? Je vous ai dit « vingt fois que toutes celles qui passoient par ses mains « étoient ouvertes ; celle-ci l'a été comme les autres, et « me cause avec elle une tracasserie abominable. Il a « fallu avoir des explications, essuyer de faux reproches : « cette femme a la rage d'être bien avec vous ; elle ne « me pardonnera jamais de vous avoir parlé vrai. Vous « avez beau dire, elle et moi nous sommes quittes, et je « ne sens pas la nécessité de la suivre ; je n'en ai pas la « possibilité, et je vous réponds qu'elle ne s'en soucie « guère. »

On peut concevoir l'effet que la lecture de cette lettre

plexie qui, heureusement, n'avait pas eu de fâcheuses conséquences. « J'avois, dit Rousseau, la lettre de Saint-Lambert dans ma poche ; je la relus plusieurs fois en marchant. Cette lettre me servit d'égide contre ma foiblesse. Je fis et tins la résolution de ne voir plus en madame d'Houdetot que mon amie et la maîtresse de mon ami ; et je passai tête à tête avec elle quatre ou cinq heures dans un calme délicieux, préférable infiniment, même quant à la jouissance, à ces accès de fièvre ardente que jusqu'alors j'avois eus auprès d'elle.

« Nous parlâmes de ma situation présente avec madame d'Épinay. Je lui montrai la lettre de Diderot avec ma réponse ; je lui détaillai tout ce qui s'étoit passé à ce sujet, et je lui déclarai la résolution où j'étois de quitter l'Ermitage. Elle s'y opposa vivement, et par des raisons toutes-puissantes sur mon cœur. Elle me témoigna combien elle auroit désiré que j'eusse fait le voyage de Genève, prévoyant qu'on ne manqueroit pas de la compromettre dans mon refus : ce que la lettre de Diderot sembloit annoncer d'avance. Cependant, comme elle savoit mes raisons aussi bien que moi-même, elle n'insista pas sur cet article ; mais elle me conjura d'éviter tout éclat. »

produisit sur M. Grimm. Il eut beau dire à Diderot la vérité des faits, il ne put le dissuader de sa prévention ; mais il exigea de lui le silence, et ils convinrent de se communiquer mutuellement tout ce qu'ils découvriroient jusqu'à ce que l'on vît un résultat à la conduite de Rousseau, et qu'on eût découvert le motif qui le faisoit agir.

Madame d'Épinay ignora cette nouvelle preuve de la duplicité de Rousseau. Elle passa avec sa famille et ses amis, les quatre derniers jours qui précédèrent son voyage. Son départ fut différé de vingt-quatre heures par une légère indisposition arrivée à son fils. Cependant madame la comtesse d'Houdetot, qui étoit venue à Paris pour la voir, retourna sur-le-champ à sa campagne, dans l'idée qu'elle pourroit peut-être déterminer Rousseau à partir avec sa belle-sœur. Elle ignoroit ce qui venoit de se passer entre eux ; elle crut rendre un service à l'un et à l'autre, et ne communiqua son projet à personne. Il n'eut d'autre effet que d'engager Rousseau à écrire à madame d'Épinay la lettre qu'on verra ci-après.

Madame d'Épinay, la veille de son départ, quitta, l'après-dînée, sa mère et sa fille, sans avoir le courage de leur dire adieu. Elle passa sa soirée avec M. Grimm et moi. Lorsque j'arrivai chez elle, je les trouvai l'un et l'autre fort émus : j'en ignorois le sujet; je l'ai su depuis, et je dois en dire un mot pour l'intelligence de quelques lettres qui suivent.

Madame d'Épinay, par une suite de son caractère, étoit encore plus honteuse d'avoir été la dupe de Rousseau que piquée des torts qu'il avoit avec elle. Elle pensoit qu'il s'ensuivroit une rupture qu'elle ne pouvoit éviter sans se manquer à elle-même. Elle voyait Rousseau sans ressources, et vouloit trouver un moyen de pourvoir à son sort sans se compromettre. Elle passa une partie de cette après-dînée à écrire ses intentions à cet égard pour me les remettre ; mais, craignant que M. Grimm ne blamât cet excès de générosité, elle vouloit lui en faire mystère. Il entra dans son appartement sans être annoncé ; sa présence interdit madame d'Épinay, elle serra ses papiers avec une sorte de précipitation et d'embarras qui n'échappèrent point à M. Grimm. « Vous m'avez troublée, lui dit-elle ; je vous avoue que je désirerois ne vous pas montrer ce que j'écris, mais si ce mystère vous fait de la peine, vous m'affligerez beaucoup. — Non assurément, répondit M. Grimm, je suis trop sûr de mériter votre confiance, et j'ai trop de sujet de croire que je l'ai tout entière, pour me blesser de ce qu'il vous convient de me taire quelque chose : cependant, permettez-moi de vous faire observer qu'il y a des circonstances où un mystère de ce genre pourroit vous être préjudiciable, sans que vous puissiez le prévoir. Si ce que vous écrivez ne regarde pas Rousseau, je n'ai rien à vous demander ; mais s'il est question de lui directement où indirectement, j'exige de vous que vous ne fassiez rien sans que j'en sois instruit auparavant. — Mon ami, lui répondit madame d'Épinay, cela le regarde, mais je ne puis absolument vous dire ce que c'est ; je vous en prie, ne l'exigez pas de moi »

Sur cette réponse, M. Grimm, qui connoissoit tout ce qui pouvoit résulter de fâcheux pour madame d'Épinay d'une fausse démarche, argumenta avec vivacité, et fut même jusqu'à lui rappeler qu'elle s'étoit plus d'une fois mal trouvée de n'avoir pas été franche avec lui ; ce reproche lui fut sensible, et elle finit par lui avouer son projet. Il fut aisé à M. Grimm de lui prouver qu'elle ne pouvoit plus faire de bien à Rousseau sans inconvénient pour elle. « Allons au jour le jour, lui dit-il, et donnez-moi votre parole de ne rien faire à son égard que je n'en sois instruit. » Elle le lui promit, jeta au feu son écrit, et nous passâmes le reste de la soirée aussi doucement que la circonstance d'une séparation si fâcheuse pouvoit le permettre.

LETTRE DE ROUSSEAU A MADAME D'ÉPINAY.

J'apprends, madame, que votre départ est différé et votre fils malade. Je vous prie de me donner de ses nouvelles et des vôtres. Je voudrois bien que votre voyage fût rompu, mais par le rétablissement de votre santé, et non par le dérangement de la sienne.

Madame d'Houdetot me parla mardi beaucoup de ce voyage, et m'exhorta à vous accompagner, presque aussi vivement qu'avoit fait Diderot. Cet empressement à me faire partir, sans considération pour mon état, me fit soupçonner une espèce de ligue dont vous étiez le mobile. Je n'ai ni l'art ni la patience de vérifier les choses, et ne suis pas sur les lieux; mais j'ai le tact assez sûr, et je suis très-certain que le billet de Diderot ne vient pas de lui. Je ne disconviens pas que ce désir de m'avoir avec vous ne soit obligeant et ne m'honore, mais, outre que vous m'aviez témoigné ce désir avec si peu de chaleur, que vos arrangements de voiture étoient déjà pris, je ne puis souffrir qu'une amie emploie l'autorité d'autrui pour obtenir ce que personne n'eût mieux obtenu qu'elle. Je trouve à tout cela un air de tyrannie et d'intrigue qui m'a donné de l'humeur, et je ne l'ai peut-être que trop exhalée, mais seulement avec votre ami et le mien. Je n'ai pas oublié ma promesse; mais on n'est pas le maître de ses pensées, et tout ce que je puis faire est de vous dire la mienne en cette occasion, pour être désabusé si j'ai tort. Soyez sûre qu'au lieu de tous ces détours, si vous eussiez insisté avec amitié, que vous m'eussiez dit que vous le désiriez fort et que je vous serois utile, j'aurois passé par-dessus toute autre considération, et je serois parti.

J'ignore comment tout ceci finira; mais, quoi qu'il arrive, soyez sûre que je n'oublierai jamais vos bontés pour moi, et que, quand vous ne voudrez plus m'avoir pour esclave, vous m'aurez toujours pour ami.

LETTRE DE MADAME D'ÉPINAY A M. GRIMM.

En partant.

Je pars, mon tendre ami, et lorsque vous recevrez ce billet, je serai déjà loin de vous. O mon chevalier, mon cher Grimm, rappelez tout ce que vous avez de courage pour supporter mon absence, quel qu'en soit l'événement ! Ce n'est pas le moment de nous attendrir, ni de nous livrer à de tristes pressentiments. Songez que je vous confie un dépôt précieux : le soin de mon enfant et celui de ma mère. Consolez-la, cette digne et respectable mère ; veillez à sa conservation. Elle va être privée du fruit de ses peines, de la vigilance d'une fille tendre et soumise ; qu'elle retrouve en vous tous les sentiments dont mon cœur est rempli pour elle. Si l'événement la privoit pour toujours de cette consolation, c'est vous qui devez lui

DEUXIÈME PARTIE. — CHAPITRE VIII.

fermer les yeux. Que ma fille apprenne de votre bouche les malheurs et le sort de sa mère. Pardon, mon ami, encore ce mot : donnez-lui les principes que je vous dois. Adieu, adieu donc, je vais apporter tous mes soins à réparer ma santé et à me mettre en état de jouir, à mon retour, de la tendresse d'un ami dont l'image est profondément gravée dans mon cœur; elle seule est mon soutien, mon courage et mon espoir.

Je viens de recevoir cette lettre de Rousseau[1], je n'y répondrai pas. Je désire seulement qu'il sache que je suis partie; peut-être faudroit-il la montrer à M. Diderot. Je vois que ce n'étoit pas seulement Duclos qui l'éloignoit de moi; Rousseau y a peut-être plus contribué encore.

Adieu encore une fois. J'espère que je soutiendrai bien la route, je me sens assez de force pour cela. La perspective du bonheur est un grand remède; j'y mets toute ma confiance.

---

[1] Grimm avait écrit à Rousseau le petit billet hautain et suffisant que voici :

« Le départ de madame d'Épinay est reculé; son fils est malade. Il faut attendre qu'il soit rétabli. Je rêverai à votre lettre. Tenez-vous tranquille à votre Ermitage. Je vous ferai passer mon avis à temps. Comme elle ne partira sûrement pas de quelques jours, rien ne presse. En attendant, si vous le jugez à propos, vous pouvez lui faire vos offres, quoique cela me paraisse assez égal; car, connoissant votre position aussi bien que vous-même, je ne doute point qu'elle ne réponde à vos offres comme elle le doit; et tout ce que je vois à gagner à cela, c'est que vous pourrez dire à ceux qui vous pressent que si vous n'avez pas été, ce n'est pas faute de vous être offert. Au reste, je ne vois pas pourquoi vous voulez absolument que le philosophe soit le porte-voix de tout le monde, et, parce que son avis est que vous partiez, pourquoi vous vous imaginez que tous vos amis prétendent la même chose. Si vous écrivez à madame d'Épinay, sa réponse peut vous servir de réplique à tous ces amis, puisqu'il vous tient tant au cœur de leur répliquer. Adieu. Je salue madame Le Vasseur et le Criminel. »

La réponse de Rousseau va venir. (V. page 377.)

CHAPITRE IX

1757

Grimm porte les derniers coups à son ancien ami. — Rousseau se défend. — Rupture définitive. — Nouvelles de madame d'Épinay. — Comment les philosophes préparent l'explication du départ de Rousseau. — Rôle qu'on fait jouer à Diderot. — Ses poétiques déclamations contre Jean-Jacques, qui va quitter fièrement l'Ermitage. — Madame d'Épinay arrive à Genève. — Empressements de Voltaire. — Publication de la *Lettre sur les Spectacles*. — Tronchin enrôlé parmi les ennemis de l'auteur.
M. de Margency brouillé avec d'Holbach. — Francueil paraît pour la dernière fois. — M. d'Épinay revient de Genève. — Peintures de la vie génevoise. — *Les Délices* et le deshabillé de Voltaire et de madame Denis. — Amabilité de M. de Jully. — Madame d'Esclavelles voit Diderot à Paris chez d'Holbach. — Départ de Rousseau de l'Ermitage.

Avant le départ de madame d'Épinay, M. Grimm reçut de M. Rousseau la lettre qu'on va lire. Il l'envoya à M. Diderot; et ce fut là l'époque où ce dernier commença à revenir des préventions qu'on s'étoit efforcé de lui donner contre une femme si digne de son estime. J'avois prié M. Grimm de me tenir au courant de la conduite de cet homme; il m'envoya ses lettres, et nous convînmes de ne point montrer celle-ci à madame d'Épinay[1].

[1] « Si j'eusse été dans mon état naturel, après la proposition et le refus de ce voyage à Genève, je n'avois qu'à rester tranquille, et tout étoit dit. Mais j'en avois sottement fait une affaire qui ne pouvoit rester dans l'état où elle étoit, et je ne pouvois me dispenser de toute ultérieure explication qu'en quittant l'Ermitage; ce que je venois de promettre à madame d'Houdetot de ne pas faire, au moins pour le moment pré-

LETTRE DE ROUSSEAU A M. GRIMM.

Le lundi 29 octobre (1757).

Dites-moi, Grimm, pourquoi tous mes amis prétendent que je dois suivre madame d'Épinay? Ai-je tort? Ou seroient-ils tous séduits? Auroient-ils tous cette basse partialité toujours prête à prononcer en faveur du riche, et à surcharger la misère de cent devoirs inutiles, qui la rendent plus inévitable et plus dure? Je ne veux m'en rapporter là-dessus qu'à vous seul. Quoique sans doute prévenu comme les autres, je vous crois assez équitable pour vous mettre à ma place et pour juger de mes vrais devoirs. Écoutez donc mes raisons, mon ami, et décidez du parti que je dois prendre; car, quel que soit votre avis, je vous déclare qu'il sera suivi sur-le-champ.

Qu'est-ce qui peut m'obliger à suivre madame d'Épi-

---

sent. De plus, elle avoit exigé que j'excusasse auprès de mes soi-disant amis le refus de ce voyage, afin qu'on ne lui imputât pas ce refus. Cependant, je n'en pouvois alléguer la véritable cause sans outrager madame d'Épinay, à qui je devois certainement de la reconnoissance après tout ce qu'elle avoit fait pour moi. Tout bien considéré, je me trouvai dans la dure, mais indispensable alternative de manquer à madame d'Épinay, à madame d'Houdetot, ou à moi-même, et je pris le dernier parti. Je le pris hautement, pleinement, sans tergiverser, et avec une générosité digne assurément de laver les fautes qui m'avoient réduit à cette extrémité. Ce sacrifice, dont mes ennemis ont su tirer parti, et qu'ils attendoient peut-être, a fait la ruine de ma réputation, et m'a ôté, par leurs soins, l'estime publique.

« Grimm étoit le seul qui parût n'avoir pris aucune part dans cette affaire; ce fut à lui que je résolus de m'adresser. »

Le tort véritable de Jean-Jacques, c'est son embarras, sa timidité. Avec son talent, s'il eût osé toujours être lui, quelle force il aurait eue toujours et comme ses ennemis auraient redouté de ne pas l'accabler d'amitiés! Sa lettre à Grimm n'est-elle donc pas un chef-d'œuvre?

nay? L'amitié, la reconnoissance, l'utilité qu'elle peut retirer de moi. Examinons tous ces points.

Si madame d'Épinay m'a témoigné de l'amitié, je lui en ai témoigné davantage ; les soins ont été mutuels, et du moins aussi grands de ma part que de la sienne. Tous deux malades, je ne lui dois plus qu'elle ne me doit qu'au cas que le plus souffrant soit obligé de garder l'autre. Parce que mes maux sont sans remède, est-ce une raison de les compter pour rien ? Je n'ajouterai qu'un mot : elle a des amis moins malades, moins pauvres, moins jaloux de leur liberté, moins pressés de leur temps, et qui lui sont du moins aussi chers que moi ; je ne vois pas qu'aucun d'eux se fasse un devoir de la suivre. Par quelle bizarrerie en sera-ce un pour moi seul, qui suis le moins en état de le remplir ? Si madame d'Épinay m'étoit chère au point de renoncer à moi pour l'amuser, comment lui serois-je assez peu cher moi-même pour qu'elle achetât aux dépens de ma santé, de ma vie, de ma peine, de mon repos et de toutes mes ressources, les soins d'un complaisant aussi maladroit. Je ne sais si je dois offrir de la suivre ; mais je sais bien qu'à moins d'avoir cette dureté d'âme que donne l'opulence, et dont elle m'a toujours paru loin, elle ne devoit jamais l'accepter.

Quant aux bienfaits, premièrement je ne les aime point, je n'en veux point, et je ne sais aucun gré de ceux qu'on me fait supporter par force ; j'ai dit cela nettement à madame d'Épinay avant d'en recevoir aucun d'elle. Ce n'est pas que je n'aime à me laisser entraîner comme un autre à des liens si chers, quand l'amitié les forme ; mais, dès qu'on veut trop tirer la chaîne, elle rompt, et je suis libre. Qu'a fait pour moi madame d'Épinay ? Vous le savez tous mieux que personne, et j'en puis parler librement avec vous : elle a fait bâtir à mon occasion une petite maison à l'Hermitage, m'a engagé d'y loger, et j'ajoute avec plaisir qu'elle a pris soin d'en rendre l'habitation agréable et sûre.

Qu'ai-je fait de mon côté pour madame d'Épinay, dans le temps que j'étois prêt à me retirer dans ma patrie, que je le désirois vivement, et que je l'aurois dû? Elle remua ciel et terre pour me retenir. A force de sollicitations et même d'intrigues, elle vainquit ma trop juste et longue résistance : mes vœux, mon goût, mon penchant, l'improbation de mes amis, tout céda dans mon cœur à la voix de l'amitié; je me laissai entraîner à l'Hermitage. Dès ce moment, j'ai toujours senti que j'étois chez autrui, et cet instant de complaisance m'a déjà donné de cuisants repentirs. Mes tendres amis, attentifs à m'y désoler sans relâche, ne m'ont pas laissé un moment de paix, et m'ont fait souvent pleurer de douleur de n'être pas à cinq cents lieues d'eux. Cependant, loin de me livrer aux charmes de la solitude, seule consolation d'un infortuné accablé de maux, et que tout le monde cherche à tourmenter, je vis que je n'étois plus à moi. Madame d'Épinay, souvent seule à la campagne, souhaitoit que je lui tinsse compagnie : c'étoit pour cela qu'elle m'avoit retenu. Après avoir fait un sacrifice à l'amitié, il en fallut faire un autre à la reconnoissance. Il faut être pauvre, sans valet, haïr la gêne et avoir mon âme, pour savoir ce que c'est, pour moi, que de vivre dans la maison d'autrui. J'ai pourtant vécu deux ans dans la sienne, assujetti sans relâche avec les plus beaux discours de liberté, servi par vingt domestiques, et nettoyant tous les matins mes souliers; surchargé de tristes indigestions, et soupirant sans cesse après ma gamelle. Vous savez aussi qu'il m'est impossible de travailler à de certaines heures ; qu'il me faut la solitude, les bois et le recueillement ; mais je ne parle point du temps perdu, j'en serai quitte pour mourir de faim quelques mois plus tôt. Cependant, cherchez combien d'argent vaut une heure de la vie et du temps d'un homme ; comparez les bienfaits de madame d'Épinay avec mon pays sacrifié et deux ans d'esclavage, et dites-moi qui, d'elle ou de moi, a le plus d'obligations à l'autre.

Venons à l'article de l'utilité. Madame d'Épinay part dans une bonne chaise de poste, accompagnée de son mari, du gouverneur, de son fils, et de cinq ou six domestiques ; elle va dans une ville peuplée et pleine de société, où elle n'aura que l'embarras du choix ; elle va chez M. Tronchin, son médecin, homme d'esprit, homme considéré, recherché ; elle va dans une famille pleine de mérite, où elle trouvera des ressources de toute espèce pour sa santé, pour l'amitié, pour l'amusement. Considérez mon état, mes maux, mon humeur, mes moyens, mon goût, ma manière de vivre, plus forte désormais que les hommes et la raison même ; voyez, je vous prie, en quoi je puis servir madame d'Épinay dans ce voyage, et quelles peines il faut que je souffre sans lui être jamais bon à rien. Soutiendrai-je une chaise de poste? Puis-je espérer d'achever si rapidement une si longue route sans accident? Ferai-je à chaque instant arrêter pour descendre, ou accélérerai-je mes tourments et ma dernière heure pour m'être contraint? Que Diderot fasse bon marché tant qu'il voudra de ma vie et de ma santé, mon état est connu, les célèbres chirurgiens de Paris peuvent l'attester, et soyez sûr qu'avec tout ce que je souffre, je ne suis guère moins ennuyé que les autres de me voir vivre si longtemps. Madame d'Épinay doit donc s'attendre à de continuels désagréments, à un spectacle assez triste, et peut-être à quelques malheurs dans la route. Elle n'ignore pas qu'en pareil cas j'irois plutôt expirer secrètement au coin d'un buisson, que de causer les moindres frais et retenir un seul domestique ; et moi je connois trop son bon cœur pour ignorer combien il lui seroit pénible de me laisser dans cet état. Je pourrois suivre la voiture à pied, comme le veut Diderot ; mais la boue, la pluie, la neige me retarderont beaucoup dans cette saison. Quelque fort que je coure, comment faire vingt-cinq lieues par jour ? Et, si je laisse aller la chaise, de quelle utilité serai-je à la personne qui va dedans ? Arrivé à Genève, je passerai les jours enfermé avec madame d'Épinay ; mais, quelque zèle que j'aie pour tâcher de l'amuser, il est impossible qu'une vie si casanière et si contraire à mon tempérament n'achève de m'ôter la santé, et ne me plonge au moins dans une mélancolie dont je ne serai pas le maître.

Quoi qu'on fasse, un malade n'est guère propre à en garder un autre, et celui qui n'accepte aucun soin quand il souffre est dispensé d'en rendre aux dépens de sa santé. Quand nous sommes seuls et contents, madame d'Épinay ne parle point, ni moi non plus ; que sera-ce quand je serai triste et gêné ? Je ne vois point encore là beaucoup d'amusement pour elle. Si elle tombe des nues à Genève, j'y en tomberai beaucoup plus ; car avec de l'argent on est bien partout, mais le pauvre n'est chez lui nulle part. Les connoissances que j'y ai ne peuvent lui convenir, celles qu'elle y fera me conviendront encore moins. J'aurai des devoirs à remplir qui m'éloigneront d'elle, ou bien l'on me demandera quels soins si pressants me les font négliger et me retiennent sans cesse dans sa maison; mieux mis, j'y pourrois passer pour son valet de chambre. Quoi donc! un malheureux accablé de maux, qui se voit à peine des souliers à ses pieds, sans habits, sans argent, sans ressources, qui ne demande à ses chers amis que de le laisser misérable et libre, seroit nécessaire à madame d'Épinay, environnée de toutes les commodités de la vie, et qui traîne dix personnes après elle! Fortune, vile et méprisable fortune! si dans ton sein l'on ne peut se passer du pauvre, je suis plus heureux que ceux qui te possèdent, car je puis me passer d'eux.

C'est qu'elle m'aime, dira-t-on; c'est son ami dont elle a besoin. Oh! que je connois bien tous les sens de ce mot amitié! C'est un beau nom qui sert souvent de salaire à la servitude; mais où commence l'esclavage, l'amitié finit à l'instant. J'aimerai toujours à servir mon ami, pourvu qu'il soit aussi pauvre que moi; s'il est plus riche, soyons libres tous deux, ou qu'il me serve lui-même, car son pain est tout gagné, et il a plus de temps à donner à ses plaisirs.

Il me reste à vous dire deux mots de moi. S'il est des devoirs qui m'appellent à la suite de madame d'Épinay, n'en est-il point de plus indispensables qui me retiennent, et ne dois-je rien qu'à la seule madame d'Épinay sur la terre? Assurez-vous qu'à peine serois-je en route, que Diderot, qui trouve si mauvais que je reste, trouvera bien plus mauvais que je sois parti, et y sera beaucoup mieux fondé. Il suit, dira-t-il, une femme riche, bien accompagnée, qui n'a pas le moindre besoin de lui, et à laquelle, après tout, il doit peu de chose, pour laisser ici dans la misère et l'abandon des personnes qui ont passé leur vie à son service, et que son départ met au désespoir. Si je me laisse défrayer par madame d'Épinay, Diderot m'en fera aussitôt une nouvelle obligation qui m'enchaînera pour le reste de mes jours. Si jamais j'ose un moment disposer de moi : Voyez cet ingrat, dira-t-on ; elle a eu la bonté de le conduire dans son pays, et puis il l'a quittée. Tout ce que je ferai pour m'acquitter avec elle augmentera la reconnoissance que je lui devrai, tant c'est une belle chose d'être riche pour dominer et changer en bienfaits les fers qu'on nous donne. Si, comme je le dois, je paye une part des frais, où rassembler si promptement tant d'argent? à qui vendre le peu d'effets et le peu de livres qui me restent? Il ne s'agit plus de m'envelopper tout l'hiver dans une vieille robe de chambre. Toutes mes hardes sont usées ; il faut le temps de les raccommoder ou d'en racheter d'autres ; mais quand on a dix habits de rechange, on ne songe guère à cela. Pendant ce voyage, dont je ne sais pas la durée, je laisserai ici un ménage qu'il faut entretenir. Si je laisse ces femmes à l'Hermitage, il faut, outre les gages du jardinier, payer un homme qui les garde, car il n'y a pas d'humanité à les laisser seules au milieu des bois. Si je les emmène à Paris, il leur faut un logement ; et que deviendront les meubles et papiers que je laisse ici? Il me faut, à moi, de l'argent dans ma poche ; car qu'est-ce que c'est que d'être défrayé dans la maison d'autrui, où tout va toujours bien, pourvu que les maîtres soient servis? c'est dépenser beaucoup plus que chez soi pour être contrarié toute la journée, pour manquer de tout ce qu'on désire, pour ne rien faire de ce qu'on veut, et se trouver ensuite fort obligé à ceux chez qui l'on a mangé son argent. Ajoutez à cela l'indolence d'un malade paresseux, accoutumé à tout laisser traîner et à ne rien perdre, à trouver autour de lui ses besoins, ses commodités sans les demander, et dont l'équipage, la fortune et le silence invitent également à le négliger. Si le voyage est long et que mon argent s'épuise, mes souliers s'usent, mes bas se percent; s'il faut blanchir son linge, se faire la barbe, accommoder sa perruque, etc., etc., il est triste d'être sans un sou; et s'il faut que j'en demande à madame d'Épinay à mesure que j'en aurai besoin, mon parti est pris, qu'elle garde bien ses meubles; car, pour moi, je vous déclare que j'aime mieux être voleur que mendiant.

Je crois voir d'où viennent tous les bizarres devoirs qu'on m'impose; c'est que tous les gens avec qui je vis me jugent toujours sur leur sort, jamais sur le mien, et veulent qu'un homme qui n'a rien vive comme s'il avoit six mille livres de rente et du loisir de reste.

Personne ne sait se mettre à ma place, et ne veut voir que je suis un être à part, qui n'a point le caractère, les maximes, les ressources des autres, et qu'il ne faut point juger sur leurs règles. Si l'on fait attention à ma pauvreté, ce n'est pas pour respecter son dédommagement, qui est la liberté, mais pour m'en rendre le poids plus insupportable. C'est ainsi que le philosophe Diderot, dans son cabinet, au coin d'un bon feu, dans une bonne robe de chambre bien fourrée, veut que je fasse vingt-cinq lieues par jour, en hiver, à pied, dans les boues, pour courir après une chaise de poste, parce qu'après tout, courir et se crotter est le métier d'un pauvre. Mais, en vérité, madame d'Épinay, quoique riche, mérite bien que J. J. Rousseau ne lui fasse pas un pareil affront. Ne pensez pas que le philosophe Diderot, quoi qu'il en dise, s'il ne pouvoit supporter la chaise, courût de sa vie après celle de personne; cependant il y auroit du moins cette différence qu'il auroit de bons bas drapés, de bons souliers, une bonne camisole; qu'il auroit bien soupé la veille, et se seroit bien chauffé en partant, au moyen de quoi l'on est plus fort pour courir que celui qui n'a pas de quoi payer ni le souper, ni la fourrure, ni les fagots. Ma foi, si la philosophie ne sert pas à faire ces distinctions, je ne vois pas trop à quoi elle est bonne.

Pesez mes raisons, mon cher ami, et dites-moi ce que je dois faire. Je veux remplir mon devoir; mais, dans l'état où je suis, qu'ose-t-on exiger de plus? Si vous jugez que je doive partir, prévenez-en madame d'Épinay : puis envoyez-moi un exprès, et soyez sûr que, sans balancer, je pars à l'instant pour Paris en recevant votre réponse.

Quant au séjour de l'Hermitage, je sens fort bien que je n'y dois plus demeurer, même en continuant de payer le jardinier, car ce n'est pas un loyer suffisant; mais je crois devoir à madame d'Épinay de ne pas quitter l'Hermitage d'un air de mécontentement, qui supposeroit de la brouillerie entre nous. J'avoue qu'il me seroit dur de déloger aussi dans cette saison, qui me fait déjà sentir aussi cruellement ses approches; il vaut mieux attendre au printemps, où mon départ sera plus naturel, et où je suis résolu d'aller chercher une retraite inconnue à tous ces barbares tyrans qu'on appelle amis.

LETTRE DE M. GRIMM A M. DIDEROT.

Samedi 3 novembre [1].

Tenez, mon ami, lisez et apprenez enfin à connoître l'homme. Vous trouverez ci-joint une pièce d'éloquence

[1] Madame d'Épinay était partie dans la semaine, du 29 octobre au 3 novembre.

que m'adressa Rousseau avant le départ de madame d'Épinay; j'avois évité d'y répondre directement, sentant bien que ce que j'avois à lui dire occasionneroit nécessairement une rupture et un éclat; mais il m'y force aujourd'hui en me pressant de lui répondre; et avec un homme de ce caractère, il ne faut pas tergiverser. Je me garderai bien de communiquer sa lettre à madame d'Épinay; je craindrois, dans l'état où elle est, qu'une ingratitude aussi monstrueuse ne lui fît une trop forte impression; mais je ne lui cacherai pas cependant qu'elle n'a plus rien à ménager avec un si grand fourbe. Je vous envoie aussi la copie de la seconde réponse que je lui ai faite, et que je viens de lui envoyer par un exprès. Je vais courir pour votre affaire; je ne fermerai ma lettre qu'en rentrant ce soir, et je vous manderai le résultat de ma visite. Bonjour, mon cher Diderot. A quels hommes, grand Dieu, donne-t-on, dans le monde, le nom de philosophes!

RÉPONSE DE M. GRIMM A M. ROUSSEAU.

Samedi 3 novembre.

J'ai fait ce que j'ai pu pour éviter de répondre positivement à l'horrible apologie que vous m'avez adressée. Vous me pressez; je ne consulte plus que ce que je me dois à moi-même et ce que je dois à mes amis, que vous outragez.

Je n'ai jamais cru que vous dussiez faire le voyage de Genève avec madame d'Épinay; quand le premier sentiment vous auroit engagé à vous offrir, elle, de son côté, devoit vous en empêcher en vous rappelant ce que vous devez à votre situation, à votre santé et à ces femmes que vous avez entraînées dans votre retraite : voilà mon opinion. Vous n'avez pas eu le premier sentiment, et je n'en ai point été scandalisé. Il est vrai qu'ayant appris, à mon retour de l'armée, que, malgré toutes mes représentations, vous aviez voulu partir pour Genève, il y a quelque temps, je n'ai plus été étonné de la surprise de mes amis de vous voir rester, lorsque vous aviez une occasion si naturelle et si honnête pour partir. Je ne connoissois pas alors votre monstrueux système : il m'a fait frémir d'indignation ; j'y vois des principes si odieux, tant de noirceur et de duplicité ! Vous osez me parler de votre esclavage, à moi qui, depuis plus de deux ans, suis le témoin journalier de toutes les marques de l'amitié la plus tendre et la plus généreuse que vous avez reçues de cette femme ! Si je pouvois vous pardonner, je me croirois indigne d'avoir un ami. Je ne vous reverrai de ma vie, et je me croirai heureux si je puis bannir de mon esprit le souvenir de vos procédés : je vous prie de m'oublier et de ne plus troubler mon âme. Si la justice de cette demande ne vous touche pas, songez que j'ai entre les mains votre lettre qui justifiera, aux yeux de tous les gens de bien, l'honnêteté de ma conduite.

RÉPONSE DE ROUSSEAU A M. GRIMM.

Je me refusois à ma juste défiance : j'achève trop tard de vous connoître. Voilà donc la lettre que vous vous êtes donné le loisir de méditer ; je vous la renvoie, elle n'est pas pour moi. Vous pouvez montrer la mienne à toute la terre et me haïr ouvertement ; ce sera de votre part une fausseté de moins.

BILLET DE M. GRIMM A M. DIDEROT.

J'ai couru en vain : les planches ne sont pas prêtes, et je ne suis pas plus avancé qu'en sortant de chez moi ; l'homme qu'il m'étoit le plus essentiel de voir étoit allé à la campagne et n'en revient que demain. Travaillez toujours, mon ami : allez votre chemin, et j'aurai soin du reste.

Rousseau m'a renvoyé ma lettre avec un billet que je vous envoie. En vérité l'impudence de cet homme me confond. En quel homme madame d'Épinay avoit-elle mis sa confiance! Voici aussi une lettre qu'il lui a écrite avant son départ et qu'elle m'a laissée. Je vais achever la lecture de votre manuscrit[1] pour remettre le calme dans mon âme. Voilà deux jours que nous n'avons point de nouvelles de notre voyageuse; j'en suis en peine; nous n'en savons encore que de la première journée; elle en avoit assez bien soutenu la fatigue; il faut espérer que le reste de son voyage se passera bien : mais j'ai l'âme troublée, et vous savez si je suis payé pour croire aux pressentiments.

LETTRE DE M. GRIMM A MADAME D'ÉPINAY.

Vous ne sauriez croire, ma tendre amie, combien je suis touché du mot que vous m'avez écrit avant de quitter Paris : il m'a fait grand bien, puisqu'il m'a rendu le pouvoir de pleurer. Après avoir fait à votre conservation

---

[1] Le manuscrit du *Père de Famille*.

et à votre santé les sacrifices qu'elles exigent, qu'il me soit permis de faire un peu de retour sur moi : l'abandon où je suis et où je passerai cet hiver m'afflige ; je n'aurai de ressources que dans vos lettres et dans les nouvelles que vous me donnerez de votre santé. J'ai bien raison de vous dire qu'il faut jouir du présent sans s'alarmer de l'avenir au delà de ce que la prudence exige. Si nous avions pu prévoir que nous serions dans le cas de nous séparer après la campagne, nous n'aurions pas voulu supporter ce malheur ni l'un ni l'autre : maintenant qu'il est arrivé, il faut bien se soumettre. Je suis fort triste, fort affligé, pénétré de douleur. Il faut pardonner à la foiblesse des premiers moments.

Ne dites plus « ma triste situation ; » cette expression a je ne sais quoi de sinistre et d'effrayant pour moi. Votre situation ne doit jamais être triste, puisque vous êtes si parfaitement aimée et que vous avez des amis : l'honnêté, la droiture, la vérité de votre caractère empêcheront toujours que vous ne soyez dans une position triste. Si vous conservez ces biens, vous aurez dans toutes les circonstances de votre vie la paix et des motifs de consolation. Si votre santé se rétablit, si vos affaires se mettent en ordre, si les méchants s'éloignent, que vous faut-il de plus pour être heureuse, tranquille? Vous êtes en bon train, et votre voyage même doit vous mener au port, ma tendre amie. Je vous conjure de tout sacrifier à votre santé, de vous remplir tous les jours de cet objet, et de n'y pas porter ce petit coin de légèreté qui est dans votre caractère : si vous en venez à bout, je n'aurai plus rien à désirer, le reste sera mon affaire ; ma tendresse et la confiance qui est entre nous, vous épargneront toutes les imprudences auxquelles trop de bonté et trop de sécurité vous exposent. Vos premières résolutions sont admirables, mais vous ne les exécutez pas toujours ; et, pour rétablir une santé aussi frêle que la vôtre il faut apporter la plus grande sévérité et la plus grande suite à votre régime. Vous voyez, mon amie, que je tâche de tromper ma douleur en m'arrangeant un avenir doux et tranquille. Vous ne sauriez croire combien Paris me déplaît, et combien je soupire après le temps que nous devons passer ensemble à la campagne. Que je suis heureux que vous ayez le goût de la solitude !

Les tristes découvertes que je fais sur les hommes me la rendent tous les jours plus précieuse.

J'ai passé le jour de votre départ entre madame votre mère et votre enfant. Hélas! qu'aurois-je pu faire autre chose? reposez-vous sur moi; le soin que je prendrai d'elles sera, pendant votre absence, ma plus chère et ma plus douce occupation. Ne vous faites point de tableaux effrayants de l'état de madame votre mère ; sa santé est meilleure qu'elle n'a jamais été, et j'espère que je n'aurai point de mauvaises nouvelles à vous en dire. Nous comptons recevoir des vôtres ce soir ; je les attendrai pour fermer ma lettre, et je l'adresserai à M. Tronchin, afin que vous la trouviez à votre arrivée. Adieu, ma tendre amie. Hélas! oui, adieu, car vous êtes bien loin. En vous écrivant il y a un mois, je ne comptois pas être sitôt en commerce de lettres avec vous.

Le lendemain.

Nous avons reçu hier au soir une lettre de M. d'Épinay ; elle nous a été d'une grande consolation : nous espérons, après ce début, la continuation des bonnes nouvelles. Aujourd'hui nous n'en aurons pas, mais nous en attendons pour demain. J'ai passé la soirée chez madame votre mère ; elle se porte bien, et je vous assure qu'elle a pris son parti beaucoup mieux que je n'avois osé l'espérer. Je voudrois être aussi courageux qu'elle ; je suis si effarouché de ma solitude, ma chère amie, que je n'ai pas le courage de rien faire. Je passe trois ou quatre heures à mon fauteuil à rêver à vous, car je ne peux pas dire que ce soit penser. Cet état ne durera pas, mais je sens qu'il me faut de bonnes nouvelles de votre rétablissement à Genève, avant que je puisse en sortir. Jusqu'à ce moment, j'aime mieux rester dans ma léthargie, je sens que mon réveil ne seroit point exempt d'inquiétude : arrivez donc, ma chère amie, afin que vous puissiez revenir. Je voudrois avoir passé du moins la journée de demain, pour imaginer que tous les mauvais pas sont franchis. Madame votre mère me disoit hier : « Hélas! cette pauvre Émilie meurt peut-être de peur; elle descend peut-être inutilement de sa chaise, se fatigue, et s'expose au froid, sans raison. » Toutes ces réflexions tueroient si on s'y livroit un peu.

Je ne suis pas encore assez revenu de l'étonnement où m'a jeté votre départ, pour pouvoir causer avec vous; mon cœur est trop resserré : je n'ai pas même la douceur de verser des larmes. Ah! ma douce et tendre amie, si nous nous retrouvons jamais, qui est-ce qui auroit le courage de nous séparer?

LETTRE DE MADAME D'ÉPINAY A MADAME D'ESCLAVELLES.

De Tournus.

Je veux vous dire moi-même, ma chère maman, que je soutiens la route au delà de mes espérances ; je me porte à merveille, et je n'ai d'autre mal qu'un peu de fatigue et de lassitude. Nous avons fait hier une très-courte journée. M. d'Épinay ne fait que monter et descendre à chaque poste; ce qui nous a beaucoup retardés. Je vais achever ma route, et me mettre en état de retourner auprès de vous le plus tôt qu'il me sera possible. Agréez, ma chère maman, les assurances de mon tendre respect. J'embrasse ma petite.

LETTRE DE MADAME D'ÉPINAY A M. GRIMM.

De Mont-Luel.

Soyez tranquille, mon bon ami, je crois que je ne me suis jamais si bien portée; j'ai plus de force et de courage que je n'avois osé me flatter d'en avoir. Il n'y a rien de tel que la nécessité; elle double les facultés qu'on se connoît. Mille amitiés à nos amis, et à vous, tant, tant de choses, suivies de tous les etc., etc., etc. du marquis de Croismare.

LETTRE DE M. GRIMM A MADAME D'ÉPINAY.

Je reçois une lettre de Mont-Luel, qui me tranquillise un peu. Au nom de Dieu, écrivez-moi aussitôt votre arrivée, car je ne serai tranquille que lorsque je verrai votre écriture datée de Genève. Il me prend des humeurs terribles contre M. d'Épinay; c'est lui qui vous a retardée et fatiguée en pure perte. Songez, ma chère amie, qu'il y a des inconvénients partout, et que c'est à vous à les éviter : on dit que M. Tronchin est distrait, et qu'il ne pensera pas à vous prévenir de ceux de Genève. J'ai déjà entendu parler d'un vent de bise, qui me fait tourner la tête : il faut bien vous en garantir. Il ne tiendroit qu'à moi de vous en écrire quatre pages, mais j'espère que j'aurai le courage de résister à cette tentation ; et, pour n'y pas succomber, je vais tâcher de vous parler d'autre chose.

Vous saurez donc que, quelques jours avant votre départ, j'ai reçu une lettre de Rousseau, pour justifier la répugnance qu'il marquoit à vous suivre : elle est le comble de la folie et de la méchanceté; c'est pourquoi je n'ai pas voulu vous la faire lire au moment de notre séparation. Je lui ai répondu comme il le méritoit, et comme vous auriez toujours dû faire. Il m'a renvoyé ma lettre, de sorte que voilà rupture ouverte et bien prononcée entre nous. J'ai saisi cette occasion pour le démasquer aux yeux de Diderot. Je lui ai aussi envoyé la lettre qu'il vous a écrite le jour de votre départ. Ces pièces ont, au moins, servi à vous justifier en partie ; et Rousseau lui-même, sans le vouloir, a fait le reste. Il y a apparence qu'il quittera l'Hermitage ; et il est à croire qu'il vous prépare un beau manifeste pour se justifier. Mon avis est que vous le laissiez faire, et que vous ne répondiez point; mais les circonstances vous guideront mieux que moi. Tout ce que je désire, c'est qu'il ne tourmente plus mes amis; il deviendra d'ailleurs tout ce qu'il pourra : au reste, vous n'êtes point la seule qui soyez dans le cas de vous plaindre de lui. Non-seulement cet homme est méchant, mais certainement il a perdu le sens. Je ne sais si vous vous rappelez que l'on vous a dit, cet automne, que Diderot lui avoit conseillé d'écrire à M. de Saint-Lambert ; voici pour quel sujet¹. Rousseau avoit mandé Diderot à l'Hermitage. Celui-ci y alla et le trouva dans un état déplorable. Rousseau lui confia qu'il avoit, en effet, la plus violente passion pour la comtesse d'Houdetot, mais que ses principes n'étant pas de s'y livrer, quand même il en seroit écouté, il étoit assez sûr de lui pour ne rien redouter de malhonnête de son amour. « Le sujet de mon tourment, lui dit-il, celui qui déchire mon âme, c'est que le marquis de Saint-Lambert soupçonne si fortement ma passion, qu'il est jaloux de moi, de moi, qui suis son ami (quelle opinion en a-t-il donc conçue?) et qu'il tourmente la comtesse à mon égard, au point de croire qu'elle partage mes sentiments, tandis que je ne me suis jamais permis de les lui faire connoître, qu'elle les ignore et qu'elle les ignorera toujours. C'est madame d'Épinay, a-t-il ajouté, qui a mis le trouble parmi nous, par son inépuisable coquetterie et ses intrigues.

— Je ne vois qu'une seule conduite honnête à tenir, répondit Diderot, c'est d'écrire au marquis, de lui faire l'aveu de votre passion, de lui protester que la comtesse l'ignore, de la justifier à ses yeux, et de lui montrer la

¹ C'est le récit, déjà cité, de Diderot à Marmontel, récit que les faits contredisent et qui n'a pas été écrit par Grimm ou madame d'Épinay, immédiatement après son départ pour Genève, mais évidemment plus tard, lorsqu'il fut décidé chez les philosophes, habilement dirigés par Grimm, que Jean-Jacques ayant obstinément fait secte à part, il fallait le détruire par tous les moyens. Qui est-ce qui a ainsi arrangé l'histoire? Personne et chacun ; et on a sans doute persuadé à la fin à Diderot que tout cela était parfaitement exact. Il l'aura cru et il l'aura dit peut-être. Mais c'est Grimm qui, maître de soi et des autres, a tissé, maille à maille, le filet où il a cru pouvoir prendre la renommée invincible de Jean-Jacques.

Grimm est mort, ne l'oublions pas, en 1807, dix-neuf ans après la publication de la seconde partie des *Confessions*, et il n'a pas réclamé.

résolution où vous êtes d'étouffer les sentiments nés dans votre cœur malgré vous. »

Ce conseil transporta Rousseau de reconnoissance. Il jura de le suivre, et quelques jours après il manda à Diderot qu'il l'avoit suivi, que sa lettre étoit partie, et la sécurité rentrée dans son cœur.

Il a cessé en effet pendant huit jours de voir la comtesse, s'est dit heureux de la victoire qu'il avoit remportée sur lui, et n'a pas manqué cependant depuis de saisir, pour la voir, toutes les occasions où elle ne pouvoit le fuir.

Quelques jours après votre départ, Diderot rencontre Saint-Lambert chez le baron d'Holbach. On parle de Rousseau. Le marquis laisse échapper quelques mots de mépris; Diderot, qui le connoît honnête et généreux, est étonné de son injustice : il le prend à part pour lui en demander la raison. Le marquis semble éviter l'explication. Diderot, avec sa franchise ordinaire, lui dit à la fin, qu'après la lettre que lui a écrite Rousseau, il devoit s'attendre à un traitement plus doux. « De quelle lettre me parlez-vous, lui répond le marquis, je n'en ai reçu qu'une, à laquelle on ne répond qu'avec des coups de bâton. Le philosophe reste pétrifié : ils s'expliquent, et parviennent à s'entendre. En un mot, le marquis apprend à Diderot que cette lettre ne contient qu'un long sermon sur la nature de la liaison qui est entre Saint-Lambert et la comtesse d'Houdetot, lui en fait honte et le peint comme un scélérat qui abuse de la confiance que le comte d'Houdetot a en lui. Vous remarquerez que la comtesse a entre les mains plus de vingt lettres de Rousseau, plus passionnées les unes que les autres, qu'elle a communiquées à Saint-Lambert, tandis que

Rousseau avoit juré à Diderot qu'il mourroit plutôt que de faire à la comtesse l'aveu de sa passion. Le philosophe, tout étourdi de cette découverte, écrivit le lendemain à Rousseau pour lui reprocher de l'avoir joué : il ne répondit point ; ce qui fit prendre à Diderot son parti d'aller le trouver hier, afin de s'expliquer avec lui. Le soir, à son retour, il m'écrivit la lettre dont je vous envoie copie, car elle est belle et mérite d'être conservée. Ce matin, il est venu me voir, et m'a conté le détail de sa visite. Rousseau étoit seul au fond de son jardin ; du plus loin qu'il aperçut Diderot, il lui cria d'une voix de tonnerre, et le visage allumé : « Que venez-vous faire ici ?
« — Je viens savoir, lui répondit le philosophe, si vous
« êtes fou ou méchant. — Il y a quinze ans, reprit
« Rousseau, que vous me connoissez ; vous savez que je
« ne suis pas méchant, et je vais vous prouver que je ne
« suis pas fou : suivez-moi. » Il le mène aussitôt dans son cabinet, ouvre une cassette remplie de papiers, en tire une vingtaine de lettres, qu'il eut cependant l'air de trier sur les autres papiers : « Tenez, dit-il, voilà des lettres de la comtesse, prenez au hasard, et lisez ma justification. » La première sur laquelle Diderot tombe, il y lit très-clairement les reproches les plus amers que lui fait la comtesse d'abuser de sa confiance, pour l'alarmer sur ses liaisons avec le marquis, tandis qu'il ne rougit pas d'employer les piéges, la ruse et les sophismes les plus adroits pour la séduire. « Ah! certes, vous êtes fou, s'écria Diderot, de vous être exposé à me laisser lire ceci ; lisez donc vous-même ; cela est clair. » Rousseau pâlit, balbutia, puis entra dans une fureur inconcevable, fit une sortie contre le zèle indiscret des amis, et ne convint jamais qu'il eût tort. Connoissez-vous

rien de comparable à cette folie? C'est à l'indignation qu'elle a causée à Diderot que nous devons la connoissance de tous ces détails; je suis sûr qu'il ne se seroit jamais permis d'en parler, s'il ne se trouvoit lui-même forcé de se justifier. Aujourd'hui Rousseau lui fait un crime de s'être expliqué avec le marquis, et l'accuse hautement d'avoir révélé son secret; ce qui est encore bien gauche, car il le force à le divulguer pour éviter de passer pour un traître. Voilà cet homme qui faisoit un code de l'amitié : il y a à lui pardonner toute la journée; et il ne passe rien aux autres. Je ne veux plus penser à lui.

Vous croyez bien qu'on se souvient de vous chez le baron d'Holbach; on n'ose cependant trop en parler, de crainte de m'affliger : ces gens-là ne savent pas qu'il est doux de s'affliger. Adieu, ma chère, ma précieuse amie. J'ai reçu aujourd'hui des nouvelles de mon frère, qui me mande qu'on lui fait des propositions pour moi de la part de la cour de Saxe-Gotha[1]. Jugez comme je suis pressé de quitter la France.

LETTRE DE M. DIDEROT A M. GRIMM.

Le 5 au soir.

Cet homme est un forcené. Je l'ai vu, je lui ai reproché, avec toute la force que donnent l'honnêteté et une sorte d'intérêt qui reste au fond d'un cœur d'un ami qui lui est dévoué depuis longtemps, l'énormité de sa conduite: les pleurs versés aux pieds de madame d'Épinay, dans

---

[1] Grimm deviendra plus tard représentant de cette cour auprès de la cour de France. La diplomatie était son fait.

le moment même où il la chargeoit près de moi des accusations les plus graves ; cette odieuse apologie qu'il vous a envoyée, et où il n'y a pas une seule des raisons qu'il avoit à dire ; cette lettre projetée pour Saint-Lambert, qui devoit le tranquilliser sur des sentiments qu'il se reprochoit, et où, loin d'avouer une passion, née dans son cœur malgre lui, il s'excuse d'avoir alarmé madame d'Houdetot sur la sienne. Que sais-je encore ? Je ne suis point content de ses réponses ; je n'ai pas eu le courage de le lui témoigner, j'ai mieux aimé lui laisser la misérable consolation de croire qu'il m'a trompé. Qu'il vive ! Il a mis dans sa défense un emportement froid qui m'a affligé. J'ai peur qu'il ne soit endurci.

Adieu, mon ami ; soyons et continuons d'être honnêtes gens : l'état de ceux qui ont cessé de l'être me fait peur. Adieu, mon ami ; je vous embrasse bien tendrement. Je me jette dans vos bras comme un homme effrayé ; je tâche en vain de faire de la poésie, mais cet homme me revient tout à travers mon travail ; il me trouble, et je suis comme si j'avais à côté de moi un damné : il est damné, cela est sûr. Adieu, mon ami.

Grimm, voilà l'effet que je ferois sur vous, si je devenois jamais un méchant : en vérité, j'aimerois mieux être mort. Il n'y a peut-être pas le sens commun dans tout ce que je vous écris, mais je vous avoue que je n'ai jamais éprouvé un trouble d'âme si terrible que celui que j'ai.

Oh ! mon ami, quel spectacle que celui d'un homme méchant et bourrelé ! Brûlez, déchirez ce papier, qu'il ne retombe plus sous vos yeux ; que je ne revoie plus cet homme-là ; il me feroit croire aux diables et à l'enfer. Si je suis jamais forcé de retourner chez lui, je suis sûr que je frémirai tout le long du chemin : j'avois la fièvre en revenant. Je suis fâché de ne lui avoir pas laissé voir l'horreur qu'il m'inspiroit, et je ne me réconcilie avec moi qu'en pensant que vous, avec toute votre fermeté, vous ne l'auriez pas pu à ma place : je ne sais pas s'il ne m'auroit pas tué. On entendoit ses cris jusqu'au bout du jardin ; et je le voyois ! Adieu, mon ami, j'irai demain vous voir ; j'irai chercher un homme de bien, auprès duquel je m'asseye, qui me rassure, et qui chasse de mon âme je ne sais quoi d'infernal qui la tourmente et qui s'y est attaché. Les poëtes ont bien fait de mettre un intervalle immense entre le ciel et les enfers. En vérité, la main me tremble.

LETTRE DE MADAME D'ÉPINAY A M. GRIMM.

De Genève, le 12.

Me voici enfin arrivée à bon port, mon tendre ami, mais je ne sais encore où je suis, et je ne puis vous rien dire de tout ce que je voudrois. M. de Jully est venu au-devant de nous, et m'a accablée d'amitiés. L'appartement qu'il m'a choisi est assez joli, mais très-petit ; et je serai mal à l'aise jusqu'au départ de M. d'Épinay, qui aura lieu, je crois, à la fin de cette semaine. Il loge dans un petit cabinet où l'on ne peut entrer que par ma chambre ; il y est sans cesse, et vous savez la manie que j'ai de ne savoir pas même mettre l'adresse d'une lettre lorsque je sens du monde autour de moi. Il m'a pris un serrement de cœur fort étrange en entrant dans Genève. Il me semble que le lieu où je viens chercher la santé auroit dû me faire une toute autre impression. Je n'ai jamais pu prendre sur moi de l'envisager autrement que comme le lieu d'exil qui alloit, au moins pour six mois, me séparer de vous. Me voici en sûreté pour ma vie, étant entre les mains d'un homme étonnant pour les soins et l'intérêt qu'il me marque. Tout ce qu'il m'a dit de touchant m'a enfin fait verser des larmes : je n'en avois pu répandre une depuis mon départ de Paris.

C'est aujourd'hui le jour du courrier, je n'ai eu de nouvelles de personne ; si vous attendiez celle de mon arrivée ici pour m'écrire, je serois fort à plaindre, car les lettres sont cinq jours en chemin, et n'arrivent et ne partent que trois fois la semaine. J'ai tant de choses à vous dire, et si peu de forces encore pour écrire. Je voudrois tout dire à la fois, et je finis par me taire. Mon sauveur m'a déjà bien examinée, bien questionnée, et le résultat de cet examen est une guérison sûre [1], mais peut-être longue : il dit qu'il ne prononcera définitivement que dans quelque temps.

J'ai trouvé ici une lettre de mon concierge, qui me marque que Rousseau lui a fait dire de venir reprendre les meubles de l'Hermitage, parce qu'il va en sortir. Je lui réponds tout simplement : « Si M. Rousseau quitte « l'Hermitage, retirez-en les meubles le lendemain qu'il « en sera sorti, et pas avant. Vous verrez M. Grimm ; « vous saurez de lui ce que deviennent les dames Le Vas- « seur, et si elles ont besoin de quelques-uns de mes « effets, vous leur laisserez ce que M. Grimm vous dira « de leur donner. Vous porterez le surplus chez ma « mère. »

[1] Tous ces arrangements du roman nous gâtent un peu l'histoire Aussi avons-nous le droit de ne pas en croire sur parole, non-seulement le Journal, mais même les lettres.

Mandez-moi ce que deviennent ces femmes, je vous prie de ne pas les laisser manquer; je vous en tiendrai compte, et je dirai bon à tout ce que vous ferez, surtout pour la vieille mère Le Vasseur. Mon oracle prétend qu'il ne faut pas que j'écrive beaucoup, ni que je m'applique.

Le lendemain.

J'ai été interrompue hier par des visites : je vous parlerai une autre fois de tous ces gens-là. Tâchez, je vous prie, que je ne sois jamais deux ordinaires sans avoir de nouvelles de vous, ou de ma mère ou de Pauline. Une chose cruelle, c'est que la neige retarde presque toujours le courrier pendant l'hiver. Oh! quel pays que celui où mon repos dépendra du temps qu'il fait? Comment ai-je pu me séparer de vous? quelle folie de prétendre guérir, quand j'ai laissé à plus de cent lieues de moi mon bonheur, ma tranquillité, et la plus précieuse partie de moi-même! Ah! que n'avez-vous eu plutôt l'idée de m'accompagner? Quelle différence! Mais la douceur de vous avoir près de moi seroit près de finir, et il ne me resteroit que le regret de nous séparer. Toute ma consolation sera donc dans vos lettres : vous ne m'en laisserez pas manquer, n'est-ce pas, mon tendre ami? En voici une ; je la lis, et j'ajoute quatre mots pour faire partir celle-ci.

O mon ami, quel monstre que ce Rousseau! Je n'en reviens pas. La lettre de Diderot est admirable. Le courrier va partir; je n'ai que le temps de vous prier de dire de mes nouvelles à ma mère : je lui écrirai par le prochain courrier. Je me porte bien; j'ai dormi à merveille cette nuit.

J'oubliois de vous dire que M. de Voltaire est venu au-devant de moi[1]. Il vouloit nous retenir à dîner ; mais, quoique je fusse assez bien pour y rester, j'étois pressée de me reposer et d'arriver.

LETTRE DE MADAME D'ÉPINAY A M. GRIMM.

Je comptois, mon tendre ami, passer ma matinée avec vous ; mais je suis privée aujourd'hui de cette unique et douce consolation. M. d'Épinay ne fait que de partir, et le courrier en va faire autant. Je n'écris qu'à ma mère, et à vous ce mot pour vous dire que je me porte bien, et que mon sauveur, qui est adorable, me rabâche et me gronde presque autant que vous. Il me mène aujourd'hui chez Voltaire pour la première fois. Je n'ai pas voulu me presser de me rendre aux instances continuelles que lui et sa nièce [2] m'ont faites. Il m'a écrit presque tous les jours les plus jolis billets du monde ; j'ai répondu verbalement : je me suis contentée de lui envoyer mon mari, mon fils et M. Linant ; et je me suis tenue tranquille. J'y vais enfin ; mais il me tarde d'être de retour pour causer un peu librement avec vous. Bon ! l'on m'annonce que le courrier est parti, et voilà ma lettre retardée de quatre jours ? Si vous allez être inquiet, je serai désolée. On m'attend. Bonjour donc. A ce soir.

---

[1] La réputation de madame d'Épinay était devenue européenne depuis qu'elle avait installé Rousseau à l'Ermitage. De plus, M. d'Épinay était fermier général, et Voltaire tenait à être bien avec ce monde-là. Madame d'Épinay devint donc l'une des amies de la maison, et le seigneur des Délices, ne se fit pas faute de louer ses grands yeux noirs.

[2] Madame Denis.

DEUXIÈME PARTIE. — CHAPITRE IX.   403

Le soir.

Il est tard; cependant il faut vous dire un petit mot : il n'y a pas moyen de se coucher sans cela. Voilà, mon tendre ami, le premier moment où je respire et où je puis vous dire sans gêne que je ne saurois me consoler d'être séparée de vous.

J'arrive de chez Voltaire. Je suis fort contente du grand homme; il m'a accablée de politesses : ce n'est pas sa faute si nous sommes revenus ce soir en ville; il vouloit nous garder. J'ai fort bien soutenu cette journée; ainsi soyez tranquille. A demain.

Le lendemain.

Qu'est-ce qu'une lettre de Rousseau à d'Alembert qui paroît? Il accuse dans cette lettre, a-t-on mandé à Voltaire, un ami de la plus insigne de toutes les trahisons. On dit qu'il désigne Diderot d'une manière à ne pas s'y méprendre. Que signifie cette nouvelle horreur? sur quoi est-elle fondée? et que veut-elle dire? Seroit-ce ce que vous m'avez écrit relativement à Saint-Lambert [1]?

---

[1] La *Lettre sur les Spectacles* fut écrite au mois de février 1758, non pas à l'Ermitage, où Rousseau n'habitait plus, mais dans une petite tourelle de la maison qu'il avait prise à Montmorency. Elle ne dut paraître qu'en mars, et encore tout au plus tôt; et ce n'est guère qu'au mois d'avril que madame d'Épinay, à Genève, en auroit dû entendre parler. Il y a donc, ici encore, une interversion des dates et des faits.

La note de Rousseau, relative à Diderot, était ainsi conçue : « *Ad amicum etsi produxeris gladium, non desperes; est enim regressus. Ad amicum si aperueris os triste, non timeas; est enim concordatio : excepto convitio et improperio et superbia, et mysterii revelatione, et plaga dolosa; in his omnibus effugiet amicus;* » et cette note accompagnait cette phrase du texte : « J'avois un aristarque sévère et judicieux;

Mon oracle m'a beaucoup questionnée pour savoir ma façon de penser sur l'hermite : j'ai été tout aussi réservée qui falloit l'être ; mais à la fin j'ai été obligée de parler plus franchement en apprenant ce que je vais vous dire. « Vous m'expliquerez bien, me dit-il hier, une lettre que j'ai reçue de lui, où il parle de vous, et que je n'entends pas ? »

Voici, mot pour mot, l'article que j'ai copié pour vous l'envoyer.

je ne l'ai plus, je n'en veux plus : mais je le regretterai sans cesse, et il manque bien plus encore à mon cœur qu'à mes écrits ! »

On peut juger quel effet cela dut produire dans le monde littéraire. Il fallut bien répondre, ou du moins expliquer ce que Rousseau appelait « la révélation du secret, » et alors se répandit l'histoire de la lettre à Saint-Lambert, conseillée par Diderot, et de la colère de Jean-Jacques, en apprenant que Diderot avait révélé à Saint-Lambert son amour pour madame d'Houdetot. Or, au témoignage de Rousseau, rien de tout cela n'est vrai de la façon dont on le racontait.

« Je retouchois, dit-il, et mettois au net cette lettre, et je me disposois à la faire imprimer, quand, après un long silence, j'en reçus une de madame d'Houdetot qui me plongea dans une affliction nouvelle, la plus sensible que j'eusse encore éprouvée. Elle m'apprenoit dans cette lettre que ma passion pour elle étoit connue dans tout Paris, que j'en avois parlé à des gens qui l'avoient rendue publique ; que ces bruits, parvenus à son amant, avoient failli lui coûter la vie ; qu'enfin il lui rendoit justice, et que leur paix étoit faite ; mais qu'elle lui devoit, ainsi qu'à elle-même et au soin de sa réputation, de rompre avec moi tout commerce : m'assurant, au reste, qu'ils ne cesseroient jamais l'un et l'autre de s'intéresser à moi, qu'ils me défendroient dans le public, et qu'elle enverroit de temps en temps savoir de mes nouvelles.

« Et toi aussi, Diderot ! m'écriai-je. Indigne ami ! » Je ne pus cependant me résoudre à le juger encore. Ma foiblesse étoit connue d'autres gens qui pouvoient l'avoir fait parler. Je voulus douter, mais bientôt je ne le pus plus. Saint-Lambert fit peu après un acte digne de sa générosité. Il jugeoit, connoissant assez mon âme, en quel état je devois être, trahi d'une partie de mes amis, et délaissé des autres. Il me vint voir. La première fois il avoit peu de temps à me donner. Il revint. Malheureusement, ne l'attendant pas, je ne me trouvai pas chez moi, Thérèse, qui s'y trouva, eut avec lui un entretien de plus de deux heures, dans lequel ils se dirent mutuellement beaucoup de faits dont il m'importoit

« Madame d'Épinay est décidée à faire son voyage :
« son corps et son âme en ont besoin, elle a une entière
« confiance en vous. Quant aux secours physiques qu'elle
« en attend, vous la trouverez docile : il n'en sera pas
« de même sur ses principes ; elle tient à ceux de vos
« philosophes musqués, et je doute que vous l'en fassiez
« revenir. Il est inconcevable qu'une femme qui a autant
« d'esprit, autant d'amour pour la vertu, et qui se plaît

que lui et moi fussions informés. *La surprise avec laquelle j'appris par
lui que personne ne doutoit dans le monde que je n'eusse vécu avec madame d'Épinay, comme Grimm y vivoit maintenant, ne peut être égalée
que par celle qu'il eut lui-même en apprenant combien ce bruit étoit
faux. Saint-Lambert, au grand déplaisir de la dame, étoit dans le
même cas que moi ;* et tous les éclaircissements qui résultèrent de cet
entretien achevèrent d'éteindre en moi tout regret d'avoir rompu sans
retour avec elle. Par rapport à madame d'Houdetot, il détailla à Thérèse
plusieurs circonstances qui n'étoient connues ni d'elle, ni même de madame d'Houdetot, que je savois seul, que je n'avois dites qu'au seul
Diderot sous le sceau de l'amitié ; et c'étoit précisément Saint-Lambert
qu'il avoit choisi pour lui en faire la confidence. Ce dernier trait me
décida. »

Maintenant, Jean-Jacques ne pouvait-il pas pardonner à la légèreté de
Diderot ? Il est vrai qu'il était depuis longtemps excédé des manœuvres
faites autour de lui pour troubler sa vie, sous prétexte de la régulariser. Et peut-être voyait-il que désormais Diderot resterait sous la main
de Grimm.

Au reste, si sa note, tirée du latin de l'*Ecclésiastique*, est bien vive,
Diderot devait aller au delà, quand il écrivit au bas d'une des pages de
son *Essai sur les règnes de Claude et de Néron* (au § CXVIII) :

« C'est longtemps avant que, séduit par la confiance naturelle de la
jeunesse, et qu'entraîné par le suffrage imposant de la multitude, tandis
que je faisois cause commune avec les méchants pour déprimer un philosophe vertueux, je m'unissois à des fous pour élever un piédestal à
à l'homme hypocrite. Je restai le défenseur opiniâtre de celui-ci contre
des amis éclairés, qui me prévenoient sans cesse sur les suites d'une intimité dangereuse. Leur prédiction ne tarda pas à s'accomplir. Hélas ! ce
fut au milieu d'une ivresse qui m'étoit chère que le voile se déchira, et
que je vis avec autant de douleur que de surprise que, pendant de
longues années, je n'avois pressé contre mon sein, serré qu'un monstre
entre mes bras. »

« à la pratiquer jusqu'à sacrifier son bonheur avec fer-
« meté lorsque son devoir l'exige, mette sans cesse sur
« le compte de sa raison les erreurs et les caprices de ses
« penchants. Oui, je suis convaincu qu'il n'est point
« d'homme, si honnête qu'il soit, s'il suivoit toujours
« ce que son cœur lui dicte, qui ne devînt en peu de
« temps le dernier des scélérats. Je vous entretiens de
« tout cela, parce que, quand je parle d'elle, je crois lui
« parler. »

Je répondis au sauveur que je ne comprenois rien à
cette lettre ; mais que cette fin, tout obscure qu'elle étoit,
me choquoit fort ; il reprit vivement : « Madame, il n'y a
qu'un monstre qui puisse penser et écrire ainsi de son
ami ; méfiez-vous-en : quant à moi, je ne lui ai pas répondu, ni ne lui écrirai de ma vie. » Alors je contai au
sauveur tout ce qui me concernoit ; les dernières tracasseries que nous avons eues avec cet homme : il en est
indigné et point surpris. Il m'a montré une lettre qu'un
nommé M. N***, ministre prédicant, a reçu hier de Diderot. Je lui ai demandé permission d'en prendre copie,
et je vous l'envoie, car elle en vaut la peine. Ce M. N***
lui avoit écrit sur Rousseau, et lui demandoit qui il entendoit accuser dans cet ouvrage dont Voltaire m'a parlé.
Il lui donnoit aussi des éloges sur ce qui paroît de l'*Histoire de la philosophie*, et il l'exhortoit à la continuer.
La réponse de Diderot me paroît admirable : je vous en
prie, mon ami, envoyez-moi tout ce que vous pourrez
avoir de lui : quatre lignes de cet homme me font plus
rêver et m'occupent davantage qu'un ouvrage complet
de nos prétendus beaux esprits.

Mon sauveur m'a mise au fait des mœurs de ce pays
en général, et du caractère de ceux avec qui il me con-

seille de me lier : il a bien fait de prendre cette peine, car je vous réponds que M. de Jully n'auroit pas été en état de m'en dire un mot. Depuis cinq mois qu'il est ici, il n'a pas pensé qu'il y eût rien à voir ni à approfondir dans un pays étranger. Cela ne fait-il pas un habile négociateur? Voilà ce que c'est que de ne pas savoir mettre les gens à leur place. Il feroit un excellent intendant des Menus ; peu d'autres places lui conviendroient. Au reste, il me marque beaucoup d'amitié, et a de moi un soin tout particulier.

Tronchin m'a amené déjà plusieurs personnes, entre autres son cousin M. Tronchin de la Boissière, conseiller d'État, qui me paroît être un homme de ressource : il est d'un certain âge ; il a de l'esprit, des talents et du goût, chose rare ici ; il n'est nullement pédant, quoique ce soit le défaut de sa nation. J'ai reçu aussi la visite de plusieurs compatriotes, qui sont ici en passant : le président et la présidente de ***, et l'abbé de C***. Le président est une bête assommante et importune. Sa femme est, mot pour mot, comme la cousine de N*** que vous connoissez : c'est le même cailletage, la même tournure, les mêmes manières, jointes à une figure très-agréable et à une dévotion qui ne revient à rien. L'abbé paroît aimable ; mais c'est un enfant. Mon oracle m'a défendu publiquement les visites et les repas hors de chez moi ; il m'a mise par là bien à mon aise.

Voici comme il compte arranger ma vie. J'aurai mes matinées à moi, et je ne recevrai que lui ; je dînerai en famille, et l'après-dînée je recevrai du monde jusqu'à sept ou huit heures ; il n'est pas d'usage ici de fermer sa porte, à moins de maladie. Les visites commencent à deux heures et finissent à six, parce que c'est l'heure où toutes les sociétés se rassemblent entre elles. Trois fois la semaine, je retiendrai deux ou trois personnes à souper, et je ne mangerai jamais en ville que chez mon sauveur ou chez M. de Voltaire. Je ne vous parle pas de mon régime, de mes maux, ni de mes remèdes. M. Linant en envoie un détail circonstancié à ma mère, et moi je vous y renvoie. En voilà assez pour ce matin, mon tendre ami. C'est aujourd'hui jour de courrier, il repart demain; j'attendrai qu'il soit arrivé pour fermer cette lettre. Bonjour.

Le soir, à huit heures.

Oh! que je suis riche aujourd'hui! Je reçois des lettres de tout le monde et deux de vous, mon bon ami; je ne puis y répondre, il est trop tard. J'ai eu des visites tout le jour. Parmi ces lettres, il y en a une de Rousseau, qui est un adieu en forme et qui ne revient à rien. Je vous l'envoie avec la copie de ma réponse. Bonsoir.

LETTRE DE M. DIDEROT A M. N***.

Des occupations, des embarras, des chagrins, de la mauvaise santé, voilà, monsieur, depuis deux mois que je vous dois une réponse, ce qui m'a fait dire tous les jours : Demain, demain. Mais, quoique ma négligence soit inexcusable, vous m'en accorderez le pardon; vous imiterez celui qui nous reçoit, en quelque temps que nous revenions, et qui n'a jamais dit : C'est trop tard.

J'ai été touché de vos éloges plus que je ne puis vous l'exprimer. Et comment ne l'aurois-je pas été? Ils étoient d'un homme chargé par état et digne par ses talents de prêcher la vertu à ses semblables. En approuvant mes ouvrages et en m'encourageant à les continuer, il sembloit m'associer à son ministère. C'est ainsi que je me considérois un moment, et j'étois vain, je me sentois échauffé, et j'aurois pu entreprendre même la vie de Socrate, malgré mon insuffisance, que vous me faisiez oublier. Vous voyez combien la louange de l'homme de bien est séduisante. Quoique je n'aie pas tardé à rentrer en moi-même et à reconnoître combien le sujet étoit au-dessus de mes forces, je n'y ai pas tout à fait renoncé, mais j'attendrai. C'est par ce morceau que je voudrois prendre congé des lettres : si jamais je l'exécutois, il seroit précédé d'un discours dont l'objet ne vous paroîtra ni moins important, ni moins difficile à remplir : ce seroit de convaincre les hommes que, tout bien considéré, ils n'ont rien de mieux à faire, dans ce monde, que de pratiquer la vertu.

J'y ai déjà pensé, mais je n'ai encore rien trouvé qui me satisfasse ; je tremble lorsqu'il me vient à l'esprit que, si la vertu ne sortoit pas triomphante du parallèle, il en résulteroit presque une apologie du vice. Du reste, la tâche me paroît si grande et si belle, que j'appellerois volontiers à mon secours tous les gens de bien. Oh! combien la vanité seroit puérile et déplacée dans une occasion où il s'agiroit de confondre le méchant et de le réduire au silence! Si j'étois puissant et célibataire, voilà le prix que je proposerois en mourant : je laisserois tout mon bien à celui qui mettroit cette question hors d'atteinte, au jugement d'une ville telle que la vôtre. J'ai dit en mourant, et pourquoi pas de mon vivant, moi qui estime la vertu à tel point que je donnerois volontiers ce que je possède pour être parvenu jusqu'au moment où je vis avec l'innocence que j'apportai en naissant, ou pour arriver au terme dernier avec l'oubli des fautes que j'ai faites et la conscience de n'en avoir point augmenté le nombre? Et où est le misérable assez amoureux de son or pour se refuser à cet échange? Où est le père qui ne l'acceptât avec transport pour son enfant? Où est l'homme qui, ayant atteint l'âge de quarante-cinq ans sans reproche, n'aimât mieux mourir mille fois que de perdre une prérogative si précieuse par le mensonge le plus léger? Ah! monsieur, étendez cet homme sur de la paille, au fond d'un cachot; chargez-le de chaînes, accumulez sur tous ses membres toute la variété des tourments, vous en arracherez peut-être des gémissements, mais vous ne lui empêcherez point d'être ce qu'il aime le mieux; privez-le de tout, faites-le mourir au coin d'une rue, le dos appuyé contre une borne, et vous ne l'empêcherez pas de mourir content.

Il n'y a donc rien au monde à quoi la vertu ne soit préférable; et, si elle ne nous paroît pas telle, c'est que nous sommes corrompus et qu'il ne nous en reste pas assez pour en connoître tout le prix. Je ne vous écris pas, mais je cause avec vous, comme je causois autrefois avec cet homme qui s'est enfoncé dans le fond d'une forêt où son cœur s'est aigri, où ses mœurs se sont perverties. Que je le plains!... Imaginez que je l'aimois, que je m'en souviens, que je le vois seul entre le crime et le remords, avec des eaux profondes à côté de lui... Il sera souvent le tourment de ma pensée. Nos amis communs ont jugé entre lui et moi : je les ai tous conservés, et il ne lui en reste aucun.

C'est une action atroce que d'accuser publiquement un ancien ami, même lorsqu'il est coupable; mais quel nom donner à l'action, s'il arrive que l'ami soit innocent? et quel nom lui donner encore, si l'accusateur s'avouoit au fond de son cœur l'innocence de celui qu'il ose accuser?

Je crains bien, monsieur, que votre compatriote ne se soit brouillé avec moi parce qu'il ne pouvoit plus supporter ma présence; il m'avoit appris deux ans à pardonner les injures particulières; mais celle-ci est publique, et je n'y sais plus de remèdes. Je n'ai point lu son dernier ouvrage; on m'a dit qu'il s'y montrait religieux : si cela est, je l'attends au dernier moment.

LETTRE DE ROUSSEAU A MADAME D'ÉPINAY.

Si l'on mouroit de douleur, je ne serais pas en vie; mais enfin j'ai pris mon parti[1]. L'amitié est éteinte entre nous, madame; mais celle qui n'est plus garde encore des droits que je sais respecter. Je n'ai point oublié vos bontés pour moi, et vous devez compter de ma part sur toute la reconnoissance qu'on peut avoir pour quelqu'un qu'on ne doit plus aimer. Toute autre explication seroit inutile. J'ai pour juge ma conscience, et vous renvoie à la vôtre.

J'ai voulu quitter l'Hermitage et je le devois; mais on prétend[2] qu'il faut que j'y reste jusqu'au printemps, et, puisque mes amis le veulent, j'y resterai si vous y consentez.

---

[1] Il faut revenir en arrière, pour retrouver l'ordre des temps. Cette lettre est du 23 novembre 1757.

[2] « On, » c'est madame d'Houdetot.

RÉPONSE DE MADAME D'ÉPINAY A M. ROUSSEAU.

Le 4 décembre.

Après vous avoir donné pendant plusieurs années toutes les marques possibles d'amitié et d'intérêt, il ne me reste qu'à vous plaindre. Vous êtes bien malheureux. Je désire que votre conscience soit aussi tranquille que la mienne : cela pourroit être nécessaire au repos de votre vie.

Puisque vous voulez quitter l'Hermitage, et que vous le deviez, je suis étonnée que vos amis vous aient retenu : pour moi, je ne consulte jamais les miens sur mes devoirs, et je n'ai plus rien à vous dire sur les vôtres.

LETTRE DE M. GRIMM A MADAME D'ÉPINAY.

Je suis enchanté de vous, ma chère amie, de M. Tronchin, de Voltaire, de M. de Jully, de tout le monde. Vous voilà donc enfin à Genève, et vous y voilà avec les plus belles espérances du monde. Il faut s'en enivrer, ma tendre amie, parce qu'elles vous rendront toutes les résolutions et les sacrifices possibles et aisés. Votre lettre m'a été bien douce. J'espère que vous êtes libre et tranquille à présent, et que vous avez déjà pensé à vous arranger un plan de vie agréable et convenable à votre situation. J'aurai de tout cela des nouvelles en son temps. Mais, ma chère amie, ne vous fatiguez pas à me mander tout ce que les personnes qui sont autour de vous peuvent me faire savoir : c'est l'état de votre âme qu'il me faut ; mais sans vous fatiguer. Suivez exactement tout ce que prescrit M. Tronchin, dussé-je rester sans consolation et sans ressource.

Voici ce que vient de faire ce malheureux Rousseau, et l'explication que vous me demandez. Il a fulminé contre Diderot, l'a accusé hautement d'avoir trahi méchamment son secret et manqué à la confiance ; et cela pour s'être expliqué avec le marquis de Saint-Lambert sur cette lettre que Rousseau lui devoit écrire. Les criailleries ont été si indécentes et si publiques, que Saint-Lambert s'est donné la peine d'aller lui-même à l'Hermitage pour justifier Diderot et conter à Rousseau comment l'explication s'étoit faite. Il l'a quitté convaincu qu'il l'avoit dissuadé de ses soupçons, et prêt à faire à son ami une justification publique. Point du tout, quatre jours après, il paroît une lettre imprimée de Rousseau, où il redoute les accusations contre Diderot, et le note comme un homme sans honneur et sans religion. Cette lettre étoit sous presse, tandis qu'il juroit au marquis qu'il étoit bien doux pour lui de trouver son ami innocent.

Votre réponse à sa lettre est très-bien ; mais on dit que Rousseau semble moins pressé de sortir de votre maison ; pour moi, je crois qu'après tout ce qui s'est passé, vous ne pouvez l'y laisser sans vous manquer.

Autre folie, mais qui n'est pas si grave. M. de Margency s'est brouillé avec le baron[1], parce que celui-ci s'est avisé de trouver très-médiocre un roman ni bon ni mauvais, que vient de faire madame de Verdelin. J'espérois que cela se raccommoderoit. Margency s'obstine à ne plus revenir, et le baron à ne pas le chercher. J'en

---

[1] Le baron d'Holba

suis fâché ; je n'aime point les misères. Margency apporte beaucoup d'agrément dans la société, mais il ne sera jamais un ami solide. Cette tracasserie l'éloignera aussi de vous, et cela est fâcheux ; cependant il ne faut rien faire pour parer à cet inconvénient.

M. de Francueil est venu tous les jours savoir de vos nouvelles : il regrette bien, dit-il, de ne vous avoir pas accompagnée. Je crois que vous ferez bien de mettre, dans une de vos lettres, un mot de remercîment qu'on puisse lui lire.

Nous attendons votre mari. Nous nous rassemblerons tous chez madame votre mère le jour de son arrivée, pour apprendre, par lui, les espérances que nous donne votre sauveur. Souvenez-vous, ma tendre et douce amie, que je n'en veux croire que vous. Bonjour, ô vous qui êtes si parfaitement aimée, dont l'absence m'a ôté la joie, la paix, la tranquillité, vous dont la conservation fait le bonheur de mes jours et me tiendra lieu de tout.

LETTRE DE M. GRIMM A MADAME D'ÉPINAY.

Voici une des plus heureuses journées que j'aie pu avoir sans vous. J'ai dîné chez madame votre mère avec M. d'Épinay, qui est arrivé en bonne santé ; après quoi j'ai reçu vos deux lettres. Une seule chose m'a troublé et a gâté absolument ma satisfaction, c'est ce que vous m'apprenez de nouveau au sujet de ce monstre de Rousseau. Vous ne sauriez croire quel effet font sur moi de pareilles horreurs ; elles ébranlent toute ma machine, et me laissent des impressions profondes. Tâchons d'effacer le souvenir de ces infamies. Il faut que nous nous chargions de faire vivre la vieille mère Le Vasseur : il ne la met pas à la porte, il n'a garde ; mais il se conduit avec elle de façon qu'elle préféreroit de mendier son pain dans la rue à rester avec lui. Voyez si elle pourroit s'établir chez vous et mandez-moi vos idées. Diderot, vous et moi partagerons ces frais, chacun suivant nos moyens.

Eh bien, Margency n'a pas remis les pieds chez le baron ; il y a plus de dix jours qu'on n'en a entendu parler. J'ai passé chez lui, il étoit absent ; j'y passerai encore pour lui dire son fait suivant ma conscience. Mon Dieu ! que les hommes sont plats et qu'ils m'ennuient !

Il fait ici le plus beau temps du monde ; il m'entretient dans une douce mélancolie. Je pense quelquefois que nous passerons l'hiver prochain à la campagne ensemble. Mon Dieu ! que cette idée me plaît, et que je serois heureux si elle se réalisoit ! Rapportez-nous la santé, et tout ira bien. Ne soyez point triste, je vous en conjure ; songez que cela pourroit retarder votre guérison, pensez à vous amuser, et mandez-moi si vous y réussirez.

Je désire bien, ma chère amie, que vous puissiez finir d'acquitter vos dettes, et même épargner pendant votre voyage. Si M. d'Épinay est susceptible de réflexions et d'honnêteté, il mettra aussi votre absence à profit pour se liquider, mais je n'ose l'espérer pour lui et pour vos enfants ; je tâcherai cependant d'avoir une conversation avec lui ; ne fût-ce que pour voir ses dispositions. Il est bien important que vous mettiez vos affaires au point de n'avoir plus à souffrir de ses désordres. Est-ce que vous n'auriez pas pu loger chez M. de Jully ? Ne vous l'a-t-il pas offert ? Il me semble que cet arrangement auroit été très-convenable et beaucoup moins coûteux; peut-être même y auriez-vous été mieux servie que par vos propres domestiques.

J'attends vos lettres avec une impatience inexprimable; vous m'en enverriez dix par jour que je n'en aurois jamais assez. Hélas! ma tendre amie, que le temps où je vous reverrai est loin! Adieu, mon amie, mon unique bien; vous ne concevrez jamais jusqu'où va ma tendresse pour vous. Hélas! ils nous l'ont arrachée. Ah! que je suis à plaindre.

LETTRE DE MADAME D'ÉPINAY A M. GRIMM.

Je ne sais pourquoi, mais je suis d'une tristesse mortelle; je me porte pourtant bien, je n'ai point de vapeurs, point d'ennui : les lettres que j'ai reçues ce matin m'ont enivrée de joie, et plus je les relis, ce soir, plus mon âme se resserre : d'où me vient ce pressentiment qui m'obsède? Je crains, et je sens que je crains pour vous; mais pourquoi chercherai-je d'autres prétextes et d'autres motifs à ma tristesse que celui de notre séparation? Je reçois vos lettres, mais elles sont de cinq à six jours. Qu'il arrive de choses dans six jours! Essayons donc si, en causant doucement, je serai plus tranquille. Ce que vous mandez de Rousseau est incompréhensible : voilà certainement un abominable homme. Je ne veux pas beaucoup appuyer sur les réflexions qu'il me fait faire; il noircit mon imagination et mon âme. Je ne saurois penser sans trouble à un méchant aussi décidé.

En vérité, mon ami, c'est une chose bien curieuse que de me voir recevoir mes lettres : la joie, le trouble, l'inquiétude m'agitent; je ne sais si je dois commencer la lecture par le commencement ou par la fin; je suis en peine jusqu'à la ligne qui me peint votre situation, celle de ma mère, de mon enfant; je suis plus heureuse à la seconde lecture, et puis, peu à peu, mon illusion cesse, et je me retrouve à cent lieues de tout ce qui m'est cher. Vous ne voulez donc pas que je revienne sans vous? Ah! vous n'avez pas eu le premier cette idée; j'étois bien résolue de vous le demander, mais ai-je eu encore le temps de vous rien dire?

La vie qu'on mène ici me convient fort; je sens que j'y serois si heureuse avec vous, que j'aurois peine à m'en détacher. Les mœurs sont un peu loin des nôtres, à ce qu'il me paroit dans le peu que j'ai déjà vu : elles sont simples, et, quoiqu'il y ait quelques citoyens qui crient à la corruption, je suis tout émerveillée de leur pureté et de leur innocence. Il y a de fort beaux établissements politiques : celui que j'ai déjà eu occasion d'approfondir est celui de la chambre des blés, par le moyen de laquelle il n'y a jamais de cherté. Le sol ne peut nourrir que neuf mille personnes environ, et il y a vingt-quatre mille habitants. La chambre des blés est dirigée par un certain nombre de magistrats régnants, et par quelques membres de leur conseil, appelé Deux-Cents, parce qu'il est composé de deux cents bourgeois de la ville. Ces directeurs sont chargés de faire venir tous les ans soixante mille sacs de blé de tous les endroits d'où l'on n'en apporteroit pas naturellement au marché : il est emmagasiné. Les boulangers de la ville sont obligés de s'approvisionner dans ces magasins; mais le pain de boulanger ne sert guère que pour les cabarets, pour le peuple et pour les étrangers qui passent. La plupart des particuliers qui sont un peu aisés font leur pain chez eux, et il leur est libre, si le produit du sol de chaque propriétaire ne leur suffit pas, de se fournir au marché public, ce qui fait quelquefois monter le prix du marché ; alors les directeurs de la chambre font tout à coup répandre la quantité de sacs nécessaires pour remettre l'équilibre. Le pain du boulanger est fixé invariablement. Les frais de cet établissement sont comptés au nombre des charges de la république. Le but de la république n'est pas de gagner, comme il est aisé de le présumer, mais seulement de garantir à jamais des disettes et de leurs inconvénients.

Mais revenons à moi.

Je me lève entre six et sept heures ; toutes mes matinées sont libres. A midi je descends sur ma terrasse, et je me promène dans le jardin public lorsque le temps le permet. Les femmes ont ici la liberté d'aller partout à pied, seules, sans laquais et sans servantes : les étrangères même se feroient remarquer et suivre si elles en usoient autrement ; cette liberté me plaît et j'en use. Je dîne chez M. Tronchin ou chez moi à une heure ; ordinairement depuis deux jusqu'à six on fait ou on reçoit des visites ; à six heures tout est mort dans la ville, et les étrangers restent dans la plus parfaite solitude, parce que chacun se rassemble dans sa société particulière. Chacun tient l'assemblée à son tour ; on y prend le thé comme en Angleterre, mais la collation ne se borne pas à ce breuvage ; on y trouve d'excellentes pâtisseries, du café au lait, du chocolat, etc.

Les assemblées qui portent le nom de sociétés sont composées d'hommes et de femmes ; on n'y admet guère de filles ; elles ont leurs sociétés particulières, où les hommes et les garçons ne sont introduits que lorsque l'une d'elles vient à se marier. Dans ces sociétés on s'occupe diversement, suivant l'âge et les goûts de ceux qui les composent. On y joue beaucoup, on y travaille, on y fait quelquefois de la musique. Le jeu me paroît être le plaisir dominant des femmes, et j'en suis étonnée, car on m'a dit qu'elles étoient toutes aussi instruites que celles que j'ai vues, et elles le sont beaucoup. Il y a quelques sociétés composées toutes de femmes; il y a de même des assemblées d'hommes où les femmes ne sont point admises, on les nomme cercles; mais il n'est pas vrai qu'on y fume et qu'on s'y enivre. Ces cercles se tiennent dans des appartements qu'un certain nombre de gens qui se conviennent louent à frais communs; on s'y rassemble tel jour de la semaine convenu; on y boit, on y mange, on y trouve les papiers publics, et on y politique à perte de vue. On s'épuise en conjectures et en découvertes sur les vues et les projets des potentats; et, quand l'événement ne confirme pas les conjectures de nos messieurs, ils n'en sont pas moins contents de leur sagacité d'avoir trouvé incontestablement ce que telle puissance n'a pas fait, mais ce qu'elle auroit dû faire. C'est que les hommes sont les mêmes partout, à quelques petites modifications près, car je connois à Paris de ces originaux-là. Cependant ils sont, en général, plus occupés de leurs affaires que de celles des autres; mais presque tous les Génevois ayant leurs fonds placés en France, en Angleterre et en Hollande, il est assez simple qu'ils prennent une part très-intime à ce qui s'y passe. Mais me voilà bien loin de ce que je voulois dire; c'étoit, si je ne me trompe, à six heures que je me trouvois à peu près seule; eh bien, ce seroit l'heure où je commencerois à vivre, si j'étois ici en famille et avec vous.

Au reste, les mœurs et la manière de vivre de ces hommes-ci sont plus touchantes et plus satisfaisantes à voir qu'aisées à décrire. La vertu, l'honnêteté et surtout la simplicité sont la base de leur politique ; tout cela est cependant saupoudré d'un petit vernis de pédantisme qui, autant que j'en puis juger, est nécessaire chez eux pour maintenir leur simplicité, en quoi consiste toute la force de leur État : rien ne s'accorde qu'au mérite personnel, et tout se refuse à qui n'a pas l'estime publique. Voilà, je crois, d'où vient que ce peuple en général a la réputation d'être faux. Il n'est guère possible qu'une multitude d'hommes rassemblés soient tous honnêtes et vertueux ; mais ils sont tous dans la nécessité de le paroître. Il est certain que l'on tient compte ici du plus petit germe de vertu, et qu'il est mis à profit. Telles actions qui font la gloire de nos héros de vertu à Paris pourroient faire rougir un citoyen de Genève. Non, depuis que j'ai vu ces hommes-là de près, je doute que Rousseau vienne jamais demeurer parmi eux.

J'ai eu hier une conversation fort longue avec M. Tronchin sur ma santé, et sur le terme qu'il met à ma guérison. Sans prononcer encore affirmativement, je vois qu'il compte sur un an de séjour ici : je n'ai pu lui cacher l'effroi que me causoit cet arrêt. En effet, mon tendre ami, que deviendrois-je s'il falloit être ce temps absente? Ah! j'espère que ce n'est pas le dernier mot de mon oracle.

J'ai encore passé une journée chez Voltaire. J'ai été reçue avec des égards, des respects, des attentions que je suis portée à croire que je mérite, mais auxquels cependant je ne suis guère accoutumée. Il m'a fort demandé de vos nouvelles, de celles de Diderot et de tous nos amis.

Il s'est mis en quatre pour être aimable ; il ne lui est pas difficile d'y réussir. Malgré cela, à vue de pays, j'aimerois mieux vivre habituellement avec M. Diderot qui, par parenthèse, n'est pas vu ici comme il le mérite. Croiriez-vous qu'on ne parle que de d'Alembert, lorsqu'il est question de l'*Encyclopédie?* J'ai dit ce qui en étoit et ce que j'ai dû dire. Je n'ai dit que la vérité ; mais si j'eusse menti, je serois crue de même : quand je parle, il y a autant d'yeux et de bouches ouvertes que d'oreilles ; cela est bien nouveau et me fait rire.

La nièce de Voltaire est à mourir de rire : c'est une petite grosse femme, toute ronde, d'environ cinquante ans, femme comme on ne l'est point, laide et bonne, menteuse sans le vouloir et sans méchanceté ; n'ayant pas d'esprit et en paroissant avoir ; criant, décidant, politiquant, versifiant, raisonnant, déraisonnant ; et tout cela sans trop de prétentions, et surtout sans choquer personne ; ayant par-dessus tout un petit vernis d'amour masculin, qui perce à travers la retenue qu'elle s'est imposée. Elle adore son oncle en tant qu'oncle et en tant qu'homme ; Voltaire la chérit, s'en moque et la révère : en un mot, cette maison est le refuge de l'assemblage des contraires, et un spectacle charmant pour les spectateurs.

Je reste chez moi aujourd'hui, et j'y attend tout plein de gens que M. Tronchin doit m'amener. J'ai reçu des lettres de toute ma famille : je dicterai mes réponses. Mon sauveur veut que je sois sobre sur l'écriture ; vous serez le seul à qui j'écrirai de ma main. Bonjour, mon tendre ami.

LETTRE DE M. GRIMM A MADAME D'ÉPINAY.

Je suis inquiet, ma tendre amie ; j'attends vos lettres avec la plus vive impatience, et je tremble d'en recevoir ; la dernière m'a rendu l'âme malade. Au nom de Dieu, dissipez cette tristesse à laquelle vous êtes en proie. Si vous avez été peu satisfaite de votre vie passée, ô mon amie, c'est une raison de plus pour vous attacher à la vie ; il ne tient qu'à vous de faire oublier vos erreurs ; il me semble que vous êtes en bon chemin pour cela. Je ne redoute que votre bonté d'âme et votre confiance dans l'honnêteté des hommes ; mais cela ne doit pas être sans remède après tant de tristes expériences. Je ne puis, je l'avoue, penser à votre vie passée sans frémir : vous avez été sans cesse le jouet des méchants et des gens sans conscience mille fois plus légers que vous ; mais si je frémis, c'est comme quelqu'un échappé à un grand danger, et qui a sauvé du naufrage ce qu'il a de plus précieux. Ma tendre amie, si j'ai pu faire quelque chose pour vous ramener à vous-même, ne suis-je pas trop heureux, et n'êtes-vous pas bien aise d'en avoir l'obligation à l'homme du monde que vous aimez le plus, et à qui vous êtes plus chère que la vie ? Il n'y a donc rien dans toute votre situation qui ne doive remplir votre âme de consolation et de cette joie innocente et pure qui n'est jamais entrée dans l'âme d'un méchant : vos erreurs passées vous rendent la vertu plus chère et plus précieuse ; l'aveu que vous en faites à votre ami est une preuve certaine de la noblesse et de l'élévation de votre âme : c'est un bien que rien ne peut vous ravir. La seule chose que je désire actuellement (car je ne crains plus pour votre santé, M. Tronchin m'écrit et m'en répond), c'est de vous voir porter tous vos soins à l'arrangement de vos affaires. Il est essentiel, mon adorable amie, que vous vous en mêliez vous-même, pour rendre par la suite votre sort indépendant de tous les événements. Mais voulez-vous que je vous confie la seule chose qui m'ait fait quelquefois de la peine, quoique bien légère : c'est une remarque que j'ai faite. Je suis, me disois-je quelquefois, de tous les hommes celui qui a le moins de crédit sur l'esprit de madame d'Épinay ; des gens sans caractère l'ont fait plier toute sa vie à leur fantaisie, des méchants l'ont engagée sans peine dans des actions très-équivoques : pour moi qui peux me rendre la justice dans toutes les occasions, de n'avoir jamais en vue que son bonheur sans aucun retour sur moi, j'ai souvent remarqué qu'elle voyoit partir d'une source d'amour-propre ou d'intérêt des conseils sur lesquels elle croyoit que je me donnois le change à moi-même. Il est arrivé de là dans des occasions très-essentielles pour elle, que je n'ai osé insister sur mon opinion, ni m'opposer à ce qu'elle faisoit, de peur d'être soupçonné de sentiments dont mon cœur n'est point susceptible, et je voyois venir l'orage sans le détourner. Voilà, ma tendre amie, ce qui m'a tourmenté quelquefois ; mais je suis sûr de mériter par ma conduite et ma persévérance la confiance de votre esprit comme j'ai celle de votre cœur ; je ne me crois pas même fort éloigné de ce bonheur, et si vous voulez que je vous dise tout, je suis blessé de voir que vous ne me croyez pas assez généreux et assez juste pour m'oublier moi-même quand il le faudroit.

Vous avez donc dîné chez Voltaire? Je ne vois pas

pourquoi tant résister à ses invitations ; il faut tâcher d'être bien avec lui, et d'en tirer parti comme de l'homme le plus séduisant, le plus agréable et le plus célèbre de l'Europe ; pourvu que vous n'en vouliez pas faire votre ami intime, tout ira bien. Bonsoir, ma tendre et adorable amie, mon seul et unique bien que je regrette à chaque instant, et que j'aimerai toujours plus que ma vie.

P. S. J'oubliois de vous dire que j'ai montré à Diderot toutes les lettres de Rousseau et vos réponses. Toutes ces horreurs le confondent : il est facile ; mais l'impression de la vérité restera. L'honnêteté qui lui est naturelle lui a fait dire qu'il étoit obligé de m'avertir que, de la façon dont mademoiselle Le Vasseur parle de vous, vous ne devez pas souffrir qu'elle remette les pieds dans votre maison. Je n'ai pas le temps aujourd'hui de vous faire ce détail. Mandez-moi seulement si vous êtes bien sûre dans tout ce que vous lui avez dit de ne vous être point compromise en propos sur la comtesse, soit par curiosité ou autrement. Bonsoir cette fois ; l'heure me presse. Adieu, ma tendre amie.

LETTRE DE MADAME D'ÉPINAY A M. GRIMM.

Non, mon ami, je ne veux plus remplir votre âme de terreur ; jouissons d'avance du bien que le ciel nous prépare. Quand je songe que c'est à vous que je dois mon bonheur, il me devient encore plus cher. Vous présumez que vous n'avez pas sur moi autant de crédit qu'en avoient d'autres qui ne méritoient pas autant ma confiance ; et cela parce que je ne vous parlois pas alors aussi naturellement qu'à présent. O mon cher Grimm ! vous connoissez si bien les hommes ! quelle conclusion ! Ne voyez-vous pas et n'avez-vous pas toujours vu dans toutes mes actions que c'étoit au contraire la grande estime que j'avois de vous qui me faisoit rougir d'être par ma foiblesse si peu digne de la vôtre ? J'ai rougi jusqu'à ce que j'aie acquis la force d'imiter votre fermeté : j'en suis moins éloignée que je ne l'étois ; mais je suis au moins si fort au-dessus de mes fautes passées, qu'il m'en couteroit moins à présent de les avouer toutes, que d'y retomber. Quand je serai guérie, nous reprendrons ce sujet, et tous ceux qui seront nécessaires à traiter pour votre bonheur et pour le mien ; mais, je l'avoue, celui-ci m'émeut trop pour mon état actuel : vos doux reproches et la délicatesse de vos plaintes m'ont pénétrée ; elles m'ont fait pleurer de reconnoissance et de joie. O mon ami, je ne puis penser à vous sans attendrissement ! Qu'il vous suffise de savoir que, dans quelque cas que ce soit, je n'aurai de ma vie rien de caché pour vous.

Je suis sûre de n'avoir pas dit un seul mot à mademoiselle Le Vasseur qui puisse autoriser la moindre tracasserie ; oui, et non, je ne suis guère sortie de là, et je ne comprends rien à ces bavardages : si elle dit autre chose, c'est la plus atroce calomnie.

Je n'ai pu empêcher Linant de faire à Rousseau un détail de notre voyage ; il le lui avoit promis en partant, et je n'ai pas cru devoir m'y opposer plus formellement. Il m'a demandé si je n'avois rien à lui mander ; je lui ai répondu que je m'en chargeois moi-même.

J'ai eu de la république des remercîments de mes procédés envers Rousseau, et une députation en forme des horlogers sur le même sujet. Le peuple m'a en vénération à cause de lui. J'avois été prévenue par M. Tronchin des marques de distinction qu'on me réservoit : J'avois été tentée de les éviter ; mais il a prétendu que cela étoit impossible. Je redoutois un peu ce moment ; je m'en suis cependant assez bien tirée ; j'ai répondu sans blesser la vérité, ni sans dire un mot qui puisse rendre Rousseau suspect.

Mon ami, j'ai une si grande peur d'aller trop vite, que j'aime mieux aller trop doucement ; voilà pourquoi je ne m'étois pas empressée de répondre aux avances de Voltaire et pourquoi je continuerai de même. J'ai bien fait : il se conduit avec moi très-différemment de ce qu'il a fait avec les autres, ce que tout le monde me dit. Il n'a vu jusqu'à présent que des femmes qui se sont jetées à sa tête, qui vouloient être chantées par lui, et qui l'ont pris au mot sur toutes ses politesses. Il n'aime pas la gêne, et il a peu de suite dans ses volontés ; peut-être n'en a-t-il pas plus dans ses sentiments : cela l'a mis dans le cas d'agir plus librement qu'il ne le devoit avec des femmes qui n'étoient pas ses amies intimes. Il leur a fait des vers, puis il s'en est moqué. Moi, qui n'aime ni les vers ni les éloges mendiés, et qui ne veux point être ridiculisée, j'ai eu un ton différent avec lui ; il l'a senti : il me reçoit avec les plus grands égards et l'empressement le plus marqué. Je suis très-bien avec sa nièce ; mais j'ai su montrer à l'oncle que lui seul attiroit mes hommages, et cela avec une tournure qui n'étoit pas trop sotte, à ce qu'il me semble, et qui a eu auprès de lui beaucoup de succès.

Pardonnez-moi, M. de Jully désiroit fort que je prisse un appartement chez lui ; il a même fait ce qu'il a pu pour m'y déterminer ; mais indépendamment de la gêne que son tatillonage et ses variations perpétuelles m'auroient causée, je n'aurois pu avoir mon fils avec moi ; et je ne veux par le perdre de vue, ni l'abandonner à Linant. Ce pauvre homme est plus bête que jamais. On a toutes sortes d'égards pour lui, et il ne se doute pas que j'y suis pour quelque chose : il se pare de tout cela comme d'un bien qui lui est propre et que son mérite éminent lui a acquis. Mon fils est beaucoup plus avec moi qu'avec lui ; il sort souvent aussi avec son oncle. M. de Jully dîne et soupe presque tous les jours avec moi. Il m'a chargé plusieurs fois de compliments pour vous ; je puis bien avoir oublié de vous le dire, mais je réponds de votre part. Il s'est chargé de tenir la famille au courant de ce qui me regarde et de m'éviter toute cette correspondance. Je vous avoue qu'il m'embarrasse beaucoup lorsqu'il vient avec moi chez Voltaire ; il est y persiflé très-plaisamment, et il m'est quelquefois difficile de m'empêcher d'en rire : de Jully a assez d'esprit pour le sentir, mais il n'a rien de ce qu'il faut pour s'en bien tirer. Il va faire encore un voyage en Suisse.

Le lendemain.

Si je ne souffrois pas beaucoup ce matin de l'effet d'un nouveau remède, je serois fort en peine de l'agitation où je suis, et je la prendrois pour un noir pressentiment. A propos de pressentiment, je suis un peu en peine quand je pense à tout ce bouleversement politique dans les cours du Nord et à notre position en Allemagne. Je crains qu'on ne vous renvoie encore dans cette vilaine Westphalie par un hiver exécrable ; je serois fort malheureuse si cela étoit, et fort triste si je pouvois penser que cela fût possible. Que deviendroient ma mère et mon enfant ? Mais je mets cette idée au rang des chimères qui m'obsèdent lorsque j'ai mal aux nerfs. Mandez-moi cependant ce que vous en pensez, mon ami, sans commentaire, car je défends qu'on me parle nouvelles.

Parlez-moi aussi de ma mère et de Pauline; car j'admire toujours, mon tendre ami, avec quelle délicatesse vous faites valoir tout ce qui peut me plaire et me satisfaire.

N'oubliez pas le marquis de Croismare; dites-lui combien je l'aime, ainsi que le baron; j'avoue que je suis un peu vaine de me croire chérie de tous ces honnêtes gens; je me dis quelquefois que je le mérite, et je suis bien aise d'assigner à chacun une place dans mon estime et dans mon cœur, suivant mon inclination et le retour qu'on me marquera.

Tronchin a en vue une campagne délicieuse pour moi à la porte de la ville, il voudroit m'y établir au mois d'avril; elle est toute meublée et me coûteroit cent francs par mois, comme l'appartement que j'occupe et que je ne garderois pas. Il y viendroit tous les jours, et il me promet d'y coucher deux fois la semaine. Ce projet me sourit, puisque Tronchin décide que je ne puis rester ici moins d'une année; mais il me plaît, surtout parce que je compte fermement que vous y viendrez; oui, oui, j'en suis sûre.

Ma mère me fait écrire qu'elle a vu M. Diderot chez le baron, et qu'elle en est enchantée. Elle lui a beaucoup parlé de mon amitié pour lui, ce sont ses termes; voilà qui est de trop et qui me déplaît. Cela est pourtant fort plaisant, s'il est homme à prendre cette phrase à la lettre. Il est certain que je l'estime pour ses vertus et m'intéresse à lui à cause de l'amitié qu'il a pour vous. J'admire son génie, et si jamais je le connois assez pour l'aimer, ce sera peut-être pour ses défauts, et cela par amour-propre, car je suis persuadée que nous en avons beaucoup de semblables. Dites-moi au vrai comment leur conversation s'est passée.

J'ai reçu une lettre de Rousseau ; je vous l'envoie avec la réponse que j'y ai faite sur-le-champ. Madame d'Houdetot m'a aussi écrit : vous trouverez un extrait de sa lettre et ma réponse dans le paquet. Quant à la vieille mère Le Vasseur, il m'est impossible de la loger ni à Paris ni à la campagne, et quand je le pourrois, je craindrois que M. d'Épinay ne refusât de se prêter à ce que je désirerois. Arrangez d'ailleurs son sort comme vous le jugerez à propos : qu'elle soit bien, je souscrirai à tout ; mon intention est de me charger de la moitié des frais ; si ce n'est pas assez, j'en prendrai davantage.

J'ai rempli hier une formalité dont j'avois ignoré la nécessité. C'est qu'il faut que tout catholique fasse une soumission à M. le premier syndic, pour avoir permission d'habiter dans Genève ; il la donne alors pour un an quand il n'y a pas de raisons personnelles qui s'y opposent, et, au bout de l'année, il faut la faire renouveler. A moins que vous ne veniez me trouver, je doute que je réitère ma supplique.

LETTRE DE ROUSSEAU A MADAME D'ÉPINAY.

A Montmorency, le 17 décembre 1757.

Rien n'est si simple, madame, et si nécessaire que de sortir de votre maison quand vous n'approuvez pas que j'y reste. Sur votre refus de consentir que je passasse à l'Hermitage le reste de l'hiver, je l'ai donc quitté le 15 décembre. Ma destinée étoit d'y habiter malgré mes amis et malgré moi, et d'en déloger de même.

Je vous remercie du séjour que vous m'avez engagé d'y faire, et je vous en remercierois de meilleur cœur si je l'avois payé moins cher. Au reste, vous avez raison de me trouver malheureux ; personne au monde ne sait mieux que vous combien je dois l'être. Si c'est un malheur de se tromper dans le choix de ses amis, c'en est un non moins cruel de revenir d'une erreur si douce.

Votre jardinier est payé jusqu'au 1ᵉʳ janvier.

RÉPONSE DE MADAME D'ÉPINAY A ROUSSEAU.

Genève, le 17 janvier (1758).

Je n'ai reçu votre lettre du 17 décembre, monsieur, qu'hier ; on me l'a envoyée dans une caisse remplie de différentes choses, qui a été tout ce temps en chemin. Je ne répondrai qu'à l'apostille ; quant à la lettre, je ne l'entends pas bien, et, si nous étions dans le cas de nous expliquer, je voudrois bien mettre tout ce qui s'est passé sur le compte d'un malentendu. Je reviens à l'apostille. Vous pouvez vous rappeler, monsieur, que nous étions convenus que les gages du jardinier de l'Hermitage passeroient par vos mains, pour lui mieux faire sentir qu'il dépendait de vous, et pour vous éviter des scènes aussi ridicules et indécentes qu'en avoit fait son prédécesseur. La preuve en est, que les premiers quartiers de ses gages vous ont été remis, et que j'étois convenue avec vous, peu de jours avant mon départ, de vous faire rembourser vos avances. Je sais que vous en fîtes d'abord difficulté : mais ces avances, je vous avois prié de les faire : il étoit simple de m'acquitter, et nous en convînmes. Cahouet m'a marqué que vous n'avez pas voulu recevoir cet argent. Il y a assurément du quiproquo là-dedans ; je donne ordre qu'on vous le rapporte, et je ne vois pas pourquoi vous voudriez payer mon jardinier malgré nos conventions, et au-delà même du terme que vous avez habité l'Hermitage. Je compte donc, monsieur, que, vous rappelant tout ce que j'ai l'honneur de vous dire, vous ne refuserez pas d'être remboursé de l'avance que vous avez bien voulu faire pour moi.

EXTRAIT D'UNE LETTRE DE LA COMTESSE D'HOUDETOT A MADAME D'ÉPINAY.

. . . . . Vous avez su, ma chère sœur, une partie des vivacités de notre hermite. Accoutumée à son caractère depuis dix ans que vous êtes son amie, vous devez l'être à l'indulgence pour lui, et vous ne devez donner de valeur à ses propos que celle qu'il y donnera lui-même quand il pourra y songer de sang-froid. Je vous avoue que je l'ai pressé de ne point quitter l'Hermitage. Laissez-le quelque temps à lui-même et à ses réflexions, et vous le trouverez tel qu'il a toujours été pour vous, avec toute l'estime, l'amitié et la reconnoissance qu'il vous doit.

RÉPONSE DE MADAME D'ÉPINAY.

Vous me connoissez assez, ma chère sœur, pour savoir que je n'ai pas besoin d'être exhortée à l'indulgence ; si j'ai quelque chose à me reprocher, c'est d'en avoir trop, et trop indistinctement avec tout le monde. Rousseau m'a manqué essentiellement cet été, en me soupçonnant de procédés odieux et infâmes à son égard et au vôtre. Plus ses soupçons étoient extravagants et sa conduite impertinente, et moins j'y faisois d'attention ; je me contentois de le gronder de temps en temps, avec l'amitié qu'il a toujours éprouvée de ma part. Mais j'ai été fort étonnée d'apprendre, par une lettre qu'il m'a montrée dans un moment de dépit et d'inadvertance, qu'en même temps qu'il me demandoit en pleurant pardon de ses torts avec moi, et qu'il m'assurait qu'il ne suffisoit pas de sa vie pour les réparer, il répétoit à son ami, M. Diderot, les mêmes accusations dont le souvenir lui causoit un repentir si amer auprès de moi, et souffroit que M. Diderot lui marquât une fort mauvaise opinion de moi. Cette duplicité qui a duré près de deux mois, m'a révoltée ; il n'y a làdedans que le premier moment de pardonnable. J'ai su, depuis mon séjour ici, que M. Grimm avoit rompu tout commerce avec lui, et je suis bien sûre qu'il ne s'est point porté à une telle extrémité sans des raisons très-graves. Malgré tout cela, je vous assure que Rousseau auroit pu rester tranquille à l'Hermitage.

Voici ce qui s'est passé depuis. A mon arrivée ici, je trouve une lettre de lui dans laquelle il me reproche de vous avoir excités, vous et Diderot, pour le presser de faire le voyage avec moi. « Pourquoi, me dit-il, tant de détours, d'intrigues et d'artifices? » Toute sa lettre étoit sur ce ton-là. Il me demande pardon de ses soupçons, dont, ajoute-t-il, il n'est pas le maître. Je lui réponds que cette lettre ne s'accordoit pas avec le repentir qu'il m'avait marqué précédemment ; qu'il y avoit là-dessous quelque chose de singulier ; qu'on ne passoit point sa vie à soupçonner et injurier ses amis, et qu'il abusoit de la patience que mon amitié pour lui m'avoit jusqu'à présent donnée. Pendant que ma lettre va à Paris, mon concierge me mande que M. Rousseau l'avoit chargé de prendre mes ordres au sujet de mes meubles, parce qu'il vouloit quitter son habitation ; je donne mes ordres purement et simplement, au cas que M. Rousseau quittât. Peu de jours après, je reçois une lettre de l'hermite, en réponse à la mienne, et dans laquelle, sans autre explication, il rompt absolument avec moi, et me dit que toute amitié étoit éteinte entre nous ; puis il ajoute : « J'ai voulu « quitter l'Hermitage et je le devois ; mais mes amis m'en « ont empêché, et j'y resterai jusqu'au printemps, si « vous y consentez. » J'avoue, ma chère sœur, que la duplicité de cet homme m'a fait peur, car je n'aurois peut-être pas pris garde à l'impertinence ; mais je n'ai pas voulu donner un consentement qui eût pu, par la suite, devenir captieux. Je lui ai donc répondu : « Puisque « vous avez voulu quitter l'Hermitage et que vous le de- « viez, je suis étonnée que vos amis vous y aient retenu ; « pour moi, je ne consulte jamais les miens sur mes de- « voirs, et je n'ai plus rien à vous dire sur les vôtres. » Voilà, ma chère sœur, tout ce qui s'est passé, dont je suis très-aise que vous soyez instruite ; cependant, je ne vous en aurois rien dit si vous ne m'en eussiez pas parlé. Ce que je puis faire de mieux pour ma santé, c'est d'oublier ces tristes aventures, que je voudrois bien pouvoir n'appeler que folies, et me tromper sur leur caractère. On me mande aujourd'hui que Rousseau a quitté l'Hermitage, et qu'il s'est établi à Montmorency. J'en suis fâchée pour lui, mais ce n'est pas moi qui en suis cause[1].

[1] Au moment de quitter l'Ermitage Rousseau écrivit une lettre de re-

mercîments à M. d'Épinay, qui lui fit une réponse honnête. Son déménagement fut un acte d'héroïsme pour un caractère comme le sien.

« Je me trouvai, dit-il, dans le plus terrible embarras où j'aie été de mes jours ; mais ma résolution étoit prise : je jurai, quoi qu'il arrivât, de ne pas coucher à l'Ermitage le huitième jour. Je me mis en devoir de sortir mes effets, déterminé à les laisser en plein champ plutôt que de ne pas rendre les clefs dans la huitaine ; car je voulois surtout que tout fût fait avant qu'on pût écrire à Genève et recevoir réponse. J'étois d'un courage que je ne m'étois jamais senti : toutes mes forces étoient revenues. L'honneur et l'indignation m'en rendirent sur lesquelles madame d'Épinay n'avoit pas compté. La fortune aida mon audace. M. Mathas, procureur fiscal de M. le prince de Condé, entendit parler de mon embarras. Il me fit offrir une petite maison qu'il avoit à son jardin de Mont-Louis, à Montmorency. J'acceptai avec empressement et reconnoissance. Le marché fut bientôt fait ; je fis en hâte acheter quelques meubles, avec ceux que j'avois déjà, pour nous coucher Thérèse et moi. Je fis charrier mes effets à grand'peine et à grands frais : malgré la glace et la neige, mon déménagement fut fait dans deux jours, et le 15 décembre je rendis les clefs de l'Ermitage, après avoir payé les gages du jardinier, ne pouvant payer mon loyer.

« Quant à madame Le Vasseur, je lui déclarai qu'il falloit nous séparer ; sa fille voulut m'ébranler ; je fus inflexible. Je la fis partir pour Paris, dans la voiture du messager, avec tous les effets et meubles que sa fille et elle avoient en commun. Je lui donnai quelque argent, et je m'engageai à lui payer son loyer chez ses enfants, ou ailleurs, à pourvoir à sa subsistance autant qu'il me seroit possible, et à ne jamais la laisser manquer de pain, tant que j'en aurois moi-même. »

L'habitation que Jean-Jacques a occupée, du 15 décembre au 9 juin 1762, à Montmorency, est restée à peu près telle qu'elle était alors. Sa petite porte s'ouvre rue Mont-Louis, derrière la butte Jonvelle. De la chambre à coucher du premier, la vue s'étend sur le bas de la vallée, et au delà de Sanois et d'Orgemont, dans la direction du mont Valérien. Il y a dans cette maison une terrasse d'où l'on aperçoit d'un côté Montmartre et Paris, en portant le regard au delà du clocher d'Épinay, et de l'autre la forêt et la ville de Saint-Germain. Le donjon où a été écrite la *Lettre sur les Spectacles* a été respecté. C'est le fils du peintre paysagiste Bidauld qui possède actuellement cette propriété historique.

Peu de temps après s'y être installé, Rousseau fit passer dans l'étude du notaire de Montmorency un acte de « reconnoissance et obligation, » par lequel il déclarait que tout le mobilier appartenait à Thérèse Le Vasseur « sa servante. » Cet acte, daté du 8 mars 1758, s'est conservé dans l'étude des successeurs de M⁰ Hébert. On y trouve le très-curieux inventaire de ce mobilier qui, au mois de décembre précédent, donna tant d'embarras à Rousseau. Nous le reproduisons textuellement :

« Fut présent sieur Jean-Jacques Rousseau, citoyen de Genève, demeurant présentement en cette ville, lequel a reconnu que les meubles ci-après déclarés sont et appartiennent à Thérèse Le Vasseur, fille majeure, qui les lui a prêtés pour son usage, lesdits meubles consistant :

« Premièrement, en deux petits chenets, pelle et pincettes de fer, deux fers à repasser le linge ;

« *Item*, deux chandeliers, mouchette et porte-mouchette de cuivre jaune, avec une tringle de fer ;

« *Item*, une couchette à bas piliers, paillasse, lit et traversin de coutil rempli de plume, ainsi que deux oreillers avec leurs taies, deux matelas de laine, deux couvertures de laine blanche, deux draps de toile de ménage, la housse complète de serge verte ornée de rubans de soie à chenille jaune à dessins ;

« *Item*, une armoire cintrée à deux battants fermant à clef, de bois de chêne et noyer, deux petits tiroirs au milieu et un grand par bas.

« *Item*, six draps de toile de ménage, vingt-quatre serviettes, deux nappes, deux napperons, douze torchons.

« *Item*, douze aunes de tapisserie de Bergame, deux rideaux de toile blanche de coton, avec leurs tringles de fer ;

« *Item*, une commode de bois de noyer ayant deux tiroirs par le haut, et deux plus bas, iceux fermant à clef, et garnis de leurs entrées de cuivre et mains ;

« *Item*, un miroir de toilette dans sa bordure de bois rouge, cintrée par en haut ;

« *Item*, une tablette en forme d'encoignure, et deux tablettes à mettre livres ;

« *Item*, une table couverte de drap vert à damier, et une autre table de bois noir, couverte de cuir de même couleur, appliqué sur le dessus d'icelle ;

« *Item*, une table de bois blanc montée sur son châssis ployant ;

« *Item*, un fauteuil de commodité couvert de tapisserie à l'aiguille, et une chaise de commodité ;

« *Item*, une pendule de bois avec ses poids et cordages, et environ une douzaine de chaises de bois foncées de paille, et deux estampes encadrées, l'une représentant un portrait, garni de sa glace, et l'autre un vase ;

« *Item*, une couchette à bas piliers, sur laquelle sont une paillasse, deux matelas de laine couverts de toile à carreaux, une couverture de laine blanche, traversin et oreiller de coutil, rempli de plume ; un lit de sangle ;

« *Item*, un porte-vaisselle de bois de sapin à deux montants par le haut et fermant à clef, à deux battants grillés de fil de laiton, par bas ;

« *Item*, une tourtière de fer battu, avec un four de campagne de fer, une passoire de fer-blanc, un poids dit romaine, une poêle, une autre percée, le tout de fer, un mortier de pierre avec son pilon de bois, deux douzaines d'assiettes de faïence, six plats aussi de faïence, et une vingtaine d'autres pièces tant de terre que de faïence, deux malles fermant à clef, un guéridon de bois, une broche à main de fer.

« Tous lesdits meubles et effets étant en deux chambres, dépendant de la maison dite Mont-Louis, où demeura ledit sieur Rousseau, qui consent que ladite Le Vasseur en dispose comme à elle appartenant, et iceux meubles évalués, pour fixer le contrôle, à la somme de trois cents livres.

« Et par les mêmes présentes ledit sieur Rousseau se reconnoit redevable envers ladite Le Vasseur, sa domestique, de la somme de dix-neuf cent cinquante livres pour treize années de ses gages, depuis qu'elle demeure avec lui en cette qualité jusqu'au premier mars dernier, laquelle somme il promet et s'oblige lui payer à sa volonté et première demande.

« Tout ce que dessus a été accepté par ladite Le Vasseur à ce présente.

« Fait et passé à Anguyen, la demeure dudit sieur Rousseau, l'an mil sept cent cinquante-huit, le huit mars après midi, en présence de M. Pierre Du Quesne, procureur au bailliage d'Anguyen, et Barthélemy Tetard, maçon, demeurant en cette ville. »

CHAPITRE X

1758-1783

Madame d'Épinay chez Voltaire. — Encore madame d'Houdetot et Saint-Lambert. — La mère Le Vasseur. — Portrait de Voltaire par madame d'Épinay. — Saint-Lambert défend Jean-Jacques. — Madame d'Épinay populaire à Genève, parce qu'elle fut l'amie de Rousseau. — Opinion de M. d'Épinay sur l'éducation de son fils. — Dernière lettre de Jean-Jacques. — Madame d'Épinay appelle Grimm. — Il se fait attendre et arrive enfin. — Prolongation du séjour à Genève. — Madame d'Épinay se fait imprimer. — Blâme de Voltaire. — Fin du roman.

Quelques notes d'histoire pour qu'on sache ce que sont devenus les personnages de ce roman, de l'année 1759, qui vit revenir madame d'Épinay à Paris, à l'année 1783, qui l'y vit mourir.

LETTRE DE M. GRIMM A MADAME D'ÉPINAY.

Je ne puis finir la journée, ma tendre amie, sans me plaindre un peu de mon sort et de ma solitude. Ah ! que le bonheur gâte vite, et qu'il est difficile de s'accoutumer à la peine ! Mandez-moi donc à tout instant que vous vous portez bien, que vous êtes contente de votre séjour, que vous vous y plaisez autant qu'il est possible, afin que je trouve dans cette certitude le courage nécessaire pour me déterminer à rester loin de vous. Le marquis de Croismare me disoit hier que nous perdions tous à votre absence, mais le baron d'Holbach plus qu'un autre ; votre maison étoit faite exprès pour lui adoucir l'humeur; vous l'avez rendu sociable. Il est certain que ce n'est pas le même homme depuis qu'il vous connoît. Le raccommodement du Syndic sera plus difficile que je n'avois cru d'abord : personne ne veut faire la première démarche.

Vous devez avoir appris que Rousseau a quitté l'Hermitage. Thérèse ne sait où donner de la tête : elle a fait pour plus de quinze louis de dettes dans le canton; la comtesse compte en payer une partie; quant à nous, c'est bien assez d'être chargés de la vieille...

Je reçois votre lettre. Si votre sauveur juge le séjour de la campagne nécessaire à votre santé, il n'y a pas à hésiter, il faut le préférer à celui de la ville; mais, ma tendre amie, je crains que cette habitation ne vous cause bien de la dépense, et ne vous mette dans le cas de recevoir souvent plus de monde que vous ne le désirez et qu'il n'est peut-être nécessaire pour votre tranquillité, qui est une condition essentielle de votre régime. Mais, campagne ou non, dès que beau temps sera venu, rien ne pourra m'empêcher d'aller vous retrouver. Je m'étois bien attendu au terme que M. Tronchin met à votre guérison; il n'y a cependant pas deux partis à prendre : il faut persévérer. Ah! ma chère, ma tendre amie, que je serois heureux d'être libre, de n'avoir plus d'autres soins que de vous plaire et de passer ma vie près de vous!

Dites-moi si Tronchin retient en effet vos lettres lorsque vous êtes incommodée; cela me paroît bien dur et bien sage. Hélas! il ne retiendroit pas les miennes; car, depuis votre départ, je suis comme une pierre : rien ne me touche; vous avez emporté mon cœur avec vous, je n'en ai plus. Je crains bien que, lorsque j'aurai partagé votre exil, nous ne désirions qu'il soit éternel. Il est plaisant que, depuis que vous êtes à Genève, l'idée de m'y établir me persécute comme si vous deviez y passer votre vie; je ne vois de bonheur que là.

Je connois l'établissement de la Chambre des blés, dont vous me parlez; tous les avantages en sont déduits fort au long et d'une manière fort intéressante dans l'Encyclopédie, à l'article *Économie politique*[1]. J'admire tout ce que dit cette sublime amie; mais elle payera cher un jour la qualification d'originaux, qu'elle ose donner à certains politiques de ma connoissance; on voit l'intention cachée sous les généralités. Laissez-moi reprendre ma vigueur tyrannique, et vous verrez.

Vous voilà donc très-bien avec Voltaire, ma bonne amie? Tant mieux, il doit vous être d'une grande ressource; jouissez-en pour l'amour de moi. Adieu, tendre et chère amie; je ne réponds pas toujours bien exactement à vos lettres, mais, avec le temps, je ne laisserai aucun article en arrière.

LETTRE DE MADAME D'ÉPINAY A M. GRIMM.

Je vais passer deux ou trois jours chez Voltaire avec M. Tronchin. En vérité, j'apprends tous les jours des traits nouveaux de Tronchin, qui m'inspirent pour lui un respect et une considération inconcevables : sa charité, son désintéressement, sa tendresse et ses soins pour sa femme sont sans exemple; et je puis vous répondre, à présent que je la connois, que c'est bien la plus insupportable et la plus maussade créature qui existe. Si jamais

---

[1] Cet article est de Rousseau. Le volume de l'*Encyclopédie* qui le contient avait paru en 1755.

je découvre un défaut à cet homme, j'en frémis d'avance, il faudra peut-être le mépriser, car il doit être épouvantable. Bonsoir, mon ami ; je finirai ma lettre chez Voltaire, n'ayant pas le temps aujourd'hui.

Deux jours de distance.

On n'a le temps de rien faire avec Voltaire ; je n'ai que celui de fermer ma lettre, mon ami. J'ai passé ma journée seule avec lui et sa nièce, et il est, en vérité, las de me faire des contes. Tandis que je lui ai demandé la permission d'écrire quatre lignes, afin que vous ne soyez pas inquiet de ma santé, qui est bonne, il m'a témoigné le désir de rester, pour voir ce que disent mes deux grands yeux noirs quand j'écris ; il est assis devant moi, il tisonne, il rit, il dit que je me moque de lui et que j'ai l'air de faire sa critique. Je lui réponds que j'écris tout ce qu'il dit, parce que cela vaut bien tout ce que je pense. Je retourne ce soir à la ville, où je répondrai à vos lettres. Il n'y a pas moyen de rien faire ici. Bonjour. Souvenez-vous de moi si M. Diderot fait quelque chose qui puisse m'être envoyé. Ses ouvrages me font un si grand plaisir, que je suis digne de cette confiance.

LETTRE DE M. GRIMM A MADAME D'ÉPINAY.

Vous savez le tourment que nous nous sommes donné en vain pour raccommoder M. de Margency et le baron. Eh bien, ils se sont rencontrés à la promenade, et, sans que personne les en priât, ils se sont abordés de l'air le plus amical et comme s'il ne s'étoit rien passé. En vérité, je crois que tout le monde extravague.

Voici une équipée que fit avant-hier la comtesse d'Houdetot. Elle est tombée comme une bombe chez le baron d'Holbach, sans se faire présenter; elle lui a dit qu'elle avoit trouvé son nom et celui de sa femme écrits à sa porte, et qu'elle avoit été bien fâchée de ne s'être pas trouvée chez elle. Que dites-vous de cela? Pour moi, qui ne la crois pas menteuse, je ne sais qu'en penser. Si elle ne l'a point rêvé (ce dont elle est fort capable), il faut que quelqu'un se soit diverti à faire écrire la baronne chez elle. Autre extravagance; je ne sais si je vous ai mandé que le marquis de Saint-Lambert passoit son hiver à Aix-la-Chapelle? ce qui déplaît souverainement à la comtesse : eh bien, elle a écrit lettre sur lettre au prince de Soubise, ami de Saint-Lambert, qu'elle ne connoît pas, et à madame de... pour les engager à déterminer Saint-Lambert de venir passer cet hiver à Paris. Ce qui a surtout choqué madame de***, c'est qu'elle l'a chargée d'y déterminer le prince : c'est une indiscrétion de lui supposer certain crédit sur lui. Tout cela est d'une tête et d'une imprudence qui me font de la peine; car l'angélique créature est bonne et aimable, et elle finira par se perdre à force d'étourderies.

Voyez, ma tendre amie, ce que peuvent faire la confiance et la candeur déplacées, car il y en a dans la conduite de la comtesse; mais le public qui juge sévèrement ne voit pas seulement en elle une mauvaise tête, mais une femme sans pudeur et sans modestie; et voilà comme on perd l'estime et la considération sans s'en douter.

Puisque vous vous en êtes rapportée à moi sur le sort de la mère Le Vasseur, je l'ai établie chez un artisan de ses parents, à quinze sols par jour et soixante livres de loyer. Je vous envoie la note des effets dont elle avoit besoin et que je lui ai donnés de votre part, sur ceux qu'on a tirés de l'Hermitage [1].

LETTRE DE MADAME D'ÉPINAY A M. GRIMM.

Le courrier a manqué deux fois et je suis dans une grande disette. Il y aura demain huit jours que je n'ai reçu de vos nouvelles, mon tendre ami, aussi je suis un peu triste ; à peine ai-je le courage d'écrire : voilà ce que c'est que d'être à plus de cent lieues l'un de l'autre. Je vais cependant faire un effort et tâcher de vous dire ce que je pense de Voltaire, en attendant que j'aie le courage de vous parler de moi et de ce qui me concerne.

Eh bien, mon ami, je n'aimerois pas à vivre de suite avec lui ; il n'a nul principe arrêté ; il compte trop sur sa mémoire, et il en abuse souvent ; je trouve qu'elle fait tort quelquefois à sa conversation ; il redit plus qu'il ne dit, et ne laisse jamais rien à faire aux autres. Il ne sait point causer, et il humilie l'amour-propre ; il dit le pour et le contre, tant qu'on veut, toujours avec de nouvelles grâces à la vérité, et néanmoins il a toujours l'air de se moquer de tout, jusqu'à lui-même. Il n'a nulle philosophie dans la tête ; il est tout hérissé de petits préjugés d'enfants ; on les lui passeroit peut-être en faveur de ses grâces, du brillant de son esprit et de son originalité, s'il ne s'affichoit pas pour les secouer tous. Il a

---

[1] Comment concilier cela avec le passage des *Confessions* que nous avons cité plus haut, où Jean-Jacques dit qu'il fit exactement la même chose ?

des inconséquences plaisantes, et il est au milieu de tout cela très-amusant à voir. Mais je n'aime point les gens qui ne font que m'amuser. Pour madame sa nièce, elle est tout à fait comique.

Il paroît ici depuis quelques jours un livre qui a vivement échauffé les têtes, et qui cause des discussions fort intéressantes entre différentes personnes de ce pays, parce que l'on prétend que la constitution de leur gouvernement y est intéressée : Voltaire s'y trouve mêlé pour des propos assez vifs qu'il a tenus à ce sujet contre les prêtres. La grosse nièce trouve fort mauvais que tous les magistrats n'aient pas pris fait et cause pour son oncle. Elle jette tour à tour ses grosses mains et ses petits bras par-dessus sa tête, maudissant avec des cris inhumains les lois, les républiques et surtout ces polissons de républicains qui vont à pied, qui sont obligés de souffrir les criailleries de leurs prêtres, et qui se croient libres. Cela est tout à fait bon à entendre et à voir.

M. de Jully m'a écrit de Neufchâtel; il me paroît fort occupé; je n'y conçois rien[1].

J'ai reçu une lettre de Margency, c'est la première depuis que je suis ici; je la trouve sèche et dédaigneuse, et je ne sais trop pourquoi il m'a écrit : je lui répondrai dans quelques jours, et j'attendrai de ses nouvelles très-patiemment. On m'a envoyé par le dernier ordinaire un paquet de lettres qui étoit arrivé pour moi à Paris. Je vous prie, mon ami, à l'avenir, de les ouvrir et de ne m'adresser que celles que vous jugerez en valoir la peine. Je suis dans l'usage d'en recevoir à la nouvelle année de

---

[1] Voltaire, dans sa *Correspondance*, parle toujours de M. de Montpéroux comme du résident de France à Genève, durant l'année 1758. M. de Jully n'en portait donc pas le titre.

gens pauvres que j'ai eu la satisfaction d'obliger, et auxquels je ne voudrois pas manquer de répondre. Si elles ne contiennent rien de plus particulier, il vous suffira de me mander qu'ils ont écrit, et alors je leur répondrai comme si j'avois reçu leurs lettres. Je trouve que mon fils gagne beaucoup à son séjour : l'exemple a un grand avantage sur les enfants; il en est une preuve sensible. Il ne se soucie plus de son habit de velours, ni de ses dentelles : il n'en voit pas porter; le sien, au contraire, lui a attiré des railleries ! Et comme les égards et les distinctions sont ici proportionnés au mérite, cela lui donne une émulation dont nous nous apercevons tous les jours. Une des choses qui l'ont le plus frappé, c'est la visite qu'il a faite pour moi à M. Abauzit [1]. Il l'a trouvé logé au troisième étage, vis-à-vis de son bureau éclairé de deux lampes, son cabinet meublé de livres, et son salon de bergame [2]. Cet homme respectable, malgré son grand âge, s'est donné la peine d'éclairer et de reconduire mon fils, attendu qu'il n'a qu'une servante et qu'elle étoit sortie. Lorsqu'il a vu ensuite ce vertueux citoyen recevoir les bénédictions du peuple, en passant dans les rues, il ne lui a pas été difficile d'apprécier son bel habit à sa juste valeur. Adieu; le reste à l'ordinaire prochain.

---

[1] « L'un des hommes les plus savants de l'Europe, et, à mon gré, le mieux savant, » écrivait Voltaire. Rousseau l'estimait infiniment et fut très-heureux d'apprendre qu'il approuvait la Lettre à d'Alembert.

Abauzit (Firmin) est né en 1679, et mort en 1767. La plupart de ses œuvres sont relatives à des questions de théologie. Newton lui disait : « Vous avez le droit de décider entre M. Leibniz et moi. »

[2] La bergame était une tapisserie tissée de fil sur fil qui représentait, dans le genre chiné, des ornements ou des personnages grossièrement faits.

LETTRE DE M. GRIMM A MADAME D'ÉPINAY.

J'arrive de la comédie; on m'a demandé s'il étoit vrai que vous ne bougiez pas de chez Voltaire et que vous y faisiez les honneurs. J'ai répondu que M. de Voltaire vous avoit fait beaucoup de politesse, et que vous y aviez dîné deux fois. Vous voyez, ma tendre amie, que pour peu que vos lettres prêtent à la méchanceté et à l'envie, on ne manquera pas d'en faire usage; c'est surtout à votre époux qu'il ne faut parler que de la pluie et du beau temps, car j'ai découvert que c'est à lui que vous devez ce ridicule propos. Il est fier pour vous des avances que vous a faites Voltaire, comme si vous ne les méritiez pas. Recommandez bien à Linant de ne jamais rendre compte de tout ce que vous faites.

J'ai reçu une lettre de Saint-Lambert, qui me reproche d'être trop sévère avec l'hermite. Il en juge bien à son aise, et sans savoir de quoi il est question; c'est pourtant un homme juste[1]. Bonsoir, ma tendre amie,

---

[1] Voilà l'aveu. C'est effectivement autour du nom de Saint-Lambert que pivote toute l'intrigue dont Rousseau doit être la victime. D'où vient donc que c'est Saint-Lambert qui se plaint de voir Rousseau si maltraité? Cette simple phrase de Grimm suffit pour prouver que l'explication des faits n'est exacte que dans les *Confessions*. Tirons-en une page encore pour faire voir comment, après tout, le succès de cette intrigue ne répondait pas entièrement au désir de Grimm et de madame d'Épinay, sa complice ou sa dupe, et comment c'est à la Chevrette même, chez M. d'Épinay, que Rousseau eut le plaisir de s'en apercevoir, pendant que madame d'Épinay, à Genève, se débarrassait de sa fameuse maladie, et se faisait appeler « ma belle philosophe » par Voltaire.

Il faut se rappeler d'abord qu'après avoir reçu un exemplaire de la *Lettre sur les Spectacles*, Saint-Lambert l'avait envoyé à Rousseau avec une lettre très-dure de reproches, à cause de la phrase relative à Diderot.

je vais reposer mes yeux qui sont un peu malades. Nous attendons demain de vos nouvelles : voilà tout ce qui nous reste de notre bonheur. Est-ce que nous ne vous faisons pas pitié?...

Le lendemain.

La désertion de Rousseau commence à faire du bruit ; tout cela ne m'égaye pas ; j'ai le chagrin de voir qu'on prend le change sur le motif honnête et généreux qui vous a portée à lui rendre service ; en même temps cependant qu'on blâme sa conduite actuelle, on ne voit dans ce que vous avez fait pour lui qu'une singularité affectée et une prétention ridicule : jugez comme je puis supporter ces propos, moi qui sais comment vous êtes

---

Une fois dans sa vie, Rousseau avait été ferme et avait répliqué par un billet court, mais vigoureux.

Quinze jours après (le jeudi 26 octobre 1758), il reçut de M. d'Épinay l'invitation dont nous donnons le texte avec d'autant plus de plaisir, que c'est apparemment le seul écrit qui reste de cette main.

« J'ai reçu, monsieur, le livre que vous avez eu la bonté de m'envoyer ; je le lis avec le plus grand plaisir. C'est le sentiment que j'ai toujours éprouvé à la lecture de tous les ouvrages qui sont sortis de votre plume. Recevez-en tous mes remercîments. J'aurois été vous les faire moi-même, si mes affaires m'eussent permis de demeurer quelque temps dans votre voisinage ; mais j'ai bien peu habité la Chevrette cette année. M. et madame Dupin viennent m'y demander à dîner dimanche prochain. Je compte que MM. de Saint-Lambert, de Francueil et madame d'Houdetot seront de la partie ; vous me feriez un vrai plaisir, monsieur, si vous vouliez être des nôtres. Toutes les personnes que j'aurai chez moi vous désirent, et seront charmées de partager avec moi le plaisir de passer avec vous une partie de la journée.

« J'ai l'honneur d'être avec la plus parfaite considération, » etc.

« Cette lettre, dit Rousseau, me donna d'horribles battements de cœur. Après avoir fait depuis un an la nouvelle de Paris, l'idée de m'aller donner en spectacle vis-à-vis de madame d'Houdetot me faisoit trembler, et j'avois peine à trouver assez de courage pour soutenir cette épreuve. Cependant, puisqu'elle et Saint-Lambert le vouloient bien, puisque d'Épinay parloit au nom de tous les conviés, et qu'il n'en nommoit aucun que je

loin de toute affectation et de tout air : mais voilà ce qu'on gagne à obliger des fous. Ma tendre amie, ne faisons plus d'imprudences ; cela est plus essentiel que vous ne pensez.

LETTRE DE MADAME D'ÉPINAY A M. GRIMM.

Je sens, comme vous, mon ami, l'importance d'engager Linant à ne point rendre compte de ce qui se passe ici : je lui ai déjà signifié que telle étoit mon intention ; mais il m'a assurée de si bonne foi que ce seroit manquer à la confiance de M. d'Épinay, qui lui avoit fait promettre avant de partir de lui tout dire, que je n'ai

ne fusse bien aise de voir, je ne crus point, après tout, me compromettre en acceptant un dîner où j'étois, en quelque sorte, invité par tout le monde. Je promis donc. Le dimanche, il fit mauvais : M. d'Épinay m'envoya son carrosse, et j'allai.

« Mon arrivée fit sensation. Je n'ai jamais reçu d'accueil plus caressant. On eût dit que toute la compagnie sentoit combien j'avois besoin d'être rassuré. Il n'y a que les cœurs françois qui connoissent ces sortes de délicatesses. Cependant je trouvai plus de monde que je ne m'y étois attendu ; entre autres le comte d'Houdetot, que je ne connoissois point du tout, et sa sœur, madame de Blainville, dont je me serois bien passé. Elle étoit venue plusieurs fois l'année précédente à Eaubonne ; et sa belle-sœur, dans nos promenades solitaires, l'avoit souvent laissée s'ennuyer à garder le mulet. Elle avoit nourri contre moi un ressentiment qu'elle satisfit durant ce dîner tout à son aise ; car on sent que la présence du comte d'Houdetot et de Saint-Lambert ne mettoit pas les rieurs de mon côté. Enfin, quand on fut sorti de table, j'eus le plaisir de voir Saint-Lambert et madame d'Houdetot s'approcher de moi, et nous causâmes ensemble une partie de l'après-midi, de choses indifférentes à la vérité, mais avec la même familiarité qu'avant mon égarement. Ce procédé ne fut pas perdu dans mon cœur, et, si Saint-Lambert y eût pu lire, il en eût été sûrement content. Je puis jurer que, quoique en arrivant, la vue de madame d'Houdetot m'eût donné des palpitations jusqu'à la défaillance, en m'en retournant je ne pensai presque pas à elle ; je ne fus occupé que de Saint-Lambert. »

pu m'empêcher de lui rire au nez : « Mais, savez-vous, lui ai-je répondu, qu'il ne tient qu'à moi en ce cas de vous regarder comme un espion ? et par tout pays ce rôle n'est pas honnête. » Le pauvre homme a été confondu de cet argument : cependant je l'ai laissé le maître de continuer son journal, pourvu qu'il ne parlât jamais ni de mon régime, ni de M. Tronchin.

Celui-ci m'a dit hier qu'il falloit pour le bien de la chose qu'il dît à un homme de ce pays que Rousseau avoit quitté l'Hermitage. Cet homme est fanatique de Rousseau, et c'est lui qui est venu au nom de tous les autres me remercier de tout ce que j'ai fait pour lui. « Comme je connois votre prudence, lui ai-je répondu, vous pouvez dire le fait si vous le croyez nécessaire ; mais souvenez-vous que je vous ai imposé et que je vous impose le plus profond silence sur sa conduite, et sur tout ce que je vous ai confié à cet égard : s'il se plaint, je me manquerois peut-être à moi-même de ne pas répondre ; mais s'il se tait je veux me taire. » Le sauveur m'a approuvée, et s'est borné à dire à cet homme que Rousseau avoit quitté l'Hermitage, et que je ne l'avois appris que par mon concierge. Deluc (c'est ainsi qu'il se nomme) est venu me trouver ce matin, les larmes aux yeux, en m'assurant que lui et la république conserveroient la reconnoissance dont leur concitoyen paroissoit manquer [1]. Il m'a persécutée pour savoir les détails et les motifs de cette conduite, afin, disoit-il, de me consoler ; il parois-

---

[1] François Deluc, né en 1698, mort en 1780, « le plus honnête, dit Jean-Jacques, et le plus ennuyeux des hommes. » C'est le père des deux physiciens et géologues célèbres : Jean-André, né en 1727, mort le 7 novembre 1817, et Guillaume-Antoine, né en 1729, mort le 26 janvier 1812.

soit outré contre Rousseau ; je me suis tenue toujours à lui dire : « C'est un fou que je plains de toute mon âme : ne m'en demandez pas davantage, je vous en prie, car je ne puis rien vous dire au delà : d'ailleurs il me fait pitié ; mais je ne suis nullement affligée ni fâchée contre lui, je vous le jure. » C'est en effet, mon ami, comme je pense.

A l'égard de ce que vous me mandez des propos du public, si j'eusse eu, pour obliger Rousseau, les motifs qu'on me suppose, je serois sans doute désolée qu'on m'eût pénétrée ; mais ces motifs sont si loin de mon cœur, que je ne puis m'affecter de cette injustice. Je trouve, mon ami, que vous y mettez trop d'importance ; j'en sens la cause, elle m'est bien chère ; mais je suis fâchée de voir votre repos troublé : c'est la seule chose qui m'affecte dans cette aventure. Vous savez que je n'ai jamais compté sur la reconnoissance de ceux que j'ai obligés, et en particulier sur celle de Rousseau. Je n'ai jamais non plus fait le bien dans la vue d'être approuvée, ni par la crainte d'être blâmée de ne le pas faire. Si la crainte du blâme a quelquefois déterminé mes actions, ce n'a jamais été que sur des choses indifférentes ; mais elle n'influe point sur mes sentiments, ni sur les actions dictées par le cœur. J'ai cru adoucir le sort d'un homme malheureux, et ce motif ayant été le seul qui m'ait fait agir, si tout ce que j'ai fait étoit à refaire, je le ferois encore dans la même vue, quel qu'en puisse être l'événement. Cela posé, que me font à cet égard les jugements des hommes ! Ce ne sont point des propos, ni une vaine parade de philosophie : vous m'avez vue agir, vous m'avez vue penser, enfin vous me connoissez assez pour savoir que je ne sais pas feindre une tranquillité que je n'ai pas. Je vous avoue, mon ami, que je ne puis m'empêcher de croire que mon absence vous fait voir un peu noir sur cet article.

Vous avez très-bien deviné ; mon plan d'éducation n'a paru à M. d'Épinay que bizarre et beaucoup trop sérieux. « Que peut apprendre un enfant, dit-il, en ne faisant « presque jamais que causer avec lui ? Ces promenades « que vous lui faites faire pour sa santé l'ennuieront à pé- « rir, si vous les employez à son instruction. D'ailleurs « cette étude du droit naturel me paroît fort peu néces- « saire ; puisqu'on ne le fait pas dans ce pays-ci, c'est « qu'elle est inutile : c'est le latin qu'il faut apprendre ; « il n'est pas même nécessaire qu'il entende bien ses au- « teurs, qu'on ne lit jamais quand une fois l'on est sorti « du collége, attendu que cela ne mène à rien ; qu'il en- « tende seulement les *Cahiers de Justinien*, et je serai « content. Je ne suis pas non plus d'avis d'interrompre « pendant deux ou trois ans l'étude des talents agréables : « c'est le temps le plus précieux pour les acquérir, et « dont il faut profiter d'autant plus soigneusement, que « l'enfant y a plus de dispositions. Je veux donc qu'il « emploie deux heures par jour à l'étude du violon, et « deux heures à celle des jeux de société ; il faut qu'il « sache défendre son argent : arrangez le reste comme « vous l'entendrez ; mais songez que c'est ma volonté ; « et j'espère que vous ne me ferez pas repentir de la com- « plaisance que j'ai de laisser si longtemps mon fils loin « de moi. »

Quoi qu'en dise M. d'Épinay, je ne renonce point à la totalité de mon plan. Ne craignez rien, mon ami, je ne m'épuiserai point en soins inutiles et nuisibles à ma santé. Je ne ferai rien par moi-même ; mais je ferai exé-

DEUXIÈME PARTIE. — CHAPITRE X.   451

cuter en ma présence : je compte y employer deux heures le matin, et de temps à autre autant l'après-dînée.

LETTRE DE MADAME D'ÉPINAY A M. GRIMM.

J'ai besoin de causer avec vous, mon ami ; vous verrez combien est à plaindre une femme qui a le malheur d'être unie à un homme sans mœurs et sans caractère, et comment on devient la fable du public sans s'en douter.

Mon sauveur m'a raconté ce matin qu'un marquis de B*** venoit d'arriver ici pour voir Voltaire, et le consulter sur je ne sais quel poëme qu'il a fait : il ne le connoît pas, mais il a une lettre d'un homme de ses amis pour sa femme qui est à Genève, et qui gouverne despotiquement Voltaire. Cette femme est une manière de bel esprit, à ce que l'on dit : elle se croit philosophe, parce qu'elle fait passablement des vers ; sa manie est d'endoctriner ; elle a séduit Voltaire ; et le mari, qui est bonhomme, et qui est pétri de complaisance, a fait semblant de croire à sa mauvaise santé, et a contenté, en la menant à Genève, la vanité qu'elle avoit de jouer un rôle. Eh bien ! ce mari, c'est M. d'Épinay, et cette femme, c'est moi. Monsieur Tronchin m'a crue plus philosophe que je ne le suis, en me faisant ce récit. J'avoue, mon ami, que j'en ai été très-affectée. Cependant, comme dit le docteur, quel tort réel cela peut-il me faire? Je n'en sais rien, mais il est humiliant d'être tympanisée ainsi. De tous ceux qui ont ri de cette histoire, qui est-ce qui a intérêt à l'approfondir? Me voilà traduite en ridicule! on ne parlera pas de moi en leur présence, qu'ils ne se disent : Ah ! c'est cette femme bel esprit !

Si M. de B*** ose se présenter avec sa lettre, vous imaginez bien qu'il ne sera pas fort encouragé par ma réception. Nous allons demain dîner, le sauveur et moi, chez Voltaire. Adieu, mon ami.

Le lendemain.

Nous arrivons de chez Voltaire : il étoit plus aimable, plus gai, plus extravagant qu'à quinze ans ; il m'a fait toutes sortes de déclarations les plus plaisantes du monde. « Votre malade, disoit-il à M. Tronchin, est vraiment philosophe ; elle a trouvé le grand secret de tirer de sa manière d'être le meilleur parti possible ; je voudrois être son disciple ; mais le pli est pris, je suis vieux. Nous sommes ici une troupe de fous qui avons, au contraire, tiré de notre manière d'être le plus mauvais parti possible. Qu'y faire ? Ah ! ma philosophe ! c'est un aigle dans une cage de gaze. Si je n'étois pas mourant, je vous aurois dit tout cela en vers ! »

J'ai reçu aujourd'hui une lettre de Rousseau, plus impertinente que toutes les autres. Comme je ne la mérite pas, j'espère qu'elle ne m'affectera pas longtemps ; mais je n'ai pu me défendre d'un mouvement de peine en la lisant. Je ne lui répondrai pas assurément ; je suis bien sûre que ce n'est pas vous qui vous permettrez de parler de lui. Quant à moi, je me suis interdit de prononcer jusqu'à son nom : n'ayant pas de bien à en dire, il ne doit pas craindre que je parle jamais de lui dorénavant. Mais pour l'intelligence de cette lettre, vous saurez qu'en répondant à la dernière qu'il m'a écrite, je lui rappelai que nous étions convenus qu'il payeroit le jardinier de l'Hermitage; et j'ajoutai que, s'il avoit fait quelques avances à cet homme, je donnois des ordres pour qu'on les lui remboursât.

Bonjour, mon tendre ami; j'attends très-impatiemment des nouvelles de tout ce qui m'est cher.

A propos; j'oublois de vous dire que le marquis de B*** est arrivé; il s'est présenté chez moi de la part de mon mari, mais il ne m'a pas remis de lettre, et ne m'en a point annoncé. Je l'ai reçu très-froidement, quoique avec politesse. Sa visite n'a pas été longue; et comme il a pris congé de moi sans me demander la permission de revenir, il m'a épargné le refus que j'étois bien décidée à lui faire. Bonjour, c'est tout à fait que je vous quitte aujourd'hui. J'attends mon sauveur.

LETTRE DE ROUSSEAU A MADAME D'ÉPINAY.

27 février 1758[1].

Je vois, madame, que mes lettres ont toujours le malheur de vous arriver fort tard. Ce qu'il y a de sûr, c'est que la vôtre du 17 janvier ne m'a été remise que le 17 de ce mois par M. Cahouet; apparemment que votre correspondant l'a retenue durant tout cet intervalle. Je n'entreprendrai pas d'expliquer ce que vous avez résolu de ne pas entendre, et j'admire comment avec tant d'esprit on a si peu d'intelligence; mais je n'en devrois

[1] Encore un pas en arrière, car décidément madame d'Épinay ne veut plus mettre d'ordre dans ses souvenirs. C'est son genre de maladie qui la trouble. Elle veut, la plume à la main, traîner en langueur une indisposition très-déterminée, qui avait dû disparaître à jour fixe, et alors son roman, pour ce qui est des dates, ressemble de moins en moins à de l'histoire.

plus être surpris, il y a longtemps que vous vous vantez à moi du même défaut.

Mon dessein n'ayant jamais été de recevoir le remboursement des gages de votre jardinier, il n'y a guère d'apparence que je change à présent de sentiments là-dessus. Le consentement que vous objectez étoit de ces consentements vagues qu'on donne pour éviter des disputes, ou les remettre à d'autres temps, et valent au fond des refus. Il est vrai que vous envoyâtes au mois de septembre 1756 payer par votre cocher le précédent jardinier, et que ce fut moi qui réglai son compte.

Il est vrai aussi que j'ai toujours payé son successeur de mon argent. Quant aux premiers quartiers de ses gages, que vous dites m'avoir été remis, il me semble, madame, que vous devriez savoir le contraire : ce qu'il y a de très-sûr, c'est qu'ils ne m'ont pas même été offerts. A l'égard des quinze jours qui restoient jusqu'à la fin de l'année, quand je sortis de l'Hermitage, vous conviendrez que ce n'étoit pas la peine de les déduire. A Dieu ne plaise que je prétende être quitte pour cela de mon séjour à l'Hermitage. Mon cœur ne sait pas mettre à si bas prix les soins de l'amitié ; mais quand vous avez taxé ce prix vous-même, jamais loyer ne fut vendu si cher.

J'apprends les étranges discours que tiennent à Paris vos correspondants sur mon compte, et je juge par là de ceux que vous tenez peut-être un peu plus honnêtement à Genève. Il y a donc bien du plaisir à nuire? à nuire aux gens qu'on eut pour amis? Soit. Pour moi, je ne pourrai jamais goûter ce plaisir-là, même pour ma propre défense. Faites, dites tout à votre aise ; je n'ai d'autre réponse à vous opposer que le silence, la patience et une vie intègre. Au reste, si vous me destinez quelque nouveau tourment, dépêchez-vous; car je sens que vous pourriez bien n'en avoir pas longtemps le plaisir.

LETTRE DE M. GRIMM A MADAME D'ÉPINAY.

Hélas! ma tendre amie, je vois qu'il est presque impossible que je vous rejoigne d'ici à deux ou trois mois. Vous savez de quelle nécessité je suis à Diderot dans ce moment où il est prêt de donner un livre de la première importance pour lui : ce livre n'est pas achevé. Je lui ai jeté quelques mots sur mon voyage, dans le dessein de le presser et de faire avancer sa besogne. Il m'en a remontré les inconvénients en deux mots, tant par rapport à vous que par rapport à moi; il ne m'a rien dit que je ne me fusse déjà dit confusément, ou plutôt que je ne me fusse efforcé de me cacher. Je n'ai qu'une réponse à tous ces inconvénients qui sont très-réels, c'est que je ne vois pas comment il me sera possible de passer tout l'été sans vous, et qu'au lieu de m'accoutumer à votre absence, je la supporte tous les jours plus impatiemment; il seroit peut-être plus sage d'attendre ici votre retour, mais je ne me suis jamais senti moins de courage pour un pareil effort; il faudroit, pour me dissuader de ce projet, que vous pussiez me promettre de revenir bientôt en parfaite santé : voilà ce qui pourroit seul me donner des forces.

Avant de prendre un parti, il faut encore une fois faire expliquer M. Tronchin sur le temps qu'il fixe pour votre retour; surtout, ma tendre amie, traitons ce chapitre tranquillement sans nous donner plus de noir que nous n'en avons; mais souvenez-vous bien que vous ne pouvez me donner des marques de tendresse plus précieuses que celles de chasser toutes ces vapeurs qui empoisonnent les sentiments les plus doux et les plus délicieux. Nous vivrons et nous mourrons ensemble, ma tendre amie; voilà ce qui doit nous soutenir dans la triste contrariété que nous éprouvons dans le moment présent.

J'ai dîné hier chez madame votre mère. Ce que vous nous mandez de M. de Jully l'a beaucoup divertie, mais cela ne la surprend pas. Votre mari, devant qui on racontoit à madame d'Houdetot ce beau procédé, a fait une réponse impayable : « Mais cela est tout simple, Jully « est veuf; il n'a ni enfants, ni dettes, il peut faire des « présents, il le doit même. — C'est-à-dire, reprit la « comtesse, que ce sont vos enfants qui vous ruinent, et « que c'est par ordonnance du roi que vous avez fait des « dettes. » Le marquis de Saint-Lambert est de retour des eaux. La comtesse d'Houdetot et lui sont, comme nous, brouillés sans retour avec Rousseau : ils le connoissoient pour ce qu'il est, et commencent à convenir que vous vous êtes conduite comme il le falloit[1].

Adieu, ma tendre amie; surtout point de tristesse; consolez-moi, donnez-moi du courage; en vérité, j'en ai plus besoin que vous.

LETTRE DE M. DE JULLY A M. GRIMM.

Je n'ose écrire à mon frère, monsieur, l'état dans lequel se trouve sa femme, et j'ai absolument défendu à

---

[1] Cette lettre est écrite ou supposée écrite au plus tard au mois de juin 1758. Or c'est au mois d'octobre suivant qu'eut lieu à la Chevrette le diner dont nous avons précédemment donné le récit.

DEUXIÈME PARTIE. — CHAPITRE X.

Linant d'en dire un seul mot, jusqu'à ce qu'il s'opère un changement que M. Tronchin nous laisse encore espérer, mais dont cependant il ne me répond pas. Les accidents de ma belle-sœur sont, à ce qu'il dit, plus effrayants que dangereux : j'avoue qu'elle me paroît fort mal. M. Tronchin se contente de laisser agir la nature dans ce moment de crise qu'il regarde comme décisif ou en bien ou en mal ; mais, encore une fois, il ne répond de rien : elle s'inquiète, elle se désole ; nous tâchons de la rassurer. Je vous avoue que je désirerois fort que vos affaires vous permissent de partir sur-le-champ, je crois que votre présence donneroit à son esprit le calme qui lui est nécessaire. Elle sait que je vous écris ; elle m'en a prié, ne pouvant le faire elle-même, mais elle ignore ce que je vous mande. Je crois, monsieur, qu'il faut épargner ces alarmes à madame d'Esclavelles ; quelque chose qu'il arrive, je lui écrirai l'ordinaire prochain. Je me hâte de fermer ma lettre et de vous renouveler l'assurance de mon attachement[1].

LETTRE DE M. GRIMM A MADAME D'ÉPINAY.

Je viens, ma tendre amie, d'écrire une lettre de trois pages au sauveur. Elle est telle que vous l'avez désirée,

[1] Il est fort possible que ces lettres aient été réellement écrites et mises à la poste ; mais alors c'était un petit complot de comédie pour tromper M. d'Épinay et madame d'Esclavelles. La lettre de M. de Jully, si pressante, doit être du temps où madame d'Épinay fut délivrée de son mal. Elle est partie le premier novembre, ayant sans doute six ou sept mois de maladie devant elle. Cela nous met en juin 1758. Les registres des naissances de Genève, même aux anonymes, pourraient fixer mieux la date. Mais qu'est devenu l'enfant qui dut naître alors ? Devint-il évêque ou archevêque, comme celui qui était venu au monde en 1755 ?

et il lui sera difficile de ne pas faire une réponse précise. Nous l'attendrons et elle nous réglera sur tout ; nous prendrons le parti le plus sage, le plus convenable et le moins contraire à notre bonheur. Au reste, votre lettre m'afflige beaucoup, non par vos accidents, que je regarde comme de peu de conséquence, mais par la disposition d'esprit où je vous vois. Qu'est donc devenu tout à coup votre courage, et pourquoi ne plus compter sur la parole d'un homme qui, depuis huit mois, n'a point varié ? Je vous conjure donc, ma tendre amie, de ne me point m'affliger par un découragement aussi déplacé. Ma lettre au sauveur est partie avant-hier ; j'espère qu'il la recevra demain, et que sa réponse me mettra dans le cas de causer avec un peu plus de tranquillité.

LETTRE DE M. GRIMM A MADAME D'ÉPINAY.

Je reçois la lettre de M. de Jully, et je pars. Après la lettre que je reçois aussi de M. Tronchin, il m'est impossible de me croire menacé du plus grand des malheurs ; sans cette lettre, je ne serois plus, je crois, en vie. Je viens d'acheter une chaise de poste. Comme je ne pourrai pas partir demain avant midi, quelle que soit ma diligence, j'attendrai la poste qui m'apportera de vos nouvelles du 18 ; mais demain, à cinq heures du soir, je ne serai plus à Paris : voilà sur quoi vous pouvez compter. J'irai jour et nuit ; ainsi mardi ou mercredi j'espère être bien près de vous. Madame votre mère se désole de ne pouvoir aller vous rejoindre. Adieu, ma tendre amie. Je vous porte un cœur déchiré par la douleur et le désespoir. Un moment passé auprès de vous me fera oublier toutes ces peines.

Je descendrai chez vous ou chez M. de Jully[1].

LETTRE DE M. DIDEROT A M. GRIMM.

Eh bien, mon ami, êtes-vous arrivé, êtes-vous un peu remis de votre frayeur? Je ne sais pas ce que vous aviez dit à madame d'Esclavelles, mais elle envoya chez moi le surlendemain de votre départ dès les six heures du matin, pour me faire part des nouvelles qu'elle avoit reçues de sa fille. Il nous faut un mot de votre main qui remette un peu nos esprits, qui m'apprenne votre arrivée en bonne santé, et qui me dise que madame d'Épinay est mieux. Oh! que je serois content d'elle, de vous et de moi, si nous en étions quittes pour une alarme. Cependant je sèche d'ennui; que voulez-vous que je fasse avec les autres, je ne sais que leur dire. Je vous envoie le reste de la besogne que vous m'avez laissée. A tout hasard, j'ai pris des doubles, et vais tâcher de faire contre-signer cet énorme paquet.

Tandis que vous alliez, nos amis nous supposoient tous deux à la campagne; ils n'ont su qu'hier votre départ. J'apparus comme un revenant chez le baron, au milieu de la grande assemblée. Je le pris d'abord à part. Je lui contai ce qui vous étoit arrivé, et au milieu du dîner il le répéta tout haut. Je n'ai été réellement content dans cette occasion que du marquis de Croismare. Chacun bavarda à sa guise sur cet événement.

La *Correspondance de Voltaire* ne fournit aucun renseignement sur l'arrivée de Grimm à Genève.

Bonjour, mon ami; bonjour, jouissez de votre voyage; écrivez-moi tout ce que vous ferez. J'ai eu trop de peine à vous voir partir, pour que vous croyiez que votre retour me soit indifférent; mais je veux d'abord votre satisfaction. Revenez quand il vous plaira : si c'est bientôt, vous serez content de vous; si ce n'est pas bientôt, vous serez encore content de vous : quoi que vous fassiez, vous serez toujours content, parce que vous avez dans le cœur un principe qui ne vous trompera jamais. N'écoutez que lui où vous êtes, et, de retour à Paris, n'écoutez encore que lui. Heureusement cette voix crie fortement en vous, et elle étouffera tout le petit caquetage de la tracasserie qui ne s'élèvera pas jusqu'à votre oreille. Je vous souhaite heureux partout où vous serez. Je vous aime bien tendrement, je le sens, et quand je vous possède et quand je vous perds. Ne m'oubliez pas auprès de M. Tronchin ; présentez mon respect à M. de Jully et à madame d'Épinay; dites à son fils que je l'aimerai bien s'il est bon, et que c'est de la bonté surtout que nous faisons cas. Lisez et corrigez les paperasses que je vous envoie, et que je sache du moins que je n'ai plus rien à y faire, et que vous êtes content. Adieu, encore une fois.

LETTRE DE MADAME D'ÉPINAY A M. DE SAINT-LAMBERT.

Genève, 15 décembre 1758.

Si nous étions au siècle de Merlin,
Siècle où chacun entendoit le grimoire,
 Où tout à coup l'esprit malin
 Vous endormoit un beau matin,

Je pourrois bien vous faire accroire
Qu'un charme me tient en défaut,
Et que depuis un an je dors ou peu s'en faut.

En vérité, monsieur, je me croirois trop heureuse d'avoir une pareille excuse à vous donner ; mais point : des souffrances, une foiblesse excessive, et depuis plusieurs mois l'habitude contractée de ne rien faire, voilà les causes de mon silence. Le désir de me rappeler au souvenir de mes amis, et surtout au vôtre, me revient et me rend mes forces.

Tel un hiver rigoureux et pénible
Glace une onde pure et paisible,
L'arrête en suspendant son cours ;
Telle on la voit, éprouvant le secours
Du soleil bienfaisant, devenir plus rapide,
Telle on a vu la mort au teint livide,
A l'œil hagard, prête à glacer mes sens.
Mes esprits engourdis, dans ces tristes moments,
Laissoient encore agir une douleur tranquille :
Regrettant tout, et ne désirant rien,
Sans espérance et sans soutien,
Ce moment prolongé me sembloit inutile.
Mais quel cri tout à coup interrompt ce sommeil ?
J'ouvre les yeux, je renais, je respire !
De l'amitié j'ai reconnu l'empire,
Et mes amis ont été mon soleil.

Il est bien juste, monsieur, que vous receviez votre part de ma reconnoissance, et qu'à présent que ma résurrection est bien constatée, je vous consacre à tous les premières idées riantes que me donne votre souvenir.

Qu'avec plaisir je me rappelle
Tant d'amis si chers à mon cœur !
Tour à tour occupés du soin de mon bonheur,
Vous m'en donniez toujours une preuve nouvelle.

En ne laissant rien à désirer au sentiment, on trouvoit encore avec vous tous les agréments de la société réunis. O mes amis! quand me retrouverai-je parmi vous?

   Un avenir trop séduisant
  Quand il est loin encor devient une chimère,
    Et seroit bientôt un tourment;
   Mais la raison sage et sévère
  Nous dit de mettre à profit chaque instant
    En tirant parti du présent.

Cela est moins difficile ici que partout ailleurs; mais il faut être en garde contre le premier coup d'œil. Les abords de Genève sont très-propres à effaroucher des têtes françaises, et, à plus forte raison, des têtes femelles qui ne sont jamais sorties de leur pays.

   On n'y voit que des monts glacés
   Ou bien des campagnes arides :
  Ces peuples cependant par les dieux protégés
  Tiennent d'eux, selon moi, des bienfaits plus solides
    Que ceux dont on nous voit si vains.
    Chez eux nul brillant équipage,
  Point de palais dorés ni de superbes trains;
    Sans faste, sans nul étalage
    Par la sagesse et l'équité,
    Par l'amour de la liberté,
  Ils semblent animés d'une âme égale et pure;
    De leur cœur la naïveté
    Et de leurs mœurs l'urbanité
  Nous ramènent au temps de la simple nature.

Vous voyez, monsieur, qu'avec de tels hôtes on peut très-bien se tirer d'affaire. Quel pays que celui où le ridicule inspire plus de compassion que de bons mots! En voulez-vous un exemple?

Non loin de notre voisinage
Est un certain original,
Obligeant à nul autre égal,
Officier savoyard, lourd et d'épais corsage;
Mais, pour trancher la vérité,
Égal en bêtise et bonté.
De présenter cet homme a la manie.
Pour en passer sa fantaisie,
Tous les matins il guette sur un pont
Les arrivants, tandis qu'à l'autre porte
De ses soldats la nombreuse cohorte
En fait autant. Honnêtes gens ou non,
Il les mène en cérémonie
A la prochaine hôtellerie,
Les régale, et sans être instruit
De ce qu'ils sont, les introduit
Chez les principaux de la ville.
Si bien qu'un jour de ce printemps
Il rencontre au milieu des champs
Certain quidam à plus d'un tour habile,
Qui le joint en disant qu'il vient de Tripoli,
Et qu'il a nom Pignatelli;
Qu'il est comte, marquis. — « Vite! allons chez Voltaire,
Répond notre officier; venez, laissez-moi faire,
Nous serons bien reçus. Donnez votre paquet,
Et montez sans façon dans mon cabriolet. »
On peut juger du commentaire
Qui se fit pendant le trajet.
Mais à la mine atrabilaire,
A l'œil sournois du pauvre hère,
A son maintien, et plus à son propos
On se regarde, et puis on lui tourne le dos.
Notre introducteur se démène,
Il répète à perte d'haleine
Les noms, surnoms, *et cætera*,
Disant que c'est à qui l'aura :
« Bon, lui dit la jeune Sophie,
Si ce magot nous vient d'Egmont,
C'est tout au plus, je vous le certifie
Le cuisinier de la maison. »

Pour abréger l'historiette,
Vous saurez qu'un jour sans trompette
Ce fameux comte s'esquiva,
Et l'introducteur planté là
Oncques depuis n'en avoit eu nouvelle.
Ce comte cependant lui tenoit en cervelle :
Il s'enquiert au premier venu.
Un passant fraîchement du coche descendu
Vint pour le tirer de sa peine :
« Cessez, dit-il ; votre recherche est vaine.
Le pauvre comte, hélas! avoit été vendu ;
Pour ses malfaits il est pendu. »
En France on se prendroit de rire,
De brocarder à qui mieux mieux
Au nez du protecteur honteux.
Du foible talent de médire,
Le Génevois peu curieux
Le plaint, le console, et désire
Qu'avec un cœur si généreux
Il soit désormais plus heureux.

Comme depuis quelques jours il n'est bruit ici que de cette histoire, je l'ai saisie pour vous faire juger de la bonté génevoise; voilà, en général, comme ils sont tous. Vous en excepterez pourtant huit ou dix qui commencent à se corrompre, et que, je ne sais par quel caprice, j'ai choisis de préférence pour ma société. Je vous laisse en chercher la raison. Vous voyez, monsieur, par l'amphigouri que je vous adresse, que l'absence n'a rien diminué de ma confiance en vous. A votre tour, rendez-moi raison de votre silence, et promettons-nous réciproquement, et pour la dixième fois, un peu plus d'exactitude dans notre commerce.

LETTRE DE M. GRIMM A M. D.DEROT.

(1759).

Quoi! Diderot, vous en êtes encore là! L'injustice et l'inconséquence des hommes vous étonnent? Ah! ne voyez-vous pas que c'est vous qui êtes injuste en vous révoltant contre eux? N'en attendons que ce qu'ils peuvent nous rendre, c'est-à-dire peu de chose ou rien; voilà le grand secret pour être juste. Non, vous ne vous trompez pas, et c'est en sûreté de conscience que vous pouvez soutenir que madame d'Épinay étoit à la mort en arrivant ici; que, depuis dix-huit mois qu'elle y est[1], Tronchin l'a fait vivre comme par enchantement; qu'elle n'est hors de danger que depuis trois mois; qu'elle n'est point encore en état de soutenir la route, et qu'elle ne perdra pas un instant pour retourner à Paris dès que sa guérison sera tout à fait constatée. Mais je tremble pour elle que tous les sacrifices qu'elle a faits à sa santé ne soient en pure perte à cause de l'avenir qui l'attend : la déraison, la dureté, l'indécence et la folie de son mari ne se conçoivent pas. Bon Dieu! que cette femme est à plaindre! Je ne serois pas en peine d'elle, si elle étoit aussi forte qu'elle est courageuse. Elle est douce et confiante; elle est paisible et aime le repos par-dessus tout : mais sa situation exige sans cesse une conduite forcée et hors de son caractère : rien n'use et détruit autant une machine naturellement frêle.

J'ai brûlé votre lettre comme vous l'avez voulu; mais

---

[1] Les dix-huit mois, à partir du mois de novembre 1757, conduisent au mois de mai 1759. Il est extrêmement difficile de se tirer de toutes ces dates.

n'exigez plus ces sacrifices de moi ; vous savez que j'aime à garder tout ce qui me vient de mon Diderot, et c'est sans aucun inconvénient que j'aurois conservé celle-ci comme les autres. Premièrement, madame d'Épinay n'a jamais de curiosité embarrassante pour ce qui ne la regarde pas : de plus, croyez que tous ces faux jugements, ces petites critiques qui viennent des gens qui ne font pas profession d'être de ses amis, ne la touchent pas. Je fus fort content de la manière dont elle reçut, il y a quelques jours, un de ces donneurs d'avis. Un homme nouvellement revenu de Paris lui avoit été présenté il y a un mois. Cet homme, apparemment prévenu par des gens qui ne l'aimoient pas, non-seulement marqua peu d'empressement pour la voir, mais, dans ses premières visites, prit un ton assez dénigrant : il a de l'esprit, et ne fut pas longtemps à s'apercevoir qu'il avoit mal connu madame d'Épinay, et à pénétrer qu'un trop grand excès de bonté, de candeur et de timidité pouvoit contribuer à lui donner l'apparence de torts qu'elle n'a point, et que bien des gens lui supposent. Il se crut obligé de justifier auprès de madame d'Épinay la conduite qu'il avoit tenue : il débuta par lui faire entendre d'une manière assez gauche, quoique honnête, qu'on ne lui avoit pas rendu justice en lui parlant d'elle : le voyant venir, elle tâcha de détourner la conversation. Nous étions cinq ou six, et toujours mon homme revenoit à sa thèse. Ses propos devinrent si clairs, quoique enveloppés de louanges, que madame d'Épinay tout à coup se leva et lui dit : « Monsieur, je n'ai ni plus ni moins de défauts qu'une autre, mais j'en ai le moins que je puis. Croyez que je suis assez sévère avec moi-même : je puis bien ne pas tout voir; mais il n'appartient qu'à mes amis de m'avertir. Au reste, je n'ai nulle curiosité sur ce qu'on dit de moi dans le monde; l'opinion seule de mes amis m'en inspire. Lorsqu'on me parle de moi, lorsqu'on me donne un avis, je veux pouvoir en chérir le motif; et pour cela il faut avoir acquis le droit de me le montrer. On ne sauroit plaire à tout le monde; mais si vous voulez avoir une idée juste de ce que je suis, je vous avertis que je vaux mieux que ma réputation de Paris, mais je ne me flatte pas de mériter celle dont on m'honore ici; j'aspire seulement à la mériter. » Après cette harangue, qui pétrifia notre homme, et qui me fit le plus grand plaisir, fort adroitement encore elle prit H*** sous le bras, s'en alla faire un tour de terrasse, et nous laissa le soin d'achever son apologie. Voilà, mordieu! comme on est quand la conscience est tranquille.

Il ne faut pas, je crois, compter sur notre retour avant le mois de septembre; ce terme, quoique éloigné, alarme déjà la pauvre malade; j'épuise, pour l'encourager, tout ce que la philosophie peut dicter de plus vrai, et, il faut l'avouer, de moins consolant pour un cœur sensible : c'est que je cherche moins à la consoler qu'à diminuer en elle cette ivresse qui feroit le bonheur de ma vie, si nous étions destinés à vivre comme nous avons vécu depuis six mois. Elle sera toujours l'objet de toute ma tendresse et de mes soins; mais je pourrois bien à mon tour être détourné de cette douce occupation par des devoirs et des affaires qui, à vue de pays, vont se multiplier et me donner la consolation de n'être plus un être oisif et inutile au milieu de la société. La cour de *** me presse de me charger d'entretenir une correspondance avec elle : cette occupation me plaît et me convient fort, en ce qu'elle me met à portée de montrer ce qu'on sait faire. Je n'attends pour accepter que le consentement du prince, que j'espère recevoir ces jours-ci. Je ne m'en chargerai qu'au cas qu'ils veuillent attendre mon retour à Paris, car je ne laisserai pas madame d'Épinay revenir seule, et je ne m'en fie qu'à moi des soins qui lui sont nécessaires dans un voyage aussi pénible. Ne parlez de mes projets à personne ; du secret dépend peut-être leur réussite. Bonjour, mon ami, tenez-vous en joie et donnez-moi toujours des bonnes nouvelles de votre santé et de votre tête. Vous ne me dites pas si vous êtes content de ma besogne : j'attends les derniers cahiers de la vôtre.

LETTRE DE VOLTAIRE A MADAME D'ÉPINAY.

(Aux Délices, 19 octobre 1759.)

Voici probablement, madame, la cinquantième lettre que vous recevez de Genève. Vous devez être excédée des regrets ; cependant il faut bien que vous receviez les miens ; cela est d'autant plus juste que j'ai profité moins qu'un autre du bonheur de vous posséder. Ceux qui vous voyoient tous les jours ont de terribles avantages sur nous. Si vous aviez voulu nous donner encore un hiver, nous vous aurions joué la comédie une fois par semaine. Nous avons pris le parti de nous réjouir, de peur de périr de chagrin des mauvaises nouvelles qui viennent coup sur coup. J'ai le cœur français, j'aime à donner de bons exemples ; mais, en vérité, tous nos plaisirs sont bien corrompus par votre absence et par celle de notre ami M. Grimm. Quels spectateurs et quels juges nous perdons ! Mais, madame, n'est-ce pas une chose honteuse que des Anglais, qui ne croient pas en Jésus-Christ, prennent Surate et aillent prendre Québec ? Qu'ils dominent sur les mers des deux hémisphères, et que les troupes de Cassel et de Zell battent nos florissantes armées ; nos péchés en sont la cause : c'est la philosophie qui attire visiblement la colère céleste sur nous. Il faut que le maréchal de Contades et M. de La Clue aient fourni quelques articles à l'*Encyclopédie* [1]. Cependant Tronchin fait des miracles ; tout est bouleversé ; je le canonise pour celui qu'il a opéré sur vous, et je prie Dieu avec tout Genève qu'il vous afflige incessamment de quelque petite maladie qui vous rende à nous.

Vous m'avez refusé inhumainement, madame, la lecture de vos deux volumes [2] ; vous n'avez pas eu de confiance en moi, et vous l'avez prodiguée à ceux qui en ont abusé. Vos livres courent Genève, je les ai, et il en court des copies informes. Je suis obligé de vous en avertir, je vous aime et m'intéresse vivement à vous. Ah ! madame, ne vous fiez qu'aux solitaires comme moi ou comme Grimm. Ne me trahissez pas, mais tâchez de retirer toutes ces indignes copies tronquées, et même les exemplaires, ou laissez-moi rendre public celui que j'ai entre les mains ; il n'y a en vérité que cela pour vous disculper du tort que vous font ces écrits défigurés.

Adieu, madame, l'oncle et la nièce vous adorent et sont à vos pieds.

---

[1] Les Anglais prirent Québec le 18 septembre 1759, après un siége de soixante-quatre jours. Le premier août, l'armée hanovrienne, commandée par le prince Ferdinand de Brunswick, avait battu, à Minden, l'armée du maréchal marquis de Contades ; et c'est le 17 août qu'avait été livré, sur la côte de Lagos, le combat naval qui coûta à la France deux vaisseaux brûlés : l'*Océan* et le *Redoutable*, et trois vaisseaux pris : le *Centaure*, le *Téméraire* et le *Modeste*. Il est vrai que l'escadre de M. de La Clue, séparée par un coup de vent, n'était composée sur le champ de bataille que de sept vaisseaux, et que les Anglais en avaient quatorze.

[1] *Mes Moments heureux* et les *Lettres à mon fils*.

APPENDICE

On pouvait prendre quelques pages de plus au manuscrit de madame d'Épinay, mais on aurait pu aussi imprimer quelques pages de moins. Le roman est clos lorsque Jean-Jacques a quitté l'Ermitage. Maintenant, que Grimm soit allé ou ne soit pas allé à Genève, et qu'ensemble ils soient revenus à Paris, madame d'Épinay et lui, en 1758 ou en 1759, cela n'a sans doute un grand intérêt pour personne; mais, ce qui eût assurément déplu à tout le monde, c'est la manière dont madame d'Épinay, à bout d'aventures et fort essoufflée, s'arrangeait pour faire une fin à son roman. Par exemple, Grimm devenait aveugle, et son amie le soignait en sœur de charité. Il faut dire que, lorsqu'elle eut fini son ouvrage et eut repris, à Paris ou à la Chevrette, le gouvernement de sa société, madame d'Épinay ne se fit pas faute de lire plusieurs fois ses chers Mémoires. Pour presque tout le monde, les pseudonymes et les petits arrangements de mise en scène n'offraient aucune difficulté, chacun des amis de la maison sachant bien que madame de Montbrillant, c'était madame d'Épinay; René, Rousseau; Volx, Grimm; Garnier, Diderot; et que M. de Lisieux n'était qu'un personnage de commande; mais, au milieu des auditeurs amis, il se glissait parfois des connaissances qui n'étaient pas tout à fait au courant des anecdotes du passé et à qui il fallait faire croire qu'on leur lisait un vrai roman. C'est pour ces gens-là que le tendre Volx perdait la vue, et que tout à coup l'historienne se mettait, après en avoir eu fort peu, à vouloir montrer trop d'imagination. Elle retombait, du reste, bien vite dans les récits d'affaires de famille, car on ne voit guère autre chose, dans le neuvième ou dixième cahier, que la longue et ennuyeuse histoire des procès qu'elle eut à soutenir contre son mari. Les dernières lignes du manuscrit ne sont pas douces pour M. de Montbrillant, c'est-à-dire pour M. d'Épinay. Elles le peignent rongé de maux, de rhumatismes, de goutte, en punition de ses continuels excès, et, quoique à peine âgé de quarante-cinq ans, flétri et cassé comme un vieillard débauché, mais avec l'air de vouloir vivre longtemps encore. Et cette indication des quarante-cinq ans de M. d'Épinay, donne la date du moment où les Mémoires s'achevèrent. Ce fut en 1769 ou en 1770.

Nous n'avons pas à prendre, à la dernière page de ce livre, la défense de M. d'Épinay, qui, certes, ne semble pas avoir été innocent des torts de sa femme; mais, enfin, n'oublions pas que Jean-Jacques n'en dit rien de fâcheux, que Diderot le trouve fort aimable, que le peu d'écrits qu'on a gardé de lui sont élégants et sensés, qu'il aimait et entendait réellement les arts, et, enfin, qu'il crut pendant quelque temps qu'il aimait celle dont il fit sa femme.

M. d'Épinay est mort le 16 février 1782, âgé d'un peu moins de cinquante-huit ans [1].

Au moment où madame d'Épinay revint de Genève (au mois de septembre 1759), le métier de fermier général était devenu épineux, surtout pour les prodigues comme MM. de la Popelinière et d'Épinay. L'opinion commençait à se prononcer fortement contre eux et à enhardir la cour et le ministère, qui voulaient enfin voir clair dans leurs comptes, et leur faire au moins payer plus cher l'instrument de leur fortune. J'ignore où M. Capefigue, dans son espèce d'histoire des fermiers généraux, a trouvé de quoi louer ces messieurs à tour de rôle, et de faire à M. d'Épinay, en particulier, la réputation d'un talent hors ligne. Selon lui, c'était M. d'Épinay qui était l'âme de la compagnie, et son plus habile financier. Il en fait donc un grand citoyen, puisqu'il savait faire produire à l'impôt le plus d'argent possible; et, lorsque, en 1762, son nom et celui de la Popelinière sont effacés de la liste des fermiers, M. Capefigue crie à l'injustice. Ce qui gâte son panégyrique, c'est qu'il dit que M. d'Épinay tomba parce que madame de Pompadour n'était plus là pour le soutenir. Or madame de Pompadour était encore là en 1762. La vérité est

---

[1] « L'an mil sept cent quatre-vingt-deux, le dix-sept février, a été transporté de la Madeleine de la Ville-l'Évêque en l'église d'Épinay-sur-Seine, près Saint-Denis, d'après la permission de messieurs les grands vicaires, le siége vacant, le corps de messire Denis-Joseph La Live d'Épinay, chevalier, seigneur d'Épinay, Feuil, la Briche et autres lieux, décédé d'hier en son hôtel, rue des Saussaies, en cette paroisse, âgé de cinquante-huit ans moins trois mois, au convoi duquel ont assisté messire Claude, vicomte de la Chattre, chevalier de l'ordre royal et militaire de Saint-Louis, son beau-frère, et messire Alexis-Janvier de La Live de la Briche, chevalier, conseiller d'État, secrétaire honoraire des commandements de la reine, introducteur des ambassadeurs, son frère, demeurant en son hôtel, rue de la Ville-l'Évêque, en cette paroisse. » (*Registres de la Madeleine de la Ville-l'Évêque.*) Ce vicomte de la Châtre est pour nous un inconnu. Serait-ce un second mari de madame Pineau de Lucé? Nous ne savons rien d'elle, sinon qu'elle a laissé trois enfants.

que les deux fermiers généraux perdirent leurs charges à cause du scandale de leurs prodigalités.

Il paraît que M. d'Épinay, pour n'être plus dans les fermes, n'en gagna pas et n'en dépensa pas moins d'argent. D'abord, il avait, et madame d'Épinay également, un quart de la propriété et des revenus de la charge du fermier général qui lui succéda, et qui, par parenthèse, s'appelait Tronchin. Ce quart valait cent vingt mille livres. En outre, il se mit à opérer sur les grains, comme tant de monde alors, comme Sa Majesté le roi Louis XV, et il eut le malheur d'y être heureux. Mais, toujours gêné, il ne paya jamais de bon gré ce qu'il devait à sa femme et à ses enfants, et il fallut, lorsque le ménage fut divisé, que madame d'Épinay recourût aux voies judiciaires. En quittant la rue Saint-Honoré et le vieil hôtel de famille dont il y avait nécessité de se défaire, madame d'Épinay, séparée de son mari, était allée habiter, à Paris, la rue Sainte-Anne, puis le Palais-Royal, la rue Gaillon et la rue Saint-Nicaise; plus tard, elle devait demeurer avec Grimm, rue de la Chaussée-d'Antin, dans la maison même que Necker habitait en 1789, et c'est là qu'elle mourut, le 15 avril 1783[1].

Sauf Duclos et Rousseau, que nous avons vus partir, et Margency, qui ne reviendra plus, la société de madame d'Épinay continua de se former de ceux de ses amis avec qui nous avons fait connaissance, et s'accrut de la plupart des amis du baron d'Holbach. L'abbé Galiani devait être le plus vif et le plus agréable des causeurs de son salon, jusqu'à ce que, de retour à Naples, il devînt le plus fidèle de ses correspondants. Leurs lettres ont été publiées à peu près vers le même temps que les Mémoires. On y voit quel rôle jouait madame d'Épinay au milieu du monde philosophique. Elle recevait à peu près tous les esprits distingués qui le composaient, et les recevait pour les unir, suivant la recommandation que Voltaire lui faisait de temps en temps du fond de sa terre de Ferney. On parlait donc beaucoup d'elle à Paris, et cependant c'est à peine si, en feuilletant les livres et les journaux du temps, l'on trouve son nom mentionné trois ou quatre fois. Bachaumont en parle à peine, lorsqu'elle mourut. La Harpe écrit une petite page sur ses *Conversations d'Émilie*, lorsque l'Académie les couronne, et c'est à peu près tout. Il n'y a que

---

[1] « Ce dix-sept avril mil sept cent quatre-vingt-trois, a été inhumé dans le cimetière de cette paroisse le corps de dame Louise-Florence-Pétronille Tardieu d'Esclavelles, veuve de messire Denis-Joseph La Live, chevalier, seigneur d'Épinay, Deuil et autres lieux, décédée d'avant-hier en son hôtel, chaussée d'Antin, âgée de cinquante-sept ans, au convoi de laquelle ont assisté messire Dominique, vicomte de Belzunce, colonel d'infanterie, grand bailli des pays de Mexique, son beau-fils, et messire Denis-Henri, vicomte de Belzunce, capitaine de dragons, et le chevalier de Belzunce, témoins qui ont signé : Le vicomte de Belzunce, Henry de Belzunce, le chevalier de Belzunce. »

(*Registres de la paroisse de la Madeleine de la Ville-l'Évêque.*)

dans les lettres de Diderot à mademoiselle Voland qu'on trouve quelques souvenirs un peu descriptifs.

De la Chevrette, madame d'Épinay porta ses pénates au château de la Briche. Diderot a peint cette vieille acquisition de M. de Bellegarde, dont tient la place à présent un fort détaché de l'enceinte de Paris.

« Je ne connoissois point, dit-il, cette maison; elle est petite, mais tout ce qui l'environne, les eaux, les jardins, le parc a un air sauvage : c'est là qu'il faut habiter, et non dans ce triste et magnifique château de la Chevrette. Les pièces d'eau immenses, escarpées par des bords couverts de joncs, d'herbes marécageuses; un vieux pont ruiné et couvert de mousse qui les traverse; des bosquets où la serpe du jardinier n'a rien coupé, des arbres qui croissent comme il plaît à la nature, des arbres plantés sans symétrie, des fontaines qui sortent par les ouvertures qu'elles se sont pratiquées elles-mêmes; un espace qui n'est pas grand, mais où on ne se reconnoît point, voilà ce qui me plaît. »

Cette lettre est de 1762. En ce moment-là, Damilaville et l'abbé Raynal étaient à la Briche. En 1770, on voit madame d'Épinay y passer encore ses étés. Sans doute que la Chevrette était restée à M. d'Épinay. Le château de la Briche était ancien, et pourvu, du côté de la route, d'antiques tourelles et d'un pont-levis qui avaient dû voir la déroute des Anglais, lorsque, en 1436, ils furent battus sur la Seine, entre Épinay et Saint-Denis. Gabrielle d'Estrées en avait été propriétaire.

Le 10 mars 1764, madame d'Épinay maria sa fille, Angélique-Louise-Charlotte, celle-là dont nous n'avons pu trouver l'acte de naissance, mais qui, en tout cas, n'était pas sa première née. Elle était mineure et habitait alors rue de Richelieu. On lui faisait épouser Dominique de Belsunce, vicomte de Belsunce et de Méharin, grand-bailli du pays de Mixte, colonel d'infanterie, chevalier de Saint-Louis, c'est-à-dire un officier d'un certain âge déjà. Parmi les signataires de l'acte de mariage se voit le nom du second frère de madame d'Épinay, que madame d'Épinay n'a pas admis à figurer dans les Mémoires : « Alexis-Janvier de la Live de la Briche, conseiller du roi en ses conseils, maître des requêtes ordinaires de son hôtel, secrétaire des commandements de la reine. » M. de Belsunce était le neveu du fameux évêque de la peste de Marseille, d'une famille qui était protestante avant la révocation de l'édit de Nantes, et qui avait fourni des lieutenants généraux à l'armée.

Madame de Belsunce, la fille de madame d'Épinay, avait une parente de son nom, fort jolie et fort choyée dans le monde : la femme du marquis de Belsunce et la sœur de la marquise de Noailles. Il est question quelquefois de cette marquise, tandis qu'on ne parle pas de notre Pauline. Du reste, la plus vantée est morte de bonne heure, d'une maladie de poitrine, tandis que madame la vicomtesse de Belsunce a survécu à sa mère et a élevé des enfants. Il y a dans la Correspondance de Grimm des vers du duc de Nivernais adressés à madame de Belsunce. On y voit chanter.

Cet air si fin qui plaît et qui n'y songe pas,
Ce sourire enchanteur et ces lèvres de rose.

Mais sans doute qu'il s'agit de la marquise et non de la vicomtesse. Cette dernière émigra, avec son mari, après 1792. Elle demeurait rue de l'Université en 1789.

Lorsque M. de Belsunce quitta la France, il avait déjà fait démolir la Chevrette. Comme sa mère, madame de Belsunce était, jusqu'au ministère de Necker, inscrite au nombre des croupiers des fermes, et touchait une pension de quatre mille livres sur le fermier général d'Autroche.

Dans une lettre de madame de Belsance à l'abbé Galiani, lettre datée du 6 mai 1775, il est question du rétablissement de la santé de sa mère et même de sa beauté. Madame d'Épinay s'était donc conservée agréable jusqu'à cinquante ans, quoique sa santé fût mauvaise, car elle l'était réellement, et bien qu'elle eût à se plaindre non-seulement de son mari qu'elle ne voyait plus, mais de son fils, qui, en grandissant, s'était mis à ressembler à son père.

En 1819, au moment même où les *Mémoires de madame d'Épinay* venaient de paraître, un avocat légitimiste, défendant, je crois, le triste général Canuel, et se trouvant avoir besoin de citer des condamnations à mort portées contre de tout jeunes gens, se mit à rappeler que le fils de madame d'Épinay avait été aussi condamné à mort pour avoir essayé d'empoisonner son père. Cette accusation fut sur-le-champ relevée par le petit-fils de M. et de madame d'Épinay (*Moniteur* du 10 janvier 1819), et, vérification faite, on vit qu'elle dérivait d'une assertion incompréhensible du malheureux Richer-Sérisy, le rédacteur de l'*Accusateur public*, sous le Directoire, et qu'elle n'était nullement fondée. Ayant à cœur de venger la mémoire de son père, M. d'Épinay disait de son père : « En entrant dans le monde, il fut conseiller au parlement de Pau, puis il devint mousquetaire, et ensuite officier de dragons. Toute sa vie s'est honorablement passée au milieu d'une famille fort nombreuse et très-répandue dans le monde. » Cela nous donne au moins l'esquisse d'une petite biographie de ce fils de madame d'Épinay, dont, en 1819, la piété filiale fait l'éloge, mais dont les lettres de Galiani révèlent la mauvaise conduite. Nous n'avons d'ailleurs à en parler qu'incidemment, et pour qu'à la fin la vie intime de madame d'Épinay ne soit pas tout à fait inconnue, après nous avoir été si nûment dévoilée.

Son amour pour Grimm, qui ne fut vraiment pas de l'amour, mais de la reconnaissance d'abord, puis une sujétion habilement préparée par lui, ne doit pas avoir crû beaucoup depuis le voyage de Genève. Il s'était trop visiblement fait tirer l'oreille pour aller la rejoindre. Un an après leur retour, je crois que madame d'Épinay voyait un peu plus clair dans le cœur de Grimm, non qu'elle eût à le mépriser, loin de là! mais parce qu'elle ne pouvait plus le croire parfaitement juste et bon. Au reste, c'est Diderot qui, en trois ou quatre lignes d'une lettre à mademoiselle Voland (25 novembre 1760), nous permet toutes ces suppositions. Il écrit : « Madame d'Épinay a eu un accès de migraine dont elle a pensé périr. J'allai la voir le lendemain. Nous passâmes la soirée tête à tête. La sévérité des principes de son ami se perd ; il distingue deux justices : une à l'usage des souverains. Je vois tout cela comme elle ; cependant je l'excuse tant que je le puis. A chaque reproche, j'ajoute en refrain : Mais il est jeune, mais il est fidèle, mais vous l'aimez, et puis elle rit. »

Ce passage fait honneur à madame d'Épinay et à Diderot, si l'on veut, mais il dessert encore Grimm au profit de celui qui n'est plus là, l'inflexible Jean-Jacques. Qui n'est plus là ! dis-je. Il était bien près encore, soit dans sa tour de la butte Jonvelle, soit chez M. de Luxembourg, et que de fois on devait parler de lui à la Chevrette ! que de fois, dans les promenades, on dut regarder si par hasard on ne le voyait pas venir devant soi !

Mais ce n'est pas la seule page où Diderot donne à penser sur son ami et maître Grimm. Plus souvent encore il le raille de son importance. « Notre despote, » dit-il quelque part ; et ailleurs : « l'homme le plus volontaire du monde. »

Diplomate, baron, et même en 1777 colonel russe, au retour d'un voyage à Saint-Pétersbourg, Grimm fut fort heureux jusque vers 1789. La secousse de 1789, qui, d'ailleurs, ne lui parlait pas au cœur comme à un Français, bouleversa ses idées, et encore plus ses habitudes, comme elle le fit pour Morellet, Marmontel et tant d'autres beaux esprits. A partir de ce moment, il expia son bonheur. La Révolution le rejeta hors des frontières, et lorsqu'il mourut, le 19 décembre 1807, après Iéna et Friedland, il put répéter son mot si triste : « J'ai manqué l'occasion de me faire enterrer. » Absolvons-le donc, au nom de Jean-Jacques, pour ces vingt dernières années de trouble et de misère morale. Lorsque la démocratie de 1792 portait au panthéon les restes mortels de Rousseau, que devait se dire Grimm dans sa solitude d'Allemagne ?

Ne l'accusons pas de n'avoir pas aimé madame d'Épinay. Ce serait sans doute une injustice. Il semble, de plus, qu'il ne l'a pas rendue malheureuse et qu'il ne lui a pas été inutile, une fois qu'il se fut fait le maître de chez elle.

Madame d'Épinay avait besoin de direction, et presque de servitude. Son esprit même, porté à la divagation, se régla auprès de l'esprit net et judicieux de Grimm, qui est certainement le critique le meilleur que le dix-huitième siècle ait produit. Elle l'aidait au besoin dans sa Correspondance, de tiers avec Diderot, et, en écrivant pour lui et à côté de lui, elle arriva à cette forme un peu sèche, mais ferme, qui fait un livre de quelque valeur de ses *Conversations d'Émilie*.

Cet ouvrage, si les Mémoires n'avaient pas vu le jour, serait le seul qui recommanderait son nom, car on ne peut pas appeler des publications les écrits imprimés par elle à Genève dans la petite imprimerie de son vieil ami Gauffecourt, et tirés à quelques exemplaires, c'est-à-dire *Mes*

moments heureux (Genève, de mon imprimerie, 1758, in-8° de 198 pages).
— *Lettres et Portraits* (petit in-8° de VIII-224 pages avec 12 pages à la fin qui renferment le portrait de madame d'Houdetot, 1759). — *Lettres à mon Fils* (Genève, de mon imprimerie, petit in-8° de 136 pages, 1759, tiré à 25 exemplaires). Tout cela n'est pour ainsi dire connu de personne et n'existe que pour quatre ou cinq bibliographes; mais les *Conversations d'Émilie* ont été fort souvent réimprimées et pourraient l'être encore avec profit, si l'on n'était pas persuadé, comme on feint de l'être depuis une douzaine d'années, que l'esprit philosophique est une chose dangereuse en général et qu'en particulier une mère de famille, amie de Rousseau et de Voltaire, ne peut manquer d'avoir corrompu sa fille en voulant l'instruire. Ces Dialogues, pleins de sens, et d'une très-agréable lecture ont paru en 1774, en 2 vol. in-12, sous le titre « *Conversations entre une mère et sa fille*. » Ils n'ont reçu qu'en 1781 leur titre définitif. Grimm, en annonçant son ouvrage, appelle madame d'Épinay « une femme de beaucoup d'esprit, et d'une raison très-supérieure encore à son esprit. » La Harpe dit à peu près la même chose (*Mercure* de mai 1775) : « On aime à voir une femme qui paroît d'un esprit très-sage et très-cultivé descendre jusqu'à celui d'un enfant pour l'élever peu à peu jusqu'au sien. »

Au mois de janvier 1783, l'Académie décerna aux *Conversations d'Émilie* le premier prix d'utilité, fondé par Monthyon, qu'elle ait eu à décerner. Madame de Genlis avait présenté au concours *Adèle et Théodore*, et se faisait chaudement soutenir par son cousin M. de Tressan[1]. Elle eut

---

[1] Madame de Genlis, qui fut fort piquée de son échec, a laissé de madame d'Épinay un portrait qu'on peut comparer à tous ceux que nous connaissons déjà :

« J'ai oublié de dire que, parmi les lettres de compliments sans nombre que je reçus au Palais-Royal sur le premier volume du *Théâtre d'éducation*, j'en reçus une de madame d'Épinay, que je ne connoissois pas du tout. C'étoit alors une femme de cinquante ans, très-infirme, qui ne sortoit point; elle me demandoit avec instance d'aller la voir. Sa lettre étoit aimable ; je me décidai à lui faire une visite ; elle me reçut si bien que je me promis d'y retourner. M. Grimm logeoit chez elle, et il étoit toujours en tiers avec nous. Je l'avois déjà vu à Venise, et, sans le trouver aimable, sa conversation me plaisoit, parce qu'il avoit beaucoup voyagé, et qu'il répondoit avec complaisance à toutes mes questions. Madame d'Épinay n'avoit jamais dû être jolie; ses manières manquoient absolument de noblesse; il y avoit du commérage dans son ton, mais elle étoit naturelle, obligeante, elle n'avoit nulle pédanterie; son esprit me parut commun, et son instruction fort bornée. Je rencontrai chez elle madame d'Houdetot, sa belle-sœur, beaucoup plus spirituelle qu'elle ; je la regardai avec curiosité, parce que j'avois lu dans les *Confessions* de J. J. Rousseau qu'il avoit été passionnément amoureux d'elle; cependant elle étoit extrêmement louche, et ses traits, d'ailleurs, n'étoient pas beaux. Elle me fit beaucoup d'avances et d'invitations d'aller chez elle, elle vint chez moi, et je lui rendis sa visite à l'heure où je savois que je trouverois rassemblée dans son salon toute sa société

quatre voix, Berquin deux, un M. de La Croix, et un M. Moreau, chacun une, et madame d'Épinay, dix ou douze.

Elle crut devoir remercier l'Académie dans une lettre adressée à D'Alembert et que Grimm nous a conservée, avec la réponse du secrétaire perpétuel. C'était le 18 janvier qu'elle écrivait cette lettre. Trois mois plus tard elle n'était plus. Je crois qu'il est bon de transcrire ici tout le morceau que Grimm a composé pour honorer son souvenir. Le ton en est excellent ; il fait pardonner à Grimm une partie de ses torts, et il n'est pas sans nous instruire :

« Ce n'est pas dans le moment où nos pleurs couloient encore sur la tombe de madame d'Épinay, que nous avons osé consacrer dans ces fastes littéraires le souvenir qu'elle y paroit mériter au plus respectable de tous les titres. Nous aurions craint d'attrister nos éloges de nos regrets, nous aurions craint que l'expression d'une sensibilité encore trop vive n'eût laissé aux plus justes louanges une apparence d'exagération qui les auroit rendues suspectes aux yeux de ceux du moins qui ne l'ont pu connoître que par ses écrits.

« Louise-Florence-Pétronille Tardieu d'Esclavelles, veuve de M. La Live d'Épinay, étoit la fille d'un homme de condition, tué au service du roi. La fortune qu'il lui avoit laissée étoit fort médiocre. On crut devoir récompenser les services rendus par le père en faisant épouser à sa fille un des plus riches partis qu'il y eût alors dans la finance, et en lui donnant pour dot un *bon* de fermier général. Elle passa donc les premières années qu'elle vécut dans le monde au sein de la plus grande opulence, entourée de toutes les illusions dont la richesse peut enivrer une jeune personne, et plus à Paris sans doute que partout ailleurs. Ce beau songe ne tarda pas à s'évanouir ; les folles dépenses, l'extrême frivolité du caractère et de la conduite de M. d'Épinay eurent bientôt dérangé cette superbe fortune. Son père, pour en sauver les débris, se vit obligé de substituer la plus grande partie de ses biens, et, voulant empêcher aussi que sa belle-fille ne devint tôt ou tard la victime des extravagances de son mari, ce fut lui-même qui, avant de mourir, exigea qu'elle s'en fît séparer, en prenant toutes les mesures qu'il crut les plus propres à lui assurer une existence convenable.

« Ce fut dans les jours brillants de sa jeunesse et de sa fortune que commencèrent ses liaisons avec J. J. Rousseau. Il en fut très-amoureux, comme il n'a jamais manqué de l'être de toutes les femmes qui avoient bien voulu l'admettre dans leur société. Elle le combla de bienfaits, non-seulement avec toute la délicatesse de l'amitié la plus tendre, mais encore avec

de beaux-esprits. J'y vis, pour la première fois, M. de Saint-Lambert ; je restai là une heure et demie, fort silencieuse et appliquée à écouter. La conversation manquoit d'agrément, parce que chacun n'étoit occupé que du désir d'y briller. » (*Mémoires de madame de Genlis*, t. III, p. 108.)

cette recherche particulière de soins et d'attentions que sembloit exiger la sauvagerie très-originale du philosophe. Il en parut d'abord profondément touché; mais peu de temps après, se croyant en droit d'être jaloux de son ami M. de Grimm, il paya d'ingratitude sa bienfaitrice, et l'homme qu'il se crut préféré ne fut plus à ses yeux que le plus injuste et le plus perfide des hommes. C'est avec les traits d'une si odieuse calomnie que, osant les peindre l'un et l'autre dans ses *Confessions*, il n'a pas craint de laisser sur sa tombe le monument atroce d'une haine inconcevable, ou plutôt celui de la plus cruelle et de la plus sombre de toutes les folies.

« Jeune, riche, jolie, intéressante, remplie de grâces et d'esprit, comment madame d'Épinay auroit-elle manqué de la seule perfection qui pût la faire jouir de tous ces avantages? De vains préjugés affecteroient peut-être d'en défendre sa mémoire; un sentiment plus juste ne désavouera point le souvenir de ce qui honora également son cœur et sa raison. Le moyen peut-être de donner la plus haute idée de son mérite, ce seroit de supposer un moment de vérité de tout ce que l'envie et la malignité osèrent reprocher à sa jeunesse. Il en faudroit admirer davantage et la force d'âme avec laquelle ses propres efforts surent réparer si complétement le tort d'une éducation trop frivole, et les rares vertus qui purent l'élever ensuite au degré d'estime et de considération dont elle jouit dans un âge plus avancé. Il est vrai qu'un des traits les plus marqués de son caractère, c'étoit une constance, une énergie de résolution qui l'emportoit sur toutes les faiblesses de l'habitude, sur tous les emportements de la plus vive sensibilité, et suppléoit même pour ainsi dire aux forces et au courage épuisés par une longue suite de chagrins et de souffrances.

« On l'a vue dix ans de suite accablée des maux les plus douloureux, ne supporter la vie qu'à force d'opium, mourir et ressusciter vingt fois sans cesser de mettre à profit les intervalles où ce cruel état la laissoit respirer, pour remplir tous les devoirs de la tendresse maternelle et tous ceux de l'amitié les plus empressée et la plus active. Au milieu des tourments d'une existence aussi frêle que pénible, on l'a vue conduire elle-même ses propres affaires et celles de ses enfants, rendre service à tous ceux qui avoient le bonheur de l'approcher, s'intéresser vivement à ce qui se passoit autour d'elle dans le monde, dans les arts et dans la littérature, élever sa petite-fille comme si c'eût été l'unique soin de sa vie entière, écrire un des meilleurs ouvrages qui aient encore paru à l'usage de l'enfance, faire de la tapisserie, des nœuds, des chansons, recevoir ses amis, leur écrire, et ne pas manquer encore un seul jour de faire une toilette aussi soignée que son âge et l'état de sa santé pouvoient le permettre. On eût dit que, se sentant mourir tous les jours, elle avoit pris à tâche de dérober chaque jour à la mort une partie de sa proie; c'étoit une étincelle de vie que l'occupation continuelle de ses sentiments et de ses pensées ne cessoit d'agiter et de nourrir.

« Ce qui distinguoit particulièrement l'esprit de madame d'Épinay, c'étoit une droiture de sens fine et profonde. Elle avoit peu d'imagination;

moins sensible à l'élégance qu'à l'originalité, son goût n'étoit pas toujours
assez sûr, assez difficile ; mais on ne pouvoit guère avoir plus de pénétration, un tact plus juste, de meilleures vues avec un esprit de conduite
plus ferme et plus adroit. Sa conversation se ressentoit un peu de la
lenteur et de la timidité naturelle de ses idées; elle avoit même une
sorte de réserve et de sécheresse, mais qui ne pouvoit éloigner ni l'intérêt
ni la confiance.

« Jamais on ne posséda si bien peut-être l'art de faire dire aux autres,
sans effort, sans indiscrétion, ce qu'il importe ou ce qu'on désire de savoir. Rien de ce qui se disoit en sa présence n'étoit perdu, et souvent il
lui suffisoit d'un seul mot pour donner à la conversation le tour qui pouvoit l'intéresser davantage.

« Sa sensibilité étoit extrême, mais intérieure et profonde: à force
d'avoir été réprimée, elle n'éclatoit plus que faiblement. Dans les peines,
dans les chagrins, dont sa santé étoit le plus sensiblement altérée, son
humeur sembloit à peine l'être. Au-dessus de tous les préjugés, personne n'avoit mieux appris qu'elle ce qu'une femme doit d'égards à l'o-
pinion publique même la plus vaine. Elle avoit pour nos vieux usages et
pour nos modes nouvelles la complaisance et la considération que leur
empire auroit pu attendre d'une femme ordinaire. Quoique toujours malade et toujours renfermée chez elle, on la voyoit assez attentive à mettre
exactement la robe du jour. Sans croire à d'autres catéchismes qu'à celui
du bon sens, elle ne manqua jamais de recevoir ses sacrements de la
meilleure grâce du monde, quelque pénible que lui fût cette triste cérémonie, toutes les fois que la décence ou les scrupules de sa famille paru-
rent l'exiger. On s'est permis de soupçonner qu'il pouvoit y avoir autant
de force d'esprit à les recevoir qu'à les refuser, comme ont fait tant de
grands philosophes.

« Madame d'Épinay n'avoit aucune espèce de fausse pruderie; mais,
trop frappée du danger attaché quelquefois aux plus légères impressions,
elle pensoit que les premières habitudes d'une jeune personne ne pouvoient être d'une retenue trop austère, et peut-être portait-elle ce principe jusqu'à l'exagération.

« Voici quelques traits d'un portrait qu'elle fit d'elle-même en 1756;
elle avoit alors trente ans : « Je ne suis point jolie; je ne suis cependant
« pas laide (elle avoit de très-beaux yeux et des cheveux parfaitement
« bien plantés, qui donnoient à son front une physionomie fort pi-
« quante). Je suis petite, maigre, très-bien faite. J'ai l'air jeune sans
« fraîcheur, noble, doux, vif, spirituel et intéressant[1]. Mon imagination

[1] Nous avons vu que madame Sand possède un portrait authentique de madame d'Épinay, et qu'il y en a au moins un autre. On doit, en cherchant bien,
pouvoir en retrouver d'autres encore. C'était la mode de se faire peindre, vers
e milieu du dix-huitième siècle, et à la Chevrette cette mode était scrupuleusement suivie. Où sont, par exemple, les portraits de madame d'Épinay et de
Diderot se faisant face l'un à l'autre ?

« est tranquille, mon esprit est lent, juste, réfléchi, sans suite. J'ai, dans
« l'âme, de la vivacité, du courage, de la fermeté, de l'élévation et une
« excessive timidité. Je suis vraie sans être franche. J'ai de la finesse
« pour arriver à mon but; mais je n'en ai aucune pour pénétrer les pro-
« jets des autres (elle en avoit beaucoup acquis). Je suis née tendre et
« sensible, constante et point coquette. La facilité avec laquelle on m'a
« vue former des liaisons et les rompre m'a fait passer pour incon-
« stante et capricieuse. L'on a attribué à la légèreté et à l'inconséquence
« une conduite souvent forcée, dictée par une prudence tardive et quel-
« quefois par l'honneur. Il n'y a qu'un an que je commence à me bien
« connoître. Mon amour-propre, sans me faire concevoir la folle espé-
« rance d'être parfaitement sage, me fait prétendre à devenir un jour
« une femme d'un grand mérite. »

« Jamais espérance ne fut mieux remplie, jamais prétention ne fut mieux justifiée. Elle n'a point laissé d'autre ouvrage qu'une suite, encore imparfaite, des *Conversations d'Émilie*, beaucoup de lettres, et l'ébauche d'un long roman. Les deux petits volumes intitulés, l'un, *Lettres à mon fils*, avec cette épigraphe : **Facundam faciebat amor;** l'autre, **Mes moments heureux** (sollicitæ jucunda oblivia vitæ), quoique imprimés, n'ont jamais été publiés et ne paroissent pas faits pour l'être; on y trouveroit cependant beaucoup de choses aimables, de la finesse et de la sensibilité; mais ce sont des ouvrages de société et les premiers essais d'une plume qui n'avoit pas encore acquis toute sa force et toute sa maturité.

« Nous croirions affliger les mânes de la plus respectable des femmes si nous pouvions oublier ici les bienfaits dont une grande souveraine daigna l'honorer dans les derniers temps de sa vie. Malgré toute l'estime et toute l'amitié que M. Necker avoit pour elle, l'extrême sévérité de ses principes ne lui permit point de l'épargner dans les réformes qu'il fit en renouvelant le bail de la Ferme générale, et ces réformes absorbèrent presque entièrement la partie la plus claire de son revenu. Il lui étoit dû quelques dédommagements; ils lui furent enfin accordés, mais l'arrangement pris à cet égard n'ayant pas été bien consolidé au moment de la retraite de ce ministre, elle se trouva dans une presse fort pénible. Sa Majesté l'impératrice de toutes les Russies, l'ayant su, s'empressa de la secourir; ce fut avec toute la magnificence, toute la générosité d'une main souveraine, et un si noble don fut accompagné de tant de grâce et de tant d'intérêt que la plus légère des faveurs en eût reçu un prix infini. C'est dans cette occasion qu'elle envoya à la jeune comtesse de Belsunce, la petite-fille de madame d'Épinay, ce médaillon de diamants, avec son chiffre, dont il a été parlé dans un autre article.

« Sa Majesté avoit honoré les *Conversations d'Émilie* de la plus flatteuse de toutes les approbations, longtemps avant que l'ouvrage eût obtenu le prix de l'Académie. »

Ces pages ne sont-elles pas, en somme, aussi près que possible de la vérité? Laissons au siècle une part des reproches que mérite l'irrégularité des mœurs de madame d'Épinay, comme mère de famille. En ne la jugeant que comme femme, nous la trouvons, nous aussi, douée de bien des qualités aimables, et assurément digne d'être aimée.

Mais ne parlons plus d'elle, et achevons de parler de ceux qu'elle nous a fait connaître dans ses Mémoires.

M. de Jully ne resta pas longtemps à Genève, et en revint sans récompense extraordinaire de madame de Pompadour. Il garda sa charge d'introducteur des ambassadeurs, dont il avait obtenu l'agrément au mois de mars 1756, sur la démission du marquis de Verneuil. Véritablement passionné pour les arts, il dépensa une grande partie de son bien à se faire un très-beau cabinet de peintures, de sculptures et de gravures de l'école française, qu'il estimait particulièrement, mais non sans joindre à ces morceaux des peintures d'autres écoles. L'un des plus précieux Rubens du Louvre vient de ce cabinet. Lui-même rédigea son catalogue et le publia en 1764, sous ce titre : *Catalogue historique du cabinet de peinture et de sculpture françaises, de M. de La Live*, introducteur des ambassadeurs, honoraire de l'Académie royale de peinture, à Paris, de l'imprimerie de P. Al. Le Prieur, imprimeur du roi, rue Saint-Jacques, vis-à-vis les Mathurins, à l'Olivier. M. DCCLXIV.

Ce catalogue est très-curieux; il est plein de détails de divers genres et d'appréciations qui quelquefois tournent au tendre. C'est bien le M. de Jully que nous connaissons. L'ouvrage forme un petit in-4°. Il est précédé d'une dédicace à MM. de l'Académie royale de peinture et de sculpture, dédicace signée La Live. Il y en a, à la bibliothèque de l'Arsenal, un très-bel exemplaire, relié, je crois, aux armes du duc de La Vallière, et que M. de Jully lui offrit avec cette dédicace particulière :

« A Paris, ce 26 août 1764.

« Je suis bien sensible, monsieur, au cas que vous voulez bien faire de mon petit catalogue, auquel vous avez en vérité presque autant de part que moy; j'aurai l'honneur de vous en envoyer un en feuilles; en attendant, voulez-vous bien me faire le plaisir d'en accepter un qui me reste encore relié, et je serois enchanté d'avoir trouvé une petite occasion de vous renouveler la sincérité des sentiments avec lesquels j'ai l'honneur d'être, » etc.

Cet exemplaire est orné de deux gravures, toutes deux de M. Jully. L'une, numérotée 63, est d'après Lefèvre; l'autre, numérotée 49, est d'après C. N. Cochin le fils, et représente le portrait de M. de Jully, vu de profil. Peut-être est-ce la seule image qu'on ait de lui, et n'en reste-t-il aucune autre qui permette de se faire une idée de la physionomie des fils de M. de Bellegarde. M. de Jully y a un air aimable et bon. La gravure elle-même est fine et spirituelle. On a accusé M. de Jully d'avoir signé des morceaux qui n'étaient pas de sa main; par exemple, des portraits d'après Roslin, qui seraient d'Alex. de Saint-Aubin. J'ignore ce qu'il en est. On compte environ une centaine de gravures travaillées de sa pointe, entre autres *les Fermiers brûlés*, de Greuze, deux tableaux de *l'Age d'or*, d'après Pater, et une suite de portraits d'hommes illustres.

La vente de son cabinet eut lieu en mars 1770. M. Charles Blanc l'a mentionnée dans son *Trésor de la curiosité* (t. Ier, p. 164). M. de Jully demeurait alors rue de Ménars, au coin de la rue de Richelieu; en 1757, c'était rue Saint-Honoré, près des Feuillants.

Veuf depuis le mois de décembre 1752, il se remaria, le 1er août 1762, avec mademoiselle Nettine Valkiers, fille d'un banquier de la cour de Vienne à Bruxelles. Quand il épousa sa première femme, M. de Bellegarde disait : « Puisqu'il est si malheureux, j'aime mieux qu'il choisisse son malheur que de le faire moi-même. » Nous avons vu ce qu'il en fut. De sa seconde femme il eut trois enfants, dont l'aîné, M. de La Live, lui succéda plus tard comme introducteur des ambassadeurs, et épousa madame Masson, veuve de M. Taillepied de la Garenne, qui, lui aussi, avait eu cette charge. Diderot écrit, en 1767, à Falconet : « L'amateur, M. de La Live, est devenu fou furieux; vous n'auriez jamais cru que ce fût de cette maladie qu'il fût menacé. Ce qu'il y a de plaisant, c'est qu'on dit que c'est d'avoir trop aimé sa femme. » Madame d'Houdetot disait, de son côté, en faisant allusion à la mort de la première madame de Jully : « Mon frère est mort des suites d'un chagrin dont il étoit consolé. » Enfin, citons Galiani, qui est quelquefois dur pour le prochain : « Je suis fâché de votre chagrin sur le veuvage de madame de La Live; pour lui, je crois qu'il a bien fait de mourir. » Sans doute à cause de sa folie.

Depuis quelques années, il n'exerçait plus sa charge, qui était remplie par son frère, Alexis-Janvier La Live de la Briche. Celui-ci vivait chez sa sœur, madame d'Houdetot, sans songer à s'établir : c'est elle qui le maria. Elle lui fit épouser une nièce du trésorier général de l'ordinaire des guerres, de la gendarmerie et des troupes de la maison du roi, M. Lemaistre, qui avait gagné une très-grande fortune, et qui fit bâtir le château du Marais, entre Argenteuil et Bezons où, depuis près d'un siècle toutes les illustrations de la société française ont passé. Cette demoiselle Prévost fit entrer la fortune de son oncle dans la famille de son mari [1]. M. La Live de la Briche portait le titre de comte en 1789, et demeurait rue de la Ville-l'Évêque, à l'ancien hôtel de Saint-Florentin. Les concerts de madame de la Briche étaient fort estimés, ainsi que ceux de madame d'Houdetot. Marmontel a laissé d'elle un portrait fort agréable : « Bonne musi-

---

[1] M. de La Briche était fort riche de lui-même. M. Lemaistre avait refusé de donner deux cent mille livres pour lui faire épouser le duc de Crillon, qui l'aimait. Sans raison aucune, il lui donna quatre cent mille livres de dot lorsqu'elle devint madame de La Briche. M. de La Briche mourut peu de temps après son mariage.

cienne, et chantant avec goût, quoique avec une faible voix. elle avoit la rare modestie de réunir chez elle des talents qui effaçoient les siens ; et, loin d'en témoigner la moindre jalousie, elle étoit la première à les faire briller. Parfait modèle de bienséance, sans aucune affectation, aisée dans sa politesse, facile dans ses entretiens, ingénue dans sa gaieté, contant bien, causant bien, elle étoit simplement et naturellement aimable. Son langage et son style étoient purs et même élégants ; mais, sensible jusqu'à l'amitié, rien de passionné n'altéroit la douceur et l'égalité de son âme. Ce n'étoit point la femme que l'on auroit désirée pour être vivement ému, mais c'étoit celle qu'on auroit choisie pour jouir d'un bonheur tranquille. »

M. Molé, celui que nous avons vu au ministère, avait épousé fort jeune une fille de M. de La Briche, comme M. de Barante, l'auteur de l'*Histoire des ducs de Bourgogne*, se maria avec une petite-fille de madame d'Houdetot. Ces alliances rajeunissent et distinguent le sang de M. de Bellegarde, et donnent un intérêt tout récent à cette histoire de famille qui date de plus d'un long siècle.

La Révolution dispersa les d'Épinay, les La Live et les d'Houdetot. On voit bien, en 1791, sur la liste des électeurs de Paris, un Georges d'Épinay, adjoint à la ferme générale, et demeurant 341, rue Saint-Honoré ; mais ce d'Épinay ne doit pas être des nôtres, le fils de madame d'Épinay, élevé par Linant, étant devenu officier de dragons et ne s'appelant point Georges. Il est singulier cependant de retrouver ce nom dans cet emploi et dans ce quartier, et nous soupçonnons qu'il manque de ce côté-là quelque chose à nos informations.

Dès les premiers jours de la Restauration, *le Moniteur* annonce que M. de La Live reprend son poste d'introducteur des ambassadeurs. C'est le fils aîné de M. de Jully (17 juin 1814). On voit aussi sur une longue liste de décorations de Saint-Louis figurer le nom de M. de La Live, « ancien officier de marine. » C'est sans doute un frère du nouvel introducteur. M. de La Live l'aîné reçut en 1819 un coup fort dur. Des lettres insérées au *Moniteur* le 11 et le 14 février 1819, sans dire bien juste de quoi il s'agit, laissent entrevoir qu'il était question de fort graves affaires de famille. Nous laisserons aux personnes curieuses de ces histoires le soin de rechercher l'écrit de M. Taillepied de la Garenne, qui venait alors de paraître et qui est intitulé : *Lettres adressées par M. de la Garenne, second fils de l'introducteur des ambassadeurs à la cour de France, à M. de La Live, son beau-père, aujourd'hui introducteur*, précédées de quelques considérations sur la position politique des esprits, suivies de de diverses lettres adressées par le même aux ministres, et d'une réponse au manuscrit mis sous les yeux du roi par M. de La Live. (Paris, Dondey-Dupré, 1819, in-8, 2 fr. 50.) Un premier feuillet, formant faux-titre, porte ces mots : *Conséquences médiates des révélations privées de madame La Live d'Épinay*.

Les Taillepied, qui se sont divisés en Taillepied de la Garenne et en

Taillepied de Bondy, étaient originairement dans la finance comme les La Live. M. le comte de Bondy, préfet de la Seine, était un Taillepied.

En 1830, M. de La Live, fils de M. de Jully, avait pour survivancier le petit-fils de M. d'Épinay. La révolution de Juillet les déposséda. Ce petit-fils de M. d'Épinay est mort au mois de mai 1842. Il portait le titre de baron. En 1850 seulement est morte, âgée de quatre-vingt-onze ans, Agathe-Marie Masson de Saint-Amand, veuve en premières noces du vicomte Taillepied de la Garenne, et en secondes noces du baron de La Live, fils de M. de Jully. Elle était née en 1759, juste au moment où notre roman s'achève, et c'est elle qui, pour nous, relie réellement le siècle au siècle.

Quant à madame d'Houdetot, ce ne sont pas quelques pages, c'est un petit volume qu'il faudrait lui consacrer. Elle fut si bonne, si simple, si vraie, si douce, si décente, et elle a laissé de si jolis mots pleins de cœur, et de si jolis vers pleins de simplicité et de grâce!

Sa vie fut longue et constamment heureuse. La Clos a dit d'elle, lui qui n'était pas toujours indulgent : « Madame d'Houdetot vécut avec des athées, avec des dévots, avec des prudes, avec des étourdis, et vécut avec tous sans leur sacrifier rien de son caractère primitif : ils n'eurent pas également à s'en louer ; aucun n'eut à s'en plaindre. » De toutes les compagnies, et du plus grand monde, même du monde de la cour, madame d'Houdetot, l'amie de la reine Marie Leczinska, de Necker, du maréchal de Beauvau, n'eut pas à gémir lorsque l'ancienne société disparut. Elle jugeait les événements et les hommes avec cette sérénité qui est le fond de la vraie philosophie, et on lui en savait gré. Qui, d'ailleurs, après 1789, eût osé toucher au bonheur de celle qu'avait uniquement aimée Jean-Jacques?

Sur la fin de sa vie, madame d'Houdetot parlait de Rousseau sans détour et avec une juste amitié. Elle déclarait que Grimm avait eu de grands torts envers lui. Son buste et celui de Saint-Lambert étaient dans son jardin de Sanois, et elle disait : « Ce sont des amis dont je conserve le souvenir. » Saint-Lambert, qui était devenu rigoureux pour Rousseau, ne put jamais l'engager contre sa mémoire dans la querelle des philosophes, et ce qu'elle en pensait de plus sévère, c'est ce qu'elle écrivit de sa main sur l'exemplaire de *la Nouvelle Héloïse* que Jean-Jacques copia pour elle.

« Ce manuscrit, dit-elle, fut pour moi le gage de l'attachement d'un homme célèbre ; son triste caractère empoisonna sa vie, mais la postérité n'oubliera jamais ses talents. S'il eut l'art, trop dangereux peut-être, d'excuser aux yeux de la vertu les fautes d'une âme passionnée, n'oublions pas qu'il voulut surtout apprendre à s'en relever, et qu'il chercha constamment à nous faire aimer cette vertu, qu'il n'est peut-être pas donné à la foible humanité de suivre toujours. »

Madame d'Épinay nous ferait croire que M. d'Houdetot ne rendait pas sa femme heureuse, mais ce serait une erreur. Il lui laissait, nous l'avons dit, toute sa liberté, et, sous leurs vieux jours surtout, il témoigna souvent le regret de n'avoir pas eu le droit de prétendre occuper tout son cœur. En 1795 (l'année où mourait la femme que, de son côté, il aimait depuis plus de quarante-cinq ans), il faisait toutes les boutiques de Paris, un jour de disette et d'émeute, afin de trouver de la poudre pour les cheveux de madame d'Houdetot, qui, alors encore (elle avait soixante-cinq ans) étaient admirables. C'était, dit-on, un beau vieillard à cette époque. Il ne mourut qu'en 1806, ayant jusqu'au bout respecté la liaison de sa femme et de Saint-Lambert, qui paraissait être le véritable maître de la maison, et qui, surtout à la fin, se permettait seul d'être jaloux. On raconte à ce propos que lorsque M. et madame d'Houdetot célébrèrent la cinquantième année de leur mariage, l'apoplectique Saint-Lambert fit une scène fort inattendue. Madame d'Houdetot était, du reste, aux petits soins pour lui, et jusqu'à en paraître ridicule. On se retirait chez elle à dix heures, lorsqu'on était à la campagne; mais elle restait jusqu'à minuit à jouer au loto avec Saint-Lambert. L'heureux homme qui, pendant plus de cinquante ans, fut le maître absolu d'une telle âme! Ce n'était pas au moins faute d'esprit qu'elle s'assujettissait de la sorte, ni par un sentiment d'admiration excessive pour le poëte, car elle a fait peut-être plus de vers à rappeler que Saint-Lambert. Lors de sa dernière maladie, Saint-Lambert lui disait : « Mourons ensemble. — Vivons ensemble, » répondait-elle. Et M. d'Houdetot, au spectacle d'une amitié si constante, ne pouvait s'empêcher de dire : « Ah! nous aurions été bien heureux! »

Il avait commencé, en effet, par être joueur, mais un jour qu'il revint, ayant perdu une si grosse somme qu'il lui fallut recourir à la dot de sa femme, elle lui fit jurer de ne plus jouer, et il ne joua plus jamais. C'était donc, à n'en pas douter, un honnête homme. Il n'était pas non plus si ladre, et quand madame d'Épinay, Francueil et toute la compagnie, en 1751, vinrent faire à sa terre de la Meillerayc la visite qui rendit madame d'Épinay si malheureuse, il y eut dans ses bois une promenade aux flambeaux dont on garda longtemps le souvenir, et qui parut quelque chose de royal.

« Ce Saint-Lambert, dit quelque part madame Du Deffand, est un esprit froid, fade et faux; il croit regorger d'idées, et c'est la stérilité même. Sans les roseaux, les ruisseaux, les ormeaux, il auroit bien peu de chose à dire. » Il y a du vrai dans cette boutade, mais il était élégant, mais il aimait la nature, sans savoir bien la chanter, et, tout en vivant dans les cercles les plus raffinés, c'était par le sentiment des grandes pensées naturelles qu'il s'était longtemps senti de l'affection pour Rousseau. Parfait honnête homme, en outre, il n'avait pas deux morales ou deux justices, comme Grimm et tant d'autres. C'est cet ensemble de qualités que madame d'Houdetot aima en lui si fidèlement. Reçu à l'Académie française en 1770, il venait d'être appelé dans la classe de l'Institut qui la remplaçait lorsque, le 9 février 1803, il mourut dans les bras de son amie.

La mort de madame d'Houdetot fut plus douce encore. Toute sa famille l'entourait lorsqu'elle ferma les yeux, la tête libre, et achevant de parler du plaisir qu'elle avait senti à vivre, comme une élève de Platon. Elle expira le jeudi 28 janvier 1813.

Elle avait trouvé pour ses tout derniers jours un ami selon son cœur qui remplaça Saint-Lambert, M. d'Houdetot et tous les amis disparus. C'est M. de Sommariva, l'ancien vice-président de la République cisalpine, qui, jeune encore, vint, au commencement de l'Empire, vivre à Paris et y dépenser dans la grande culture et en collections d'œuvres d'art une des plus belles fortunes de l'époque. M. de Sommariva avait acquis la terre d'Épinay, celle d'Ormesson, celle de la Barre, les restes de la Chevrette, les prés et l'étang de Coquenard, tout le pays enfin qui est au sud-est de la vallée de Montmorency, et qui a été la scène de nos Mémoires. Il possédait, avec les terres de M. de Bellegarde, les plus précieux souvenirs de la famille, et c'est le culte des souvenirs qui fit que madame d'Houdetot aima si tendrement le dernier venu. Elle écrivit dans son testament : « J'ordonne que mon cœur soit mis à part et porté dans le tombeau ou près le tombeau de mon père et de ma mère, à Épinay. » Mais ce tombeau se trouvait dans la chapelle domestique du château, et depuis 1789 la loi défendait les inhumations faites ailleurs que dans le terrain public. Le cœur de madame d'Houdetot fut donc mis dans le cimetière d'Épinay.

Il nous reste à recueillir quelques témoignages rendus en l'honneur de cette aimable femme. « Vous avez, dit Marmontel à ses enfants, entendu dire mille fois par votre mère, et dans sa famille, quel étoit pour nous l'agrément de vivre avec M. de Saint-Lambert et madame la comtesse d'Houdetot, son amie; et quel étoit le charme d'une société où l'esprit, le goût, l'amour des lettres, toutes les qualités du cœur les plus essentielles et les plus désirables nous attiroient, nous attachoient, soit auprès du sage d'Eaubonne, soit dans l'agréable retraite de la Sévigné de Sanois. Jamais deux esprits et deux âmes n'ont formé un plus parfait accord de sentiments et de pensées; mais ils se ressembloient surtout par un aimable empressement à bien recevoir leurs amis. Politesse à la fois libre, aisée, attentive; politesse d'un goût exquis qui vient du cœur, qui va au cœur, et qui n'est bien connue que des âmes sensibles. »

Quelques jours après la mort de madame d'Houdetot (le 6 février 1813), il parut dans le *Journal des Débats* (*Journal de l'Empire*) un article nécrologique qui doit être de Suard. Nous l'avons cru devoir transcrire, et le voici :

« Élisabeth-Sophie-Françoise de La Live de Bellegarde, veuve du ci-devant comte de Houdetot, lieutenant général des armées, est morte à Paris le 28 janvier, âgée d'environ quatre-vingt-trois ans.

« Cette mort laisse dans la société un vide difficile à remplir, et à ses nombreux amis des regrets bien amers. Le plus digne hommage qu'on puisse rendre aux qualités aimables qui ont embelli la société, et aux qualités plus précieuses encore qui y ont répandu le bonheur, c'est d'en conserver les souvenirs et d'en peindre les modèles.

« Madame de Houdetot avait un esprit plus piquant, un talent naturel, un goût plus exercé que la plupart des femmes qui se sont fait un nom dans les lettres : elle eût aisément obtenu ce genre de gloire, si elle avait pu l'ambitionner ; et elle était bien loin de désirer la célébrité qu'elle a acquise malgré elle.

« Le trait distinctif de son caractère était la bonté. Son âme active avait un besoin continuel d'être animée, et ce besoin la portait à chercher sans cesse les moyens de multiplier et de varier ses jouissances ; mais elle avait un égal besoin de faire partager ses plaisirs à tout ce qui l'environnait. Elle aimait cette maxime d'un poëte de l'Orient : « Jouissez, c'est le « bonheur ; faites jouir, c'est la vertu. » Cette leçon semble avoir été la règle de sa vie.

« Elle portait dans le monde un sentiment de bienveillance générale, d'indulgence naturelle, qui ne lui laissait voir, dans les personnes et dans les choses, que les côtés favorables. Il semblait que la nature lui eût donné une sagacité toute particulière pour découvrir promptement et sûrement ce qu'il y avait d'aimable dans la personne avec qui elle causait, comme ce qu'il y avait de plus louable dans l'ouvrage qu'elle lisait. Je ne crois pas que pendant toute sa longue vie elle ait jamais montré à personne un sentiment qui pût lui déplaire.

« Également passionnée pour les beautés de la nature et pour celles des arts, elle passait constamment la belle saison dans une maison de campagne qu'elle avait ornée sans luxe et uniquement pour ses goûts ; elle s'entourait de fleurs et de verdure ; son jardin offrait à chaque pas les bustes des grands hommes, avec des inscriptions en vers composées par elle, où le bon esprit et le bon goût se faisaient remarquer. Des comédies et des proverbes, de la musique, une conversation spirituelle et animée, y offraient une succession d'amusements variés à une réunion choisie de personnes distinguées dans toutes les classes de la société.

« Son imagination vive et mobile embellissait encore ce qu'elle trouvait beau ; les fleurs avaient pour ses sens plus d'éclat, plus de parfum que pour les autres ; elle découvrait dans un tableau des intentions auxquelles le peintre n'avait jamais pensé ; elle trouvait dans une symphonie de Haydn une suite d'idées qui aurait étonné le compositeur, comme elle voyait dans les nuages des tableaux bien composés que personne n'apercevait. Ces innocentes illusions ne faisaient qu'ajouter des nuances plus vives aux impressions qu'elle recevait des objets. Tout en elle semblait arrangé pour sa plus grande satisfaction.

« Une si heureuse existence ne fut troublée que dans les dix dernières années de sa vie, et ce fut par des contrariétés et des peines passagères qui n'altérèrent point sa bonté naturelle, son goût pour les plaisirs de l'esprit, des arts et de la société ; elle avait même conservé son talent pour la poésie : six semaines avant sa mort elle avait fait, pour la fête d'un ancien ami, quelques vers où un sentiment aimable était exprimé avec esprit et naturel.

« Jamais on n'a loué avec plus de grâce et de sincérité. Ses opinions, comme ses sentiments, s'exprimaient dans un langage remarquable par l'élégance et la précision, et par des formes piquantes qu'elle trouvait sans effort. On connaît d'elle un assez grand nombre de poésies fugitives, inspirées par des circonstances, et qui ont mérité de survivre aux circonstances. On trouve dans toutes de la grâce, du trait, de la facilité, et le sentiment, devenu très-rare, du véritable langage poétique. Quoiqu'elle eût particulièrement le genre de talent qui semble le plus propre à aiguiser le trait d'une épigramme, jamais elle ne s'en permit aucune. La bonté de son âme contrariait l'aptitude de son esprit.

« Aucune infirmité grave ne faisait présager une fin prochaine à madame de Houdetot. Elle s'était couchée sans éprouver aucun mal; sa nuit avait été calme ; à son réveil, elle fut saisie d'une douleur d'estomac à laquelle elle était sujette, mais qui devint rapidement si vive, qu'elle sentit qu'il n'y avait plus de remède. Elle ne demandait à son médecin que de prolonger assez son existence pour rassembler auprès d'elle les personnes qui lui étaient le plus chères ; elle obtint cette consolation ; on la vit jouir avec sensibilité de leurs soins et de leur tendresse, en leur témoignant le regret de les faire assister à un si triste spectacle. Dans la journée elle s'éteignit sans agonie. Le ciel devait une si douce mort à une si douce vie.

« Je crois remplir un devoir et je satisfais un sentiment naturel en rendant ce léger hommage à une femme qui, pendant près de cinquante ans, m'a montré une constante bienveillance, et dont la société m'a procuré des jouissances dont, malheureusement, les éléments n'existent plus.

« Mes vœux seront comblés si les lignes que je viens de tracer pouvaient porter le moindre adoucissement à la douleur trop légitime d'une famille nombreuse et respectable, dans laquelle on peut retrouver, différemment répartis, les dons de l'esprit et les vertus sociales dont madame de Houdetot lui a offert le modèle. »

Deux écrivains plus importants que Suard ont placé le nom et le souvenir de madame d'Houdetot dans leurs œuvres. Nous ne citerons pas le passage des *Mémoires d'Outre-Tombe* de Châteaubriand (t. IV, p. 81), parce que c'est une raillerie lancée contre le dix-huitième siècle. Voici le seul trait que nous y devions prendre: « Elle ne se couchait point qu'elle n'eût frappé trois fois à terre avec sa pantoufle, disant à feu l'auteur des *Saisons* : Bonsoir, mon ami ! »

Mieux vaut finir avec M. Guizot, qui avait vingt-deux ans lorsqu'il entra dans le salon de madame d'Houdetot, et qui en parle avec respect dans sa *Notice sur madame de Rumfort* (in-8°, 1841) :

« Les mercredis, madame d'Houdetot donnait à dîner à un certain nombre de personnes invitées une fois pour toutes, et qui pouvaient y aller quand il leur plaisait. Elles s'y trouvaient en général huit, dix, quelquefois davantage. Point de recherche, point de bonne chère ; le dîner n'était qu'un moyen, nullement un but de réunion. Après le dîner assise au coin du feu, dans son grand fauteuil, le dos voûté, la tête inclinée sur la poitrine, parlant peu, bas, remuant à peine, madame d'Houdetot assistait en quelque sorte à la conversation, sans la diriger, sans l'exciter, point gênante, point maîtresse de maison, bonne, facile, mais prenant à tout ce qui se disait, aux discussions littéraires, aux nouvelles de société ou de spectacle, au moindre incident, au moindre mot spirituel, un intérêt vif et curieux ; mélange piquant et original de vieillesse et de jeunesse, de tranquillité et de mouvement. »

Il est inutile de faire la généalogie de la nombreuse postérité de madame d'Houdetot. L'un de ses petits-fils était récemment encore membre de nos assemblées délibérantes, et un autre était attaché comme aide de camp à la personne du roi Louis-Philippe. Madame d'Houdetot n'avait eu cependant qu'un fils ; mais marié deux fois, César-Louis-Marie-François-Ange d'Houdetot, né le 12 juillet 1749, et mort au mois d'octobre 1825, a eu de nombreux enfants de sa seconde femme. La première, née Perrinet de Faugnes et d'une famille de financiers, amie des La Live, est morte de très-bonne heure d'une maladie de langueur. Elle avait infiniment de grâce dans son esprit mélancolique. « A quoi pensez-vous ? » lui disait-on un jour. « Je me regrette. » Elle n'avait plus que quelques jours à vivre. Cette digne belle-fille de madame d'Houdetot faisait des vers qui ont été recueillis en un petit volume, imprimé chez Didot l'aîné en 1782 (in-18 de 65 p.), et tiré à très-peu d'exemplaires pour les seuls amis de la famille. Ce qui ajoute à l'intérêt de ce recueil, c'est qu'il est précédé d'une préface due à M. de Brienne, celui qui, sous le nom de cardinal de Brienne, devait être, aux derniers jours de la monarchie, le plus impuissant des premiers ministres.

On faisait volontiers des vers dans la famille. Madame d'Épinay en a fait beaucoup, et nous avons tout exprès placé à la fin de ses *Mémoires* une lettre rimée à l'adresse de Saint-Lambert, qui n'a pas été imprimée en 1818. Ces vers ne sont pas bien remarquables. En voici d'autres d'elle, qu'il est utile de connaître. Ils sont de 1778, année de la mort de Jean-Jacques, et ils furent gravés sur marbre pour être placés à l'Ermitage, comme ces inscriptions que rédigeait madame d'Houdetot pour les grands hommes de son jardin de Sanois (celle-ci, par exemple, au bas du buste de l'auteur du *Télémaque*: « Fuis, méchant ; Fénelon te voit »). Madame d'Épinay fit donc ces vers :

>   O toi dont les brûlants écrits
> Furent créés dans ce simple Ermitage,
>   Rousseau, plus éloquent que sage,
>   Pourquoi quittas-tu mon pays ?
> Toi-même avois choisi ma retraite paisible,
> Je t'offrois le bonheur, et tu l'as dédaigné ;
>   Tu fus ingrat, mon cœur en a saigné.
> Mais pourquoi retracer à mon âme sensible...
> Je te vois, je te lis, et tout est pardonné.

Avant de pardonner, madame d'Épinay essaya d'empêcher les *Confessions* de son ami J. J. Rousseau de faire leur effet dans le public. On sait que la première partie des *Confessions* parut en 1781, et la seconde en 1788. Madame d'Épinay put donc lire la première partie dans l'imprimé. Mais avant d'être publié, l'ouvrage de Jean-Jacques avait été lu à Paris, et par l'auteur lui-même. Ayant appris que, durant l'hiver de 1770 à 1771, il en avait fait des lectures récentes, elle écrivit au lieutenant de police Sartine une lettre qui a été retrouvée et qui complète les Mémoires d'une façon qui ne fait point de tort à Rousseau:

« Vendredi, 10. — Il n'y a rien de si insupportable pour les personnes surchargées d'affaires, monsieur, que ceux qui n'en ont qu'une. C'est le rôle que je meurs de peur de jouer avec vous; mais comptant, comme je le fais, sur votre amitié et sur votre indulgence, je dois vous dire encore que la personne dont je vous ai parlé hier matin a lu son ouvrage aussi à M. Dorat, à M. De Pesay et à M. Dusaulx: c'est une des premières lectures qui en aient été faites. Lorsqu'on prend ces messieurs pour confidents d'un libelle, vous avez bien le droit de dire votre avis, sans qu'on soit censé vous en avoir porté des plaintes. J'ignore cependant s'il a nommé les personnages à ces messieurs. Après y avoir réfléchi, je pense qu'il faut que vous parliez à lui-même avec assez de bonté pour qu'il ne puisse s'en plaindre, mais avec assez de fermeté cependant pour qu'il n'y retourne pas. Si vous lui faites donner sa parole, je crois qu'il la tiendra. Pardon mille fois, mais il y va de mon repos, et c'est le repos de quelqu'un que vous honorez de votre estime et de votre amitié, et qui, quoi qu'en dise Jean-Jacques, se flatte de la mériter. J'irai vous faire mes excuses et mes remercîments à la fin de cette semaine; ne vous donnez pas la peine de me faire réponse; cela n'en demande pas; je compte sur vos bontés; cela me suffit. »

Mais nous voilà loin des poésies de madame d'Houdetot. Nous aurions voulu pouvoir en réunir davantage, et ne pas les placer ainsi dans l'entassement de nos dernières notes. Mais, n'importe. Elle n'y attachait pas de prix, et quoique d'Alembert fût d'avis qu'elle aurait dû être nommée académicienne, elle ne se souciait pas de voir imprimer ses vers. Recueillons-les donc comme ils nous reviennent, sans ordre, et bien incomplets[1]. A quinze ans, elle avait traduit, sans en rien dire à personne, le *Pastor fido*. Il n'est rien resté de ces essais; mais, dans les pièces qui suivent, que de morceaux délicats!

---

[1] A en croire Diderot, elle en a laissé qui sentaient l'enthousiasme des conversations païennes de Saint-Lambert:

« Madame d'Houdetot, dit-il, fait de très-jolis vers; elle m'en a récité quelques-uns qui m'ont fait le plus grand plaisir. Il y a tout plein de simplicité et de délicatesse. Je n'ai osé les lui demander; mais si je puis lui arracher un *Hymne aux tetons* qui pétille de feu, de chaleur, d'images et de volupté, je vous l'enverrai. Quoiqu'elle ait eu le courage de me le montrer, je n'ai pas eu celui de le demander. »

I. VERS POUR LE DÉPART DE M. DE SAINT-LAMBERT, QUI ALLOIT
A L'ARMÉE. (1757.)

   L'amant que j'adore,
   Prêt à me quitter,
   D'un instant encore
   Voudroit profiter :
   Félicité vaine
   Qu'on ne peut saisir,
   Trop près de la peine
   Pour être un plaisir !

Ce huitain n'est-il pas un chef-d'œuvre exquis, et ne devrait-il pas être placé dans nos anthologies à côté des couplets frais et tendres de Desportes et de Bertaut ?

II. IMPROMPTU POUR MADAME DE LA VALLIÈRE, BELLE ENCORE
A PLUS DE CINQUANTE ANS. (1771.)

   La Nature, prudente et sage,
   Force le Temps à respecter
   Les charmes de ce beau visage
   Qu'elle n'auroit pu répéter.

III. VERS FAITS A FOURQUEUX, PRÈS DE MARLY,
DANS UN JARDIN D'OÙ L'ON ENTENDOIT LA MACHINE QUI MONTE LES EAUX
DE LA SEINE. (1778.)

   Ces efforts redoublés et ces gémissements,
   Cet appareil de fer et ces grands mouvements
   Offrent partout aux sens la nature offensée.
   Elle semble gémir d'avoir été forcée,
   Et, cédant à regret aux entraves de l'art,
   Aux caprices des rois se plaint d'avoir eu part.
   Ah ! que j'aime bien mieux la modeste fontaine
   Qui, dans ces prés fleuris, s'enfuit du pied d'un chêne,
   Et qui, formant le cours d'un paisible ruisseau,
   Arrose des gazons aussi frais que son eau.

Saint-Lambert avait envoyé à Voltaire ces vers si bien faits. Lorsque, en 1778, le vieux poëte vint mourir à Paris, au moment où madame d'Houdetot entra dans sa chambre, il les lui récita.

IV. A MADAME DE LA BRICHE, SA BELLE-SŒUR.

   Jeune Églé, vous aimez les chats :
   On les accuse d'être ingrats,

Très-volages et peu sincères ;
Mais des gens avec qui l'on vit
On prend beaucoup, à ce qu'on dit :
Jeune Églé, s'il sait vous plaire,
Ce chat, auprès de vous, gardera son esprit
Et changera de caractère.

V. A M. DE TRESSAN, QUI HABITOIT FRANCONVILLE,
DANS LA VALLÉE DE MONTMORENCY, POUR PLAINDRE LES ARBRES EN FLEUR
SURPRIS PAR UNE GELÉE D'AVRIL.

Au coloris brillant de Flore,
Un rouge noir a succédé ;
Dans nos vergers chacun déplore
La tendre fleur qui vient d'éclore :
Notre malheur est décidé.

Pangloss ! viens dans cette vallée
Où l'on entendoit ce matin
Chaque famille désolée
Se plaindre de la destinée,
Et donner raison à Martin.

VI. RÉPONSE AU MÊME.

D'une vive douleur atteintes,
Je vis les Grâces, l'autre jour,
Des maux dont tu sens le retour
Au tendre Amour porter leurs plaintes :
« Eh quoi ! d'un vieillard inflexible
Faut-il toujours subir la loi ?
Amour, n'est-il donc pas possible
De conserver les dons que nous tenons de toi ? »
L'Amour leur dit : « N'ayez plus de colère,
De votre ami je lui peindrai les traits ;
A son pouvoir je saurai le soustraire ;
Vieillir n'est que cesser de plaire ;
Tressan ne vieillira jamais. »

VII. A MADAME LA MARÉCHALE DE BEAUVAU.

Malgré tant de malheurs, dans une paix profonde
Je passe encore ici les moments les plus doux :
Je puis, auprès de vous, oublier tout le monde ;
Ce qu'il eût de meilleur je le retrouve en vous.
Ces grâces, ces vertus dont vous étiez l'exemple,
Je les ai vu s'évanouir ;
Mais votre retraite est un temple
Où je viens encore en jouir.

Telle une colonne superbe,
Monument des jours de splendeur,
Ne peut nous dérober sous l'herbe
Le souvenir de sa grandeur.
Dans votre asile solitaire,
Heureuses de nous rassembler,
Cherchons du moins à nous distraire,
Ne pouvant pas nous consoler.

VIII

Oh! le bon temps que la vieillesse!
Ce qui fut plaisir est tristesse,
Ce qui fut rond devient pointu,
L'esprit même est cogne-fétu.
On entend mal, on n'y voit guère,
On a cent moyens de déplaire;
Ce qui charma nous semble laid;
On voit le monde comme il est.
Qui vous cherchoit vous abandonne :
Le bon sens, la froide vertu
Chez vous n'attirent plus personne.
On se plaint d'avoir trop vécu.
Mais, dans ma retraite profonde,
Qu'un seul ami me reste au monde,
Je croirai n'avoir rien perdu.

IX

Jeune, j'aimai. Le temps de mon bel âge,
Ce temps si court, l'amour seul le remplit.
Quand j'atteignis la saison d'être sage,
Toujours j'aimai; la raison me le dit.
Mais l'âge vient, et le plaisir s'envole;
Mais mon bonheur ne s'envole aujourd'hui,
Car j'aime encore, et l'amour me console.
Rien n'auroit pu me consoler de lui.

Lady Morgan a dit que ces vers charmants sont de la vieillesse de madame d'Houdetot (le fait est qu'elle était capable, même à quatre-vingts ans, de les écrire), et elle ajoute, ce qui leur donnerait du ridicule, qu'ils sont faits pour M. de Sommariva. Mais il est constant qu'ils datent d'avant 1789, et probablement du temps où madame d'Houdetot touchait à la cinquantaine. Voici des vers de la dernière veine, et adressés en effet à M. de Sommariva :

X. A M. DE SOMMARIVA.

Je touche aux bornes de ma vie,
Vous avez embelli les derniers de mes jours;

> Qu'un si cher souvenir se conserve toujours;
> **Vivez** heureux pour votre amie.
> Si quelque sentiment occupe encor votre âme,
> Ne vous refusez pas un bien si précieux ;
> Seulement, en goûtant ce charme,
> Dites-vous quelquefois : « Elle m'aimoit bien mieux. »

La place nous manque réellement pour suivre ainsi au delà du roman et jusqu'à la mort les personnages qui ont été un instant nos amis. Il faut pourtant bien donner une page encore au souvenir de deux ou trois d'entre eux.

M. de Francueil, après avoir marié sa fille à M. Vallet de Villeneuve (le 9 février 1768) et perdu son père, M. Dupin (le 25 février 1769), se décida, au bout de vingt-trois ans de veuvage, à demander la main de mademoiselle Aurore de Saxe, fille naturelle du maréchal et de la demoiselle Verrières de l'Opéra. Il l'épousa, au mois de mars 1777, et on ne sait pour quelle cause le mariage se fit en Angleterre, dans la chapelle de l'ambassade.

« Aurore, dit madame Sand, sa petite-fille, se décida, vers l'âge de trente ans, à épouser M. Dupin de Francueil, mon grand-père, qui en avait alors soixante-deux.

« M. Dupin de Francueil, le même que J. J. Rousseau, dans ses *Mémoires*, et madame d'Épinay, dans sa *Correspondance*, désignent sous le nom de Francueil seulement, était l'homme charmant par excellence, comme on l'entendait au siècle dernier. Il n'était point de haute noblesse, étant fils de M. Dupin, fermier général, qui avait quitté l'épée pour la finance. Lui-même était receveur général à l'époque où il épousa ma grand'mère. C'était une famille bien apparentée et ancienne, ayant quatre in-folio de lignage bien établi par grimoire héraldique, avec vignettes coloriées fort jolies. Quoi qu'il en soit, ma grand'mère hésita longtemps à faire cette alliance, non que l'âge de M. Dupin fût une objection capitale, mais parce que son entourage, à elle, le tenait pour un trop petit personnage à mettre en regard de mademoiselle de Saxe, comtesse de Horn. Le préjugé céda devant des considérations de fortune, M. Dupin étant fort riche à cette époque. Pour ma grand'mère, l'ennui d'être séquestrée au couvent dans le plus bel âge de la vie, les soins assidus, la grâce, l'esprit et l'aimable caractère de son vieux adorateur, eurent plus de poids que l'appât des richesses. Après deux ou trois ans d'hésitation, durant lesquels il ne passa pas un jour sans venir au parloir déjeuner et causer avec elle, elle couronna son amour et devint madame Dupin. »

Neuf mois après le mariage, le 15 janvier 1778, Francueil eut un fils : Maurice-François-Élisabeth Dupin, volontaire de la République française et père de madame George Sand, qui va nous peindre encore cette fin d'une vie tout aimable.

« Receveur général du duché d'Albret, M. Dupin passait, avec sa femme et son fils, une partie de l'année à Chateauroux. Ils habitaient le vieux château qui sert aujourd'hui de local aux bureaux de la préfecture, et qui domine de sa masse pittoresque le cours de l'Indre et les vastes prairies qu'elle arrose. M. Dupin, qui avait cessé de s'appeler Francueil depuis la mort de son père, établit à Châteauroux des manufactures de drap, et répandit par son activité et ses largesses beaucoup d'argent dans le pays. Il était prodigue, sensuel, et menait un train de prince. Il avait à ses gages une troupe de musiciens, de cuisiniers, de parasites, de laquais, de chevaux et de chiens, donnant tout à pleines mains ; au plaisir, à la bienfaisance, voulant être heureux et que tout le monde le fût avec lui.

« ...Mon grand-père mourut dix ans après son mariage, laissant un grand désordre dans ses comptes avec l'État et dans ses affaires personnelles. Ma grand'mère montra la bonne tête qu'elle avait en s'entourant **de sages conseils et en s'occupant de toutes choses avec activité. Elle liquida promptement**, et, toutes dettes payées, tant à l'État qu'aux particuliers, elle se trouva *ruinée*, c'est-à-dire à la tête de soixante-quinze mille livres de rente. »

Le dernier adieu de M. Dupin de Francueil à sa femme fut de l'engager à lui survivre longtemps et à se faire une vie heureuse. Il demeurait, lorsqu'il mourut, rue du Roi-de-Sicile.

Diderot a peint d'un trait la fille et le gendre de Francueil, et au moment même de leur mariage, en 1768.

« Il est tout jeune ce M. de Villeneuve! Ce qui achèvera de vous confondre, c'est qu'il est la bonté, la douceur, la politesse, l'affabilité même ; et que madame est une bonne grosse femme, bien grasse, bien dodue, belle peau, grands yeux couverts, de grands sourcils noirs, et point du tout à dédaigner. » Madame de Villeneuve, nous l'avons dit, est la mère de M. de Villeneuve, mort récemment sénateur de l'Empire.

De qui parler encore? De Duclos. Remarquons que Grimm, dans ses seize volumes, ne dit jamais un mot qui l'atteigne. On raconte ainsi sa mort : « Comment vous appelez-vous, monsieur le curé? — Chapeau. — Eh! monsieur, je suis venu au monde sans culotte, je puis fort bien en sortir sans chapeau. » Le curé de Saint-Germain l'Auxerrois s'appelait en effet Chapeau, mais le mot peut avoir été fait tout près de là, au café Manoury. — De M. de Croismare? Nous renvoyons à *la Religieuse* de Diderot et à la préface de ce roman. On y verra comment le « charmant marquis » était chevaleresque et facile à passionner. — De Diderot? — Du baron d'Holbach? Voici leurs actes de décès :

« I. L'an mil sept cent quatre-vingt-quatre, le premier août, a été inhumé en cette église M. Denis Diderot, des académies de Berlin, Stockholm et de Saint-Pétersbourg, bibliothécaire de Sa Majesté Impériale Catherine, seconde impératrice de Russie ; âgé de soixante et onze ans, époux de dame Anne-Antoinette Champion, décédé hier, rue de Richelieu, de cette paroisse. Présents : M. Abel-François-Nicolas Caroilhon de Vandeuil, écuyer, trésorier de France, son gendre ; messire Claude-Xavier Caroilhon d'Estillières, écuyer, fermier général de Monsieur, frère du roi, rue de Ménars, de cette paroisse; M. Denis Caroilhon de La Charmette, écuyer, directeur des domaines du Roy, susdite rue de Ménars, et messire Nicolas-Joseph-Philpin de Piépape, chevalier, conseiller d'État, lieutenant général au bailliage de Langres, rue Traversière, dite paroisse. »

(Registres de Saint-Roch.)

II. « L'an mil sept cent quatre-vingt-neuf, le vingt-deux janvier, a esté inhumé en cette église messire Paul Thiry d'Holbach, baron de Heese et de Léande, des académies de Pétersbourg, de Manheim et de Berlin, veuf en premières noces de dame Basile-Geneviève-Susanne d'Aine, et époux en seconde noces de dame Charlotte-Susanne d'Aine, décédé hier, en cette paroisse, rue Royale, âgé de soixante-dix ans environ; présents messire Charles-Marius Thiry d'Holbach, baron de Heese, capitaine au régiment de Schomberg-Dragons, son fils, susdites demeure et paroisse, et messire Marius-Jean-Baptiste-Nicolas d'Aine, chevalier, conseiller du roi en ses conseils, maître des requêtes honoraires de son hôtel, intendant de justice, police et finances de la généralité de Tours, rue Saint-Dominique, paroisse Saint-Sulpice, qui ont signé avec nous, curé.

« Signé : Thiry d'Holbach, d'Aine, le vicomte de Roncherolles, marquis de Châtenay et Berlize. »

(Registres de Saint-Roch.)

FIN DU DEUXIÈME ET DERNIER VOLUME.

TABLE

CHAPITRE PREMIER.
1754

Retour de Jean-Jacques. — Mort de madame d'Holbach. — Grimm emmène le baron voyager. — Rousseau établi à la Chevrette. — Diderot toujours farouche. — Madame d'Houdetot et Saint-Lambert ouvertement liés. — Opinion de Duclos sur Grimm. — Les enfants de madame d'Épinay jouent à lui écrire. — L'idée lui vient de leur faire un cours d'éducation par lettres. — Visite de madame Darty. — Deux grandes lettres déférées au jugement de Jean-Jacques. — Ses raisons pour détourner Madame d'Épinay de ce genre de correspondance. 1

CHAPITRE II.
1754-1755

Travaux du grand château. — Indélicatesse de M. d'Épinay. — Madame d'Épinay se fait institutrice et écolière. — Sa compagnie d'hiver. — Grimm gagne toujours du terrain. — Il ménage M. d'Épinay. — Retour de Desmahis. — Négligence de Francueil. — Duclos sonde le cœur de madame d'Épinay et le déchire. — Il lui dit qui est Grimm. — Anecdote de la Fel. — Grimm résiste aux attaques et entre dans la famille. — Le frère de M. de V***. — Dernier effort de Duclos. — Explication douloureuse avec Francueil. — Billets de J. J. Rousseau. — Francueil se calme. 26

CHAPITRE III.
1755

Linant désire qu'on fasse l'examen de son élève. — Convocation des juges. — Grimm et Francueil en présence. — Examen du petit d'Épinay par Duclos, Grimm, Rousseau, madame d'Houdetot. — Maximes. — Grimm fait son apologie devant madame d'Épinay. — Elle lui laisse trop voir son goût pour lui. — Il agit en conséquence contre Duclos et Francueil. — Francueil en délicatesse avec Grimm. — Maladie et mort du comte de Friese. — Grimm à Saint-Cloud. — Maladie de Rousseau. — Duclos chassé. — Il anime Francueil contre Grimm. — M. de Valory quitte mademoiselle d'Ette. — Grimm veut que madame d'Épinay ne voie plus Francueil. — Scènes dramatiques. — Adieux touchants de Francueil. — Cureté de Tyran-le-Blanc. 46

CHAPITRE IV.
1755-1756

Vengeance de Duclos. — Il échoue auprès de Francueil. — Ses contes à Diderot. — Conversation de Diderot et de Grimm. — Madame d'Épinay calomniée. —

Un billet d'elle dans la poche de Duclos. — Indignation de Grimm. — Diderot à moitié ramené. — Duclos continue son rôle. Réapparition de Desmahis. — Rousseau inquiet. — On le rappelle à Genève. — Les Tronchins. — Premier mot dit sur l'Ermitage. — Propositions de madame d'Épinay. — Ce que Grimm en pense. — Esprit chagrin de Desmahis. — Souvenir de Francueil. — M. d'Épinay directeur d'opéra. — Correspondance de madame d'Épinay et de Rousseau qui se décide. — Il vient habiter la vallée. — Son déménagement pittoresque. — Son installation. — Séjour de printemps et d'été. 99

CHAPITRE V.
1756-1757

Madame d'Épinay passe l'automne à la campagne. — Éducation de ses enfants. — Rousseau mauvais copiste de musique. — Conseillers littéraires de Diderot. — Desmahis et ses lubies mélancoliques. — On veut empêcher Jean-Jacques de passer l'hiver à l'Ermitage. — Commencement de la lutte. — Déclamations de Diderot. — Bataille par lettres. — Madame d'Épinay veut parer les coups. — Raccommodement de Diderot et de Jean-Jacques. — Code de l'amitié. — Maladie de Gauffecourt. — J. J. Rousseau vient à Paris pour le soigner. — Madame d'Épinay voit Diderot pour la première fois. — Elle lie connaissance avec M. et madame d'Holbach. — Rousseau rentre dans sa forêt. — M. de Margency. 149

CHAPITRE VI.
1757

Le duc d'Orléans fait nommer Grimm secrétaire du maréchal d'Estrées. — Commencement de la guerre de Sept-Ans. — Rétablissement de Gauffecourt. — Lamentations de madame d'Épinay. — Madame d'Houdetot à Eaubonne. — Compliment de Rousseau à Grimm. — Adieux. — Portrait de M. de Croismare. — M. de Margency et madame de Verdelin. — *La Nouvelle Héloïse* sur le métier. — Madame d'Esclavelles et ses petits-enfants. — Comment le baron d'Holbach veut et ne veut pas, et enfin loue la Chevrette. — Lettres de Grimm. — Madame d'Épinay s'inquiète de l'opinion qu'on a d'elle. — Nouveau tour de Duclos. — Départ de Saint-Lambert. — Colères de Jean-Jacques. — Portrait de M. de Margency. — Tableau de l'armée d'Allemagne. — M. de Jully ambassadeur de madame de Pompadour. 206

CHAPITRE VII.
1757

Saint-Lambert à l'armée avec Grimm. — Madame de Pompadour veut être souveraine de Neufchâtel. — Train de vie de la Chevrette. — Caractère de mademoiselle d'Épinay. — M. d'Épinay repasse un instant sur la scène. — Madame d'Épinay se défend d'être aimée de Jean-Jacques. — Association philharmonique de M. d'Épinay et de Francueil. — Les rendez-vous de Jean-Jacques et de madame d'Houdetot. — Conversation de madame d'Épinay et de Rousseau sur l'éducation. — Liaison et rupture entre madame d'Houdetot et madame de Verdelin. — Nouvelles de l'armée. — Tristes peintures. — Lettre musquée de M. de Margency. — Un grand dîner à l'Ermitage. — Brusque retour de Saint-Lambert. — Rousseau chez Diderot, à Paris. — Desmahis devenu dévot. — Diderot empêche le baron d'Holbach d'aller à la Chevrette. — Madame d'Houdetot, Saint-Lambert et Rousseau ensemble 257

CHAPITRE VIII.
1757

Explications plus ou moins claires de madame d'Épinay sur ce qui précède et sur ce qui va suivre. — Comment Rousseau a cru qu'elle instruisit Saint-Lambert. — Fureur de Jean-Jacques. — Billets de guerre. — Il vient à Épinay pour obéir à madame d'Houdetot et éviter l'éclat. — Départ précipité de Saint-Lambert. — Bavardages de Thérèse. — M. de Croismare et mademoiselle d'Épinay. — Nouvelles de la bataille d'Hastenbeck. — Lettres de M. de Jully sur Genève. — L'intérieur des d'Holbach. — L'abbé de V***. — Retour de Grimm. — Tête-à-tête avec Rousseau. — Maladie inexplicable de madame d'Épinay. — Elle doit quitter Paris. — Grimm voudrait que Rousseau la chaperonne. — Diderot mis en mouvement par Grimm. — Jean-Jacques se révolte. — Madame d'Houdetot essaye de maintenir la paix. — Départ de madame d'Épinay pour Genève.................... 317

CHAPITRE IX.
1757-1758

Grimm porte les derniers coups à son ancien ami. — Rousseau se défend. — Rupture définitive. — Nouvelles de madame d'Épinay. — Comment les philosophes préparent l'explication du départ de Rousseau. — Rôle qu'on fait jouer à Diderot. — Ses poétiques déclamations contre Jean-Jacques, qui va quitter fièrement l'Ermitage. — **Madame d'Épinay** arrive à Genève. — Empressements de Voltaire. — **Publication de la** *Lettre sur les Spectacles*. — Tronchin enrôlé parmi les ennemis de l'auteur.
M. de Margency brouillé avec d'Holbach. — Francueil paraît pour la dernière fois. — M. d'Épinay revient de Genève. — Peintures de la vie genevoise. — *Les Délices* et le deshabillé de Voltaire et de madame Denis. — Amabilité de M. de Jully. — Madame d'Esclavelles voit Diderot à Paris chez d'Holbach. — Départ de Rousseau de l'Ermitage.................... 376

CHAPITRE X.
1758-1783

Madame d'Épinay chez Voltaire. — Encore **madame d'Houdetot et Saint-Lambert.** — La mère Le Vasseur. — Portrait de Voltaire par madame d'Épinay. — Saint-Lambert défend Jean-Jacques. — Madame d'Épinay populaire à Genève, parce qu'elle fut l'amie de Rousseau. — Opinion de M. d'Épinay sur l'éducation de son fils. — Dernière lettre de Jean-Jacques. — Madame d'Épinay appelle Grimm. — Il se fait attendre et arrive enfin. — Prolongation du séjour à Genève. — Madame d'Épinay se fait imprimer. — Blâme de Voltaire. — Fin du roman.
Quelques notes d'histoire pour qu'on sache ce que sont devenus les personnages de ce roman, de l'année 1759, qui vit revenir madame d'Épinay à Paris, à l'année 1783, qui l'y vit mourir.................... 457

FIN DE LA TABLE DU DEUXIÈME ET DERNIER VOLUME.

PARIS. — IMP. SIMON RAÇON ET COMP., RUE D'ERFURTH, 1.

A LA MÊME LIBRAIRIE

PARIS EN AMÉRIQUE

PAR

LE DOCTEUR RENÉ LEFEBVRE

AU LECTEUR

Ami lecteur, je t'offre ce petit livre, écrit pour ton plaisir et pour le mien. Je ne le dédie ni à la fortune ni à la gloire; la fortune est une donzelle qui, depuis six mille ans, court après les jeunes gens; la gloire est une vivandière qui ne se plaît qu'avec les soldats. Je suis vieux, je n'ai tué personne, aussi n'ai-je plus d'autre envie que de chercher la vérité à ma guise, et de la dire à ma façon. Si je n'ai pas toute la gravité d'un bœuf, d'une oie, ou d'un.... (choisis le nom que tu voudras), pardonne-moi; les premiers actes de la vie nous font assez pleurer pour qu'il soit permis de rire avant que le rideau tombe. Quand on a perdu ses illusions de vingt ans, on ne prend au sérieux ni la comédie, ni les comédiens.

Si ce petit livre t'agrée, c'est bien; s'il te scandalise, c'est mieux; si tu le jettes, tu as tort; si tu le comprends, tu en sais plus long que Machiavel. Fais-en le bréviaire de tes heures, tu n'y auras point de regret : *Non est hic piscis omnium*. Les paradoxes de la veille sont les vérités du lendemain. A bon entendeur salut !

Un jour peut-être, à la lueur de ma lanterne, tu verras toute la laideur des idoles que tu adores aujourd'hui ; peut-être aussi, par delà l'ombre décroissante, apercevras-tu dans tout le charme de son immortel sourire, la Liberté, fille de l'Évangile, sœur de la justice et de la pitié, mère de l'égalité, de l'abondance et de la paix. Ce jour-là, ami lecteur, ne laisse pas éteindre la flamme que je te confie; éclaire, éclaire cette jeunesse qui déjà nous presse et nous pousse, en nous demandant le chemin de l'avenir. Qu'elle soit plus folle que ses pères, mais d'une autre façon, c'est là mon vœu et mon espoir.

Sur ce, je prie Dieu qu'il te garde des ignorants et des sots. Quant aux méchants, c'est ton affaire ; la vie est une mêlée : tu es né soldat, défends-toi ; ou mieux encore, reprends aux Américains la vieille devise de la France : *En avant! toujours et partout, en avant !*

Adieu, ami.

RENÉ LEFEBVRE.

New-Liberty (Virginia), le 4 juillet 1862.

www.ingramcontent.com/pod-product-compliance
Lightning Source LLC
Chambersburg PA
CBHW071721230426
43670CB00008B/1084